Schloss Sanssouci

Die Sommerresidenz Friedrichs des Großen

Für meine Roni
zum 47. Jahrestag
unseres Kennenlernens
am 21. November 2007
von Deinem Dierk-Wilm Petrus
"D.b.P.d.F.u.a.d.F.w. ICH m. EHE bauen."
Tausend Dank für unsere
schönen gemeinsamen Jahre!

Hans-Joachim Giersberg

Fotografien von Hillert Ibbeken

# Schloss Sanssouci

## Die Sommerresidenz Friedrichs des Großen

Mit Beiträgen von

Thomas Blisniewski, Tilo Eggeling, Jürgen Hamel,
Marina Heilmeyer, Conny Restle und Katja Schoene

nicolai

Der Verlag und die Autoren danken
der Stiftung Preußische Schlösser und Gärten Berlin-Brandenburg
für ihre großzügige Unterstützung

# Inhalt

*Hans-Joachim Giersberg*

# Schloss Sanssouci und die Wohnungen Friedrichs des Großen

Friedrich der Große (1712–1786) besaß in seinem Leben 15 Wohnungen, davon fünf während der Kronprinzenzeit zwischen 1730 und 1740 und zehn in der Zeit seiner Regierung. Sie befanden sich anfangs in angemieteten Häusern, bald aber in eigens dafür aus- bzw. erweiterten Schlössern. Rheinsberg, das er von 1736 bis 1740 bewohnte, nimmt dabei für den Kronprinzen eine grundlegende stil- und geschmacksbildende Stellung in allen Kunstarten ein, die sein weiteres Leben mit bestimmen sollte. Als König ließ er zu Beginn seiner Regierungszeit ab 1740 in Charlottenburg den Neuen Flügel errichten, sich aber auch, entsprechend der Tradition seiner Vorfahren, im Berliner Stadtschloss zwischen 1745 und 1747 eine Wohnung ausbauen. Schon ab 1743 galt jedoch Potsdam sein besonderes Interesse. Wieder wählte er das aus dem 17. Jahrhundert stammende Stadtschloss als Residenz, ließ es aber unter Beibehaltung des vom Großen Kurfürsten und seiner Nachfolger festgelegten Grundrisses im Äußeren und Inneren zwischen 1744 und 1751 umbauen und bestimmte es fortan zu seiner Winterresidenz. Nahezu gleichzeitig entstand ab 1744 mit dem Schloss Sanssouci seine Sommerresidenz.

Die Eroberung Schlesiens in zwei Kriegen (1740 bis 1742 und 1744/45) erforderte zwangsläufig seine längere Anwesenheit in dieser Provinz, so dass zwischen 1750 und 1753 für ihn in Breslau eine Wohnung in einem neu erbauten Flügel eines Bürgerhauses eingerichtet wurde.

Seine letzte Wohnung entstand von 1763 bis 1765 in dem bis 1769 errichteten Neuen Palais in Potsdam-Sanssouci.

Während schon zu Lebzeiten Friedrichs des Großen die Räume im Kronprinzenpalais in Berlin und im Schloss Rheinsberg von seinen Brüdern August Wilhelm und Heinrich, denen er diese überlassen hatte, verändert wurden, taten dies auch die Nachfolger mit seinen Wohnungen bis zum Ende des 19. Jahrhunderts immer wieder.

Es begann schon mit Friedrich Wilhelm II. 1787 in Sanssouci und 1788 bzw. 1796/97 im Neuen Flügel des Schlosses Charlottenburg. Friedrich Wilhelm III. veränderte um 1800 Räume im Potsdamer Stadtschloss, und für dessen Sohn, den späteren König Friedrich Wilhelm IV., wurden nach 1824 nahezu alle Gemächer bis auf das Schreibzimmer in der Wohnung Friedrichs des Großen im Berliner Schloss umgestaltet. Auch vor Schloss Sanssouci machten seine, vornehmlich äußeren Veränderungen nach der Thronbesteigung nicht Halt.

Auch nach dem Amtsantritt Kaiser Wilhelms II. 1888 wurden somit immer wieder friderizianische Räume, besonders im Berliner Stadtschloss, verändert.

Den größten Verlust brachte der Zweite Weltkrieg. Die Stadtschlösser in Berlin, Potsdam und Breslau wurden zerstört und die ausgebrannten Ruinen zwischen 1950 und 1960 beseitigt. Schloss Charlottenburg und damit auch der Neue Flügel brannte 1943 fast vollständig aus. Die verdienstvolle Wiederherstellung der Räume unter der Leitung von Margarete Kühn und Martin Sperlich, dauerte bis in die achtziger Jahre des 20. Jahrhunderts.

Von den zehn königlichen Wohnungen der friderizianischen Zeit sind, sieht man einmal von den besonderen Räumen in Rheinsberg und den wieder hergestellten Räumen in Charlottenburg ab, nur Schloss Sanssouci und das Neue Palais in einem nahezu originalen Zustand erhalten geblieben. Ihnen und ganz besonders Schloss Sanssouci kommt daher eine hohe künstlerische, aber auch geschichtliche Bedeutung zu. Sanssouci muss als Höhepunkt individueller friderizianischer Wohnkultur gelten.

Von der Thronbesteigung 1740 bis zur Errichtung des Neuen Flügels in Charlottenburg dauerte es nur zwei Jahre und weitere zwei bis zum Beginn des Baus von Schloss Sanssouci. Zur gleichen Zeit, zwischen 1744 und 1746, ging der Ausbau in Charlottenburg weiter, wurden die Räume im Berliner Schloss umgebaut und eingerichtet und intensiv am Stadtschloss Potsdam sowie auch an den Räumen des Königs gearbeitet.

In diesem Zeitraum führte Friedrich II. zwei erfolgreiche Kriege gegen Österreich und Sachsen. Die neue eroberte Provinz brachte Brandenburg-Preußen nicht nur einen erheblichen Gebiets- und Machtzuwachs, sondern auch Mehreinnahmen von jährlich 3,6 Millionen Talern. Noch mehr war seine Reputation gestiegen, und Preußen avancierte zu einer der europäischen Großmächte.

Diese Entwicklung Preußens in so kurzer Zeit hätte wohl Friedrich Wilhelm I. von seinem Sohn, den er etwas verächtlich einen »Querpfeifer und Poeten« genannt hatte, niemals für möglich gehalten. In der Jugend sah dies noch ganz anders aus.

## Die Wohnungen Friedrichs in der Kronprinzenzeit 1730 bis 1740

### Küstrin

Das seit Jahren gespannte Verhältnis zwischen König und Kronprinz hatte sich 1730 so zugespitzt, dass Friedrich sich entschloss, nach England zu fliehen. Gelegenheit bot sich dazu auf einer Reise, die er im Gefolge des preußischen Königs zu den süd- und westdeutschen Residenzen unternahm. Gemeinsam mit seinen beiden Vertrauten, Hans Hermann von Katte und Peter Christoph von Keith, wollte er über Frankreich nach Holland fliehen. Die auf dieser Reise beabsichtigte Flucht misslang jedoch. Als man im preußischen Wesel ankam, wurde der Kronprinz verhaftet und am 12. August erstmals vom König verhört. Dabei gab Friedrich auch die Beteiligung Kattes zu. Unter strenger Bewachung wurde er auf die Festung Küstrin gebracht; anfangs war auch Spandau in Erwägung gezogen worden. Katte, den ein warnender Brief des Kronprinzen nicht mehr erreicht hatte, wurde nichts ahnend in Berlin am 16. August verhaftet.

Das im Schloss Köpenick zusammengetretene Oberkriegsgericht verurteilte Katte zu ewiger Festungshaft, und als es nach Protest des Königs bei einer nochmaligen Beratung zu dem gleichen Urteil kam, entschied der König selbst auf Todesstrafe. Über den Kronprinzen zu urteilen lehnte das Gericht ab.

Katte wurde wegen Verletzung der Treuepflicht, einem Majestätsverbrechen, zum Tode durch das Schwert verurteilt und am Morgen des 6. November 1730 in der Festung Küstrin vor den Augen des Kronprinzen hingerichtet.

Friedrich, noch immer das Bild der Hinrichtung seines Freundes vor Augen, sollte nun aufrichtige Reue bekennen und sich der Gnade des Königs unterwerfen. Am Sonntag, den 19. November 1730 leistete der Kronprinz den vorgeschriebenen Eid. Danach konnte er wohl die Festung (Abb. S. 9), aber nicht die Stadt verlassen, denn diese »diente ihm fortan zum Arrest«.[1] Er erhielt zwar seinen Degen zurück, aber nicht das Offiziersportepee, und das Militär durfte ihn nicht grüßen. In der Kriegs- und Domänenkammer musste er an einem besonders kleinen Tisch sitzen und auf den Schriftstücken nicht in einer Reihe mit den Räten unterschreiben. Nach dem Willen des Vaters sollte er bei der Kammer erfahren, »das kein Staat bestehen könne sonder Wirtschaft und gute Verfassung, und daß ohnstreitig das Landeswohl davon dependiere, daß der Landesherr alles selbst verstehet und ein Wirt und Ökonom ist; sonsten, wann dieses nicht geschienet, daß Land den Favoriten und Premierministern zur Disposition bleibet«.[2] In der Kammer lernte der Kronprinz das Finanzsystem des Staates, den Handel und den Ackerbau sowie die allgemeine Verwaltung kennen.

Das Trauma der Hinrichtung seines Freundes Katte scheint der Kronprinz schnell überwunden zu haben, denn einen Monat nach seinem Eintritt in die Kammer berichtet der Kammerdirektor Hille: »Seine Königliche Hoheit ist lustig wie ein Buchfink«.[3]

Zum ersten Mal in seinem Leben hatte Friedrich in Küstrin eine eigene Wohnung, und im Vergleich zur Festungshaft

*Alberti, »Ansicht der Festung Küstrin«, Ölfarben, um 1790*
*(SPSG, Plankammer Schloss Charlottenburg)*

war sie geradezu komfortabel. Er bewohnte ein Predigerhaus in der Stadt mit je vier Zimmern im Erdgeschoss und ersten Obergeschoss. Für die Miete des Hauses hatte der König 147 Taler monatlich angesetzt. Zum »Hofstaat« gehörten der Geheime Rat von Wolden, die zwei Kammerjunker von Natzmer und von Rohwedell, ein Koch und drei Lakaien. Gäste einzuladen war dem Kronprinzen nicht erlaubt.[4]

Der tägliche Dienst bei der Kriegs- und Domänenkammer dauerte bis 5.00 Uhr abends, bis 7.00 Uhr sollte er noch Akten lesen und danach zu Abend essen. »Wenn das geschehen, sollen Sie bei schlimmem Wetter auf der Kammer etwas herumgehen, sich eine motion (Bewegung) zu machen. Wenn es aber schön Wetter ist, so können Sie auf dem Walle spazierengehen und sich eine gute Bewegung machen.«[5]

Am 15. August 1731, dem Geburtstag des Königs, kam dieser überraschend nach Küstrin, um sich über die Arbeit des Kronprinzen in der Kriegs- und Domänenkammer sowie über sein allgemeines Verhalten und Denken ein Bild zu machen. Da er sich von der seiner Meinung nach positiven Entwicklung des Kronprinzen überzeugt hatte, schloss der König mit den Worten: »Ich vergebe Euch das Vergangene in Hoffnung auf bessere Aufführungen gänzlich.«[6] Nach diesem Besuch konnte der Kronprinz nun auch endlich die Stadt verlassen; er sollte in Begleitung von Woldens und eines Kammerrates die Domäne der Umgebung bereisen und dort in die Einzelheiten der Landwirtschaft, der Viehzucht und der Brauereibetriebe eingeführt werden.

In dieser Zeit muss sich Friedrich auch erstmalig mit dem Bauen beschäftigt haben, denn Friedrich Nicolai schreibt in seinen 1792 herausgegebenen Anekdoten Friedrichs II., dass schon 1730/31 »der Kronprinz die Einrichtung des Landhauses zu Küstrin entworfen, und sowohl von der Faeciate als von dem Grundrisse eine Zeichnung gemacht habe«.[7] Das bisher strenge Reglement wurde jetzt etwas gelockert, und der Prinz durfte »des Nachmittags ein Plaisir machen, auf dem Wasser fahren, Enten schießen und solche Lust machen, die permittieret (erlaubt, d. V.) ist«.[8]

Auch sein Einkommen wurde erhöht. So konnte er nun zu jeder Mahlzeit zwei Gäste laden und zweimal in der Woche »zu Gast gehen«, aber natürlich durften Damen nicht dabei sein. Weiterhin waren ihm Tanz und Musik sowie alle französischen und deutschen Bücher weltlichen Inhalts nicht erlaubt. Aber trotzdem las er meist französische Bücher, malte und hatte »bisweilen Marius, Sulla, Cinna, Cäsar, Pompejus, Crassus, Augustus, Antonius und Lepidus zu Gast«.[9] Seine Vorliebe galt aber vornehmlich den Franzosen, da er »die Deutschen (Schriftsteller, d. V.) fast gar nicht kennt«, wie der Kammerdirektor Hille klagte. Statt des vorgeschriebenen Bieres, das er im

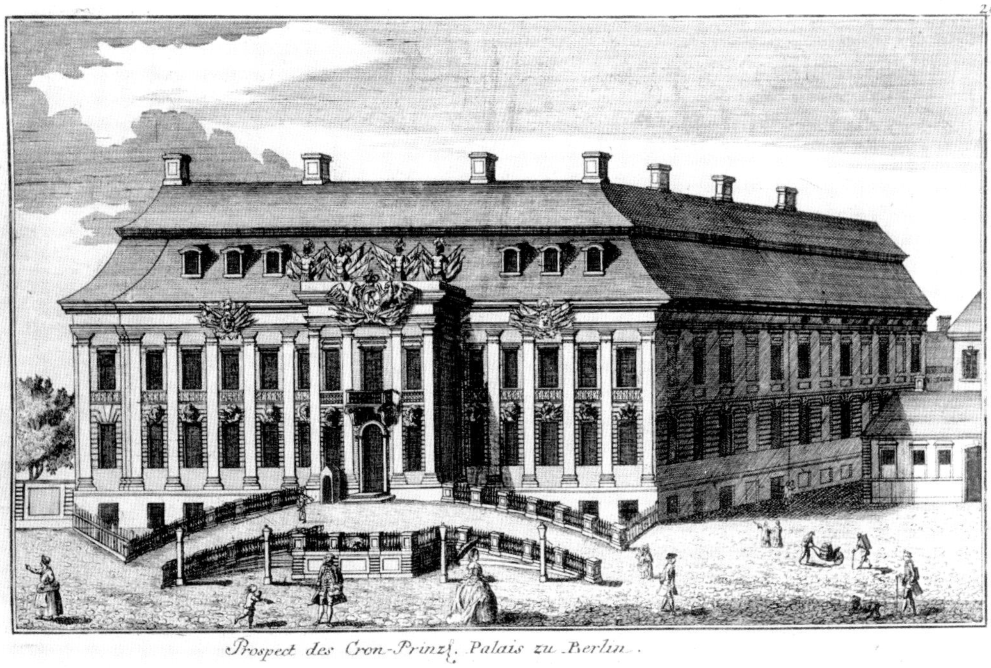

*Johann David Schleuen, »Prospect des Cron-Prinzl. Palais zu Berlin«, Kupferstich, um 1740 (SPSG, Plankammer)*

Gegensatz zu seinem Vater nicht mochte, wurde »Champagner-Wein« getrunken, »weil es die Doktores befohlen haben«.[10]

Im November 1731 erhielt der Kronprinz zum ersten Mal die Erlaubnis, Küstrin zu verlassen, um in Berlin an den Feierlichkeiten anlässlich der Vermählung seiner Schwester Wilhelmine mit dem Erbprinzen Friedrich von Brandenburg-Bayreuth teilzunehmen; allerdings nicht zu Beginn, sondern erst am dritten Tag, dem 23. November 1731. Friedrich war seit seiner Verhaftung, der Verurteilung und dem anschließenden Verwaltungsdienst in Küstrin nicht wieder in Berlin gewesen und hatte auch seine Mutter seit dieser Zeit nicht gesehen. Der König führte ihr während des Balles den Sohn mit den Worten zu: »Seht Ihr, Madame, da ist nun der Fritz wieder«.[11] Dieser nahm am folgenden Tag noch an der Parade teil, und am 27. baten alle anwesenden Generale den König, den Sohn wieder in die Armee aufzunehmen. Der König stimmte dem zu und stellte ihm das Goltzsche Infanterieregiment in Nauen und Ruppin in Aussicht.

Außerdem drängte der König zur Heirat, und der Kronprinz wusste, dass seine Zustimmung letzten Endes seine endgültige Freiheit bedeutete. Schon 1729, während der Spannungen zwischen Preußen und England, machte Friedrich Heinrich Reichsgraf von Seckendorf, damals österreichischer Botschafter in Berlin, den Vorschlag, den Thronfolger mit der Prinzessin Elisabeth Christine von Braunschweig-Bevern, einer Nichte der Kaiserin Maria Theresia, zu verheiraten. Gedacht war allerdings, immer wieder auf Betreiben der Königin, an eine Verbindung des Kronprinzen und letztlich auch seiner Schwester Wilhelmine mit dem englischen Königshaus. 1731 schrieb Friedrich Wilhelm I. an von Wolden: Der Kronprinz solle heiraten, »und zwar eine Prinzessin, die nicht aus dem englischen Haus, doch sollte er vor etlichen als dann die Wahl haben, welches Ihr ihm sagen könnet«.[12] Nach der Antwort Woldens habe der Kronprinz die Mitteilung »mit völliger Ergebenheit in die Vorsehung und blinder Unterwerfung unter Seiner Majestät Befehl« aufgenommen.[13]

In Küstrin nannte Friedrich Wilhelm von Grumkow, Minister und Vertrauter des Königs, dem Kronprinzen die drei Kandidatinnen: Friederike von Sachsen-Gotha, Christiane Wilhelmine von Sachsen-Eisenach und Elisabeth Christine von Braunschweig-Bevern.[14] Diese wurde letzten Endes vom König ausgewählt, und nun ging alles sehr schnell. Am 4. Februar 1732 schrieb der König an seinen Sohn, dass er alle Prinzessinnen des Landes examiniert und sich für die Prinzessin von Bevern entschlossen habe. Der König urteilte aber selbst etwas skeptisch: »Die Prinzessin ist nicht häßlich, auch nicht schön. Ihr sollt keinem Menschen was davon sagen, wohl aber der Mama schreiben, daß ich Euch geschrieben habe.«[15] Am 19. Februar 1732 antwortete der Kronprinz aus Küstrin, dass die Prinzessin sein mag wie sie will, er werde dem Befehl seines Vaters folgen.[16] Aus vielen Briefen wird immer wieder deutlich, dass er die Heirat nur als den Weg in die Freiheit sieht, sich aber nach der eigenen Thronbesteigung von seiner Frau trennen wird. Dem Kammerdirektor Hille beschrieb er die Vorstellung von seinem Leben mit folgenden Worten: »Ich versichere Ihnen – aber sagen Sie es nicht weiter – mein schönstes

Vergnügen ist die Lektüre. Ich liebe die Musik, aber mehr das Tanzen. Die Jagd hasse ich, aber ich reite sehr gern. Wäre ich mein eigener Herr, ich triebe dies alles, wie ich gerade Lust hätte, aber einen guten Teil meiner Zeit würde ich meinen Geschäften widmen [...]. Außerdem würde ich dafür sorgen, daß meine Tafel sauber und mit feinen Gerichten besetzt ist, aber ohne Verschwendung. Ich würde mir gute Musiker halten, aber wenig, doch dürften sie nie bei Tische spielen, denn die Musik ist Erholung und beim Essen würde sie mich stören. Ich würde allein und öffentlich zu Mittag speisen, aber abends würde ich meine Freunde um mich sehen und sie gut bewirten.«[17]

Das Leben in Rheinsberg und später in Sanssouci ist hier schon geplant.

### Das Berliner Kronprinzenpalais

Am 26. Februar 1732 verließ Friedrich Küstrin, am 29. Februar wurde er Oberst im Goltzschen Infanterieregiment, und am 10. März fand die Verlobung mit der Prinzessin Elisabeth Christine von Braunschweig-Bevern statt.

Der Kronprinz wusste allerdings schon von der beabsichtigten Verbindung, als der König ihm am 4. Februar 1732 die Heirat mit der Prinzessin von Braunschweig-Bevern ankündigte. Es war eigentlich bereits eine beschlossene Sache, denn der Vater schrieb an den Sohn: »Ich habe das Haus von Katsch gekauft, das bekommt der Feldmarschall als Gouverneur, und das Gouvernementshaus werde lassen zurecht bauen und alles meubliren und Euch soviel geben, daß Ihr allein wirtschaften könnt, und will Euch bei der Armee im April commandiren.«[18]

Das Haus, das nun dem zukünftigen Kronprinzenpaar zugewiesen werden sollte, lag am Anfang der Straße Unter den Linden in Berlin, gerade dem Zeughaus gegenüber. Es war zwischen 1663 und 1667 für den kurfürstlichen Kammersekretär Johann Martitz gebaut worden und das Erste dieser Art am Beginn der sich später zur Prachtstraße entwickelnden Allee. Mit großer Wahrscheinlichkeit von Cornelis Ryckwaert errichtet, der ab 1661 im Dienst des Kurfürsten Friedrich Wilhelm stand, ist das Gebäude durch eine durchlaufende kolossale Pilasterordnung gegliedert, wie sie in Holland üblich war, sowie durch einen dreiachsigen Mittelrisalit betont. Seit der Erbauungszeit wechselte das Haus fünf Mal den Bewohner bzw. den Besitzer, bis es um 1700 in königlichen Besitz gelangte und ab 1706 dem Gouverneur von Berlin, Alexander Graf von Wartensleben, als Wohnung zugewiesen wurde.

Nun sollte es die Wohnung des Kronprinzenpaares werden (Abb. S. 10). Als der Gouverneur im Februar 1732 ausgezogen war, begannen einen Monat später unter Leitung von Philipp Gerlach die Umbauarbeiten, die sich aber über ein Jahr hinzogen, und der König war ob dieses langen Zeitraumes sehr ungeduldig. Das Gebäude wurde auf der linken Seite um eine Achse verlängert und bekam ein hohes Mansarddach mit einer Eindeckung aus blauen Dachsteinen, das dem Gebäude ein französisches Aussehen verlieh. Große Kartuschen von Fahnen und Waffen befanden sich über dem Mittelrisalit und den Mittelfenstern der Seitenfronten. Am Gebälk des Mittelbaus wurde die Inschrift angebracht: »Palais du Prinze Royal de Prusse«. Sie ist aber 1793 auf Wunsch des Kronprinzen Friedrich Wilhelm (III.) wieder entfernt worden.[19]

Über die innere Aufteilung und Möblierung des Palais ist nur sehr wenig bekannt. Eine Briefstelle der Schwester des Kronprinzen, Philippine Charlotte, spätere Herzogin von Braunschweig, vom 18. Januar 1733 an ihren Bruder gibt eine gewisse Auskunft: »Mutter (Königin Sophie Dorothea, d.V.) ist neulich in Eurem Haus gewesen, sie begrüßte, daß ich sie mitnahm. Sie ordnete selbst an, die Möbel schnell instandzusetzen so gut es geht, was unendliche Mühe macht. Meiner Meinung nach hat es den Anschein, daß die Zimmer zu klein und eng sind und für die kostbaren Möbel eines Staatsbeamten.«[20]

Am 12. Juni 1733 erfolgten die Trauung des Kronprinzen mit der Prinzessin Elisabeth Christine von Braunschweig-Bevern in Salzdahlum bei Braunschweig und am 27. Juni der feierliche Einzug des Paares in Berlin und damit auch in die neue Wohnung im Haus Unter den Linden. Es muss wohl nur ein gelegentliches Absteigequartier gewesen sein, denn nach dem Tode Friedrich Wilhelms I. schenkte es der König am 6. Januar 1742 seinem älteren Bruder August Wilhelm, der an diesem Tag die Schwester der Königin, Prinzessin Luise Amalie von Braunschweig-Bevern, geheiratet hatte.

Nach der Einwilligung in die Heirat und einer damit einhergehenden Annäherung zwischen Vater und Sohn übernahm der Kronprinz am 4. April 1732 sein Regiment in Nauen; er wohnte in dieser Zeit im Kerkowschen Hause in der dortigen Königstraße, heute Goethestraße 52. Schon im Januar 1732 hatte er in einem Brief an Grumkow geschrieben, dass Nauen nicht weit entfernt von Potsdam liege, also musste zu diesem Zeitpunkt der neue Standort für den Kronprinzen bereits festgestanden haben.[21]

### Neuruppin

Als Hauptsitz des Regiments war die Stadt Neuruppin vorgesehen. Friedrich Wilhelm I. befahl am 23. Mai 1732, ein Haus in der ehemaligen Baustraße, das bisher der Obrist von Wreech bewohnte, für den Kronprinzen herzurichten. Über die Einrichtung und Ausstattung der Räume ist nichts bekannt, sie muss aber wohl sehr einfach gewesen sein.[22] Am 28. Juni 1732 zog Friedrich feierlich an der Spitze seiner Truppen in die Stadt ein. Entsprechend einer königlichen Order waren vorher der Kot aus den Straßen entfernt und die Häuser abgeputzt worden. Auch der Militärgalgen, der vorher auf dem Neuen Markt stand, wurde vor die Stadt verlegt.[23]

*Georg Wenzeslaus von Knobelsdorff, Szene aus dem Amalthea-Garten in Neuruppin, um 1735 (SMBPK, Kupferstichkabinett, Inv.-Nr. KdZ 1293)*

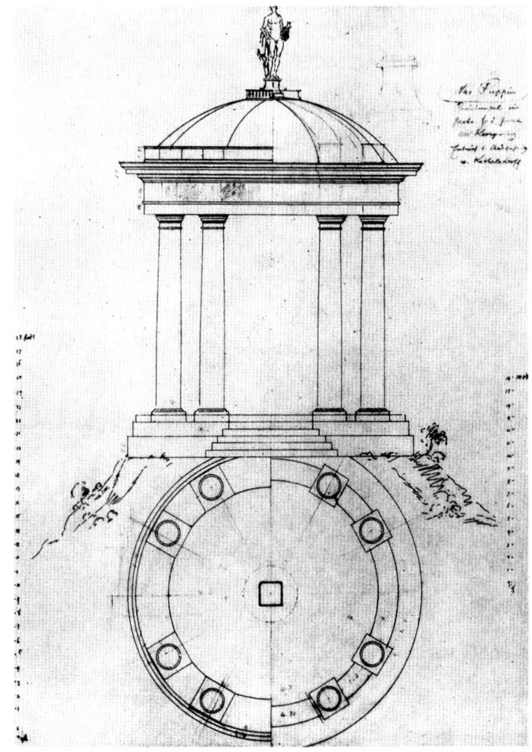

*Georg Wenzeslaus von Knobelsdorff, Entwurf für den Apollo-Tempel im Amalthea-Garten in Neuruppin, um 1734 (SPSG, Plankammer, Plansammlung, Mappe Neuruppin)*

Nach der Beschäftigung mit Verwaltung und Ökonomie in Küstrin folgte nun in Nauen und Neuruppin das Erlernen des Militärhandwerkes. Nach der Auffassung Friedrich Wilhelms I. waren beides Voraussetzungen für das Führen eines Staates. Trotzdem blieben dem Kronprinzen noch Zeit und Muße, sich mit künstlerischen Dingen zu befassen. Neben der Musik und damit auch der Zusammenstellung einer ersten kleinen Kapelle, die später seine Hofkapelle wurde, und ersten eigenständigen Kompositionen beschäftigte er sich mit der Gartenkunst und der Architektur.[24]

Auf Befehl Friedrich Wilhelms I. waren 1729 die nahe am Ruppiner See gelegenen Wälle der Stadt abgetragen worden, aber jenseits des Berliner Tores blieben sie auf Wunsch des Kronprinzen erhalten.

Nördlich des Berliner Tores ließ Friedrich einen Garten anlegen, der durch einen Zugang in der Stadtmauer von seinem Wohnhaus aus zugänglich war. Das Areal muss er schon bald nach seinem Einzug in Neuruppin erworben haben, denn er schrieb u. a. in einem Brief an Grumkow am 23. Oktober 1732: »Meine einzige Zerstreuung besteht in Wasserfahren, oder daß ich einige Schwärmer in meinen vor der Stadt liegenden Garten steigen lasse.«[25] Durch wenige, zeitgenössische Beschreibungen, meist durch den Kronprinzen selbst, und Zeichnungen von Georg Wenzeslaus von Knobelsdorff sind wir nur unvollkommen über das Aussehen dieses Gartens unterrichtet. Aus dem Bericht Bielfelds ist zu erfahren, dass es eine Grotte, ein Bad, ein Pavillon und einige Kabinette gegeben hat (Abb. S. 12 links).[26] Wie sie allerdings angeordnet waren, lässt sich kaum noch ermitteln. Am 24. August 1735 schrieb Friedrich an seine Schwester Wilhelmine: »Ich betätige mich auch in der Gärtnerei und beginne mir einen Garten anzulegen. Das Gartenhaus ist ein Tempel aus acht dorischen Säulen, die eine Kuppel tragen. Auf ihr steht die Statue Apollos. Sobald er fertig ist, werden wir Opfer darbringen – natürlich Dir, liebe Schwester, als Beschützerin der schönen Künste«[27] (Abb. S. 12 rechts). Friedrich nannte diesen Garten Amalthea, sicherlich nach dem in Epirus gelegenen Landsitz des Atticus, eines Freundes des Cicero.[28] Auch seiner Schwester Amalie berichtete Friedrich 1735 aus Neuruppin: »Ich lese und schreibe wie ein Sträfling, und ich habe Musik für viele. In der Komposition bin ich bis zu einer Symphonie vorgeschritten; sobald sie fertig sein wird, werde ich mir erlauben, sie Dir zu schicken. Ich lege mich auch auf die Gärtnerei, habe angefangen mir einen Garten zu bauen. Das Lusthaus in Form eines Tempels besteht aus acht dorischen Säulen, welche die Kuppel tragen, auf der eine Statue des Apoll steht.«[29]

Wann Friedrich mit Knobelsdorff bekannt wurde, lässt sich nicht genau sagen. Vermutlich gehörte er schon 1732, bald nach Ankunft des Kronprinzen in Neuruppin, zu dessen Umgebung, denn im gleichen Jahr reisten sie gemeinsam nach Dresden. Dort entstand auch das Bildnis Knobelsdorffs, gemalt von dem sächsischen Hofmaler Adam Mányoki.[30] Beim Rheinfeldzug begleitete er den Kronprinzen und siedelte mit ihm 1736 nach Rheinsberg über; er wird sein Freund und künstlerischer Mentor.

Knobelsdorff, 1699 geboren, war mit 15 Jahren in das Infanterieregiment Lottum eingetreten, nahm 1715 als Offizier am Pommerschen Feldzug teil und verließ 29-jährig wegen seines labilen Gesundheitszustandes das Militär, um sich fortan seinen künstlerischen Neigungen zu widmen. Als sein erstes Bauwerk gilt der 1735 errichtete Apollo-Tempel in Neuruppin. Zum ersten Mal wird auf dem europäischen Kontinent ein Tempel in Form eines Monopteros errichtet. Die ersten neuzeitlichen Bauten dieser Art entstanden schon 15 Jahre zuvor in England, waren aber auf dem Kontinent noch nicht durch Publikationen bekannt. Nach Streichhan scheint es Friedrichs eigene Idee gewesen zu sein; dem schließt sich auch Eggeling an.[31] Welche eventuellen Vorbilder oder Anregungen für den Apollo-Tempel Pate gestanden haben, ist in der einschlägigen Literatur vielfach behandelt worden, ohne dass man zu einem endgültigen Urteil gekommen ist.[32] Neben einer Architekturzeichnung des Tempels existieren auch noch eine Bleistiftzeichnung und eine Radierung von Garten und Tempel mit Staffagefiguren.[33] Bei der Erweiterung der Stadt Neuruppin nach dem verheerenden Brand von 1787 blieb der Tempel durch Einspruch des Prinzen Heinrich vor dem Abriss bewahrt, ist aber zwischen 1791 und 1793 durch Ersatz der Holzteile und einer Vermauerung der Interkolumnen mit Fenstern verändert, jedoch bis heute erhalten geblieben.[34] Den Typ des offenen Monopteros nahm Friedrich der Große noch einmal bei dem 1770 in Erinnerung an seine 1758 verstorbene Schwester Wilhelmine von Bayreuth, der bekanntlich auch der Tempel in Rheinsberg gewidmet war, im Park von Sanssouci errichteten Freundschaftstempel auf.[35] Schon hier wird deutlich, welchen Stellenwert die Architektur Knobelsdorffs auch für das spätere Leben von Friedrich dem Großen besitzen sollte.

Anfangs war wohl geplant, dass Friedrich nach der Versöhnung mit dem Vater seinen ständigen Wohnsitz in Berlin nehmen sollte. Grumkow konnte jedoch den König davon überzeugen, dass es besser wäre, wenn der Kronprinz an einem anderen Ort und nicht in Berlin wohnen würde; es wären wohl sonst wieder unliebsame Auftritte zu befürchten gewesen. Auch der König hatte letzten Endes die Einsicht, dass eine Trennung wohl besser sei.[36] So erhielt Friedrich die Regimenter in Nauen und Neuruppin, aber bald seinen Wohnsitz in Rheinsberg. Das für ihn und Elisabeth Christine eingerichtete Kronprinzenpalais in Berlin diente nur zum gelegentlichen Aufenthalt in der Stadt.

### Rheinsberg

Von Neuruppin waren es nur zwei Meilen bis nach Rheinsberg. Dort machte der Kronprinz die Bekanntschaft mit dem Oberstleutnant de Beville, der der Besitzer des aus der Spätrenaissance stammenden Wasserschlosses am Grienericksee war. Es muss zu schnellen Verkaufsgesprächen gekommen sein, zu denen bereits am 23. Oktober 1733 der Geheime Finanzrat Schmidt und der Kriegsrat Limmer nach Rheinsberg geschickt wurden.[37] Man einigte sich bald auf die Verkaufssumme von 75 000 Talern, wobei 50 000 Taler der König schenkte, der Rest kam aus dem Heiratsgut der Kronprinzessin Elisabeth Christine von Braunschweig-Bevern. Der Kronprinz schrieb am 2. November 1733 an den König: »Ich bedanke Mihr gantz unterthänigst vohr die Gnade, so mein allergnädigster Vahter vohr mihr gehabt wegen des Guhts Reinsberge zu kaufen.«[38] Am 16. März 1734 wurde der Kaufvertrag geschlossen. Im Juni des gleichen Jahres begannen die Umbaumaßnahmen unter Leitung des Baudirektors Johann Gottfried Kemmeter (gestorben 1748) und des Kondukteurs A. Freiherr von Wangenheim (gestorben 1734). Da Friedrich Wilhelm I. auf äußerste Sparsamkeit drang, wurden zuerst das alte Schloss mit dem als Klingenberg bezeichneten Turm an der Stirnseite und der Torhausflügel im rechten Winkel dazu hergerichtet. Im August 1736 waren der Bau und die Einrichtung dieser beiden Flügel soweit fortgeschritten, dass der Kronprinz und mit ihm auch die Kronprinzessin einziehen konnten. Ein Brief Friedrichs an Ernst Christoph Graf von Manteuffel vom 21. August 1736 ist überschrieben: »Halb in Ruppin, halb in Rheinsberg, oder bei meinem Aufbruch von hier nach dort«, und im Text weiter heißt es: »Ich siedle jetzt von hier nach Rheinsberg über.«[39] Am 4. September 1736 besuchte auch der König die neue Wohnung seines Sohnes in Rheinsberg, der in dem gleichen Brief an Manteuffel geschrieben hatte: »Bei meinem Zurüstungen zum Empfang des königlichen Gastes suche ich meine Aufmerksamkeit auf alles zu richten, was ihm Freude machen kann, damit ihm die Reise nicht gereut.«[40]

Obwohl der Kronprinz und die Kronprinzessin bereits die beiden fertig gestellten Flügel bewohnten, war der Bau noch nicht fertig. Geplant waren ein Nordflügel, so dass das Schloss einen U-förmigen Grundriss erhielt; außerdem war als Pendant zum Klingenberg ein gleicher Turm auf der Nordseite und zwischen beiden, den Schlosshof zum See abschließend, eine Kolonnade vorgesehen.

Nach der Rückkehr von einer Italienreise, die er auf Veranlassung des Kronprinzen unternommen hatte, malte Knobelsdorff 1737 eine Ansicht von Rheinsberg (Abb. S. 14).[41] Über den See hinweg sind das noch im Bau befindliche Schloss und die sich daran anschließende Gartenanlage zu sehen. Die märkische Landschaft wird hier zum künstlerischen Gegenstand. Noch einmal hat Knobelsdorff 1750 mit

*Georg Wenzeslaus von Knobelsdorff, Ansicht von Rheinsberg, um 1737 (SPSG, Schloss Rheinsberg, GK I 1021)*

Sanssouci eine Residenz Friedrichs des Großen in landschaftlicher Umgebung dargestellt. Es ist symptomatisch für Knobelsdorff und auch für Friedrich, dass gerade diese beiden »Sanssouci Residenzen« eine bildliche Darstellung erfahren haben. Im gleichen Jahr übernahm Knobelsdorff die Leitung des Baues und führte diesen bis zu seiner äußeren Vollendung 1739 aus. Wie Kemmeter hatte er ebenfalls darauf zu achten, »daß dadurch sowohl der Wille des Kronprinzen erfüllt, als auch die möglichste Sparsamkeit beobachtet« werde.[42] Auch in der Gestaltung der äußeren Fassade musste Knobelsdorff »dem Geschmack des ersteren (Kemmeter, d. V.) in der Auszierung ziemlich folgen«.[43] Eigene Entwürfe Knobelsdorffs beschränkten sich im Wesentlichen nur auf die Kolonnade und die Hofseite des Corps de Logis. Eggeling stellt in seinem Aufsatz über die Baugeschichte des Schlosses deshalb zurecht fest: »Idee und Konzeption der Rheinsberger Schlosserweiterung (nach 1737, d. V.) wird man demnach wohl als Gemeinschaftsarbeit des Kronprinzen, Knobelsdorffs und Kemmeters verstehen dürfen, die architektonische Durchbildung aber einschließlich der Ausbildung des Fassadendetails sind mit Ausnahme des 1737 von Knobelsdorff entworfenen Mittelrisalits und der Kolonnade ein Werk Kemmeters und seiner Gehilfen.«[44] (Abb. S. 15 oben) Es ist richtig darauf hingewiesen worden, dass die Kolonnade eine typologische Verwandtschaft mit der um 1700 von Martin Grünwald wohl nach Entwürfen von Arnold Nering gebauten Verbindungsarkade zwischen den beiden Nordflügeln des Schlosses Oranienburg aufweist und auch zum Wasser, einen heute nicht mehr existierenden Kanal, ausgerichtet war. Von Oranienburg ergeben sich aber weiter Verbindungen zum holländischen Schloss Honselaardigk, das der Kurfürst Friedrich III. 1693 besucht hatte.[45] Hennert erwähnt, dass Friedrich Wilhelm I. dem Kronprinzen nicht nur 50 000 Taler zum Ankauf des Schlosses schenkte, er bestimmte auch den Baudirektor Kemmeter, »um nach dem Entwurf des Kronprinzen den Bau des Schlosses Reinsberg auszuführen«.[46] Der Kronprinz wird sicherlich einen nicht näher zu bestimmenden Einfluss auf das Baugeschehen ausgeübt haben. Ob es aber auch einen eigenen »Entwurf« von ihm gegeben hat, lässt sich bisher nicht nachweisen. Wir wissen von Architekturskizzen des Kronprinzen aus seiner Küstriner Zeit. Die Baukunst und dabei das Mitplanen interessierten ihn sein ganzes Leben lang. Wenn auch nicht vom Schloss, so ist doch von einem anderen geplanten Bau in Rheinsberg eine Skizze von ihm überliefert, wie noch zu sehen sein wird. Dass Kemmeter den Willen des Kronprinzen bei diesem Bau zu erfüllen hatte, notiert auch Hennert.[47]

Im Jahre 1739 war der Außenbau abgeschlossen, wie die Inschrift über dem Portal, das zum Ehrenhof führt, zeigt: »FRIDERICO TRANQUILLITATEM COLENTI MDCXXXIX« (Gewidmet Friedrich, der die Musen pflegt 1739). Es scheint aber bis dahin viele Schwierigkeiten gegeben zu haben, wie der Kronprinz selbst in einem Brief an seine Schwester Wilhelmine vom 16. April 1739 vermerkte.[48] Wie auch später von seinen anderen Bauten schickte er ihr von Rheinsberg Zeichnungen. In einem Brief vom 9. November 1739 heißt es: »Anbei eine Zeichnung von Remusberg, wie es jetzt aussieht; es ist die Innenseite, die auf den Garten und auf einen See geht. Gegenwärtig zeichnet Knobelsdorff die andere Fassade.«[49] Am 17. November 1739 antwortete ihm Wilhelmine: »Zu meiner großen Freude erhielt ich gestern Deinen reizenden Brief nebst dem Plan von Rheinsberg, den ich reizend finde. Die Kolonnade an der Frontseite des Schlosses muß sehr schön wirken. Der Bau scheint ganz im italienischen Stil zu sein. Doch einerlei welchen Stil, es ist nicht dagegen zu sagen.«[50] (Abb. S. 15 unten)

Schon wenige Monate, nachdem Friedrich in Rheinsberg eingezogen war, schrieb er am 24. März 1737 aus Neuruppin, wo sein Regiment stand, an den General von Grumkow: »Ich reise jetzt nach Rheinsberg zurück, es ist mein Sanssouci.«[51] Zum ersten Mal wird dieser Name von Friedrich genannt, der nur wenige Jahre danach für sein Schloss und seine Sommerresidenz in Potsdam prägend sein sollte. Selbst zwanzig Jahre später bekennt er nach der Niederlage in der Schlacht bei Maxen (bei Pirna) am 21. November 1759: »Das Unglück hat mich immer verfolgt. Ich bin glücklich gewesen nur in Rheinsberg.«[52] Vom Leben »ohne Sorgen« in den vier Rheinsberger Jahren erfahren wir immer wieder aus den Briefen an seine Schwester Wilhelmine: »Spät stehen wir auf, spät essen wir zu Mittag und zu Abend und noch später gehen wir zur Ruhe. Ich habe an meinem Garten arbeiten lassen und sehe das Werk zu meiner Freude täglich, wenn auch langsam, vorrücken. Wir machen Lustfahrten auf dem See und gehen spazieren, lesen ein wenig oder treiben Musik: das ist alles.«[53] Und am 10. August 1737 gesteht er ihr gegenüber: »Das Landleben sagt mir tausendmal mehr zu als das Stadt- und Hofleben. Wahrhaftig,

*Georg Wenzeslaus von Knobelsdorff, Entwurfsskizze für die Fassadengestaltung des Schlosses Rheinsberg zur Seeseite, um 1737 (SMBPK, Kunstbibliothek, Skizzenbuch verschiedener Künstler, Inv.-Nr. Oz 45, Bl. 61v)*

*Johann Konrad Krüger nach Christian Friedrich Ekel, Ansicht des Schlosses Rheinsberg von Norden, 1773, Radierung (SPSG, Plansammlung Nr. 9240)*

*Wilhelm Streckfuß, Arbeitszimmer, Turmzimmer/Bibliothek Friedrichs des Großen im Schloss Rheinsberg, um 1880, Aquarell (SPSG, Aquarellsammlung)*

es hat keinen Sinn, um eines Titels willen zu bluten, wo das Leben so kurz ist.«[54]

In Rheinsberg konnte Friedrich sich zum ersten Mal schöpferisch betätigen. Das wird deutlich am und, wie später zu sehen sein wird, im Schloss selbst, wo erstmalig Künstler arbeiteten, die bei seinen späteren Bauten in Berlin und vornehmlich in Potsdam Meisterwerke schufen. Dazu gehörte der junge Bildhauer Friedrich Christian Glume, der über dem stadtseitigen Durchgang des Corps de Logis die vier großen Attikafiguren, die die Rhetorik, Musik, Malerei und Bildhauerkunst symbolisieren, schuf. Zu den Arbeiten Glumes gehören auch u. a. Flora und Pomona am Gartenportal, die beiden Sphingen an der Treppe des Orangerieparterres und die schon 1884 wegen ihres schlechten Zustandes entfernten zwei Figurengruppen – Raub der Proserpina sowie Apoll und Daphne – im gleichnamigen Parterre.[55] Im Inneren fertigte Johann Christian Scheffler die vergoldeten Türschnitzereien an, die das Thema der »Metamorphosen« des Ovid behandeln. Diese Thematik durchzieht von nun an die gesamte Friderizianische Kunst, immer in Verbindung mit Musik, von dem Berliner Opernhaus Unter den Linden, dem Marmorierten Speisezimmer und dem Schreibkabinett im Neuen Flügel des Charlottenburger Schlosses (nicht erhalten), dem Konzertzimmer im Schloss Sanssouci, dem Treppenhaus des Potsdamer Stadtschlosses (nicht erhalten), dem Konzertzimmer und der Oberen Galerie im Neuen Palais und letztlich bis zur Ovidgalerie in den Neuen Kammern in Sanssouci.[56]

*Großer Saal oder Spiegelsaal des Schlosses Rheinsberg*

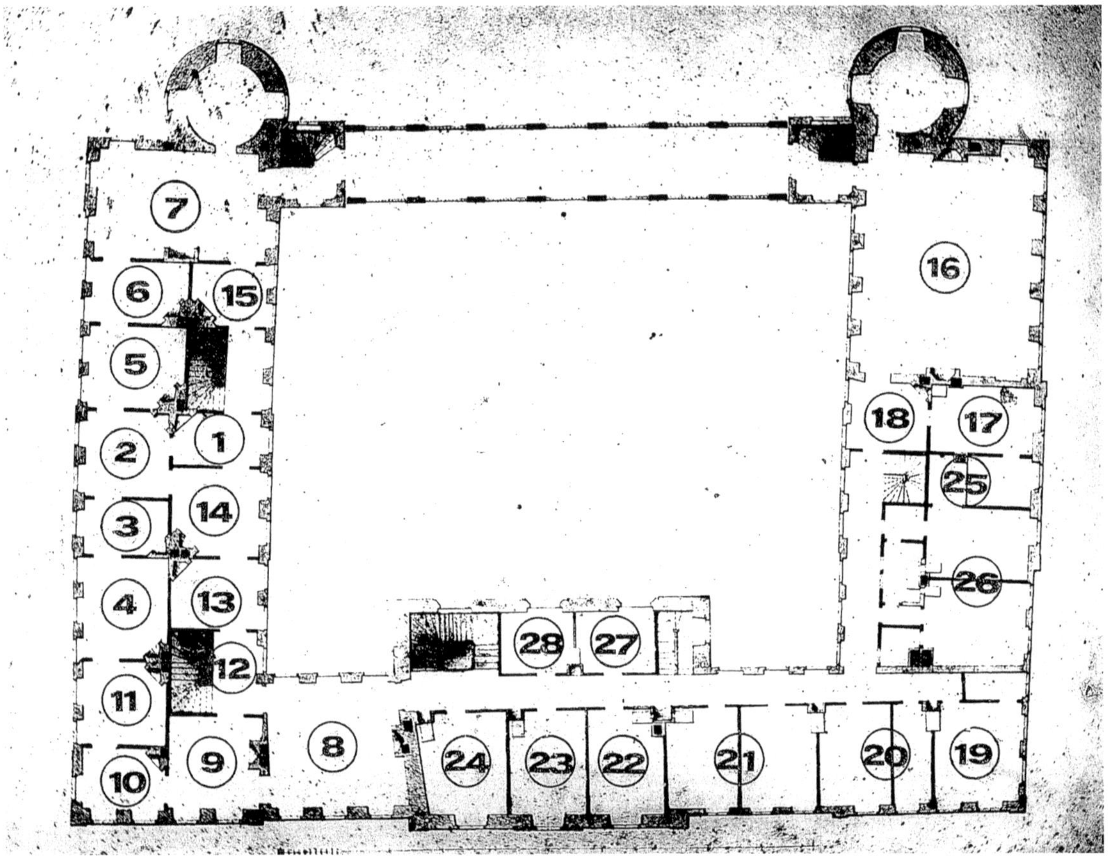


*Baubüro Knobelsdorff, Grundriss des ersten Geschosses des Schlosses Rheinsberg mit Raumnummern des Inventars von 1742, Wohnung des Kronprinzen, Nr. 1–7, und Turmzimmer / Bibliothek im Klingenberg-Turm, Nr. 8–12, Wohnung der Kronprinzessin (nach Eggeling)*

Der Dritte im Bunde, der neben Knobelsdorff und Glume zum Rheinsberger Künstlerkreis gehörte, war der französische Maler Antoine Pesne. Noch unter Friedrich I. 1710 nach Preußen berufen, hatte er in der Regierungszeit Friedrich Wilhelms I. nur noch wenige Aufträge. Die Bekanntschaft mit Knobelsdorff führte ihn nach Rheinsberg, wo er am 8. November 1737 ein Bildnis der Königin Mutter Sophie Dorothea dem Kronprinzen überreichte, das diesen wiederum zu einem begeisterten Gedicht auf Pesne veranlasste.[57] Pesne wurde von da ab eingebunden in das künstlerische Programm des Schlosses. Von 1737 bis 1740 schuf er, der bereits mehr als fünfzig Jahre alt war und bisher noch keine Deckenbilder gemalt hatte, die Gemälde im Turmzimmer, der Bibliothek des Kronprinzen (Abb. S. 16 oben) – Minerva mit dem aufgeschlagenen Buch, auf dem bezeichnenderweise die Namen »Horace« und »Voltaire« zu lesen sind – im Pendant, dem Bacchuskabinett, in der Vorkammer zum Spiegelsaal, im Rittersaal und das erst 1740 fertig gestellte große Deckenbild im Spiegelsaal mit dem programmatischen Titel »Der Tag vertreibt die Finsternis« (Abb. S. 16 unten).[58]

Zum ersten Mal hatte Friedrich in Rheinsberg eine eigene Wohnung, deren Lage, Anordnung der Räume und Ausstattung er selbst mitbestimmte (Abb. S. 17).[59] Sie lag im Obergeschoss des Südflügels, des so genannten Klingenbergflügels, und umfasste nach den Inventaren von 1742 und 1745 sieben Räume, zuzüglich das in den Inventaren nicht aufgeführte Bibliothekzimmer im Klingenbergturm. Die anschließende Wohnung der Kronprinzessin hatte fünf Räume, wobei der Vorsaal schon im Corps de Logis lag.

Zur Kronprinzenwohnung gehörten Vorkammer (1), vergoldete Kammer (2), altes Schlafkabinett (3), Musikzimmer (4), neues Schlafkabinett (5), Schreibkammer (6), Spiegelsaal (7) und die Bibliothek. Die Beschäftigung mit den oben genannten Inventaren, vor allem aber die Ergebnisse der Untersuchungen während der Restaurierungen der kronprinzlichen Wohnung nach 1990, ergeben ein differenziertes Bild von Aussehen und Gestaltung der Innenräume in der Zeit des Kronprinzen Friedrich von 1736 bis 1740.[60] In der ersten Gestaltungsphase zwischen 1734 und 1736 wurden die Räume illusionistisch ausgemalt, vermutlich wohl aus Zeit- und finanziellen Gründen. Für die Einrichtung der Zimmer hat man – ebenfalls aus diesen Gründen – Möbel aus den Schlössern Oranienburg und Köpenick zusammengetragen, wie aus Briefen der Königin Sophie Dorothea vom Januar und Februar 1736 an ihren Sohn zu erfahren ist.[61]

Knobelsdorff hatte zwar neben Pesne, Dubuisson und Seidel in der ersten Phase einzelne Entwürfe geliefert, doch ist sein Einfluss ist in dieser Zeit nicht differenziert zu bestimmen.[62] Nach der Rückkehr von seiner Italienreise übernahm er 1737 die Bauleitung und auch die Dekoration von Innenräumen. In dieser zweiten Periode werden die dekorativen Bemalungen der Innenräume durch Boiserien, zum Teil mit Ornamenten verziert, und durch Stuckmarmor ersetzt. Die erneute Umgestaltung wird vermutlich 1739 abgeschlossen sein, denn der Kronprinz schrieb am 27. Juni diesen Jahres an die abwesende Kronprinzessin: »Knobelsdorff und ich haben uns indessen mit den Maßnahmen zur Veränderung der Zimmer befaßt und ich schmeichle mir, daß Sie bei Ihrer Rückkehr zufrieden sein werden.«[63]

In einem Brief Friedrichs vom 9. November 1739 aus Ruppin an seine Schwester Wilhelmine in Bayreuth heißt es: »Es ist zu gütig von Dir, an Remusberg zu denken. Alles ist dort möbliert, zwei Zimmer mit Bildern, die anderen mit Spiegelscheiben und vergoldeter und versilberter Täfelung. Die Mehrzahl meiner Bilder ist von Watteau oder Lancret, zwei französische Maler der Brabanter Schule.«[64] In der Dekoration der Räume wurde Silber bevorzugt, nur ein Zimmer – die »vergoldete Kammer« (2) – machte eine Ausnahme.[65] Auch die heute weitgehend erhaltenen Ornamente im Turmkabinett, der ehemaligen Bibliothek des Kronprinzen, sowie im Rittersaal, dem ehemaligen Vestibül zur Wohnung der Kronprinzessin, in beiden Räumen angefertigt von Johann Carl Scheffler, sind vergoldet (8).[66]

In künstlerischen Dingen, sowohl was die Gestaltung der Innenräume als auch die Architektur des Außenbaues des Schlosses betrifft, war für Friedrich die Schwester in Bayreuth seine verständige Partnerin. Auch bei späteren Bauten wird wieder darauf zurückzukommen sein.

Bedingt durch die Nutzung des alten Gebäudes lag die Wohnung des Kronprinzen in Rheinsberg nach Süden. Diese Ausrichtung wird auch in Sanssouci wieder aufgenommen. Seine Wohnungen im Schloss Charlottenburg, im Potsdamer Stadtschloss und im Berliner Schloss sind ebenfalls in dieser Himmelsrichtung gelegen. Lediglich die wesentlichen Räume der Wohnungen im Schloss Breslau und im Potsdamer Neuen Palais orientieren sich nach Osten, aber letztlich bedingt durch die Lage der Bauten.

Nicht nur am und im Schloss Rheinsberg wird die für spätere Bauten Friedrichs prägende Stilrichtung deutlich. Es zeigt sich aber auch schon jetzt sein in Raum- und Stilformen herausbildender Konservatismus, der wenige Jahre später besonders bei Sanssouci zu Tage treten sollte. Auf der Grundrissskizze des Königs für Sanssouci ist bei der Kolonnade und der Bibliothek die Bezeichnung »come à Reinsberg« vermerkt, zweifellos ein für Knobelsdorff bestimmter Hinweis.

Auch die Rheinsberger Gartenarchitekturen, besonders das von Knobelsdorff errichtete Gartenportal mit den flankierenden Statuen der Flora und Pomona, und dem heute nicht mehr existierenden Obelisken davor, werden wenige Jahre später, 1747, in Sanssouci wiederholt (Abb. S. 19).

Jacob Friedrich von Bielfeld (1717–1770), der mit dem Kronprinzen seit dessen Aufnahme in den Freimaurer-Orden 1738 bekannt war, weilte 1739 in Rheinsberg und berichtete in seiner 1763 zuerst auf französisch und zwei Jahre später auf deutsch herausgegebenen »Lettre familieres et autres« von der beabsichtigten Errichtung eines Bacchustempels: »Zwölf Satyren, in Riesengröße, werden an diesem Tempel statt der Säulen dienen, und eine umgekehrte Schüssel oder Punschschale, die das Dach ausmachen wird, unterstützen.«[67] Diese Beschreibung Bielfelds ist von der einschlägigen Literatur immer wieder zitiert, oft glaubhaft, manchmal aber auch angezweifelt worden. Margarete Kühn hat eine heute verschollene Zeichnung Knobelsdorffs, die eine kuppeltragende Karyatide zeigt, als Bacchustempel für Rheinsberg ausgewiesen.[68] Im Hessischen Hausarchiv befindet sich eine Skizze des Kronprinzen Friedrich, die den von Bielfeld beschriebenen Bacchustempel zeigt und durch den Obelisken eindeutig in Rheinsberg lokalisiert werden kann.[69] Vermutlich ist sie Anfang 1740 angefertigt worden; die modifizierte Umsetzung sollte aber dem Schloss Sanssouci vorbehalten bleiben.

Wenn man Rheinsberg in seiner Gesamtheit betrachtet, so ist es die künstlerische »Probierstube« des sich auf das Königtum vorbereitenden Kronprinzen. Architekturformen und -elemente, vieles noch nicht künstlerisch ausgereift, sind dort in den Grundzügen schon angelegt und kommen dann unter Mithilfe der Künstler in dem Jahrzehnt zwischen 1740 und 1750 zur Reife. Aber bereits in Rheinsberg und besonders nach der Rückkehr Knobelsdorffs aus Italien offenbart sich die Zusammenarbeit zwischen Baumeister und Kronprinz. In Rheinsberg zeigt sich bereits die Tendenz, die sich beim späteren König noch verstärkte: Er wohnte meist schon in dem Schloss, an oder in dem noch aus- oder umgebaut wurde; in Rheinsberg dauerten die Arbeiten bis 1740, wobei das schon Fertiggestellte wieder verändert wurde.

Die Rheinsberger Jahre des Kronprinzen Friedrich sind in der Literatur oft als eine Idylle dargestellt worden. Nicht zuletzt hat er selbst durch überschwängliche Äußerungen in Briefen und Gedichten dazu beigetragen. Man muss aber dieses freie Leben, das erlaubte, eigenen Neigungen und Vorstellung nachzugehen und z. T. auch umzusetzen, vor dem Hintergrund der Auseinandersetzungen zwischen Vater und Sohn, der Gefangenschaft in Küstrin und der spartanisch-despotischen Hofhaltung in Potsdam und Wusterhausen sehen. Die Umsetzung der »Fête galantes« Watteaus – einige Bilder des Malers hatte er bereits erworben – in die Wirklichkeit eines

*Georg Wenzeslaus von Knobelsdorff, Ansicht von Schloss und Park Rheinsberg, um 1740 (SPSG, Plankammer, Plansammlung Nr. 1853 d/7)*

»märkischen Arkadien« war die Erfüllung eines Traumes, den er mit jugendlichem Überschwang zu genießen suchte.

Zur Rheinsberger Hofgesellschaft zählten ungefähr vierzig Personen, die sich ohne die übliche Hofetikette frei bewegten und sich nur bei der Tafel, beim Ball, Konzert oder Theater trafen. Hinzu kamen von Zeit zu Zeit fürstliche und andere Gäste. Zum engeren Rheinsberger Freundeskreis gehörten Offiziere, Hofleute, Diplomaten, Gelehrte, unter anderen der ehemalige französische Prediger aus Prenzlau und nun Sekretär des Kronprinzen, Charles Etienne Jordan (1700–1745), der spätere General Baron Heinrich August de la Motte-Fouqué (1698–1774), der heitere Gesellschafter Oberst Dietrich Freiherr von Keyserlingk (1698–1745), der ehemalige sächsische Gesandte in Berlin Ulrich Friedrich von Suhm (1691–1740) und nicht zuletzt der Baumeister Georg Wenzeslaus von Knobelsdorff (1699–1753).

»Wir haben unsere Beschäftigung in zwei Klassen geteilt«, schrieb der Kronprinz, »erstens die nützlichen und zweitens die angenehmen. Unter den nützlichen rechne ich das Studium der Philosophie, der Geschichte und der Sprachen. Die angenehmen sind Musik, Lust- und Trauerspiele, die wir selbst aufführen, Maskeraden und gegenseitige Überraschungen mit Geschenken.«[70]

Friedrichs Interesse galt vornehmlich den antiken Dichtern und Philosophen Lukrez, Horaz, Vergil, Seneca, Cicero und besonders Marc Aurel, der ihm als ein Ideal des Fürsten erschien. Zwei Tage nach dem Einzug in Rheinsberg begann der Briefwechsel mit dem wohl streitbarsten französischen Geist des 18. Jahrhunderts, Voltaire, den der Kronprinz zu dieser Zeit schwärmerisch verehrte. Trotz der späteren Auseinandersetzungen blieb die vor allem briefliche Verbindung bis zum Tode Voltaires im Jahre 1778 bestehen.

Die Beschäftigung mit der Politik spiegelt sich besonders in dem 1739 verfassten »Antimachiavell« wider, in dem sich Friedrich mit Nicolo Machiavellis »Il Principe« (Der Fürst, 1552) auseinander setzte. Der These des Italieners, dass dem Staat alle Mittel zur Erhaltung der Macht erlaubt seien, setzte er seine Vorstellung vom Herrscher als »erstem Diener des Staates« entgegen.

Der Suche nach Antworten auf religiöse, philosophische und politische Fragen entsprach auf der anderen Seite die Beschäftigung mit der Kunst. Georg Wenzeslaus von Knobelsdorff, Antoine Pesne und der junge Glume schufen den künstlerischen Rahmen; vieles war noch zaghaft und stilistisch unsicher, sollte aber dann in Charlottenburg und Sanssouci zur Meisterschaft reifen.

Neben dem Theaterspielen nahm die Musik einen bedeutenden Platz ein. Die kleine Hofkapelle vereinigte bereits hervorragende Solisten und Komponisten wie die Gebrüder Graun, die Gebrüder Benda und zeitweilig auch den Flötenlehrer Friedrichs, Johann Joachim Quantz, die später die weit über die Grenzen Preußens hinausgehende Berliner Musiktradition begründeten.[71]

Der Tod Friedrich Wilhelms I. am 31. Mai 1740 beendete in Rheinsberg die »ländlichen Freuden« und das anregende, aber auch behagliche Leben der »Republique de Platon«.

*Südseite des Neuen Flügels vom Schloss Charlottenburg*

*Friedericke Meinert, Grün-boisierte Kammer der Wohnung Friedrichs des Großen im Alten Schloss des Schlosses Charlottenburg, 1843, Aquarell (SPSG, Aquarellsammlung)*

## Die Wohnungen des Königs

### Charlottenburg

Man wird wohl annehmen müssen, dass die Planung für eine Residenz des zukünftigen Königs in Charlottenburg bis in die Rheinsberger Zeit zurückreichte.[72] Da der östliche Gartenflügel als Pendant zur westlichen Orangerie noch fehlte, erhielt Knobelsdorff unmittelbar nach der Thronbesteigung Friedrichs am 31. Mai 1740 den Auftrag, diesen als neue Wohnung mit Festräumen für den König zu errichten. Die Bauarbeiten begannen unmittelbar danach, und am 29. August 1742 konnten die Wohnung des Königs und der Speisesaal (Weißer Saal) eingeweiht werden; die Fertigstellung der Goldenen Galerie, dem Festsaal, erfolgte erst im Herbst 1746 (Abb. S. 20 links und S. 21).

Mit dem Entwurf war Georg Wenzeslaus von Knobelsdorff betraut worden, mit dem der König sicherlich schon in Rheinsberg Gedanken für eine Residenz in Charlottenburg ausgetauscht hatte. Die Wahl des Ortes geschah zweifellos in geistiger Verwandtschaft mit seiner Großmutter Sophie Charlotte, wie Margarete Kühn feststellte.[73]

Der Neue Flügel war bereits im Bau, da ließ sich Friedrich II. zwei Räume im Obergeschoss des Alten Schlosses, westlich des Ovalen Saales, ausstatten. Entsprechend der Kabinettorder vom 6. Oktober 1740 erhielten sie eine weiß bzw. grün gestrichene Vertäfelung und eine vergoldete bzw. versilberte Ornamentik, geschaffen von Friedrich Christian Glume und dem Bildhauer Scheffler. Die Räume wurden noch 1840 von Königin Elisabeth, der Frau Friedrich Wilhelms IV., als Tee- und Wohnzimmer genutzt; sie sind 1943 ausgebrannt und damit zerstört worden (Abb. S. 20 rechts).[74]

#### Wohnung der Königin

Im Neuen Flügel befand sich im Erdgeschoss auf der Westseite die Wohnung der Königin Elisabeth Christine. Sie umfasste sieben nach Süden gelegene Räume, die etwas niedriger waren als die darüber liegenden des Königs. Ob die Königin die Räume jemals bewohnt hat, ist nicht überliefert, zumal schon in diesen Jahren eine Entfremdung zwischen ihr und dem König eingetreten war. Die Gemächer sind zwar durch Österreichische Truppen und Kosaken 1760 während des Siebenjährigen Krieges verwüstet und nach 1800 für Friedrich Wilhelm III. umgestaltet worden, doch geben Beschreibungen und Inventare eine Vorstellung von ihrem ursprünglichen Aussehen. Vermutlich waren alle Dekorationen in den Zimmern vergoldet. Einige Räume fallen durch ihre besondere Ausstattung auf, so das Audienzzimmer, dessen Wände illusionistisch mit einer Parklandschaft sowie Damen und Kavalieren »von Seideln bemalt« waren. Dieser bis heute unbekannte Maler, vermutlich ein Schüler Pesnes, ist schon in Rheinsberg nachweisbar und wird noch einmal im Obergeschoss in der ersten Wohnung Friedrichs des Großen zu besprechen sein.[75] In der nachfolgenden Japanischen Kammer hat sich auf den Vertäfelungen die Chinoise-Malerei erhalten (Abb. S. 22 oben links). Sie wurde erst nach 1945 unter einer verbrannten Wandbespannung wieder entdeckt, dann aus museologischen Gründen 1958 in einen Raum des Obergeschosses und 1993 wieder an den ursprünglichen Ort verbracht. Der Maler und Entwerfer Friedrich Wilhelm Höder wird wenig später auch in drei Räumen des Schlosses Sanssouci tätig sein.

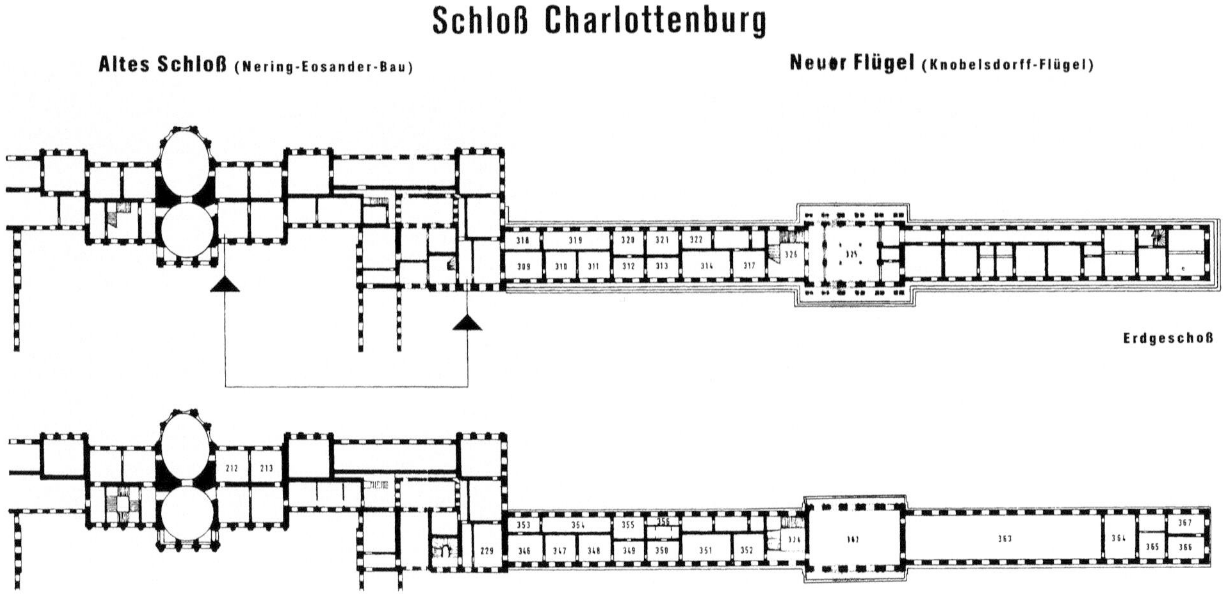


*Grundriss des Alten Schlosses und des Neuen Flügels von Schloss Charlottenburg. Erdgeschoss: Wohnung der Königin Elisabeth Christine, Raum Nr. 317–309, Obergeschoss: Wohnung des Königs Friedrich II., Zwischenwohnung, Raum 212–213 (im Alten Schloss), Erste Wohnung (1742,) Raum Nr. 352–346 (Südseite), Nr. 353–356 (Nordseite), Zweite Wohnung (1747), Raum 364–367, Weißer Saal 362, Goldene Galerie 363*

Für die Schlafkammer der Königin hat sich der Entwurf eines Bettes von Knobelsdorff erhalten, dessen Ausführung nach dem Inventar von 1780 auch anzunehmen ist.[76]

### Wohnung des Königs

Die Wohnung Friedrichs II. befand sich im Obergeschoss auf der Westseite des Neuen Flügels und nahm nahezu die gesamte Etage vom Alten Schloss bis zum Treppenhaus dieses Flügels ein. Acht Räume lagen zur Stadt-, vier zur Gartenseite; diese waren die eigentlichen Privaträume des Königs. Während in Rheinsberg von den sieben Kronprinzlichen Gemächern sechs versilbert waren und ein Raum eine goldene Dekoration aufwies, gab es in Charlottenburg fünf versilberte und sieben vergoldete Zimmer; später verschiebt sich das Verhältnis noch mehr zugunsten einer Vergoldung. Die Räume wurden, bis auf die privaten Gemächer des Königs auf der Nordseite – Vorzimmer, Bibliothek und Arbeitszimmer – durch Friedrich Wilhelm II. 1796/97 zu den so genannten Winterkammern im frühklassizistischen Stil verändert, wobei dieser die Fertigstellung der Räume nicht mehr erlebte. Im Jahre 1810 wurde in der ehemaligen »Silberkammer mit Chenille« Friedrichs II., die auch schon unter Friedrich Wilhelm II. verändert worden war, das Schlafzimmer der Königin Luise nach einem Entwurf von Karl Friedrich Schinkel eingerichtet.[77]

Ausgenommen von den Veränderungen der Räume am Ende des 18. und zu Beginn des 19. Jahrhunderts waren jene der Ersten Wohnung Friedrichs II. auf der Nordseite, die bis 1943 erhalten blieben: Vorzimmer, Bibliothek und Schreibzimmer. Sie sind zwar im Zweiten Weltkrieg auch schwer beschädigt, aber zwischen 1950 und 1980 wiederhergestellt wurden.

Die Gestaltung der friderizianischen Räume lässt sich durch das Inventar von 1770/80 nachvollziehen, aber 1938 entdeckte man außerdem noch Malereien und Abdrücke von Reliefs in zwei Gemächern, die aus der Zeit der Einrichtung der Wohnung Friedrichs des Großen stammten. Das Vorzimmer gleich neben dem Treppenhaus überraschte durch eine raumillusionistische Ausmalung, die leider auch 1943 zerstört worden ist. Der Eintretende befand sich auf einmal inmitten einer höfischen Fest- und Karnevalsgesellschaft. Als Autor wird wieder wie bei der Malerei in der Wohnung der Königin der sonst nicht bekannte Maler Seidel genannt. Eggeling rückt ihn in die Nähe von Pesne und Knobelsdorff, aber auch Friedrich Wilhelm Höder schließt er als Autor nicht aus (Abb. S. 22 oben rechts).[78]

Auch im folgenden Raum, der »Marmorierten Kammer«, fand man 1938 nach Entfernung der späteren Wandbespannung Abdrücke von zwei Reliefs nach den »Metamorphosen« des Ovid, der Thematik, die schon in Rheinsberg angeklungen war und sich bekanntlich durch die gesamte friderizianische Kunstgeschichte zieht.[79] Auf den ehemals vergoldeten Stuckreliefs, gefasst von hell marmorierten Wänden, zeichneten sich noch die Umrisse zweier Reliefs ab: »Pan und Syrinx« sowie »Wettstreit der Musen mit den Priesterinnen«. Dass die Entwürfe vermutlich von Johann August Nahl stammen, wie Margarete Kühn annimmt, dem kann Eggeling nicht zustimmen (Abb. S. 22 unten).[80]

Für das »Boisierte Zimmer« hat die Forschung Johann August Nahl d. Ä. einen Entwurf zugeschrieben, der zu den frühes-

*Japanische Kammer in der Wohnung der Königin Elisabeth Christine im Neuen Flügel des Schlosses Charlottenburg mit Chinoise-Malerei von Friedrich Wilhelm Höder*

*Festliche Gesellschaft, Wandmalerei im Vorzimmer (R. 352) der Ersten Wohnung Friedrichs des Großen im Neuen Flügel des Schlosses Charlottenburg. In den Quellen wird ein sonst unbekannter Maler Seidel genannt. 1938 entdeckt, im Krieg 1943 zerstört*

*Umrissspuren zweier Reliefs der Darstellungen von »Pan und Syrinx« und dem »Wettstreit der Musen mit den Priesterinnen« nach den »Metamorphosen« des Ovid in der Marmorierten Kammer (R. 351) der Ersten Wohnung Friedrichs des Großen im Neuen Flügel des Schlosses Charlottenburg; 1938 entdeckt, im Krieg 1943 zerstört*

*Johann August Nahl d. Ä., Entwurf für die Wanddekoration der Boisierten Kammer (R. 349) der Ersten Wohnung Friedrichs des Großen im Neuen Flügel des Schlosses Charlottenburg (SPSG, Plankammer)*

ten Arbeiten des Künstlers in Preußen zählt. Nahl war im Sommer 1741 der Einladung des Königs gefolgt, und sein Entwurf ist, wie Eggeling feststellt, »noch nicht voll ausgebildet und orientiert sich noch an französischen Vorbildern« (Abb. S. 23).[81]

Vorzimmer, Bibliothek und Arbeitszimmer waren von der Umgestaltung 1796/97 verschont geblieben, und die nach der Zerstörung 1943 noch vorhandenen Reste konnten mit Hilfe alter Fotografien zwischen 1951 und 1979 wiederhergestellt werden.

Mit der lang gestreckten Bibliothek an der Nordseite entstand nach dem Rundraum in Rheinsberg ein zweiter galerieartiger Raumtyp, der im Schloss zu Breslau (1750) und im Neuen Palais in Potsdam (1765) seine Wiederholung finden sollte (Abb. S. 24 links).

Während die Rückwand nur getüncht ist, erhielten die Seitenwände und die Fensterwand eine Vertäfelung, alles in hellgrüner Farbigkeit mit versilberter Ornamentik. Das von Pesne 1742 gemalte und 1943 leider zerstörte Deckenbild war in zwei Hälften geteilt. Die östliche Seite zeigte Minerva als Beschützerin der Künste und Wissenschaft, eine thematische Wiederholung des Gemäldes in der Rheinsberger Bibliothek (Pesne 1737), und westlich war eine Allegorie der Dichtkunst und Musik dargestellt. Durch den Erwerb der Antikensammlung des Kardinals Polignac 1742 wurden 1743 achtzehn antike Büsten auf Konsolen an den Wänden sowie eine Statuette des Marc Aurel nach dem Reiterstandbild auf dem Kapitol in Rom auf dem Kamin aufgestellt. Für Friedrich den Großen war Marc Aurel ein uneingeschränktes Vorbild, als Herrscher, Philosoph und auch als erfolgreicher Feldherr. Seine vermeintliche Büste sollte später auch den Kamin im Arbeits- und Schlafzimmer des Königs in Sanssouci zieren.[82]

Die seit 1964 wieder in der Bibliothek befindlichen sechs Bücherschränke aus Zedernholz sind, nach stilistischen Untersuchungen, wohl schon um 1735 entstanden und vielleicht, bevor sie in Charlottenburg aufgestellt wurden, für das Potsdamer Stadtschloss oder das Berliner Schloss Monbijou geschaffen worden.[83]

Von dem daneben liegenden Arbeitszimmer, das später (1809) die Puderkammer der Königin Luise war, ist ein Deckenentwurf J. A. Nahls d. Ä. erhalten (Abb. S. 24 rechts).[84]

Von vier Varianten ist die rechts unten ausgewählt worden. Die etwas schwer wirkende Decke mit den kräftigen Gurten kontrastiert mit der Feingliedrigkeit der Wände. Entwerfende und ausführende Künstler konnten dafür bisher nicht ermittelt werden; aber vermutlich war hier ein Meister tätig, der schon in Rheinsberg gearbeitet hatte (Abb. S. 25 oben).[85]

Das anschließende Schlafzimmer des Königs mit einer vergoldeten Balustrade vor dem Alkoven ist schon unter

*Bibliothek (R. 354) in der Ersten Wohnung Friedrichs des Großen im Neuen Flügel des Charlottenburger Schlosses. Aufnahme nach der Wiederherstellung 1964 ohne die beiden kriegszerstörten Deckengemälde von Antoine Pesne*

Friedrich Wilhelm II. weitgehend verändert und dann 1943 zerstört worden.

Wie auch später bei seinen Bauten wollte Friedrich II. ständig über den Fortgang der Arbeiten unterrichtet sein; oft ging es ihm dabei zu langsam: »Ich habe einen Brief Knobelsdorffs erhalten, mit dem ich sehr zufrieden bin, aber alles ist darin zu trocken, es gibt keine Details. Ich möchte, das die Beschreibung jedes Säulentheils von Charlottenburg vier Quartseiten umfaßt, das würde mich sehr unterhalten«, schrieb der König am 8. Mai 1742 an seinen Vertrauten und Vorleser Charles Etienne Jordan.[86] Und am 15. Juni 1742 aus dem Lager bei Kuttenberg an den gleichen Adressaten: »Drängen Sie Knobelsdorff, Charlotten fertigzustellen, denn ich gedenke dort einen großen Teil meiner Zeit zu verbringen.«[87]

Im Jahre 1747 ließ sich Friedrich der Große am Ostende des Neuen Flügels eine Zweite Wohnung, bestehend aus Konzert-, Gris-de-lin-, Arbeits- und Schlafkammer, einrichten.[88] Die ersten drei Zimmer waren reich mit Gemälden ausgestattet, deren Bestand aber durch die Verwüstungen des Schlosses 1760 verloren ging. Die Räume wurden bald wieder instandgesetzt und mit neuen Gemälden geschmückt. Wenn auch leicht beschädigt, hatte das von Graf Rothenburg 1744 für Friedrich II. in Paris erworbene Gemälde von Watteau »Das

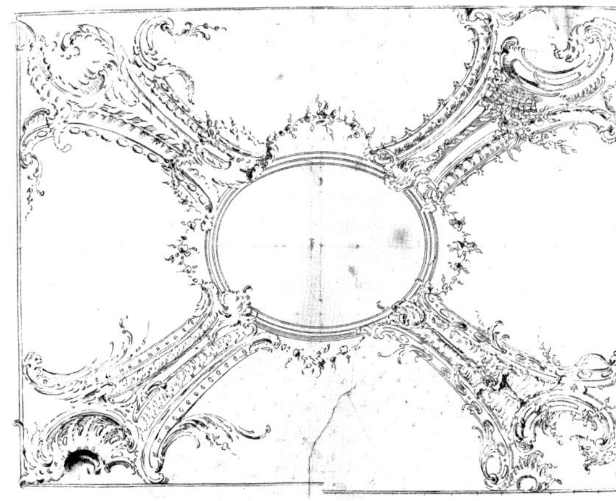

*Johann August Nahl d. Ä., Entwurf für die Deckendekoration des Arbeitszimmers (R. 355) der Ersten Wohnung Friedrichs des Großen im Neuen Flügel des Schlosses Charlottenburg, 1741/42 (SPSG, Plankammer)*

Ladenschild des Kunsthändlers Gersaint« die Plünderung überstanden.[89] In der folgenden Gris-de-lin-Kammer hängt heute ein weiteres bekanntes Gemälde von Watteau: »Die Einschiffung nach Cythera«. Friedrich der Große erwarb das Bild zwischen 1752 und 1765 als letztes seiner Watteau-Kollektion. Seit 1973 schmückt es diesen Raum.[90]

Das nach Norden gelegene Schlafzimmer war durch eine Treppe unmittelbar mit dem Garten verbunden. Im Wesentlichen waren die Gebrüder Hoppenhaupt an der Dekoration beteiligt, die aber schon auf eine zweite Phase des Rokoko, wie sie ausgeprägt im Neuen Palais zu finden ist, hinweist. Es bleibt die Frage offen, warum Friedrich der Große sich eine zweite Wohnung in Charlottenburg mit einer Schlafkammer einrichtete. Durch eine Vielzahl von Gemälden in den drei Zimmern entsteht fast eine Gemäldegalerie. Im Gegensatz zur ersten Wohnung fehlen hier aber Deckenbilder.

Am 12. Juli 1742 traf Friedrich II. in Berlin ein, und am 29. August wurde der große im Obergeschoss des Neuen Flügels gelegene Weiße Saal, der auch als Speise- und Thronsaal diente, mit einem Fest zu Ehren der Königin-Mutter eingeweiht. Mit fünf Achsen nimmt er die ganze Breite des Mittelrisalits ein (Abb. S. 25 unten). Durch korinthische Pilaster – an den beiden Fensterwänden paarweise – sind die Wände zwischen den Fenstertüren gegliedert. Das Deckenbild von Pesne stellte das Hochzeitsmahl des Peleus und der Thetis dar.[91] Die Voutenmalerei schuf Friedrich Wilhelm Höder.

In der Eloge Friedrichs des Großen auf den Tod Knobelsdorffs vom 24. Januar 1754 wird der Speisesaal als dessen Werk ausdrücklich genannt, der sich aber auch der Mitwirkung anderer Künstler wie J. A. Nahl d. Ä. bedient hatte (Abb. S. 22 oben).[92]

Man stellt unwillkürlich eine Verbindung zum Marmorsaal im Rheinsberger Schloss her, der nur wenige Jahre zuvor,

*Decke im Arbeitszimmer (R. 355) in der Ersten Wohnung Friedrichs des Großen im Neuen Flügel des Schlosses Charlottenburg*

1740, fertig gestellt worden war. Auch dort hatte man die Wände mit Stuckmarmor versehen; eine Gliederung durch Pilaster besitzen allerdings nur die Stirnseiten – der künstlerische Sprung von Rheinsberg nach Charlottenburg ist gewaltig.

Höhepunkt und zweifellos die großartigste Schöpfung des Friderizianischen Rokoko ist die Goldene Galerie.[93] Wieder wie beim Speisesaal, in der Eloge Friedrichs des Großen Knobelsdorff zugeschrieben, ist auch sie aber ohne die Mitwirkung J. A. Nahls kaum denkbar. Als sie im Oktober 1746 eingeweiht wurde, hatte sich das Interesse des Königs bereits Potsdam zugewandt (Abb. S. 26 unten).

### Das Berliner Schloss

Wohl mehr der Tradition und der königlichen Machtstellung geschuldet ist die Einrichtung einer Wohnung für Friedrich den Großen im Berliner Schloss von 1745 bis 1747. Zu diesem Schritt hatte er sich erst fünf Jahre nach seinem Regierungsantritt entschlossen, denn damals war die Entscheidung für Potsdam schon längst gefallen.

Die Wohnung lag im ersten Stockwerk des Spreeflügels, und die Räume waren nach Süden bzw. Südosten ausgerichtet. Eine Himmelsrichtung, die Friedrich bei fast allen seinen Wohnungen bevorzugte (Abb. S. 27 oben).

Gewöhnlich kam der König zwischen dem 16. und 20. Dezember aus Potsdam zum Karneval nach Berlin und blieb in der Regel bis zu seinem Geburtstag, am 24. Januar, der auch meist in Berlin gefeiert wurde. Ansonsten war er nur wenige Tage im Jahr zur Truppenbesichtigung in der Hauptstadt.[94]

Die ersten vier der insgesamt aus zehn Räumen bestehenden Wohnung des Königs ließ dieser 1745 ausbauen; das waren die »runde Kammer« (Schreibzimmer) und das Schlafzimmer, das etwa ab 1750 zum Arbeitszimmer wurde, weil der König sein Schlafzimmer in die Nähe der ehemaligen Kapelle verlegte. Diese ehemalige Erasmuskapelle war um 1540 unter

*Johann August Nahl d. Ä., Entwurf für die Dekoration des Speisesaals im Neuen Flügel des Schlosses Charlottenburg, 1741 (SPSG, Plankammer)*

*Speisesaal im Neuen Flügel des Schlosses Charlottenburg, Blick auf die Ostwand, Aufnahme vor der Zerstörung 1943*

*Goldene Galerie im Neuen Flügel des Schlosses Charlottenburg, Blick nach Nordosten*

*Johann Georg Rosenberg, Ansicht des Berliner Schlosses von Osten mit Teil der Langen Brücke und dem Reiterstandbild des Großen Kurfürsten, Radierung, 1781 (SPSG)*

dem Kurfürsten Joachim II. von Kasper Theiß errichtet und nun unter Friedrich dem Großen in der Höhe des ersten Obergeschosses horizontal geteilt worden (Abb. S. 27 unten).

Nach dem Arbeitszimmer folgte das Konzertzimmer, in dem eine Vielzahl von Gemälden, darunter die Pesneschen Bildnisse der Freunde Friedrichs aus Rheinsberger Tagen, die sich heute in Doorn (Holland) befinden, die Wände füllten. Der nächste Raum war das Konfidenztafelzimmer. Eine ähnliche Einrichtung befand sich auch im Potsdamer Stadtschloss.

Der folgende Raum über Portal I wurde 1747 hergerichtet und war der Parade-, aber auch der große Cour- und Speisesaal. In diesem weiß-goldenen Saal hingen vier französische Gobelins nach Charles Lebrun, Geschenke von Ludwig XV. an Friedrich Wilhelm I. Im gleichen Jahr entstand auch das Audienzzimmer, dessen Wände, Stühle und auch der Thron mit blauem Samt bezogen waren. Der Thron war zudem vom Hofgoldsticker Mathias Heinitschek (1708–1772) nach Entwürfen von J. W. Meil golden bestickt. Zum Audienzzimmer gehörten noch das Große Vorzimmer mit weiß-goldener Wandtäfelung und Samttapeten.

Seit 1815 bewohnte der Kronprinz Friedrich Wilhelm (IV.) einige Zimmer der Wohnung Friedrichs des Großen. Als der Kronprinz 1823 die bayerische Prinzessin Elisabeth heira-

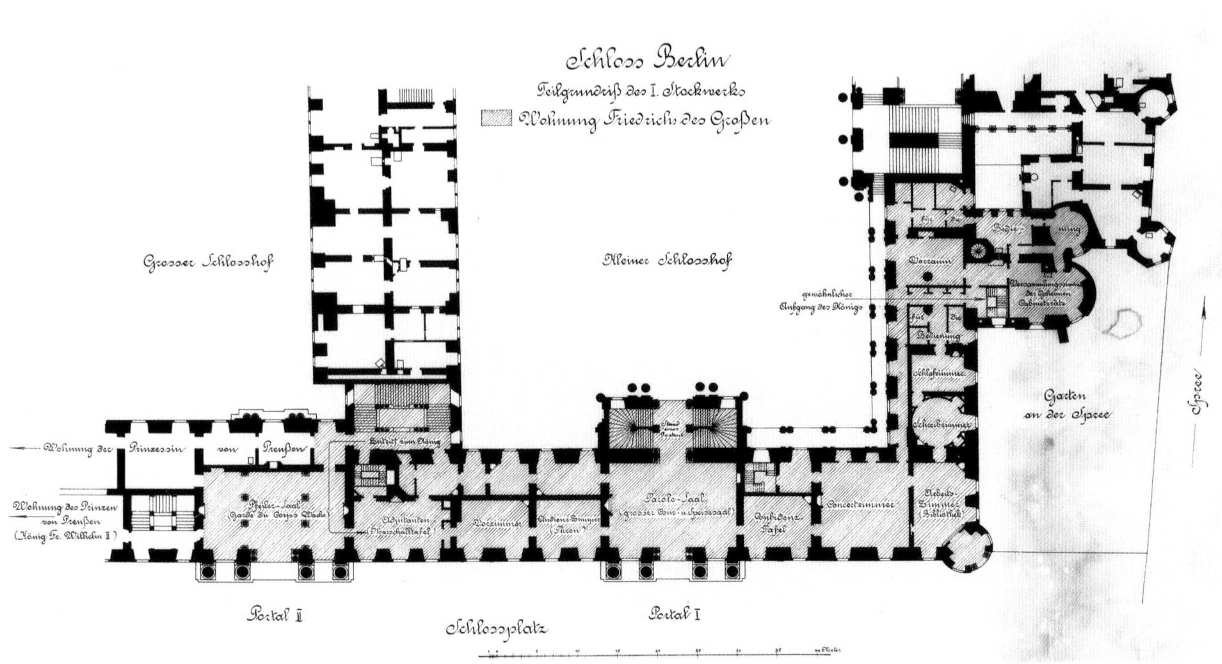


*Schloss Berlin, Wohnung Friedrichs des Großen im Ersten Obergeschoss von Portal II bis zur Wendeltreppe, Rekonstruktion von Albert Geyer (SPSG, Plankammer Nr. 3281)*

*Schreibzimmer Friedrichs des Großen im Berliner Schloss, Zustand 1926*

tete, beauftragte er Karl Friedrich Schinkel, diese Raumflucht umzugestalten. Die Ausführung erfolgte 1824 bis 1826 unter Beteiligung vieler Berliner Künstler. Sechs Räume einschließlich der ehemaligen Erasmuskapelle wurden zu Wohn- und Repräsentationszwecken nach Entwürfen Schinkels verändert. Von diesen Veränderungen ausgenommen war das runde Schreibzimmer Friedrichs des Großen, das 1745 nach Entwürfen Johann August Nahls d. Ä. und Johann Michael Hoppenhaupts d. Ä. gestaltet worden war. Es nimmt die Raumform der Rheinsberger Bibliothek auf und ist eine Zwischenstation auf dem Weg zur Bibliothek von Schloss Sanssouci (Abb. S. 28).

### Das Potsdamer Stadtschloss

Zu Anfang seiner Regierung war die Bautätigkeit Friedrichs des Großen mit der Errichtung der Königlichen Oper Unter den Linden in Berlin und seiner Residenz in Charlottenburg auf diese beiden Städte ausgerichtet. Aber zur gleichen Zeit wurde, zwischen 1740 und 1742, die Ostwohnung im ersten Geschoss des Hauptbaus des Potsdamer Stadtschlosses, die bis 1740 den Kurfürstinnen bzw. Königinnen vorbehalten war, unter Leitung des Kastellans Boumann und unter Beteiligung des Bildhauers Friedrich Christian Glume instand gesetzt. Der König residierte von nun an ohne seine Gemahlin in Potsdam, so dass er nicht mehr an die alte Aufteilung der Räume gebunden war. Er ließ die Zimmer (Kleines Speisezimmer, Schreibzimmer, Schlafzimmer und Konzertzimmer) bis 1742 meist malermäßig und auch nur einfach herrichten und ausstatten.[95] Damit war aber noch keineswegs Potsdam als Residenz auserwählt, sondern es war wohl mehr als Absteigequartier bei Truppeninspektionen etc. gedacht. Aber nur wenige Jahre später sollten eine erlesene Ausgestaltung und Ausstattung dieser Räume erfolgen.

Schon in der Mitte des Jahres 1743 machte sich ein besonderes Interesse des Königs an einem Gelände bemerkbar, das in unmittelbarer Nähe des Küchengartens seines Vaters vor dem Brandenburger Tor in Potsdam lag und ihm seit frühester Jugend bekannt war. Vielleicht war das der Anlass, Johann August Nahl den Auftrag zu erteilen, von November des gleichen Jahres bis August 1744 sechs westlich vom Marmorsaal des Stadtschlosses gelegene Räume, die ehemals der Große Kurfürst und danach Friedrich I. bewohnt hatten, neu auszugestalten. Es handelte sich um das Speisezimmer (späterer Bronzesaal), das Audienzzimmer, in dem auch der Thron Friedrichs des Großen stand, das tapezierte Zimmer (ehemaliges Schlafzimmer Friedrichs I.), das Eckkabinett (ehemalige Garderobe) sowie das Schlafzimmer und das Marmorierte Zimmer (Konzertzimmer), die beide durch die Teilung des ehemaligen Roten Saales entstanden waren.[96] Friedrich der Große hat diese Räume aber nur anfänglich und danach auch nur gelegentlich bewohnt und sie bald besonderen Gästen, wie seiner Schwester Ulrike vor ihrer Heirat mit dem schwedischen König, überlassen. Als Wohnung bevorzugte er fortan die Räume östlich des Marmorsaals.

Mit dem Jahr 1744 stand es fest: Der König gab Potsdam den Vorrang vor Berlin und Charlottenburg, und im Laufe der Zeit sollte es seine eigentliche Residenz werden. In Potsdam hatte man daran nicht geglaubt, da er 1742/43 in Neuruppin verschiedene Verschönerungen vorgenommen hatte, und die Potsdamer dachten, dass er die Residenz seines Vaters außer Acht lassen und dafür Neuruppin den Vorzug geben würde.[97] Er entschied sich aber für Potsdam. Warum dies geschah, kann nicht mit Bestimmtheit gesagt werden. Vielleicht trifft es zu, dass Charlottenburg zu nahe an Berlin lag und der König hier kaum die Zurückgezogenheit finden konnte, die er sich wünschte. Nicht ausgeschlossen ist allerdings auch, dass die landschaftlichen Gegebenheiten – hügeliges, bewaldetes Gelände mit den Gewässern der Havel – denen in Rheinsberg in gewisser Weise ähnlich waren. Potsdam lag jedoch näher an der Hauptstadt Berlin. So entstand ab 1744 bis 1751 durch den Umbau des Schlosses seiner Väter die Winterresidenz dieses Königs (Abb. S. 29 oben). Bei den Veränderungen der äußeren Gestalt legte Friedrich Wert darauf, dass der Grundriss des Gebäudes und auch das von Jan de Bodt 1700 errichtete Fortuna-Portal als bauliches Zeichen der Königskrönung erhalten blieben (Abb. S. 29 unten).

*Andreas Ludwig Krüger, Ansicht des Stadtschlosses in Potsdam von der Gartenseite, Zeichnung, 1771 (SPSG, Plankammer, Vorzeichnung für eine Radierung des gleichen Künstlers und ein Gemälde von Johann Friedrich Meyer)*

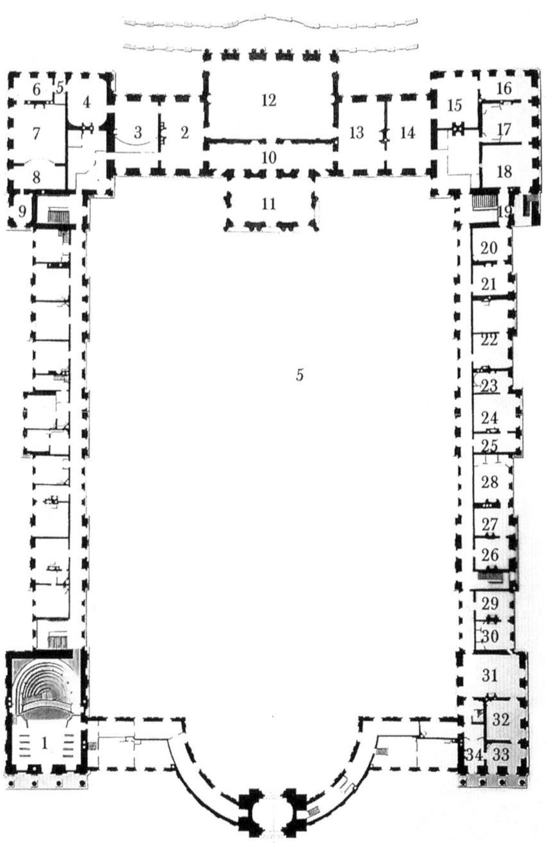


*Stadtschloss Potsdam, Grundriss des ersten Obergeschosses (II. Etage), um 1800. Die eingetragenen Raumnummern der Wohnung Friedrichs des Großen beziehen sich auf die Beschreibung von Friedrich Nicolai aus dem Jahre 1786 (SPSG, Plankammer)*

Noch im Jahre 1744 wurden die Räume östlich des Marmorsaales als ständige Wohnung des Königs ausgestattet.[98] Nach dem Marschalltafelzimmer (Nr. 2), in dem man die um 1700 entstandene Stuckdecke belassen hatte, kam man in das Speisezimmer, dessen Ausstattung wohl von Johann August Nahl stammt (Nr. 3). Danach folgte das noch im gleichen Jahr entstandene Konzertzimmer (Nr. 4). Mit erlesenem Geschmack waren das Grün der Wände und das Rosa der Decke mit vergoldeten Ornamenten geschmückt. In den abgerundeten Ecken waren Chinoiserien auf Goldgrund eingelassen und die Wände u. a. mit Gemälden von Nicolas Lancret geschmückt. Wohl auch 1744 entstanden zwei Entwürfe Nahls zum Arbeits- und Schlafzimmer Friedrichs des Großen – Alkovenwand und Decke – seiner östlichen Wohnung (Nr. 7/8, Abb. S. 30). Nach Eggeling gehörte dieser Raum »zu den elegantesten und schönsten Räumen des friderizianischen Rokoko«.[99] Größe und Art der Gestaltung des Zimmers mit dem durch eine reiche Balustrade abgetrennten Alkoven hat der König nur ein Jahr später, 1745, im Schloss Sanssouci wiederholen lassen. Hier allerdings mit vergoldeter Dekoration, die in diesem Schloss generell bevorzugt wurde. Im Alkoven standen auch die Schränke seiner Bibliothek, denn einen entsprechenden Raum gab es im Stadtschloss nicht.

Von dem Arbeits- und Schlafzimmer gelangte man in das erst 1755 eingerichtete Schreibkabinett, dessen Wände und Möbel mit geschnitzten Blumen von Johann Christian Hoppenhaupt d. J. und bemalt von Dubuisson dekoriert waren. Es handelte sich hier schon um die nächste Phase des Potsdamer Rokoko, die 1752 mit der Veränderung des so genann-

*Johann August Nahl d. Ä., Entwurf für die Dekoration der Alkovenwand des Arbeits- und Schlafzimmers Friedrichs des Großen, 1744 (SPSG, Plankammer)*

*Stadtschloss Potsdam, Arbeits- und Schlafzimmer Friedrichs des Großen*

ten Voltairezimmers in Sanssouci begonnen hatte. Zwei Fenster dieses Schreibkabinetts waren nach Süden zum Lustgarten gerichtet, ein Fenster nach Osten zur Langen Brücke (Nr. 6).

Da in der Wohnung Friedrichs des Großen ein Raum fehlte, wo eine so genannte Maschinentafel untergebracht werden konnte, so wie sie Nahl schon 1745 im Berliner Schloss eingerichtet hatte, wurde von 1748 bis 1750 nach Norden, an der Ostseite des Schlosses, an das Arbeits- und Schlafzimmer des Königs ein solcher Raum angebaut, den man aber nur durch den Alkoven dieses Zimmers erreichen konnte (Nr. 9). Die Mitte des Tisches konnte in das Erdgeschoss hinabgelassen und von dort mit Speisen bestückt wieder nach oben gewunden werden. So blieb die kleine Tischgesellschaft von der Dienerschaft ungestört. Die erlesene Ausstattung schufen Johann Melchor Kambly und Johann Michael Hoppenhaupt d. Ä.

Das kleine Zedernholzkabinett ist durch Rechnungen für den Entwurf und auch die teilweise Ausführung 1746 als ein Werk von Johann August Nahl belegt. An der Ausführung des nur zwei mal zwei Meter großen und vier Meter hohen Kabinetts war auch Johann Heinrich Hülsmann beteiligt. Es ist erstaunlich, dass ein so kleiner Raum, der eigentlich Durchgangsraum und Vorplatz einer Nebentreppe war, so reich ausgestattet wurde (Nr. 5). Man könnte fast annehmen, dass es die Probe für die im gleichen Jahr entstandene Bibliothek in Sanssouci gewesen ist.

Von der östlichen Wohnung hat Friedrich der Große nur das große Speisezimmer, das später wegen der 1754/55 von Melchior Kambly angefertigten metallenen Ornamente Bronzesaal genannt wurde (Nr. 13), und das Audienzzimmer (Nr. 14) genutzt. Es hatte eine silberne Dekoration mit einer entsprechend bestickten Samttapete, unter dem Baldachin stand der Thron. Eine Vorstellung des Raumes vermittelt das Gemälde Friedrich Bocks von der Aufbahrung des Königs an dessen Todestag am 17. August 1786.[100] Die folgenden Zimmer waren »für fremde Herrschaften« bestimmt.[101]

Das Schloss war nun Residenz eines Königs, und entsprechend wurden auch die Gesellschaftsräume ausgestaltet: Der Treppenaufgang von 1746 bis 1748, die Marmorgalerie 1749 und der Große Marmorsaal zwischen 1749 und 1752, den Friedrich der Große zu einer Ruhmeshalle für den Großen Kurfürsten herrichten ließ (Nr. 10, 11, 12).

Im nordöstlichen Kopfbau des Schlosses, dessen Rohbau schon 1745 abgeschlossen war, hat man bis 1748 ein Theater eingerichtet, das leider 1801 beseitigt wurde (Nr. 1). Nach der Grundidee Knobelsdorffs und nach detaillierten im Kostenanschlag vom 23. April 1746 festgehaltenen Angaben Nahls schufen Glume die acht Hermen und Hoppenhaupt d. J. die vierzehn Palmenbäume, die den ersten Rang stützten bzw. das Proszenium dekorierten. Durch die Form des amphitheatralisch angelegten Zuschauerraumes war es von großer theatergeschichtlicher Bedeutung und abgeleitet vom Teatro Olympico Palladios in Vicenza. Da der König in vielen Fällen zu den meist von Knobelsdorff entworfenen und ihm bekannten sowie erprobten Lösungen neigte, ist das Theater des Potsdamer Stadtschlosses im Neuen Palais in Sanssouci nach 1765 wiederholt worden. Dieses Theater existiert noch heute und wird auch immer noch bespielt.

Für seine Frau, die Königin Elisabeth Christine, war im Potsdamer Stadtschloss keine Wohnung vorgesehen.

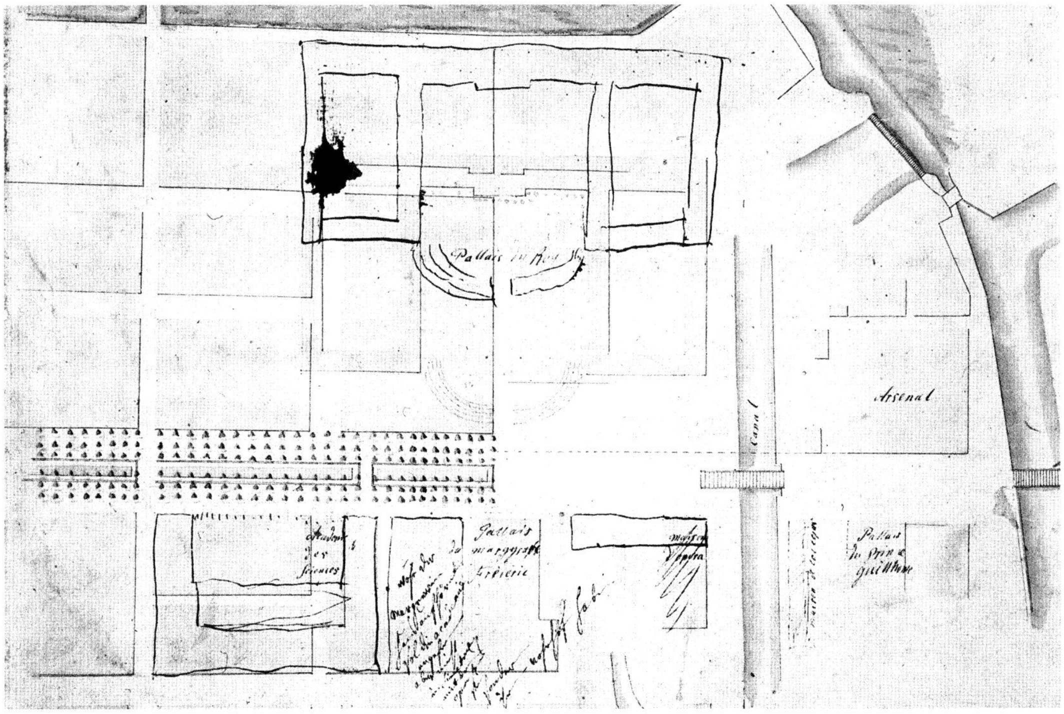


*Georg Wenzeslaus von Knobelsdorff (Baubüro), Plan des Berliner Lindenforums – Forum Friderizianum – mit Korrekturen Friedrichs des Großen, um 1740 (Landesarchiv Berlin)*

# Schloss Sanssouci

### Die Baugeschichte

Wohl schon während der Rheinsberger Kronprinzenzeit war in enger Zusammenarbeit mit Knobelsdorff der Plan für ein städtebauliches Ensemble in Berlin an der Straße Unter den Linden entstanden. Das später als »Forum Friderizianum« bekannte Projekt sah den Bau eines Stadtpalais vor, dessen Seitenflügeln eine Oper und ein Gebäude für die Akademie der Wissenschaften gegenüber stehen sollten. Das war ein geradezu revolutionärer Plan, am Beginn der Straße Unter den Linden eine Königliche Residenz sowie eine Heimstatt für Kunst und Wissenschaft zu errichten. Die neue repräsentative Residenz sollte ganz neu geschaffen und nicht mehr an den traditionellen Berliner Bau der Hohenzollern, das Schloss, gebunden sein.[102] Das Projekt begann 1741 mit dem Opernbau, den der König voller Ungeduld in nur zwei Monaten beendet sehen wollte, doch erst im Dezember 1742 konnte das Haus provisorisch eingeweiht werden. Die endgültige Fertigstellung erfolgte erst ein Jahr später, 1743. Das Gebäude setzte neue architektonische und städtebauliche Maßstäbe und wurde von den Zeitgenossen begeistert aufgenommen, war es doch nicht nur Spielstätte des Königlichen Opernensembles, sondern durch seine technischen Möglichkeiten – der Fußboden des Parketts konnte auf die Höhe der Bühne gehoben werden – besonders während des Karnevals auch Berlins größter Ballsaal.

Die Oper war der einzige Bau des Forum-Planes, der in der beabsichtigten Größe und Form verwirklicht wurde; des Königs Interesse richtete sich ab 1744 auf Potsdam, und seine anfangs ehrgeizigen Pläne für Berlin sind, wenn überhaupt, danach nur modifiziert ausgeführt worden. Anstelle des beabsichtigten Großen Stadtpalais für den König errichtete Boumann d. Ä. ab 1748 in wesentlich reduzierter Form und nach einer Skizze Friedrichs ein Palais für den Bruder, den Prinzen Heinrich, die heutige Humboldt-Universität.

Voltaire berichtete 1743 von seinem Besuch in Berlin: »Seine (des Königs) Sorge richtete er nun darauf, die Stadt Berlin auszustatten, eines der schönsten Opernhäuser Europas zu bauen und Künste aller Art kommen zu lassen. Denn er wollte sich mit allen Mitteln und so billig wie möglich Ruhm erwerben.«[103]

Sowohl bei der Zeichnung aus dem Baubüro Knobelsdorffs als auch bei der korrigierten Skizze des Königs sind zwischen den beiden Seitenflügeln des geplanten Stadtpalais sich nach außen wendende Kolonnadenbögen eingezeichnet, ein Motiv, das den König und auch Knobelsdorff wiederholt bei anderen Bauten beschäftigen sollte (Abb. S. 32). Mit dem

Antoine Pesne, Friedrich der Große, 1745 (SPSG, GK I 50958)

eigenen Haus in Berlin, das als große Residenz geplant war, wurde also nichts.

Im Jahre 1743 mehrte sich aber das Interesse Friedrichs an der Stadt Potsdam. Bekanntlich wurde spätestens im November 1743 mit der Ausgestaltung von sechs Räumen für den König im Potsdamer Stadtschloss begonnen, welche vermutlich im August 1744 abgeschlossen waren. Es ist schon mehrfach darauf hingewiesen worden, warum dem König Berlin und letztlich auch Charlottenburg nicht behagten und die dort zu Anfang seiner Regierung mit großem Nachdruck eingerichteten Wohnungen für ihn bald nur noch eine standesgemäße Unterkunft bei zeitweiligen Aufenthalten waren.

Westlich der Stadt Potsdam vor dem Brandenburger Tor hatte Friedrich Wilhelm I. nach 1715 einen Küchengarten anlegen lassen, den er spöttisch in Bezug auf die Anlage des französischen Königs »mein Marly« nannte und in dem Belustigungen stattfanden, an denen auch die ganze Königliche Familie teilnehmen musste. Am 4. Mai 1730 schrieb Wilhelmine an ihren Bruder Friedrich: »Wir waren zweimal im Marly. Dort hatten wir das Vergnügen, in der Sonne zu braten, uns zu langweilen und zu hungern.«[104] Friedrich war also dieses Gelände aus seiner Kronprinzenzeit gut bekannt; in einem Brief vom 25. August 1743 an seine Mutter heißt es: »Wir haben gestern auf dem Hügel gespeist, von wo aus die Sicht reizend ist.«[105] Die Äußerung des Königs, aber auch sein Schreiben vom 20. August 1743 an Jordan mit der Bitte, in Marseille fünfzehn Sorten Feigen, insgesamt 400 Bäume, und 300 Weinstöcke zu bestellen, werden auf den späteren Weinberg bezogen.[106] Dieser Berg in unmittelbarer Nähe des Küchengartens, seine Eichenbestände waren 1729 abgeholzt worden, und er hieß nun der »Wüste Berg«. Von der Kuppe hatte man, wie auch Friedrich feststellte, eine wunderbare Aussicht in die umgebende Landschaft.

Der Weinbau war auch in der Mark Brandenburg seit dem 13. Jahrhundert heimisch; viele der Hügel rund um Potsdam wurden dafür genutzt. So sind den in der zweiten Hälfte des 17. Jahrhunderts in der Umgebung Potsdams angelegten Lustschlössern in Bornim, Caputh und Glienicke jeweils auch Weinberge zugeordnet worden. Doch hatten die Rebhänge niemals eine zentrale Stellung eingenommen, sondern lagen stets am Rande des jeweiligen Lustgartens. In Sanssouci dagegen sollte jetzt ein Weinberg zum Herzstück einer königlichen Anlage werden.

In der Literatur ist die Entwicklungsgeschichte der Terrassenanlage mit dem davor liegenden Parterre ausführlich behandelt und auf Anregungen verwiesen worden, die in Stichwerken der Königlichen Bibliothek zu finden waren.[107] Auch die Terrassenform mit den »parabolisch eingebogenen Linien, wegen mehrerer Ab- und Gegenprallung der Sonnenstrahlen nach allen einzelnen Stellen« ist von Theoretikern der Zeit für die Aufstellung einer Orangerie und den Anbau von Obst und Wein empfohlen worden.[108] Der Terrassenbogen – als Halbkreis seit der Antike für die Form als Abschlussarchitektur (Exedra) verwendet – deutet auf einen Bezugspunkt in der Ebene hin. Hier stand, in Verlängerung der »Mittellinie dieser neuen symmetrischen Anlage«, am Ende des alten Küchengartens ein kleines Lusthaus aus der Zeit Friedrich Wilhelms I.[109]

Dieses wurde 1745 – nach Manger schon 1744 – abgebaut und im Rehgarten als Fasanenwärterhaus wieder aufgestellt. Nach Bielfeld soll sich der König, angezogen von der Schönheit der Landschaft und der unvergleichlichen Aussicht, entschlossen haben, »eine Art leichten Sommergebäudes oder Lusthaus dahin zu bauen; allein dies Lusthaus, das anfangs nur dem König zu einem angenehmen Aufenthalt diente, ward endlich ein prächtiger Sommerpalast«.[110] Es gibt jedoch keinen Beweis, dass zuerst ein kleines Gebäude auf dem Hügel errichtet wurde. Durchaus denkbar ist aber eine Verwechslung mit dem alten Lusthaus im Küchengarten. So scheint Friedrich anfangs nur an einen Weinberg in Verbindung mit diesem so genannten »Marly-Schlösschen« seines Vaters gedacht zu haben. Vielleicht schwebte ihm eine Anlage vor, wie er sie in Selowitz in Schlesien gesehen hatte und von der er Algarotti am 20. März 1742 berichtete: »Mein lieber Algarotti, ich bin hier an einem Ort welcher dem Hofkanzler Sinzendorf gehörte. Es ist ein außerordentlich schönes Sommerhaus in Verbindung mit einem Garten, welcher schön geworden wäre, wenn der Besitzer ihn vollendet hätte. Das ganze ist an den Ufern des Flüsschen Schwarza gelegen, an welchem Fuße ein Bergrücken welcher durch Fruchtbarkeit sich unter den besseren Weinbergen dieses Landes einigen Ruf erworben hat.«[111]

Im April 1744 begannen die Besprechungen wegen des Erwerbes des in der Nähe des alten Küchengartens gelegenen Geländes, das der König »kurz vorher in höchster Person markieret« haben soll.[112] Obwohl die Verhandlungen mit dem Potsdamer Großen Militärwaisenhaus, dem dieses Gelände gehörte, erst im November abgeschlossen waren und in der Zwischenzeit bis Juli das Terrain zweimal erweitert wurde, erfolgte am 10. August 1744 die »Allerhöchste Kabinettsorder wegen Anlegung des Weinberges, d.d. Potsdam 1744«.[113]

Durch den Tod des letzten Herrschers des Fürstentums Ostfriesland am 25. Mai 1744, das damit an Preußen fiel und dem König unvorhergesehene Einkünfte brachte, waren nun auch die finanziellen Voraussetzungen für die Verwirklichung dieser größeren Vorhaben gegeben. Als der König am 17. Dezember 1744 aus seinem Hauptquartier bei Kundratizi nach Potsdam zurückkehrte, zeichnete sich bereits die Grundstruktur der sechs Terrassen ab, und auch ein Abschnitt der Stützmauern mit den Nischen hatte man fertig gestellt.

Nach Manger und Nicolai ist gleichzeitig mit dem Terrassenbau 1744 eine Gruft an der Ostseite der obersten Terrasse angelegt worden.[114] Während des Ersten Schlesischen Krieges hatte Friedrich Anfang März 1741 in einem Schreiben an den Kabinettsminister Heinrich Graf von Podewil festgelegt, dass bei einem eventuellen Tod sein Körper »nach Römerart verbrannt und in eine Urne in Rheinsberg beigesetzt« werden sollte.[115] Knobelsdorff sollte dann dort ein Grabmal errichten. Später verfügte er in seinem Testament von 1752 eine Beisetzung in Sanssouci: »Ich habe als Philosoph gelebt und will als solcher begraben werden, ohne Pomp ohne Prunk und ohne die geringsten Ceremonien. Ich will weder geöffnet noch einbalsamiert werden. Sterbe ich in Berlin oder in Potsdam, so will ich der eitlen Neugier des Volkes nicht zur Schau gestellt und am dritten Tag um Mitternacht beigesetzt werden. Man bringe mich beim Schein einer Laterne, und ohne daß mir jemand folgt, nach Sanssouci und bestatte mich dort ganz schlicht auf der Höhe der Terrasse rechterhand, wenn man hinaufsteigt, in einer Gruft, die ich mir habe herrichten lassen. Sterbe ich auf der Reise, so will ich, daß mein Körper an Ort und Stelle beigesetzt und bei Eintritt des ersten Frostes ohne jedwede Ceremonie nach Sanssouci gebracht werde.«[116] Diese Festlegung wurde 1758 vor der Schlacht bei Zorndorf als Anweisung an die Generale und 1769 in seinem zweiten Testament wiederholt.[117] Friedrich der Große bezog sich dabei auf das Beispiel des Johann Moritz von Nassau-Siegen (gestorben 1679), dem Stadthalter des Großen Kurfürsten, der »in gleicher Weise in einem Wäldchen bei Kleve bestattet sei«.[118] Auch wenn in allen amtlichen Dokumenten und Anweisungen des Jahres 1744 nur von dem anzulegenden Garten und Weinberg die Rede ist, deutet der Gruftbau doch darauf hin, dass es sich um eine endgültige Entscheidung zugunsten Sanssoucis gehandelt hat, zumal Friedrich Schloss Rheinsberg schon Ende Juli 1744 seinem Bruder Heinrich geschenkt hatte (Abb. S. 35).

Eckhardt ist der Meinung, dass bereits vor der Kabinettsorder zum Bau der Weinberganlage vom 10. August 1744 die Errichtung eines Lustschlosses auf dem Weinberg geplant war. Darüber geben aber die erhaltenen Akten und Rechnungen aus dem Jahre 1744 keine Hinweise. Jedoch sprechen die Abgabe von Rheinsberg und die Anlage der Gruft in gewisser Weise für diese Annahme.

Am 13. Januar 1745 erhielt die Kurmärkische Kriegs- und Domänenkammer die Königliche Kabinettsordre, »zu dem resolvierten Bau eines Lusthauses zu Potsdam erforderliche Materialen ... zu liefern«.[119] Das war die Geburtsurkunde des Schlosses Sanssouci.

Vier Jahre nach der Thronbesteigung konnte der König sich endlich seinen Wunsch erfüllen, ein eigenes Haus und eine Wohnung zu besitzen, die nicht – wie in Charlottenburg, Berlin und Potsdam – in einen schon bestehenden Schlossbau integriert worden waren.

*Johann Christoph Frisch, Friedrich II. und der Marquis d'Argens besichtigen den Gruftbau in Sanssouci, 1802 (SPSG, Schloss Sanssouci)*

Seit seiner Kronprinzenzeit beschäftigte sich Friedrich der Große mit Fragen der Architektur. Dies war allerdings im 18. Jahrhundert nichts besonderes. Kurfürsten und Könige wollten ihre Residenzen selbst mitgestalten. Das geschah entweder durch gezielte Anweisungen, aber auch durch skizzenhafte Zeichnungen, die der Bauherr anfertigte und seinem Baumeister übergab. Man wusste, dass Bauwerke meist die Zeit der jeweiligen Regierung überdauern und dadurch den Namen des Herrschers für die Nachwelt rühmend festhalten konnten. Friedrich der Große steht damit ganz in der Tradition der Fürsten und Könige seiner Zeit, wie die Beispiele des Kurfürsten Erzbischof Lothar Franz von Schönborn, August des Starken von Sachsen-Polen oder Peter des Großen von Russland zeigen. Aber was die Intensität und die Konsequenz seiner Mitsprache betreffen, gibt es wohl keinen Vergleich.

Mit Blick auf Schloss Sanssouci schreibt Heinrich Ludewig Manger in seiner 1790 veröffentlichten »Baugeschichte Potsdams«: »So viel ist gewiß, daß die erste Idee dazu der König selbst dem Freyh. von Knobelsdorf gegeben habe, und daß es aller Einwendungen des Letzeren ungeachtet, so wie es jetzt dasteht, hat gebauet werden müssen.«[120]

Schon die Lage des Schlosses war ungewöhnlich. Nicht wie sonst üblich in der Ebene, sondern auf einem Hügel wurde es gebaut. Die unterschiedliche Gestaltung von Hof- und Gartenseite, der individuelle Grundriss mit Bezügen zu Wohnungen der Kronprinzen- und frühen Königszeit sowie die Sockellosigkeit des Gebäudes, so dass eine unmittelbare Ver-

*Charles Sylva Dubois, Ansicht des Schlosses Sanssouci mit Terrassenanlage vom gegenüberliegenden Ufer, Supraporte im Konzertzimmer des Schlosses Sanssouci, 1746/47*

bindung von Innenraum und Garten, sozusagen zwischen Parkett und Kies möglich war, entsprachen kaum den Regeln der Zeit.[121] Dazu kam ein weiter Vorplatz nach Süden, der vom Weinberg aus einen Blick auf die Havel und die weite Umgebung bot. Für den König war dieser Blick in die Landschaft, aber auch das Eingebundensein des Schlosses in diese besonders wichtig. Die Supraporte von Charles Sylva Dubois im Konzertzimmer, die Anfang 1747 entstanden ist, aber auch die Ansicht des Schlosses Sanssouci von Westen mit dem Ruinenberg und der Stadt Potsdam in der Ebene, gemalt von Knobelsdorff 1750, machen dies deutlich (Abb. S. 36, 37).

Am 13. Januar 1745 erließ der König eine Kabinettsorder zur Lieferung der erforderlichen Materialien mit der Anweisung, dem Kriegsrat Friedrich Wilhelm Diterichs »die zur Aufsicht bey dem Bau benöhtigte Leute auf sein Verlangen verabfolgen zu lassen, und überhaupt demselben in allen Vorkommenheiten bey diesen Bau und zu dessen Beschleunigung prompt und nachdrücklich zu assistieren, wie denn aus sämtliche obenwerte Materialien überall Zoll- und Schleusen=frei passiren« sollen.[122] Dem Bau wird also höchste Priorität eingeräumt. Schon zwei Tage später legte Diterichs eine »Specification der Materialien so zu denen in diesem Jahr zu Potsdamm auf allergnädigsten Befehl vorzunehmenden Bauen erforderlich werden« vor, und an erster Stelle ist das »Lust Schloß auf dem Wein Berg« genannt.[123]

Wenn man sich die veranschlagten Kosten ansieht, wo nicht nur »820 000 Mauer Steine und 36 000 schwartze ›Ratenauer Dach Steine‹« genannt, sondern auch »71 000 Cubic=Fuß Werck Stücken zu Säulen, Gebälck, Termes (gemeint sind die Karyatiden an der Südseite des Schlosses), Stuffen, Balustraden, Attiquen, Grouppen, Statuen, Vasen etc.« aufgeführt sind, so muss man annehmen, dass die Planung zu dem Bau wohl bis in das Jahr 1744 zurückreicht. Es ist deshalb nicht ausgeschlossen, dass die Pläne für Weinberg und Schloss gleichzeitig oder aber kurz nacheinander entstanden sind. Die mehrmalige Vergrößerung des Geländes und der Bau der Gruft auf der obersten Terrasse lassen diese Annahme durchaus realistisch erscheinen.

Der König zog mit seinen Truppen ab 15. August 1744 in den Zweiten Schlesischen Krieg. Am 14. Dezember kam er wieder zurück nach Berlin und war schon drei Tage später in Potsdam. Er blieb bis zum 21. Dezember in der Stadt und weilte nach einem kurzen Aufenthalt in Berlin vom 25. bis 30. Dezember wieder in Potsdam. Wenn es konkrete Überlegungen nicht schon vor dem 15. August 1744 gegeben hat, blieb für eine Schlossplanung unter persönlicher Anteilnahme

*Georg Wenzeslaus von Knobelsdorff, Ansicht von Sanssouci und Potsdam von Westen, 1750 (SPSG, Schloss Sanssouci)*

und Beteiligung des Königs nur der Zeitraum zwischen dem 14. und dem 30. Dezember 1744 übrig.[124] »Die geistige Urheberschaft für den Bau des Schlosses Sanssouci gehört unzweifelhaft dem König«, stellt Mielke fest.[125] Auch wenn sich der König seit seiner Küstriner Zeit mit Fragen der Architektur beschäftigte und auch an der Ausführung der Bauten großes Interesse hatte, gab es doch nur einen, dem seine baukünstlerischen Ambitionen durch eine enge Zusammenarbeit mit diesem bekannt war: Georg Wenzeslaus von Knobelsdorff. Er war es, der die königlichen Gedanken – oder Skizzen – in künstlerische Pläne umsetzen konnte. So entstanden wohl um die Wende des Jahres 1744/45 eine Reihe von Zeichnungen von Knobelsdorff und seinem Büro, die die Garten- und Eingangsseite sowie den Grundriss des Schlosses mit der Kolonnade zeigen. Die Pläne waren natürlich notwendig, um überhaupt nach dem 13. Januar 1745 mit dem Bau beginnen zu können. Am 3. April fing man mit den Arbeiten für das Fundament an, und am 14. April 1745 erfolgte die Grundsteinlegung für den Schlossbau. Der König nahm aber nicht daran teil. Nur wenige Wochen danach wurde der mit der Bauleitung betraute Kriegsrat Diterichs vom König abberufen und durch den Kastellan Johann Boumann ersetzt. Vermutlich ging dies auf eine Intrige des Kriegsrats Neubauer zurück, mit dem sich Diterichs auseinander gesetzt hatte. Auch der am Bau beteiligte Kondukteur Johann Gottfried Büring kehrte nach Diterichs Abschied mit zurück nach Berlin. Es blieben bei Boumann die Kondukteure Christian Ludwig Hildebrandt und J. C. Berger.

Der König war am 4. März 1745 noch einmal in Potsdam. Ob er aber die beginnenden Bauarbeiten gesehen hat, kann nicht gesagt werden, denn am 10. des gleichen Monats war er wieder in Berlin und reiste am 15. nach Schlesien. Als der König am 4. November nach Potsdam zurückkehrte, war der Bau schon sehr weit fortgeschritten, so dass Manger feststellen konnte: »Die rohe Arbeit an diesem Hause kam bis Anfang November so weit zustande, daß die mittlere Kuppel mit Kupfer, die Dächer aber zu beiden Seiten desselben mit Dachsteinen abgedeckt waren. Die 36 Terme an der Gartenseite, wovon immer zwei und zwei zwischen ein Fenster kamen, waren versetzt, so auch die 42 kannelürten korinthischen Pilaster, nebst Viereckpilastern und 8 Wand- oder Dreiviertelsäulen. Es blieben also für das folgende Jahr nichts übrig, als die Ausarbeitung des oberen Teils der Termen, die Versetzung der Balustraden und der darauf zu stehenden Bildhauerarbeiten. Desgleichen das Tünchen und Abfärben des Gebäudes.«[126] Es war mit einem ungeheuren Tempo gebaut worden. Im nächsten Jahr wurde »eifrig« fortgefahren. »Besonders erfolgten zeitig im Jahre das Versetzen der Balustraden, und der darauf kommenden Bildhauerarbeiten, nicht weniger das äußere Abtünchen, Verputzen und Abfärben der Außenseiten desselben. Auch zu der anstoßenden Kolonnade wurde der Anfang mit Aufmauerung der Fundamentpfeiler unter den Säulen gemacht, deren jeder 9 Fuß lang, 7 Fuß breit, und 8 Fuß hoch über die Grundmauer in der Erde angelegt wurden.«[127]

Die Arbeiten gingen also zügig voran, und es wird berichtet, dass der König nach einer abgehaltenen Jagd – an solchen Vergnügungen nahm er später nicht mehr teil – am 19. Juli 1746 auf dem neuen Weinberg gespeist habe, aber wie es scheint, ohne Gäste.[128]

Am 9. und 10. Mai 1746 besuchte der junge Schweizer Johann Conrad von Peyer aus Schaffhausen Potsdam und führte auch ein Gespräch mit dem Kastellan und Baumeister Jan Boumann. Dieser zeigte ihm »vielerei Risse von allerhand kostbaren Architekten-Arbeit, mit welcher der König seine Schlösser in Potsdam und das neue Lustschloß im Weinberg« ausstatten wollte. »Der König habe die gedachten Risse selbst inventirt und obenhin entworfen, was nämlich das Hauptwerk anbelangt. Er ist selbst ein großer Kenner von diesen Sachen und alles, was von ihm herkommt, ist von dem auserlesenen gout.«[129] Peyer besichtigte nicht nur das Potsdamer Stadtschloss, sondern machte auch einen Spaziergang zu »dem sogenannten Wein Berg, den der jetzige König unweit Potsdam hat anlegen lassen«.[130] Nach der Beschreibung des Berges, seiner Terrassierung und Bepflanzung mit »fremden Reben von den exzellentesten Weinstöcken aus Spanien, Ungarn, Italien, die der König mit großen Kosten hat mit der Post kommen lassen«, war man auf der Höhe angekommen.[131] »Oben auf dem Berge wird ein Lustschloß gebaut, welches noch dieses Jahr soll fertig werden. Dermalen war noch nichts ausgemalt. Der Prospekt von diesem Schloß gegen Mittag ist admirabel über den Weinberg hinunter in eine große Plaine über ganz Potsdam hinweg und noch über eine große Weite in die Ferne hinaus.«[132] Peyer war am 10. Juni des gleichen Jahres wieder in Potsdam und unternahm eine »Promenade nach dem neu angelegten, aber noch nicht fertigen Königlichen Lusthauses Sanssouci und dem dabei gepflanzten Wein Berg«.[133] Zum ersten Mal wird hier der Name des Schlosses genannt. Ob die Inschrift – SANS,SOUCI. – in der Mitte des Architravs an der Südseite des Schlosses schon zu dieser Zeit angebracht war, muss wohl bezweifelt werden, denn der Bildhauer Benjamin Giese berechnete erst am 17. Dezember 1746 für das Modellieren in Metall, Gießen und Versetzen am »Königlichen Berck Schloß vor Potsdam« 26 Taler, die auch von Boumann für die Anweisung durch den Kriegsrat Neubauer bestätigt wurden.[134]

Im April 1747 weilte Friedrich bereits an mehreren Tagen im neuen Sommerschloss, da seine Räume im östlichen Flügel wohl schon fertig waren, hielt auch Mittagstafel, wie es heißt »im Wein Berge, wie gewöhnlich«, an der ebenfalls die Prinzen Heinrich und Ferdinand, Brüder des Königs, teilnahmen.[135] Es ist wieder jene Ungeduld, die wir beim König immer wieder feststellen müssen. Nie konnte er es abwarten, bis ein Bau endgültig fertig war. In Sanssouci sollten die Arbeiten sogar noch ein Jahr länger dauern, denn es wurde auch nach der offiziellen Einweihung noch in den Gästezimmern und der Kolonnade gearbeitet; der Marmorsaal, der eigentliche Speisesaal des Königs, wurde sogar erst 1748 fertig.

Am 2. Mai 1747 berichteten die »Berlinischen Nachrichten von Staats- und gelehrten Sachen«: »Gestern haben Se. Majestät der König Dero bei Potsdam ganz neu erbauetes ungemein prächtiges Sommer-Palais Sanssouci bezogen und allda des Mittags an einer Tafel von 200 Couvers gespeist, worauf gegen Abend von der Königlichen Capelle ein Conzert gehalten worde.«[136] Eine so große Tafel zu decken, war im Schloss überhaupt nicht möglich, da in manchen Räumen noch gearbeitet wurde. Auch die nahe Orangerie, die späteren Neuen Kammern, die mit dem Schloss errichtet wurde, war zu dieser Zeit noch nicht fertig. Riehl bemerkt, dass, wenn in Sanssouci gespeist wurde, auch Beitafeln im Stadtschloss erwähnt werden.[137] Vielleicht trifft dies auch auf den 1. Mai 1747 zu.

Wie die oben genannte Zeitung am 22. Juli 1747 berichtete, übernachtete der König zum ersten Mal mit seinen Brüdern Heinrich und Ferdinand zwischen dem 19. und 20. Juli in Sanssouci. Die Zeitung meldete weiter: »Vorgestern sind allda in Höchstdesselben und des Hofes Gegenwart viele zur Auszierung des erwähnten Palais aus Franken verschriebene Meubles ausgepackt worden.«[138] In diesem Monat sind auch die ersten Briefe des Königs an den Grafen Rothenburg und seine Schwester, die Markgräfin Wilhelmine von Bayreuth, aus »Sanssouci« datiert. Friedrich nannte das Schloss sein ganzes Leben meist »ma Vigne«. Die Bücher in der Bibliothek seines Sommerschlosses sind deswegen auch mit dem Buchstaben »V« gekennzeichnet. Der König selbst bezeichnete sich sehr bald als der »Philosoph von Sanssouci«.

### Die Baupläne

Zwei Probleme ziehen sich wie ein roter Faden durch die gesamte Literatur zur Baugeschichte des Schlosses Sanssouci: zum einen das Verhältnis zwischen dem König als Bauherrn und seinem Architekten Knobelsdorff und zum anderen die Skizze des Königs zu diesem Gebäude. Manger schreibt: »So viel ist gewiß, daß die erste Idee dazu der König dem Freyh. von Knobelsdorf gegeben, und daß es aller Einwendungen des Letzteren ungeachtet, so wie es jetzt dasteht, hat gebauet werden müssen.«[139] Er berichtet darüber hinaus, dass es zwischen dem König und Knobelsdorff zu schweren Differenzen gekommen sei. Dieser wollte den Bau unterkellern und mehr an den oberen Rand der Terrasse heransetzen, »allein er behielt in beiderlei Unrecht«.[140] Nach seiner Meinung hätte das Schloss zudem auf einen Sockel gestellt werden müssen, damit es bei einer Betrachtung vom Parterre aus nicht von der oberen Terrasse teilweise verdeckt wäre. Da sich die Meinung des Königs durchgesetzt habe, wurde Knobelsdorff bereits am »folgenden Morgen« schwer krank und erhielt »die Erlaubnis wieder nach Berlin zu gehen, wo ihn aber der König von 1745 an in etlichen Jahren nicht wieder habe rufen lassen«.[141] Mangers anekdotische Beschreibung der Situation klingt etwas gehässig, denn der König stellte in seiner Gedächtnisrede auf den 1753 verstorbenen Baumeister selbst fest, dass Knobelsdorff die Wahrheit liebte und glaubte, dass sie niemand verletzen könne. 1745 und 1746 begleitete er den König bei vielen Anlässen. So reiste er im Herbst 1745 während des Zweiten Schlesischen Krieges in das Heerlager Friedrichs des Großen nach Böhmen[142] und begleitete ihn im Juli 1746 nach Oranienburg und Rheinsberg.[143] Die Übertragung vielfältiger Aufgaben, die nicht zum Bauberuf gehörten und letztlich zur Arbeitsüberlastung führten, sowie die mangelnde Aufsicht über die finanziellen Geschäfte seines Baubüros führten zu einer scharfen Zurechtweisung durch den König in einem Brief vom 22. März 1747.[144] Es ist auffällig, dass die Verbindungen, die zwischen König und Knobelsdorff bis zum Jahre 1746 bestanden haben, zwischen 1747 und 1749 wesentlich lockerer gewesen sein müssen. Die Differenzen waren zwar wegen vielfältiger, vermutlich besonders wegen finanzieller Dinge entstanden, jedoch durchaus nicht so unüberbrückbar, wie sie immer wieder in Bezug auf Schloss Sanssouci dargestellt werden. Ab 1750 setzt wieder eine Periode intensiver Begegnungen des Königs und Knobelsdorffs ein, die anscheinend bis zum Tode des Baumeisters 1753 angedauert hat. Zwar erhält dieser 1748 den Rang eines Ministers im Generaldirektorium, doch geht man die Liste, die Manger von den Bauten Knobelsdorffs in Potsdam zusammengestellt hat, durch, so stellt man fest, dass dessen Anteil am Baugeschehen für diese Zeit gering ist. Nach 1750 aber häufen sich geradezu seine Bauten.[145] In einem Brief des Prinzen Ferdinand an seine Mutter vom 11. Mai 1750 heißt es: »Der Baron von Knobelsdorff wird Potsdam sehr verändert finden, es sind drei oder vier Jahre her, daß er nicht dort war. Augenscheinlich fährt er fort, den König dort zu begleiten.«[146] So entstanden dort und auch in Sanssouci in der kurzen Zeit bis 1753 noch mehrere Bauten wie z. B. der Obelisk auf dem Alten Markt, das Neustädter Tor und die Französische Kirche, die Neptun-Grotte und die marmorne Kolonnade im Rehgarten im Park Sanssouci, um nur einige zu nennen. Friedrich der Große stellte in seiner Gedächtnisrede auf den verstorbenen Baumeister fest: »Knobelsdorff erwarb sich durch seinen lauteren und rechtschaffenden Charakter allgemeine Hochachtung. Er liebte die Wahrheit und glaubte, sie verletze niemanden. Man mußte ihn genau kennen, um seine Verdienste voll zu würdigen.«[147] Die in freundschaftlichen oder kontroversen Auseinandersetzungen mit Knobelsdorff gefundenen architektonischen Lösungen sollten den König auch bei seinen späteren Bauten immer wieder begleiten.

Vom Schloss Sanssouci existieren zwei Skizzen Friedrichs des Großen: Terrassenanlage mit Grundriss des Schlosses (Zeichnung I, Abb. S. 40 oben) und ein Grundriss des Schlosses (Zeichnung II, Abb. S. 40 unten).[148] Sie werden allgemein als erste Skizzen des Königs zum Schloss Sanssouci bezeichnet und sind vermutlich je nach Standpunkt des jeweiligen Bearbeiters zwischen Mai und Oktober 1744 entstanden. In letzter Zeit haben sie jedoch Anlass zu unterschiedlichen Interpretationen gegeben. Es existieren inzwischen (Drescher, Mielke, Eggeling) nicht von der Hand zu weisende Zweifel, dass die Skizzen nicht mit der anfänglichen Planung im Zusammenhang stehen, denn sie könnten auch als Erläuterung eines bereits bestehenden Zustandes später entstanden sein. Verwiesen wird dabei auf die Gespräche des Königs mit seinem Vorleser de Catt im Jahre 1758. Friedrich hatte ihm in seinem Quartier während des Siebenjährigen Krieges mehrere Bauten in Sanssouci, u. a. auch das Schloss, zur Erläuterung aufgezeichnet und diese Zeichnungen auch geschenkt.[149] Als Beweis dafür wird der Zugang von Arbeits- und Schlafzimmer zur Bibliothek angeführt, der auf den Skizzen so dargestellt ist, wie er auch ausgeführt wurde. Die Zeichnungen der Baukondukteure zeigen jedoch noch eine andere Lösung. Dem gegenüber stehen aber die geteilte Galerie an der Nordseite der Königswohnung sowie die nur drei, aber später vier ausgeführten Gästezimmer auf der Westseite des Schlosses.

Zeitgenossen berichten immer wieder, dass der König Skizzen zu Häusern angefertigt habe. So u. a. Peyer bei seinem Besuch 1746 in Potsdam[150] und der Baumeister Jan Boumann im Jahre 1747 für das Palais des Prinzen Heinrich Unter den Linden in Berlin, was sein Sohn 1802 mit folgenden Worten bestätigte: »Meinem Versprechen treu zu sein, erhalten Ew. Wohlgebohren Eine Esquisse von einem Theil der Facade vom Stadt Schloße in Potsdam (gemeint ist allerdings das Palais des Prinzen Heinrich in Berlin, d. V.), so wie solche Friedrich der 2te oder der Große Allerhöchst eigenhändig gezeichnet, und meinem verstorbenen Vater zur Anfertigung einer correcten Zeichnung jedes male eingehändiget hat.«[151] Von Friedrich dem Großen sind Zeichnungen zu Fassaden von Gebäuden bekannt; Grundrisse kennen wir nur aus schriftlichen Quellen, z. B. aus seiner Küstriner Zeit und zum Schloss Sanssouci. Ob es sich bei seinen Skizzen zum Schloss Sanssouci um Entwürfe oder nachträgliche Illustrationen von bereits existierenden handelt, wird man heute kaum noch endgültig klären können. Friedrich Mielke stellte 1981 salomonisch fest: »Es ist doch müßig, diese Frage zum Streit werden zu lassen, weil eine

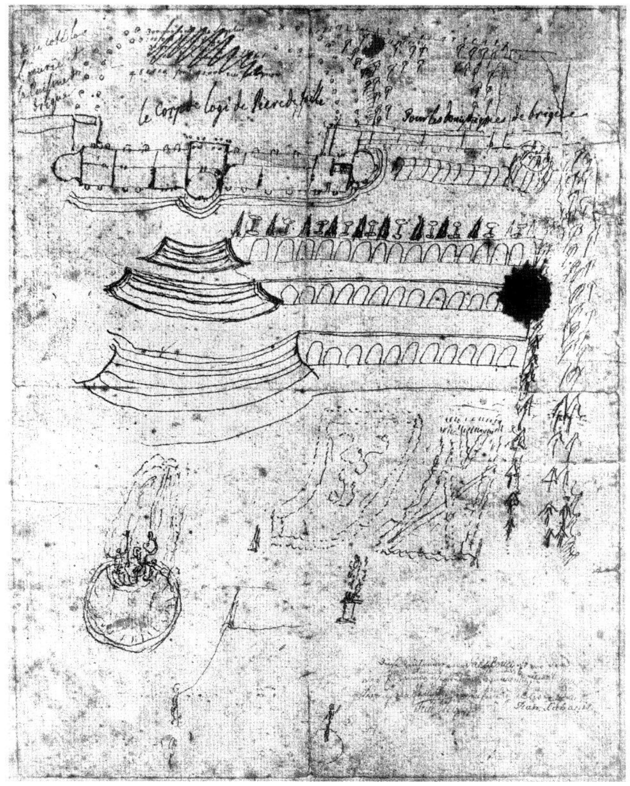

*Friedrich der Große, Skizze zur Terrassenanlage mit Grundriss des Schlosses Sanssouci (Zeichnung I). Vermutlich in der ersten Hälfte des Jahres 1744 entstanden (SPSG, Plankammer, Faksimile)*

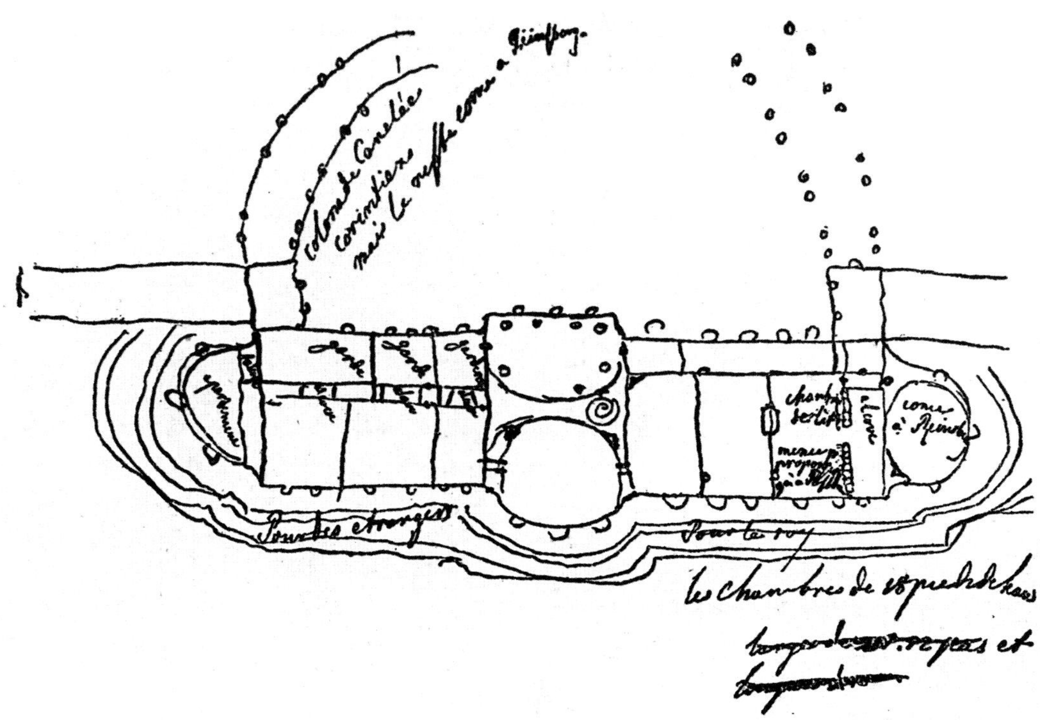

*Friedrich der Große, Grundriss des Schlosses Sanssouci (Zeichnung II). Vermutlich Mitte des Jahres 1744 entstanden, seit 1945 verschollen (SPSG, Plankammer, Negativ)*

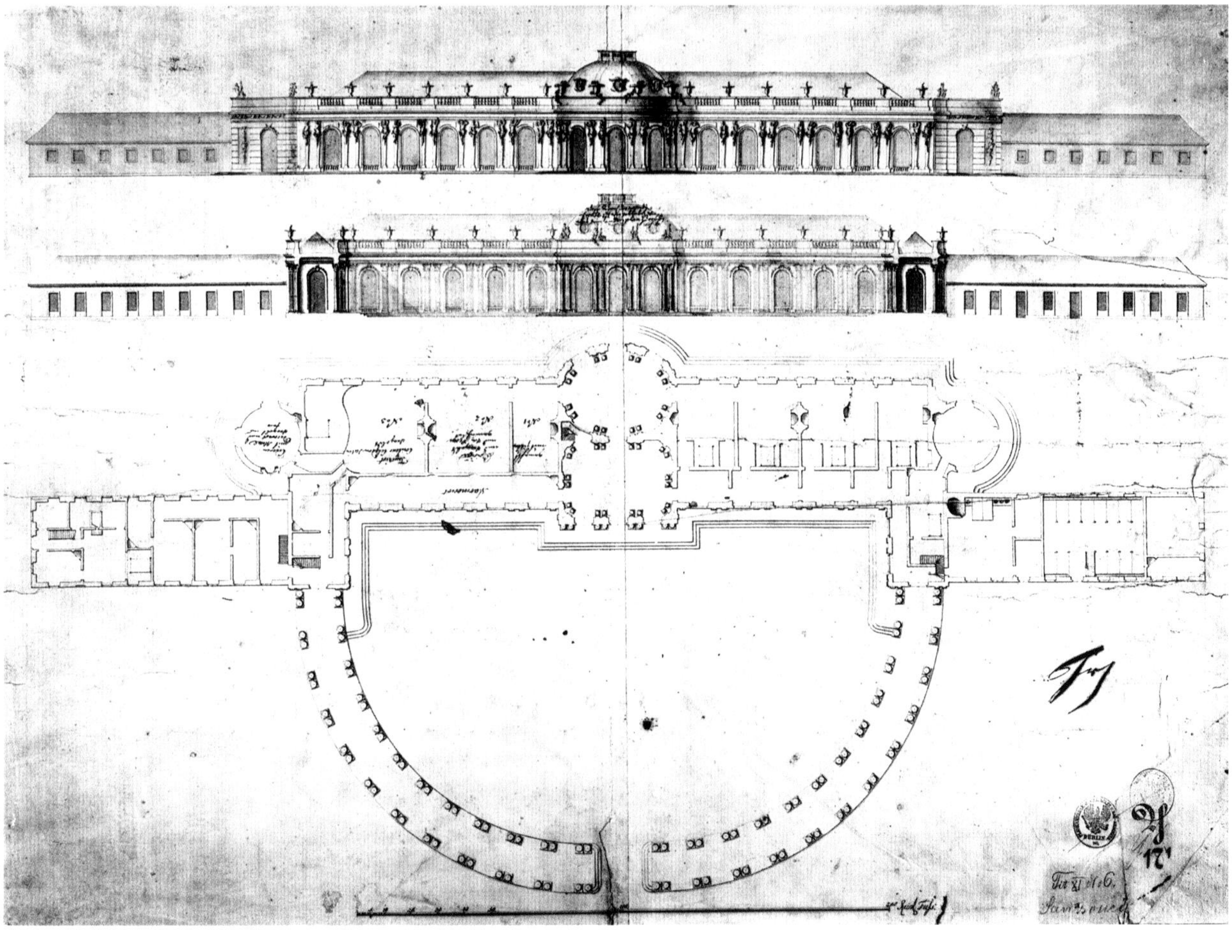

*Georg Wenzeslaus von Knobelsdorff – Baubüro, J. C. Berger (?), Schloss Sanssouci, Grund- und Aufriss der Hof- und Gartenfassade, mit königlichem Signum zur Ausführung bestimmt, um 1744/45 (SPSG, Plankammer, Plansammlung Nr. 14)*

unanfechtbare Entscheidung für den einen oder anderen Standpunkt mangels authentischer Belege nicht getroffen werden kann. Fest steht allein, und das mit unumstößlicher Gewissheit, daß sich Friedrich intensiv mit der Bauplanung beschäftigt hat und daß ihm kein Detail unwichtig war. Alles und jedes mußte von ihm gebilligt werden.«[152]

Das galt natürlich im besonderen Maße für sein eigenes Schloss. Abgesehen von den Skizzen des Königs, deren darin enthaltene Hinweise nur Knobelsdorff verstehen konnte, waren wohl seit der Mitte des Jahres 1744 dieser und die Mitarbeiter in seinem Baubüro, u. a. J. C. Berger und Johann Friedrich Friedel, mit der Ausarbeitung der Pläne für das Schloss beschäftigt.[153] Nur wenn der König einen solchen Plan mit seiner Unterschrift genehmigte, konnte gebaut werden. Der vermutlich von J. C. Berger gezeichnete und um 1744/45 entstandene Plan mit Grundriss und Aufrissen von Hof- und Gartenseite trägt die Unterschrift des Königs (Abb. S. 41).[154] Er muss als der früheste erhaltene Entwurf angesehen werden.[155] Obwohl vom König genehmigt, zeigt er besonders im Bereich der Bibliothek, der Kolonnade und des Daches auf der Nordseite des Mittelbaus noch Lösungen, die in weiteren Entwürfen verändert wurden. Die angedeutete zweite Kuppel ist mit dem Vermerk versehen: »Diese Kuppe der inwendigen Fronte ist weggeblieben wie aus dem anderen Plan zu ersehen.« Der Zugang vom Arbeits- und Schlafzimmer des Königs zur Bibliothek und zum Fredersdorfzimmer ist noch zweigeteilt. Der Kamin in der Bibliothek hat noch seinen Platz an der Südwestseite des Raumes; Bleistiftstriche deuten aber schon seinen späteren Platz an der Nordwand anstelle eines dortigen Fensters an. Auch die Alkoven in den Gästezimmern haben noch nicht ihre endgültige Form. Noch besteht die Kolonnade aus insgesamt 48 Säulenpaaren. Dadurch ergab sich aber eine schmale Mitteldurchfahrt; sie wurde erweitert, und die Säulenpaare hat man an dieser Stelle um vier reduziert.

Auch die Räume des Königs enthalten Hinweise für ihre Gestaltung. Im Audienz- oder Speisezimmer (1): »gemahlt mit silber«; im Konzertzimmer (2): »Boiseree und vergolt und von Pesne gemahlet«; im Arbeits- und Schlafzimmer (3): »Tapezirt Couleur Seladon vergoldt«; in der Bibliothek: »Cedern mit Metal decorirt und vergolt ins feir«; Kleine Galerie: »Marmorirt«.

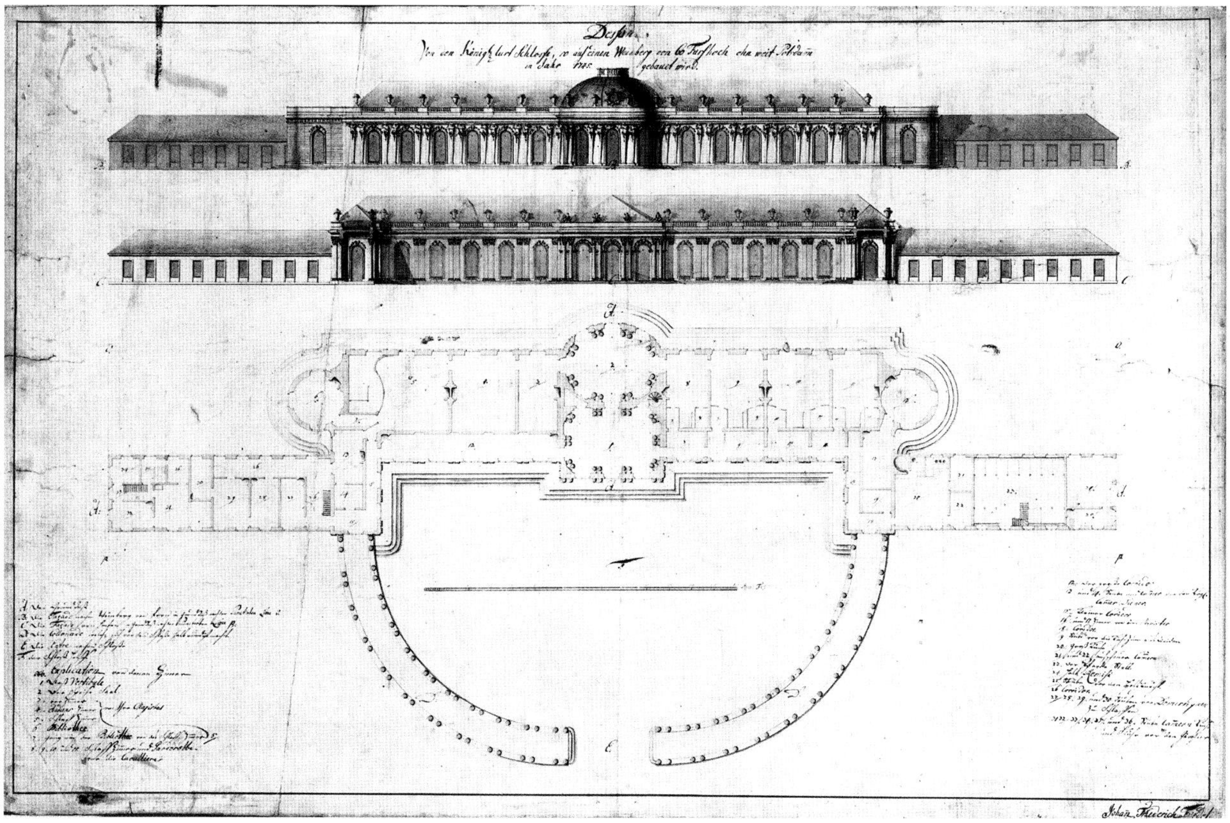

*Johann Friedrich Friedel, Schloss Sanssouci, Grund- und Aufriss der Hof- und Gartenseite, um die Mitte des Jahres 1745 entstanden (Potsdam-Museum Potsdam, V 79/124 K 2a)*

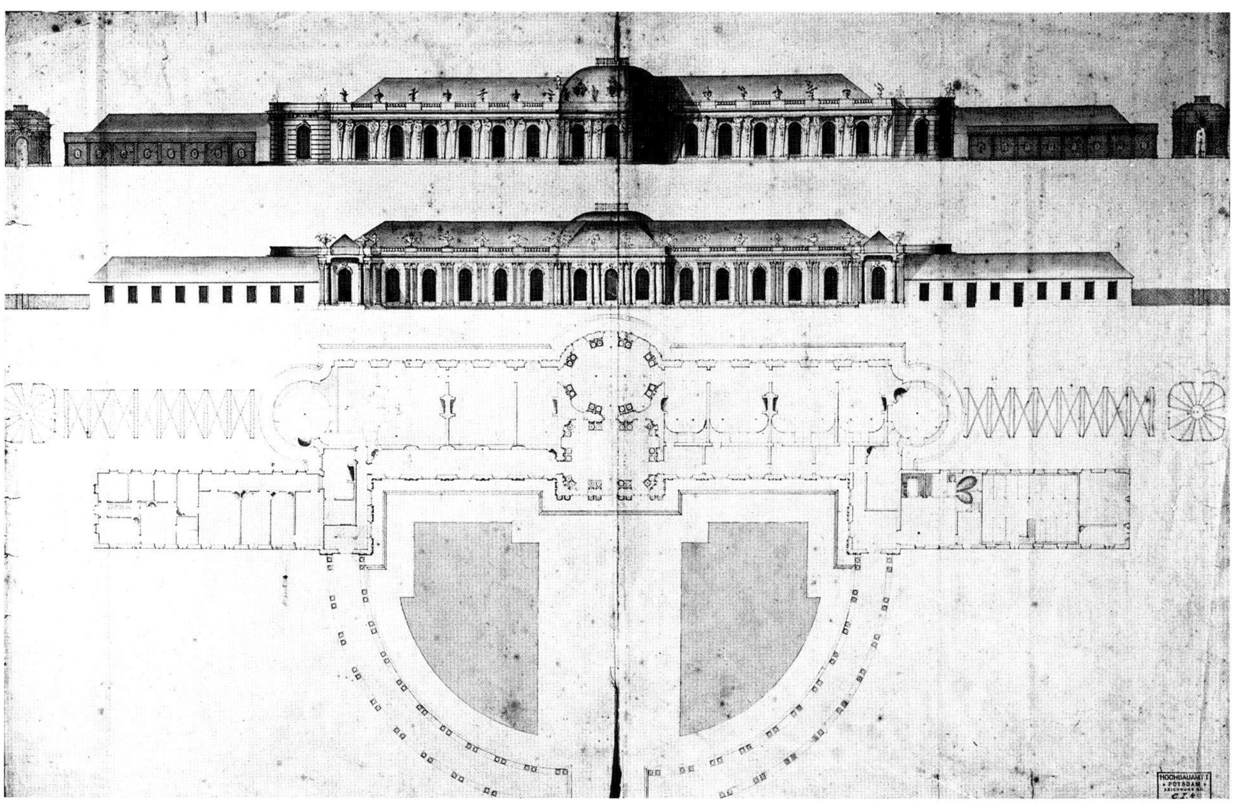

*Unbekannter Zeichner, Schloss Sanssouci, Grund- und Aufriss der Hof- und Gartenseite, nach 1747 (SPSG, Plankammer)*

Der im Potsdam-Museum aufbewahrte und wohl während der Bauphase in der Mitte des Jahres 1745 entstandene Plan von Johann Friedrich Friedel berücksichtigt schon die Korrekturen am Dach des Hofrisalits und an der Erweiterung der Kolonnadenöffnung (Abb. S. 42 oben).[156] Wichtig an diesem Plan ist die genaue Bezeichnung der Räume des Schlosses und der beiden Seitenflügel; darüber wird bei der Betrachtung der Innenräume noch zu sprechen sein.

Ein weiterer Plan, der wohl nach 1748 entstanden ist, zeigt den fertigen Bau mit den die Wirtschaftsflügel nach Süden versteckenden grünen Laubengängen und Treillagesalons, die 1746 nach einem Entwurf von Knobelsdorff errichtet wurden (Abb. S. 42 unten).[157] Im östlichen (linken) Pavillon ist die antike Statue des Betenden Knaben zu sehen, die 1747 hier aufgestellt wurde.[158]

**Der Außenbau**

Die Ehrenhofseite

Schloss Sanssouci besteht aus dem eingeschossigen Hauptbau, der nach Süden an beiden Seiten in Rundbauten endet und in der Mitte durch einen vorspringenden Kuppelbau bekrönt ist. Östlich und westlich schließen sich architektonisch unscheinbare Flügel an, die auf der einen Seite für Stallungen und Küchen und auf der anderen für die Unterkunft der Dienerschaft genutzt wurden. Nach Norden bilden, ansetzend an kurzen Seitenflügeln, zwei Viertelbögen mit einer Durchfahrt in der Mitte einen Ehrenhof (Abb. S. 43). Zu Recht ist immer wieder festgestellt worden, dass das Schloss keine einheitliche architektonische Gliederung, sondern bewusst eine strenge Hof- und eine heitere Gartenseite besitzt. Das Motiv der paarweisen korinthischen Säulen, das an der Kolonnade beginnt, setzt sich in gleichen Proportionen an der Fassade der Nordseite des Schlosses in Pilastern oder Halbsäulen fort. Dadurch entsteht eine enge Verbindung zwischen der Transparenz der Kolonnade und der festen Gliederung des Schlossbaues. Dieses Motiv wird auch in den beiden inneren Mittelräumen des Schlosses, dem Vestibül und dem Marmor- oder Speisesaal, fortgesetzt. Zwischen Außen und Innen besteht somit zwar eine formalarchitektonische Einheit, die aber durch die Wahl des immer kostbarer werdenden Materials eine inhaltliche Steigerung erfährt: Sandstein an Kolonnaden und Hauptbau, Stuckmarmor im ersten Innenraum, dem Vestibül, und carrarischer Marmor im Speisesaal, dem zentralen Raum des Schlosses.

Auf der Skizze (Zeichnung II) hatte der König an der östlichen Kolonnade vermerkt: »colonade canelee corintien mais le reste come à Reinsberg«. Das war ein deutlicher Hinweis auf den Bau seiner Kronprinzenzeit, den eigentlich nur Knobelsdorff verstehen konnte, denn dieser hatte die dortige Kolonnade entworfen. Sie sollte in Sanssouci nicht ionisch, sondern

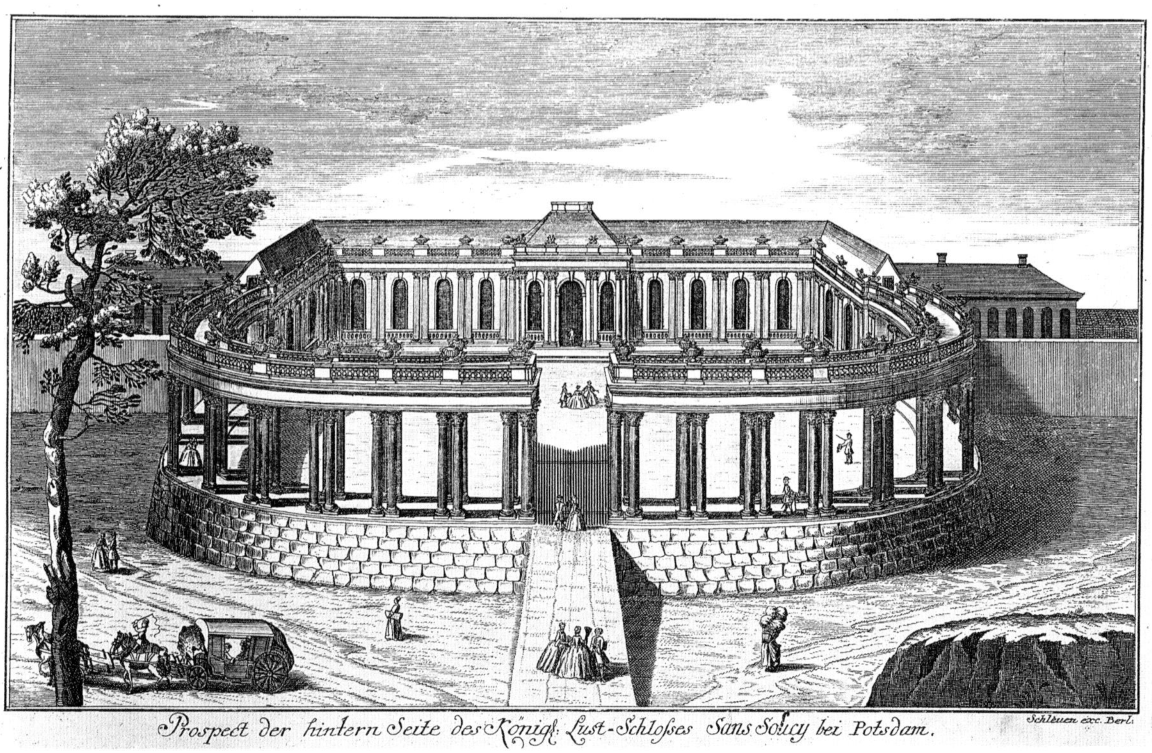


*Johann David Schleuen, »Prospect der hintern Seite des Königl. Lust-Schlosses Sans Soucy bei Potsdam«, Kupferstich, um 1765 (SPSG, Plankammer)*

korinthischer Ordnung sein und, wie die Skizze zeigt, nicht gradlinig zwischen zwei Flügeln, was in Sanssouci bei der Kürze derselben wohl kaum möglich wäre, sondern in weitem Bogen nach Norden ausgreifen. Dadurch entstand eine wunderbare Transparenz zwischen dem Ehrenhof, der umliegenden Landschaft und der antikisierenden Ruinenarchitektur auf dem nahen Höhneberg, der nun Ruinenberg hieß.

In Rheinsberg spannte sich die begehbare Kolonnade zwischen den beiden Türmen und schloss auch den Ehrenhof zum See hin ab. Man hat in diesem Zusammenhang zu Recht auf ein ähnliches Bauwerk in Oranienburg hingewiesen, das die beiden an der Nordseite des Schlosses befindlichen Turmbauten verband. Diese Linie lässt sich weiter bis zum holländischen Schloss Honselaardigk verfolgen (siehe S. 14). Einen ersten Hinweis auf eine im Bogen aufschwingende Kolonnade gibt der Entwurf für einen Königlichen Palast am geplanten Forum Fridericianum Unter den Linden in Berlin. Wohl von Knobelsdorff angedeutet und dann von Friedrich dem Großen mit kräftigen Strichen korrigiert, zeichnet sich eine halbrunde Kolonnade mit Mittelöffnung zwischen den beiden Seitenflügeln ab (Abb. S. 32). Bekanntlich ist dieses Projekt nicht realisiert worden, wurde jedoch nun, was die Kolonnade betrifft, in Sanssouci weitergeführt. Fast zur gleichen Zeit, 1747, entwarf Knobelsdorff Umbaupläne für das Dessauer Schloss. Auch hier sind die Seitenflügel durch eine geschwungene Kolonnade mit doppeltgestellten korinthischen Säulen verbunden. Durch den Tod des Herzogs unterblieb die Ausführung dieser Pläne.[159] Aber auch in Sanssouci wird das Motiv der geschwungenen Kolonnade aufgenommen. Um 1756 ist wohl der Plan zu datieren, der den Neubau eines großen Schlosses am Ufer der Havel in südlicher Verlängerung der kleinen Achse von Sanssouci vorsah. Der Bau scheint eine Vergrößerung des Schlosses Sanssouci gewesen zu sein und ist auch so und an diesem Standort nicht ausgeführt worden. Das zu Anfang der Regierungszeit des Königs geplante und unvollendet gebliebene Forum Unter den Linden in Berlin fand aber am Westende der großen Hauptallee von Sanssouci im Neuen Palais mit einer ausschwingenden Kolonnade zwischen den beiden Communs seine Wiederaufnahme und Vollendung in den Jahren zwischen 1763 und 1769.

So zieht sich also das Motiv der Kolonnade durch die gesamte brandenburg-preußische Kunstgeschichte des 18. Jahrhunderts und prägt nicht nur Form und Säulenstellungen, sondern auch die halbkreisförmigen Wach- und Zollgebäude an den Stadttoren von Berlin und Potsdam.[160] Beeindruckt muss Knobelsdorff während seiner Reise nach Italien 1736/37 von der Kolonnade des Petersdomes in Rom gewesen sein, die Giovanni Lorenzo Bernini 1656 bis 1667 im Auftrage von Papst Alexander VII. erbaut hatte. Wohl begeistert hatte er von den Werken Berninis erzählt, wie noch zu sehen sein wird, so dass Friedrich schon in Rheinsberg ihm den Spitznamen »Chevalier Bernin« gegeben hatte. Die Knobelsdorffsche Kolonnadenarchitektur findet ihren Höhepunkt in der so genannten Rehgartenkolonnade in Sanssouci, die von 1751 bis 1761 errichtet wurde, aber Friedrich Wilhelm II. bereits 1797 abreißen ließ; die Säulen verwendete man für die Erweiterung des Marmorpalais im Neuen Garten in Potsdam.[161] Die Architekturtheorie des 17. und 18. Jahrhunderts schrieb vor, einem

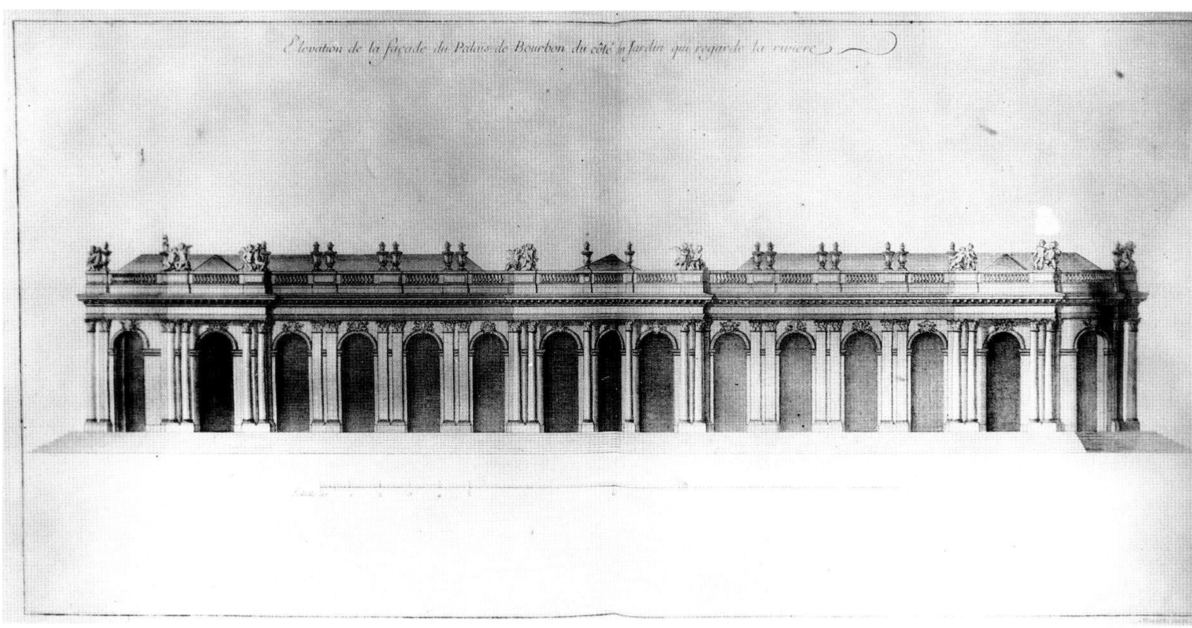

*L. Giardini, J. Aubert und J. V. Gabariel, Aufriss der Gartenfassade des Pariser Palais Bourbon, Kupfertafel aus: J. Mariettes »L'Architecture Françoise«, Paris 1727*

*Johann David Schleuen, »Prospect der fordern Seite des Königl. Lust-Schlosses Sans Soucy bei Potsdam«*
*(SPSG, Plansammlung Nr. 77)*

Gebäude rundum eine einheitliche architektonische Gliederung zu geben. Ob dem König dieses Prinzip bewusst war, lässt sich nicht sagen, auf alle Fälle hielt er sich nicht daran. Die Eingangsseite von Schloss Sanssouci ist durch korinthische Säulen oder Pilaster gegliedert, und der Gast wird dadurch und durch das Halbrund der Kolonnade hoheitsvoll empfangen. Knobelsdorff war im Herbst 1740 in Paris gewesen, und es ist nicht auszuschließen, dass er Trianon de Mabre in Versailles, erbaut von Jules Hardouin-Mansard und Robert de Cotte 1687/88, gesehen hat, mit dem die Nordseite des wenige Jahre nach Knobelsdorffs Paris-Reise gebaute Schloss Sanssouci eine Ähnlichkeit in der architektonischen Auffassung aufweist: die Eingeschossigkeit, die großen, bis zum Fußboden reichenden Fenster und die paarweisen oder einzelnen Pilaster dazwischen, die zwar nicht, wie bei Knobelsdorff korinthisch, sondern ionischer Ordnung sind. Über nur wenige Stufen gelangt man in die Innenräume. Die Idee des zentralen Durchbruchs zum Garten, das so genannte Peristyl, stammt von Ludwig XIV. selbst, der sich, wie später Friedrich, ebenfalls intensiv um den eigenen Bau gekümmert hat und sich sogar vor Ort ein Zelt aufstellen ließ »und von Zeit zu Zeit ein Auge auf den Bau warf, um dessen Fortschritt zu beschleunigen«.[162] Der Durchgang zum Garten ist in Versailles mit schwarzweißen Fliesen ausgelegt. Einen ähnlichen Bodenbelag besaß auch die Kolonnade in Sanssouci.

Zu Recht wird nicht nur auf die Verwandtschaft zum Trianon in Versailles hingewiesen, sondern auch zum Palais Bourbon in Paris, das 1722, also 35 Jahre nach Trianon, gebaut und 1727 in einem Stichwerk veröffentlicht wurde (Abb. S. 44).[163] Es gibt eine Übereinstimmung mit dem Palais Bourbon in der Mittelrisalitbildung einschließlich Säulengliederung und der leichten Andeutung von Seitenrisaliten; Merkmale, die bei der Nordseite von Sanssouci wiederzufinden sind.

Wenn Friedrich der Große in seiner Eloge auf seinen Baumeister davon spricht, dass dieser im Äußeren den Italienern den Vorzug gab, so kann man dem in Bezug auf die Kolonnade wohl zustimmen, aber für die Hofseite des Schlosses sind nachweislich französische Architektureinflüsse unübersehbar.[164]

## Die Gartenseite

Während man bei dem Grand Trianon in Versailles durch den offenen Mittelteil, den Ludwig XIV. zwecks Blicks in den Garten gefordert hatte und in diesen kam, muss man in Sanssouci durch das Bauwerk selbst, durch Vestibül und Marmorsaal gehen, um auf das große, nur mit Kies bedeckte Plateau vor der Südseite des Schlosses zu gelangen. Diese Seite hat einen anderen Charakter. Eigentlich ist es das gleiche architektonische Grundschema wie auf der Hofseite: große, rundbogige Fenster oder Fenstertüren, die bis auf den Fußboden reichen, von dem man über nur drei Stufen in den Garten gelangt. Gesims, Balustrade mit Vasenschmuck schließen den Bau zum Dach ab, nur den Mittelteil mit seiner leicht vorgewölbten Fassade bekrönt eine Kuppel. Aber nicht durch Pilaster, sondern durch 36 Hermen oder Karyatiden, die paarweise das Gesims tragen,

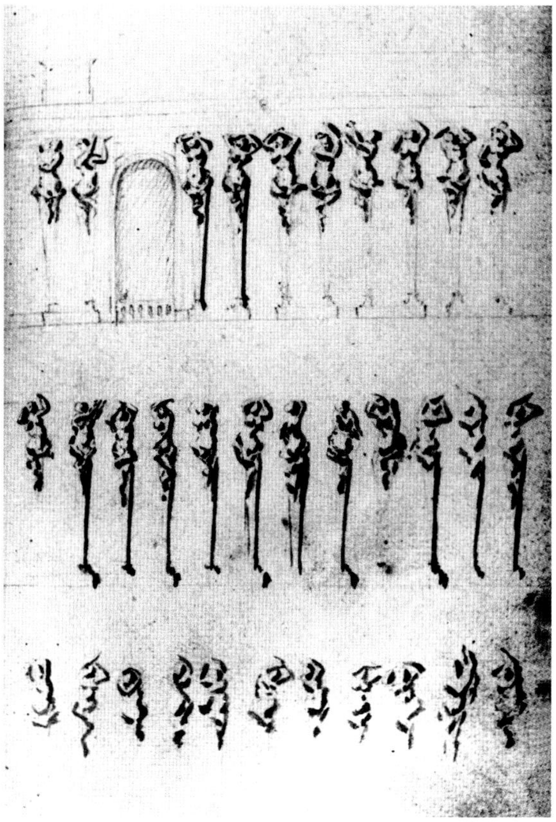

*Georg Wenzeslaus von Knobelsdorff (?), Skizze zu den Karyatiden an der Gartenseite des Schlosses Sanssouci, um 1745 (SPSG, Plankammer, Skizzenbuch 3827, S. 81)*

ist die Fassade gegliedert (Abb. S. 45). Friedrich Christian Glume hat, wie die Rechnungen beweisen, diese Arbeit von der Mitte des Jahres 1745 bis August 1746 in einer wahren Meisterleistung ausgeführt. Wie so oft in der Kunstgeschichte zum 18. Jahrhundert gibt es unterschiedliche Auffassungen zur Urheberschaft eines Kunstwerkes, besonders in der Plastik und der Raumausstattung. Obwohl durch Rechnungen belegt, wird in der Forschung auch Johann August Nahl genannt, von dem vermutlich »Modellskizzen« vorgelegen haben müssen. Der Streit ist heute wohl kaum noch zu klären.[165] Man wird aber doch annehmen müssen, dass wie bei der Hofseite ein Prinzipienentwurf von Knobelsdorff zugrunde gelegen hat (Abb. S. 46 oben).[166] In ihrer Individualität und Plastizität gehören sie zur besten Leistung der deutschen Bildhauerkunst um 1750.

Das Motiv der gebälktragenden Karyatiden taucht zum ersten Mal in der berlin-brandenburgischen Kunstgeschichte bei den wahrscheinlich von Balthasar Permoser am Portal 5 und 4 des Berliner Schlosses um 1700 geschaffenen Hermen auf, die Frühling und Sommer sowie Herbst und Winter darstellen. Vielleicht hat Friedrich beim Besuch im Gefolge seines Vaters 1728 in Dresden auch die vom gleichen Meister geschaffenen Hermen am Wallpavillon des Zwingers gesehen. Auch Knobelsdorff werden diese Figuren bei seinem dortigen Aufenthalt 1732 nicht entgangen sein. Außerdem existierte seit 1729 ein von Matthias Daniel Pöppelmann herausgegebenes Kupferstichwerk des Zwingers mit Abbildung der Hermen.[167]

*Friedrich (II.), Skizze zu einem Bacchustempel in Rheinsberg, Anfang 1740 entstanden (Eichenzell bei Fulda, Hessische Hausstiftung, Archiv und Bibliothek)*

*Georg Wenzeslaus von Knobelsdorff, Schnitt durch den Apollo-Saal. Aus der Dedikationsmappe zum Königlichen Opernhaus in Berlin, Blatt g, 1742 (SPSG, Plankammer, Ornamentzeichnung Nr. 77)*

Die Beschreibung Bielfelds von einem Bacchustempel in Rheinsberg, der von »12 Satyren« in Riesengröße getragen wird und dessen Dach aus einer »umgekehrten Punschschale« besteht, hat die Forschung immer wieder bewegt. Kühn hat eine Zeichnung von Knobelsdorff, die leider verschollen ist, dafür in Anspruch genommen.[168] Eine Zeichnung Friedrichs, die wohl um 1740 entstanden ist und sich heute im Hessischen Hausarchiv befindet, belegt eindeutig die Beschreibung Bielfelds und kann als Grundmotiv für die Südseite des Schlosses Sanssouci mit ihren Karyatiden angesehen werden (Abb. S. 46 unten).[169] Überhaupt scheint Friedrich eine gewisse Vorliebe für diese das Gebälk tragende Figuren gehabt zu haben. Auch im Apollo-Saal der Königlichen Oper in Berlin (1742) tragen paarweise angeordnete Karyatiden einen oberen Umgang. Es war der Saal, in dem der König mit seinem Gefolge nach einer Opernaufführung gespeist hat (Abb. S. 47). Auch in dem 1748 entstandenen Treppenhaus des Potsdamer Stadtschlosses tragen in den Ecken vier Karyatiden – zwei von Benkert und je eine von Heymüller und Petzold – das Gesims.[170] Das dortige Theater nahm dieses Motiv auch auf, und so gliederten »8 Stück Großtermes Bilder« von Lindenholz, ausgeführt von Friedrich Christian Glume, das Proszenium des Raumes. Der Zuschauersaal existiert seit 1804 nicht mehr, aber das Theater fand im gleichen Raum des Neuen Palais in Sanssouci eine Wiederholung. Hier stützen die Karyatiden den zweiten Rang.[171]

Im Jahre 1743 brannte das Stallgebäude Unter den Linden in Berlin, das im Vordergebäude die Akademie der Künste mit ihren Sammlungen beherbergte, vollständig aus. Erst 1748/49 wurde das Gebäude von Johann Boumann d. Ä. wieder aufgebaut und erhielt im Obergeschoss des dreiseitigen Mittelpavillons zwölf teils gekuppelte Hermenpilaster, die stark an die Gartenfront des Schlosses Sanssouci erinnern.[172]

Es gibt in der Kunstgeschichte wohl kaum ein Beispiel für einen eingeschossigen Bau, dessen gesamte Fassade durch Karyatiden gegliedert ist. Die Bacchantinnen und Bacchanten an der Südfassade des Schlosses Sanssouci schaffen eine Verbindung zu dem davor liegenden Weinberg, was sich letztlich auch durch das Weinlaub an den Figuren widerspiegelt.

### Die Innenräume

Die Aufteilung der Innenräume und ihre unterschiedliche Wertigkeit sind von außen nur durch den Mittelrisalit an der Hofseite und der leichten Vorwölbung auf der Gartenseite mit der Kuppel darüber zu erkennen. Schon daran ist die hervorgehobene Bedeutung der in der Mitte liegenden Räume ablesbar. Entsprechend der architekturtheoretischen Gepflogenheiten jener Zeit sind es Vestibül und Gartensaal, in Sanssouci auch als Marmor- oder Speisesaal bezeichnet. Im östlichen Teil des Hauses sind die Räume des Königs angeordnet, westlich des Marmorsaals liegen die Zimmer für die Gäste. Da alle Räume des Schlosses nach Süden ausgerichtet sind, ergibt sich eine unkonventionelle Variante des sonst üblichen klassischen »Appartement double«. Den Räumen des Königs ist nach Norden eine schmale, lang gestreckte Galerie vorgelagert, auf der westlichen Seite sind es die Dienerräume zu den einzelnen Gästezimmern. Eine individuelle Lösung sind die beiden Rundräume am östlichen und westlichen Ende des Schlosses, die an die Rheinsberger Türme erinnern; am östlichen Ende ist es die Bibliothek des Königs und auf der anderen Seite ein Gästezimmer.

Der König genehmigte den von Johann Boumann am 18. Juli 1746 aufgestellten Kostenanschlag von 60 623,23 Talern für den Innenausbau des Schlosses mit seiner Unterschrift »guht Friedrich«. Der Anschlag enthält die Kosten für Bildhauer-, Stuckateur-, Vergolder-, Tischler-, Maler-, Schlosser-, Goldschmiede- und Glaserarbeiten sowie für Material und Lohn. Ein Extraanschlag beinhaltet die textile Ausstattung – Gardinen, Möbelbezüge etc. (Abb. S. 48).[173]

### Das Vestibül

Über nur drei Stufen gelangt man vom Ehrenhof der Nordseite durch die Mitteltür des Risalits in das Vestibül. Die paarweise gestellten korinthischen Säulen aus Stuckmarmor nehmen das architektonische Gestaltungsprinzip des Ehrenhofes auf.

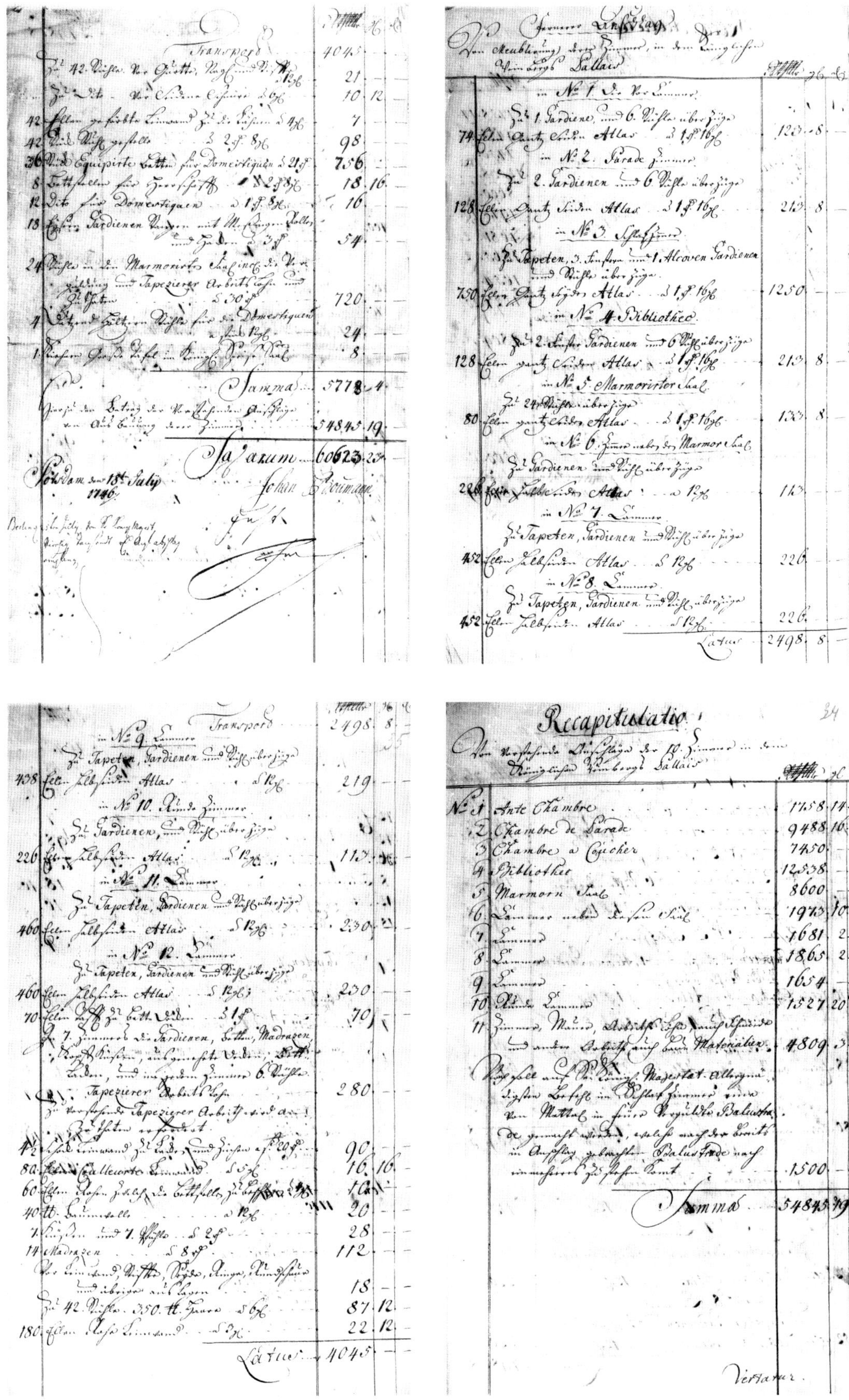

*Kostenanschlag zum Innenausbau des Schlosses Sanssouci, vorgelegt von Johann Boumann vom 18. Juli 1746 mit dem Genehmigungsvermerk des Königs*

*Georg Wenzeslaus von Knobelsdorff (?), Schloss Sanssouci, Schnitt durch Vestibül und Marmorsaal, um 1745 (?) (SPSG, Plankammer, Skizzenbuch 3827, Nr. 94)*

Außen- und Innenraum werden dadurch verbunden, seine Bedeutung aber durch die Wahl des Materials gesteigert. Streichhan nennt einen im Skizzenbuch 3827, Seite 94 enthaltenen Schnitt durch Vestibül und Marmorsaal eine eigenständige Entwurfsskizze Knobelsdorffs.[174] Man wird diese Angabe wohl mit einem gewissen Fragezeichen, sowohl was den Zeichner als auch die Bezeichnung »Entwurf« anbelangen, versehen müssen. Es ist nicht ausgeschlossen, dass dieser Schnitt vielleicht von einem fähigen Zeichner seines Baubüros stammt und nicht unbedingt ein Entwurf sein muss (Abb. S. 49).

Auch wenn das Vestibül in der Gedächtnisrede Friedrichs des Großen auf Knobeldorff nicht als dessen Werk genannt ist, so wird man es doch als seine Schöpfung bezeichnen müssen. Der Raum atmet eine Klassizität, die erst von der Enkelgeneration nach 1786 wieder aufgenommen wird. Man ist geneigt, nach Vorbildern speziell in Frankreich zu suchen, zumal Friedrich in seiner Gedächtnisrede auch auf Perrault's Louvre-Fassade hinweist. »Für die Außenarchitektur gab er den Italienern den Vorzug, aber den Franzosen für die Innendekoration, die Anlage und die Wohnlichkeit der Räume.«[175] Knobelsdorff war im Herbst 1740 in Frankreich gewesen, und wir wissen nicht, was er sich dort angesehen hat und ob er auch in Versailles war. Es lassen sich aber bestimmte Parallelen zwischen dem oberen Vorraum der Schlosskapelle in Versailles und dem Vestibül in Sanssouci feststellen. Die Arbeiten an der Kapelle waren 1689 begonnen, aber durch den Krieg unterbrochen und von 1699 bis 1710 von Jules Hardouin-Mansard und Robert de Cotte zu Ende geführt worden.[176] Nicht immer sind dort die Säulen paarweise aufgestellt, wie es Knobelsdorffs späteres Markenzeichen war. Außerdem verändern die erhöhten Sockel in Versailles die Proportionen der Säulen. Knobelsdorff war kein Baumeister, der sklavisch nach Vorbildern suchte, sondern Anregungen aufnahm und selbständig umsetzte. Außerdem handelte es sich in Sanssouci um eine ganz andere Aufgabe: Es sollte ein Vorraum für einen Speisesaal in einem Weinbergschloss sein und nicht, wie in Versailles, das Vestibül für eine Kirche.

Die Bedeutung des Weines ist im ganzen Schloss außen und innen sichtbar. Im Vestibül wird das bereits deutlich an den Ornamenten der Türen von Johann Christian Hoppenhaupt d. J., den vergoldeten Stuckreliefs von Georg Franz Ebenhecht mit Darstellungen aus dem Bacchusmythos und letztlich auch im Deckengemälde von Johann Harper, in dem Flora mit Genien Blumen und Früchte streut.

Ein Geschenk Ludwigs XV. von Frankreich ist die Sitzstatue des Ares Ludovisi, den der französische Bildhauer Lambert Sigisbert Adam 1730 nach einem römischen Vorbild schuf und die 1752 nach Potsdam kam. Als Pendant stand bis 1786 aus der Sammlung der Wilhelmine von Bayreuth eine Statue des Merkur, die unter Friedrich Wilhelm II. 1786 ins Marmorpalais und dann 1830 in die Berliner Antikensammlung gelangte. Sie wurde anfangs durch eine Trajan-Statue ersetzt; seit 1846 steht an dieser Stelle die Sitzstatue der Agrippina d. J. von Heinrich Berges.

Friedrich war in architektonischen Dingen ein Beharrender. Einmal gefundene und vielleicht auch in Zusammenarbeit mit Knobelsdorff erprobte architektonische Lösungen wurden von ihm auch nach dem Tod des Meisters wiederholt.

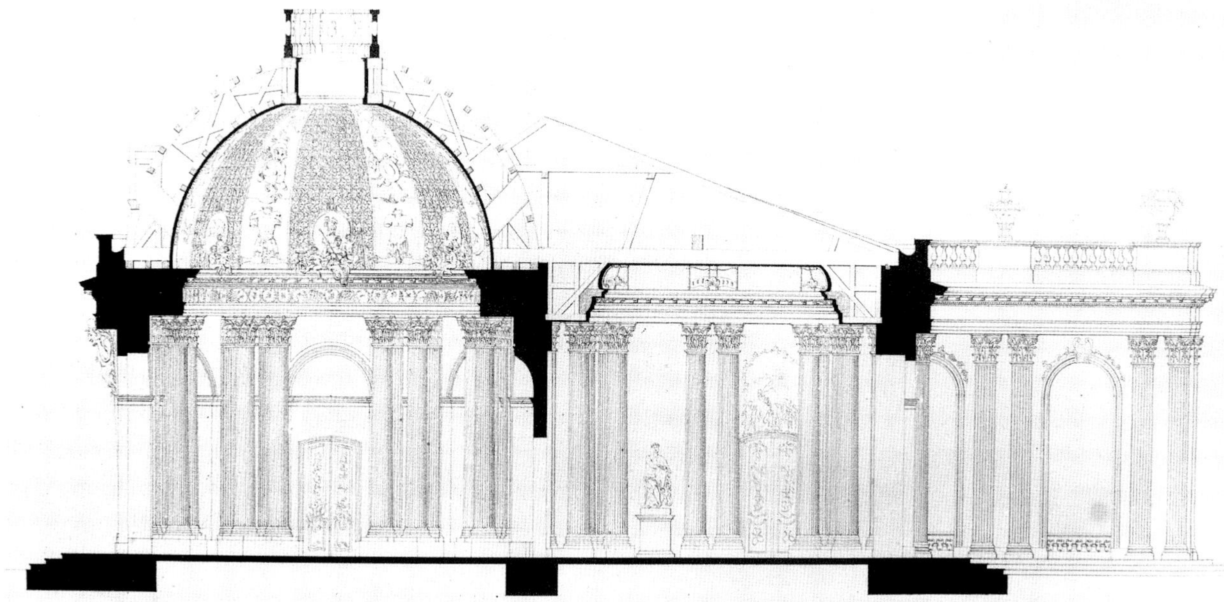

*Huguenel, Schloss Sanssouci, Schnitt durch Seitenrisalit, Vestibül und Marmorsaal (von Nord nach Süd), Federzeichnung, 1827 (SPSG, Plankammer Nr. 64)*

So nehmen das Untere und Obere Vestibül im Neuen Palais die Gestaltungsprinzipien des gleichen Raumes in Sanssouci wieder auf.[177]

## Der Marmorsaal

»Mein Marmorsaal ist fertig«, schrieb Friedrich der Große am 28. Juli 1748 an seine Schwester Wilhelmine.[178] Ein Jahr nach der offiziellen Einweihung des Schlosses waren nun auch an diesem zentralen Raum die Arbeiten beendet. Die Verzögerung trat sicherlich durch den komplizierten Transport der monolitischen Säulen und deren endgültige Bearbeitung vor Ort in Potsdam ein.

Der Saal bestimmt die Mitte des Schlosses, tritt nach außen in ovaler Schwingung hervor und wird durch eine aufragende Kuppel geschlossen. Als zentraler Festraum verbindet und trennt er sogleich die Räume des Königs von denen der Gäste. Friedrich der Große hatte bereits in seinen beiden Skizzen Lage und Form des Saales angegeben, jedoch ohne eine Säulengliederung. In seiner Gedächtnisrede auf Knobelsdorff nennt er ausschließlich diesen Raum als Schöpfung des Baumeisters.[179] Tatsächlich sind gerade vom Marmorsaal mehrere Zeichnungen und Skizzen erhalten geblieben, die von einer intensiven Beschäftigung Knobelsdorffs mit diesem Raume zeugen.[180] Hübner verweist im Zusammenhang mit der ovalen Grundrissbildung des Saales auf einen ähnlichen Raum, der Maison Crozat in Montmorency, der in der »Architecture Françoise« von Mariette (Paris 1727) abgebildet ist.[181] Eine Grundrissskizze Knobelsdorffs scheint wirklich von diesem Raum angeregt worden zu sein.[182] Das Architekturwerk Mariettes war ehemals in der Bibliothek Friedrichs des Großen in Sanssouci vorhanden und zeigte nach Hübner Spuren starker Benutzung.

Das Motiv der gekuppelten Säulen, das vom Außenbau kommend im Vorsaal wieder aufgenommen worden ist, erhält im Marmorsaal seinen festlichen Abschluss. Es gibt eine Steigerung des Materials von Sandstein über Stuckmarmor bis zum edlen weißgrauen carrarischen Marmor (Abb. S. 50). Acht Paar korinthische Säulen, denen an den Wänden ebenso viele Pilaster antworten, tragen mit ihren feuervergoldeten Bronzekapitellen das Gesims.[183] Von hier aus steigt die Kuppel empor. Es ist ein Gartensaal, in den das Licht durch hohe, zum Park hin sich öffnende Fenster hineinflutet. Gegenüber führt eine Tür ins Vestibül. Rechts und links davon stehen in sich dem ovalen Schwung des Raumes anpassenden Nischen auf hohem Sockel die Statuen »Apoll« und »Venus Urania«, geschaffen von François Gaspard Adam im Jahre 1748, gegenüber. Adam war vom König 1746 zum Direktor des neu gegründeten französischen Bildhauerateliers berufen worden, und die beiden Statuen waren die ersten Arbeiten des Franzosen, die Friedrich am 17. Oktober 1747 in dessen Werkstatt besichtigte. Die Statuen wenden sich zueinander, und Apoll hat ein aufgeschlagenes Buch in der Hand mit lateinischen Versen von Lukrez, die übersetzt lauten: »Steh du mir hilfreich bei, wenn ich in diesem Buche/Das Wesen der Natur im Vers zu bannen suche.«[184]

Die Türen zur Wohnung des Königs und zu den Gästeräumen liegen – in Nischen eingebettet – sich in der Längsseite des Ovals gegenüber.

Die teilende Wirkung des Gesimses der Kuppel wird durch die allegorischen Figuren, den spielenden Putten und den Blumengehängen gemildert. Frech überschneiden ihre Beine oder die von ihnen gehaltenen Blumengewinde die Gesimskante und nehmen so dem Raum seine Strenge. Die vier auf dem Gesims sitzenden Figurengruppen symbolisieren Zivil- und Militärarchitektur, Musik und Poesie, Malerei- und Bildhauerkunst sowie Astronomie und Geographie. Über dem Saal wölbt sich die Kuppel, in der Mitte eine ovale Öffnung zum Himmel freilassend. Dem Vertikalzug der Säulen folgend, gliedern acht sich nach oben verjüngende Bänder mit kriegerischen Emblemen die Wölbung. Die dazwischen liegenden Felder sind rechteckig kassettiert und mit Rosen gefüllt. Hinter den Figuren- und Puttengruppen sind hoch ovale Medaillons mit Attributen der Künste und Wissenschaften angebracht. Die Kuppel gliedert sich nicht horizontal wie die des Pantheons in Rom, sondern steigt durch Bänder »mit Kriegsamaturen« zu der ovalen Öffnung empor. Das aus neun geschliffenen Gläsern aus der Fabrik in Neustadt an der Dosse angefertigte Oberlicht wurde 1963/64 bei der Restaurierung des oberen Kuppelringes ausgebaut, und die Öffnung erhielt eine Abdeckung von Plexiglas ganz ohne teilende Eisenstreben.

Friedrich nennt in seiner Gedächtnisrede auf den verstorbenen Baumeister den »Kuppelsaal in Sanssouci eine freie Nachbildung vom Inneren des Pantheon« in Rom. Auch die Zeitgenossen, wie der Galerieinspektor Matthias Oesterreich und Friedrich Nicolai, bringen den Saal mit dem antiken Bauwerk in Verbindung, allerdings nur in Bezug auf die Öffnung der Kuppel.[185] Die Anlehnung an den Innenraum des Pantheons ist aber nur bedingt wörtlich und wohl eher als Metapher zu verstehen; sie bezieht sich auf die Kuppelwölbung, die obere Öffnung und vielleicht auch auf die Säulen – vor allem aber auf den Geist des Ortes und den der darin Versammelten. Das Pantheon, der am besten erhaltene antike Bau in Rom, war im 18. Jahrhundert durch zahlreiche Kupferstiche und die Wiedergabe in Architekturwerken bekannt und wurde immer wieder bewundert; er galt als Inbegriff des ewigen antiken Erbes und als ein »Tempel aller Götter«. Diesen Gedanken suchte Friedrich aufzugreifen, als er beabsichtigte, »in seiner Hauptstadt ein Pantheon nach Art des berühmten Tempels der alten Römer (zu) errichten, ein Pantheon, wohin alle Gläubigen kommen sollten, um zu bestimmten Stunden ihren Gottesdienst zu verrichten. Dieser Tempel sollte eines der schönsten Denkmäler der modernen Baukunst sein ... In der runden Form, die Friedrich nach dem römischen Vorbild auch dem Berliner Pantheon zu geben gedachte, sollte der erstrebte Zweck symbolisiert werden.« Die Nischen des Rundbaus waren für die einzelnen Religionsgemeinschaften gedacht. Jordan konnte den König allerdings davon überzeugen, dass dieser Plan undurchführbar sei.[186] Der friderizianische Toleranzgedanke fand jedoch wenig später seinen Ausdruck in der Errichtung der Hedwigskirche in Berlin für die Katholische Gemeinde und in der Französischen Kirche in Potsdam für die Reformierten.

Neben der Beschäftigung mit religiös-philosophischen Fragen stand ein intensives Studium der Antike. Die antiken römischen Schriftsteller Horaz, Lukrez, Cicero und vor allem Marc Aurel, allerdings in französischer Übersetzung, waren gleichsam Gast bei Friedrich. Immer wieder war die Antike Gegenstand der Gespräche. »Man soupiert mit Cesar, Marc Aurel, Kaiser Julian und bisweilen auch mit Abbé de Chaulieu.«[187] So wurde der Marmor- oder Speisesaal im Schloss Sanssouci zum »Tempel aller Götter«, in dem jeder geladene Gast seine Meinung sagen und vertreten konnte. Neben dem Pantheon als architektonischem Motiv religiöser Tolerenz im Sakralbau wurde der Speise- und Marmorsaal somit auch zur symbolhaften Verkörperung philosophischer Freiheit.

Nicolai schreibt in seinen 1789 herausgegebenen Anekdoten: »Der König pflegte übrigens im Sommer mehrentheils in Sanssouci in dem länglich-runden Marmorsaale zu speisen.«[188] Seidel stellte allerdings fest, dass er keinen Beweis gefunden hätte, dass der Marmorsaal wirklich als Speisesaal genutzt worden wäre. Das Inventar des Schlosses von 1782 weist das jetzige Vor- oder Empfangszimmer als »Speisezimmer« aus. Man wird wohl annehmen müssen, dass der Marmorsaal nur bei besonderen Gelegenheiten als Speisesaal diente. Das kleinere Speisezimmer konnte zudem auch an kühlen Tagen geheizt werden.[189] Im vom König approbierten Kostenanschlag für den Innenausbau und die Möblierung des Schlosses vom 18. Juli 1746 werden für den »Marmorirten Saal« 24 Stühle mit »Vergoldung und Tapezierer Arbeitslohn« sowie »1 Kiefern Große Tafel in Königl. Speise Saal« genannt. Das Inventar von 1782, das von den Innenräumen des Schlosses existiert, gibt für den »Saal« »16 Stühle mit roth damastenen Kissen, so schadhaft« an. Ein Tisch wird nicht genannt. Es war außerdem üblich, diesen nach der Mahlzeit wegzuräumen und die Stühle an die Wand zu stellen; »die Tafel aufheben« wurde wörtlich genommen. Ob der Marmorsaal wirklich als »Speisesaal« genutzt wurde, lässt sich heute nicht mehr feststellen. Im Inventar von 1782 wird jedenfalls das kleine Empfangszimmer als »Speisezimmer« bezeichnet, allerdings fehlen die Tafelstühle; es werden nur »ein Sopha mit 5 Fauteils mit Dammast überzogen« aufgeführt.

*Kuppel von S. Tommaso di Villanova, von Lorenzo Bernini (1661) im Castell Gandolfo bei Rom*

*Schloss Sanssouci, Schnitt durch Marmorsaal (Südseite) von unbekannter Hand, zwischen 1775 und 1785 entstanden (Architekturmuseum Moskau, Inv.-Nr. 5317)*

Die zur Tafelrunde geladenen Gäste wurden von Friedrich nicht selten in seinen Briefen, u. a. an den Bruder August Wilhelm 1752, mit beißendem Spott bedacht: »Ich wüßte nichts neues von hier zu melden, außer daß der Dichter (gemeint ist Voltaire) ein Wörterbuch der Verdammten schreibt, daß der Jude (d'Argens) schläft und an einem schlechten Buch arbeitet, daß der Italiener (Algarotti) sich vollfrißt und jederman bekrittelt, und daß Dein Diener sich auf ihre Kosten belustiget.«[190]

Mit seiner Schwester Wilhelmine, mit der ihn ein inniges Verhältnis verband, tauschte der König auch Meinungen zu Architekturfragen aus. Nachdem er ihr im Juli 1748 die Fertigstellung des Marmorsaals mitgeteilt hatte, schrieb er am 29. August 1749: »Auf Deinen Wunsch sende ich Dir die Zeichnung des goldenen Saales von Sanssouci. Ich hoffe stets, Dich vor meinem Tode noch darin empfangen zu können. Ich habe ein Fest darin gegeben, als die Königin-Mutter hier war.« Wilhelmine antwortete dem König am 15. September 1749: »Die Zeichnung des Saales in Sanssouci habe ich so gefunden, wie Montperry ihn mir geschildert hat, das heißt vollendet. Wie oft habe ich gewünscht, dort zu sein. Der Lukrez, der dort den Vorsitz führt, würde mich wirklich die Freuden des Lebens genießen lassen.«[191] Friedrich hatte seiner Schwester schon die Pläne von Rheinsberg und auch vom Opernhaus in Berlin geschickt. Mit ihr hatte er mehrfach über architektonische Fragen debattiert und ihre Meinung erbeten.[192]

Am 8. August 1750 war die Markgräfin Wilhelmine von Bayreuth wieder zu einem Besuch ihres Bruders in Potsdam eingetroffen. Sie war nicht nur in Sanssouci, sondern hatte auch Begegnungen mit Voltaire, Algarotti, Montesquieu und La Mettrie. Durch eine Krankheit bedingt musste sie allerdings bis Dezember 1750 in Berlin und Potsdam bleiben.

Von 1754 bis 1755 bereiste Wilhelmine Frankreich und Italien und schrieb nach ihrer Rückkehr am 21. November 1755 an den Bruder: »Sanssouci ist für mich eine der reizendsten Stätten, die ich gesehen habe. Die Mischung von Peterskirche und Pantheon, die mir seit meiner Reise klar geworden ist, ist einzig. Aber ich habe nie eine so prächtige Vigne gesehen, wie die Deine, und obwohl Du Bacchus keinen Kult weihst, wohnt er nirgens so gut wie bei Dir.«[193]

Für die Markgräfin Wilhelmine war Sanssouci – wohl im Hinblick auf Kolonnade und Marmorsaal – eine »Mischung von Peterskirche und Pantheon«. Das ist sicherlich nicht wörtlich zu nehmen und in Bezug auf das Verhältnis von Marmorsaal zu Pantheon doch hauptsächlich in philosophisch-übertragenem Sinne zu deuten. Die innere Kuppel des antiken Baus in Rom ist durch seine Kassettierung horizontal gegliedert, während die Kuppel in Sanssouci bewusst eine vertikale Gliederung aufweist. Von der Architektur Lorenzo Berninis hat Knobelsdorff dagegen mehr Anregungen empfangen, die sich auch im Marmorsaal, besonders in der Glie-

*Heinrich Hintze, Schloss Sanssouci, Marmorsaal, Aquarell, nach 1844 (SPSG, Aquarellsammlung Nr. 1388)*

derung seiner Kuppel, aber auch in Details nachweisen lassen. Man vergleiche nur die Kuppel von S. Tommaso di Villanova im Castell Gandolfo bei Rom (1661) mit der des Marmorsaals in Sanssouci (Abb. S. 52 links). Hier wie dort teilen acht Bänder die Kuppel in Felder, in deren unteren Bereichen große ovale Medaillons angebracht sind. Putten spielen mit herunterhängenden Blumengirlanden. Parallelen ergeben sich auch zur Kuppel der Kirche S. Maria de la Asunta in Ariccia bei Rom nach dem Entwurf von Bernini aus dem Jahr 1664. Knobelsdorffs Beinamen »Chevalier Bernin« besteht deshalb wohl zu Recht. Sein Marmorsaal im Schloss Sanssouci atmet Klassizität, die aber lebendig bleibt und sich besonders in der Durchbildung der Gesimse und der Kuppel mit der Leichtigkeit und Verspieltheit des Rokoko im Gegensatz zu der barocken Schwere Berninis verbindet.

Es gibt im 18. Jahrhundert keine bildlichen Darstellungen der Innenräume des Schlosses Sanssouci. Davon ausgenommen ist der Marmorsaal, der schon damals als bedeutende Architekturschöpfung galt. Außer dem wohl nachträglich im Skizzenbuch 3827 entstandenen Schnitt durch Vestibül und Marmorsaal bewahrt das Moskauer Architekturmuseum vier Zeichnungen des Marmorsaals auf, die den Grundriss des Schlosses, aber besonders die Nord- und Südseite des Marmorsaals im Aufriss (Abb. S. 52 rechts) und dazu den Fußboden zeigen. Es sind farbige Darstellungen, darüber hinaus auch von Innenräumen des Neuen Palais und der Neuen Kammer. Sie sind jedoch als Nachzeichnungen von vorhandenen Plänen und Entwürfen zu verstehen und als Anregung für geplante Bauten nach Russland gekommen. Als Entstehungszeit kann man das Jahrzehnt zwischen 1775 und 1785 annähernd festlegen. Erst im 19. Jahrhundert, zwischen 1840 und 1850, nach dem Einzug Friedrich Wilhelms IV. in dieses Schloss sind mehrere Räume dargestellt worden. So gibt es auch ein Aquarell des Marmorsaals von Heinrich Hinze, entstanden 1844 (Abb. S. 53). Es ist der Blick nach Süden mit geöffneter Fenstertür, durch die man im Parterre die gerade erst fertig gestellte Fontäne erblickt. Das wenige Mobiliar des Raumes bilden klassizistische Stühle, die paarweise vor die Säulen gestellt sind. Die friderizianischen Stühle hatte man nach dem Tode Friedrichs des Großen 1786 in das Belvedere auf dem Klausberg gebracht; ihr Verbleib ist unbekannt.[194] Hintze bevorzugt eine sachliche Darstellung des Raumes, wie sie andere Aquarelle von Schlossräumen auch zeigen.

Einen bildkünstlerischen Höhepunkt erreicht das Schloss aber durch zwei Gemälde, die Adolph Menzel 1850 bzw. 1852 geschaffen hat. Gemeint ist »Friedrich des Großen Tafelrunde in Sanssouci 1750« (Abb. S. 54) und »Flötenkonzert Friedrichs des Großen in Sanssouci« (Abb. S. 61). Schon Daniel Chodowiecki radierte 1781 eine »Tafelrunde Voltaires«, deren szenische Grundhaltung Adolph Menzel bei seiner »Königlichen

*»Die Tafelrunde«, Ölgemälde von Adolph Menzel, 1850, verbrannt 1945, Kopie von Joachim Tietze (SMPK, Nationalgalerie)*

Abendtafel in Sanssouci«, geschaffen für Franz Kuglers Geschichte »Friedrich des Großen«, übernommen hatte. Zwischen 1849 und 1852 entstanden dann diese beiden genannten Gemälde, die nicht nur Menzel, sondern die Friderizana überhaupt wieder in den Blickpunkt der Betrachtung rückten.

Im Marmorsaal des Schlosses Sanssouci sitzen vor einem offenen Fenster, das in den Garten hinausgeht, und einer offenen Tür, die in die Räume des Königs führt, neun Herren um einen Tisch und diskutieren. Es waren hervorragende Vertreter der europäischen Aufklärung, Wissenschaftler und Schriftsteller, die sich hier versammelt hatten: Lord-Marschall Georg Keith (1693–1778), schottischer Diplomat im Dienste Friedrichs, für ihn baute Friedrich ein Haus vis-à-vis des Schlosses Sanssouci; Voltaire (1694–1778), philosophisches Vorbild, mit dem der Kronprinz seit 1736 korrespondierte und der von 1750 bis 1753 Gast des Königs in Potsdam war; Oberst Christoph Ludwig von Stille (1696–1752), literarisch gebildet, Begleiter Friedrichs seit den Rheinsberger Tagen; Maquis d'Argens (1704–1771), französischer Schriftsteller; James Keith (1696–1758), schottischer Offizier im Dienste des Königs, Francesco Algarotti (1712–1764), italienischer Schriftsteller, Berater Friedrichs in baukünstlerischen Fragen; Friedrich Rudolf Diensten, als Katholik setzte er sich intensiv für den Bau der Hedwigskirche in Berlin ein; Julien Offray La Mettrie (1709–1751), französischer Philosoph, wurde vor allem durch sein Werk »Der Mensch als Maschine« bekannt.

Der König nimmt den Mittelpunkt des Bildes ein, alle Herren sind in ein angeregtes Gespräch vertieft, wobei sich der König und Voltaire anblicken.[195]

Menzel gibt die Hoch-Zeit der Tafelrunde bei Friedrich dem Großen wieder, die mit einigen Abgängen, z. B. dem von Voltaire im Jahre 1753, bis zum Beginn des Siebenjährigen Krieges 1756 dauerte. Nach 1763 verlor sie ihren Glanz, viele Mitglieder waren gestorben oder hatten Preußen verlassen. Der König kontrollierte immer am Abend vorher die Speisefolge der Mittagstafel für den nächsten Tag. Als Voltaire beim König weilte, bekam er einen extra Diätplan, da er magenkrank war.[196] Auch als die Tafel nicht mehr mit solch illustren Gästen wie in den 1750er Jahren besetzt war, behielt Friedrich diese seine Gewohnheit bis wenige Tage vor seinem Tode bei.

Wer heute den Marmorsaal von Sanssouci betritt, spürt den Geist des Ortes, der diesem Raume noch immer innewohnt.

### Das Audienz- oder Speisezimmer

Der erste und nicht sehr große Raum der Wohnung des Königs ist das Audienz- oder Speisezimmer. Den Charakter des einfenstrigen schmalen Raumes bestimmt der Gemäldeschmuck an den Wänden. Man hat kritisch angemerkt, dass dieses Zimmer zu schmal, zu tief und zu hoch sei und das Licht schwerlich bis in die Tiefe dringen könne. Es käme zu keiner Wohnlichkeit, und dem ganzen Raum fehle das Intime.[197] Er wirkt noch beengter, wenn man ihn als Speisezimmer nutzt. Der französische Marschall Marquis de Bouillé war 1784 in Potsdam; er beschrieb Schloss Sanssouci und auch dieses Zimmer: »Zu seiner linken (gemeint ist der Marmorsaal, d. V.) war das Speisezimmer. Dieses konnte ungefähr zwölf Personen fassen und war mit einigen Gemälden ... geziert.«[198] Man fragt sich heute, wo hier ein Tisch mit zwölf Stühlen gestanden haben soll. Hinzu kam noch das entsprechende Bedienungspersonal. Es ist wohl nicht anzunehmen, dass immer so viele Gäste beim König waren. Nach Büsching hatte er aber täglich sieben bis zehn Personen zur Mittagstafel.[199]

Der vom König approbierte Grundrissplan des Schlosses aus dem Knobelsdorffschen Baubüro von 1744/45 enthielt für das Audienzzimmer die Eintragung: »gemahlt mit Silber«.[200] Es muss also zu Anfang die Absicht bestanden haben, diesen Raum ähnlich dem Ersten und Vierten Gästezimmer des Schlosses zu gestalten. Friedrich war am 4. November 1745 in Potsdam gewesen, und Manger berichtet, dass »nach dessen Besichtigung der gemachten Anlage, ... verschiedenes wieder abgebrochen, und weiter hinausgerückt oder sonst verändert werden (musste), welches Zeitverlust verursachte«.[201]

Der Kostenanschlag vom 18. Juli 1746 verzeichnet nur Gewebe für Gardinen- und Stuhlbezüge, während für die anderen Gemächer auch die Tapeten aufgeführt sind. Für das »Ante Chambre«, wie dieses Zimmer im Kostenanschlag heißt, wird nur ein »Brust-Lambrie«, ein Paneel, genannt. Erst im Oktober 1747 und im März 1748 erfolgt eine Lieferung von »lila doppelten Damast« durch die Berliner Firma Girard & Michelet; man hatte sich also für eine Bespannung entschieden. Die Tapezierarbeiten führte der einheimische Tapezierer Daniel Damm im April 1748 aus.[202]

In der Mitte des Schlosses, in Vestibül und Marmorsaal, herrscht das Erhabene, im Audienzzimmer das Intime. Man ist überrascht von diesem Wechsel. Vor allem erstaunt der Gegensatz zwischen dem relativ großen, fast antikischen Marmorsaal und dem kleinen, einfenstrigen Audienzzimmer. Abgesehen von dem Kamin in der Mitte der westlichen Wand mit einem Spiegel darüber und dem gegenüber stehenden Konsoltisch, über dem ebenfalls ein Spiegel hängt, sowie den beiden Türen zum Marmorsaal und Konzertzimmer in unmittelbarer Nähe des Fensters wird dieser Raum, wie bereits erwähnt, durch den Gemäldeschmuck bestimmt. Da Friedrichs Interesse besonders Watteau und dessen weiterem Umkreis galt, schmücken die Wände französische Gemälde des 18. Jahrhunderts. In zwei Reihen hängen die ursprünglich 24, heute sind es 22, Gemälde an allen vier Wänden übereinander. Es ist erstaunlich, dass sich trotz der vielen geschichtlichen Ereignisse, die über das Schloss hinweggegangen sind, nahezu der gesamte Gemäldebestand, der aus Verzeichnissen des 18. Jahrhunderts bekannt ist, erhalten hat – Werke von Antoine Watteau, Jean-Baptiste Pater, Charles Antoine Coypel, Jean Raoux, Jean François de Troy und natürlich auch von Antoine Pesne. Die Themen der Bilder reichen von mythologischen Darstellungen bis zu alltäglichen Genre-Szenen. Bilder mit christlichen Themen fehlen im gesamten Bilderschmuck des Schlosses, erst in der Bildergalerie werden sie nicht zuletzt wegen ihrer repräsentativen Größe in die königliche Sammlung aufgenommen. Die ursprünglich von Johann Christian Hoppenhaupt d. J. und Melchior Kambly geschaffenen vergoldeten Rahmen sind teilweise nach 1945 verschollen.

Das Schmale und Hohe und vielleicht auch etwas Beengte des Raumes wird aber durch die Leichtigkeit des Deckengemäldes von Antoine Pesne aufgehoben. Der Windgott Zephyr bekränzt die auf einer Wolke sitzende Blumengöttin Flora, zwei kleine Putten streuen aus einem Korb Blumen herab, während ein Genius Tau aus einer Amphora gießt. Die in dem Raum wartenden oder speisenden Gäste konnten sozusagen in den Himmel blicken. Der Raum ist nicht mit der Decke abgeschlossen, sondern öffnet sich für den Betrachter nach oben. Stolz hat der Maler sein Gemälde signiert: »Ant. Pesne Pinxit 1747«.

Der 1683 geborene Franzose Pesne war 1710 als Hofmaler des ersten Preußischen Königs Friedrich I. nach Berlin gekommen und hatte unter dem sparsamen Nachfolger Friedrich Wilhelm I. kaum Aufträge erhalten. Erst Kronprinz Friedrich zog ihn 1736 an seinen Hof in Rheinsberg, wo er mehrere Deckengemälde schuf, u. a. »Apoll vertreibt die Finsternis« im dortigen Spiegelsaal. Mit dem Regierungsantritt Friedrichs II. 1740 häuften sich die Aufträge für die neuen Schlossbauten in Charlottenburg und Potsdam und natürlich auch für Schloss Sanssouci. Die Deckengemälde in Charlottenburg und im Potsdamer Stadtschloss sind 1943 bzw. 1945 durch den Krieg verloren gegangen, so zählt heute das Gemälde im Audienzzimmer des Schlosses Sanssouci zu den eindrucksvollsten erhaltenen Leistungen dieses Künstlers.

Die zwei vergoldeten Supraportenreliefs mit Putten, Blumen und Büchern im Audienzzimmer schuf Friedrich Christian Glume. Geradezu wie ein Lebensmotto klingen die in den aufgeschlagenen Büchern in französischer Sprache verzeichneten Verse, die noch einmal auf den gesamten Charakter des Hauses und speziell dieses Raumes hindeuten wollen. Es sind Verse, die aus den Dichtungen von Horaz und Chaulieu kompiliert sind. In deutscher Übersetzung heißt es über der Tür zum Konzertzimmer: »Ohne Gram, ohne Bitternis – jenem schleichenden und unheilvollen Gift unseres Lebensabends – streue ich noch einige Blumen auf die kurze Wegstrecke, die

*Eduard Gaertner, Schloss Sanssouci, Audienzzimmer, Aquarell, 1852 (SPSG, Aquarellsammlung Nr. 748)*

mir noch vergönnt ist. O Posthumus! die Zeit eilt dahin; warum sollten wir uns in dieser kurzen Zeit mit so schwerwiegenden Plänen befassen!« Und über der Tür zum Marmorsaal steht: »Möge uns die Sonne bei ihrer strahlenden Wiederkehr noch hier im Gespräch über Verse und Liebe finden, als Vorzeichen eines noch schöneren Tages voller Freuden, läßt uns dann die Blumen und die Morgenröte schauen.« Beschwört der erste Spruch trotz der schnellen Vergänglichkeit des Lebens den Genuss des Augenblicks, so preist der zweite das Gespräch unter geistreichen Freunden unter dem Deckgemälde.

In friderizianischer Zeit standen in diesem Raum ein Sofa und fünf mit Damast bezogene Sessel. Das Sofa schenkte 1792 Friedrich Wilhelm II. dem Kastellan Hackel, und die Sessel kamen in das Belvedere auf dem Klausberg. Die heutigen hier befindlichen Sitzmöbel stammen aus friderizianischer Zeit, um 1750, und gehören nicht zum ursprünglichen Bestand des Schlosses; sie wurden unter Friedrich Wilhelm IV. um 1845 hier aufgestellt. Noch heute befindet sich neben dem Kamin eine kleine Kommode, ein so genannter Holzkasten aus Zedernholz mit einer Aragonitplatte, die um 1750 entstanden ist. Sie diente zur Aufnahme von Brennholz für den Kamin; die drei Schubkästen waren nur vorgetäuscht, man konnte den Kasten seitlich öffnen. Ein ebensolches Möbel steht im Konzertzimmer sowie im Arbeits- und Schlafzimmer des Königs. Unter Friedrich Wilhelm II. ist dieser Holzkasten ins so genannte Rothenburgzimmer gekommen, wurde aber später an seinen ursprünglichen Platz zurückgebracht. Das Aquarell von Eduard Gaertner von 1852 zeigt den Gemäldebestand des Zimmers: wieder friderizianische Sitzmöbel, aber auch einen Flügel links hinter dem Kamin (Abb. S. 56). Der Holzkasten fehlt jedoch noch.

In allen Räumen lagen in friderizianischer Zeit Teppiche, so genannte Fußtapeten. Sie waren aber bald so verschlissen, dass sie »wegen Untauglichkeit weggeworfen« worden sind.[203]

Während in den Gemächern des Königs Kronen mit Bergkristallen hingen und heute noch hängen, schmückte das Audienzzimmer ein Kronleuchter aus feuervergoldeter Bronze, geschaffen von André-Charles Boulle 1715 in Paris. Graf Rothenburg erwarb ihn dort 1748 für 550 Taler, und seit dieser Zeit hängt er an diesem Ort des Schlosses.

### Das Konzertzimmer

Nach dem schmalen einfenstrigen Empfangszimmer ist man überrascht von dem hellen lichtdurchfluteten Konzertzimmer. Den zwei Fenstern und dem Mittelspiegel dazwischen an der Südfront antworten zwei Spiegel an der nördlichen Rückwand. Auch dem Spiegel an der Ostwand über dem Kamin ist ein gleicher gegenüber an der Westwand angebracht, so dass eine unendliche Spiegelung des französischen Kronleuchters mit Behang aus Bergkristall, der die Mitte des Raumes einnimmt, entsteht. Das Weiß der Wände und das Gold der Ornamentik, die in die Wand eingelassenen Gemälde und das

*Johann August Nahl d. Ä., Schloss Sanssouci, Entwurf für die Dekoration der Westwand des Konzertzimmers, um 1746 (SMPK, Kunstbibliothek, HdZ 5174)*

Dunkel des aus Zedern- und Lindenholz bestehenden Fußbodens geben dem Raum einen festlichen Charakter. Zu Recht zählt er »zu den beglückendsten Schöpfungen des deutschen Rokoko« (Kurth).

Die Rokoko-Ornamentik überwuchert nicht Wände und Decke, wie man es von süddeutschen Innenraumdekorationen, z. B. von François Cuvilliés in der Amalienburg in München, kennt, sondern hier ist bei der Gliederung der Wände das architektonische Prinzip spürbar. Geradezu sparsam sind die Rocaillen auf die die einzelnen Gemälde trennenden Bandstreifen gesetzt. Über den Wandbildern, die durch ihre Rahmung sich paarweise zuneigen und nur durch die Spiegel unterbrochen sind, weisen Musikinstrumente auf die Bestimmung des Raumes hin. Das große Mittelbild an der Nordwand hat durch sein Ornament eine zentrale Ausrichtung. Immer wieder wird der Betrachter das für das ganze Haus bestimmende Weinlaub und die Trauben entdecken. Auch die Rahmung der vier Supraporten ist in dieses Programm einbezogen.

Für die Innenräume des Schlosses Sanssouci existieren nur wenige Zeichnungen aus der Erbauungszeit. Die Kunstbibliothek Berlin bewahrt eine Entwurfsskizze für die Dekoration der Westwand des Konzertzimmers auf (Abb. S. 57).[204] Manger berichtet, dass Johann Michael Hoppenhaupt d. Ä. mit der Verzierung dieses Zimmers beauftragt wurde.[205] Laut Rechnung vom 20. April 1747 schuf er die Holzbildhauerarbeit an den Wänden und Türen sowie die Gemälde- und Spiegelrahmen einschließlich deren Vergoldung.[206] Neuere Forschungen schreiben aber die erhaltene Entwurfszeichnung Johann August Nahl d. Ä. zu, der zwar schon am 13. Juli 1746 Preußen fluchtartig verlassen hatte, dessen Entwurf aber wohl die Grundlage für die in einigen Teilen veränderte Ausführung Hoppenhaupts gewesen ist.[207]

Im Gegensatz dazu wird die erst 1983 von den Potsdamer Schlösser und Gärten angekaufte Entwurfszeichnung für die Decke des Konzertzimmers eindeutig als Arbeit Johann August Nahls d. Ä. ausgewiesen (Abb. S. 58).[208] Wie eine Gitterlaube überspannt die feingliedrige Decke das Zimmer und suggeriert dadurch den natürlichen Eindruck, wie es die Lauben tun, die auf der Südseite östlich und westlich des Schlosses stehen. Neben Blumen und dem obligatorischen Weinlaub mit den Trauben sowie allerlei Getier bis zu den Spinnen in der Mitte der Decke ziehen Putten an den Rändern Netze aus dem Wasser. Unmittelbar an der Voute werden Hasen von Hunden gejagt. Bezieht man das Gemälde in der Mitte der Nordwand des Raumes – Diana im Bade – in die Betrachtung ein, so ist die Dekoration der Decke dieses Zimmers eindeutig auf die Jagd ausgerichtet.

In den ersten Regierungsjahren, bis 1748, war Friedrich durchaus der Jagd zugetan. Auch seine Kurzsichtigkeit hinderte ihn daran nicht. So wurde auf seinen Befehl 1745 auf dem nördlich des Schlosses gelegenen Höhne-, dem späteren Ruinenberg einige hundert Rebhühner ausgesetzt. Auch legte

*Johann August Nahl d. Ä., Schloss Sanssouci, Entwürfe für die Decke des Konzertzimmers (SPSG, Plansammlung Nr. 140)*

man im gleichen Jahr westlich des Sanssouci-Lustgartens auf seine Anweisung hin einen Reh- und Fasanengarten an, in den zunächst hundert Rehe angesiedelt wurden. Wie bereits berichtet, hatte der König am 19. Juli 1746 während einer Jagd auf dem Weinberg zu Mittag gespeist. Um das Jahr 1748 erlahmte sein Interesse an der Jagd. Aus dem Höhneberg wurde der Ruinenberg mit der Anlage eines Wasserreservoirs für die Fontäne und mit den entsprechenden Staffagebauten. Zu dieser Zeit war aber die Dekoration des Konzertzimmers schon längst abgeschlossen. Die Decke scheint zu den ersten Arbeiten in diesem Raum gehört zu haben, denn die Stuckaturen von Johann Michael Merck wurden am 13. August 1746, das Figürliche von Georg Franz Ebenhech am 16. September 1746 abgerechnet. Adam Carloni vergoldete die gesamte Ornamentik der Decke.[209]

Während das Mittelbild an der Nordwand mit Diana das Thema der Jagd aufnimmt, knüpfen die Bilder an Ost- und Westwand des Zimmers mit Szenen aus den »Metamorphosen« Ovids an die in Rheinsberg begonnene Tradition dieser Darstellungen an. Am 20. November 1746 schrieb der Bruder des Königs, Prinz August Wilhelm, an diesen: »Ich habe die Entwürfe der Bilder gesehen, die Pesne für Dein Weinberghaus malt. Sie scheinen mir äußerst geschmackvoll.«[210] An der Westwand sind es »Pygmalion und Galatea« sowie »Vertumnus und Pomona«, an der östlichen Kaminwand »Pan und Syrinx« sowie »Bacchus und Ariadne«. Das erstgenannte Bild hat Pesne am Werkstattschemel signiert und datiert 1747.[211]

Von den vier Supraportengemälden von Charles Sylva Dubois sind drei Ideallandschaften mit antiken Ruinen, die vierte aber ist eine Ansicht des Schlosses Sanssouci mit der Terrassenanlage.[212] Das Schloss mit dem terrassierten Weinberg davor wird vom jenseitigen Ufer der Havel aus dargestellt und ist somit Teil der Landschaft und für Friedrich ein »Sitz der Ruhe, des häuslichen Lebens, der schönen Natur und der Musen«; es war sein Arkadien. Dass das irdische Glück aber endlich ist, wusste der König spätestens seit den Erfahrungen des Ersten Schlesischen Krieges. In den späteren Testamenten und Briefen an seine Freunde kommt das immer wieder zum Ausdruck. Auch die Supraporte im Konzertzimmer ist ein deutlicher Hinweis darauf. Über die Havel hinweg sieht man auf die Terrassen mit dem bekrönenden Schloss. Im Vordergrund stehen und sitzen zwei Hirtinnen und ein Hirte mit ihrer Herde vor einem antiken Grabmal. Auch in Sanssouci hat der Tod seinen Platz, aber über den Fluss hinweg liegen die Gefilde der Seeligen – et in Arcadia ego. Sofort kommt einem das bekannte Bild im Pariser Louvre in den Sinn. Hatte Knobelsdorff das Motiv dort gesehen und den König und letztlich auch den Maler dazu angeregt? Wir werden es wohl nie erfahren.

Die dekorations- und bildkünstlerischen Motive in diesem Zimmer sind letztlich sehr unterschiedlich und lassen sich kaum zusammenführen. Von Jagd- und Fischereimotiven, den Verwandlungen im ovidischen Sinne, den klassischen Landschaftsdarstellungen bis hin zur realen Wiedergabe des Gegebenen mit Blick in das Jenseits, in eine bessere Welt reicht das Programm der Gemälde.

*Heinrich Hintze, Schloss Sanssouci, Konzertzimmer, Bez. u. dat.: H. Hintze 1844 (SPSG, KPM Archiv)*

Neben der Ornamentik an den Wänden, den Gemälden sowie den Spiegeln zählt der Kamin an der Mitte der Ostwand zur festen Ausstattung des Raumes. Er ist nicht wie beim Audienzzimmer von einem heimischen Steinmetz gearbeitet, sondern von Rothenburg in Paris erworben worden. Da die Seitenwangen höher sein mussten, wurde er von dem Marmorarbeiter Duquesnay überarbeitet. In seiner Rechnung vom Oktober 1749 heißt es: »Ein Camin welcher von Paris gekommen, und zu kurtz gewesen, wieder erhöhet die Bladt wieder gantz gemacht, und poliret ... In der Concert Cammer einen dito welcher gantz zu schaden, reparirt, und polirt«.[213]

Das Zimmer ist durch den Hammerflügel von Gottfried Silbermann, den er 1746, wie auf der Unterseite des Resonanzbodens verzeichnet, anfertigte, als Musikzimmer ausgewiesen. Die musikalische Begabung des Kronprinzen und späteren Königs hatte seine Mutter gefördert und ihm Unterricht bei dem Flötisten Johann Joachim Quantz geben lassen. Schon in Neuruppin und später in Rheinsberg engagierte er Musiker, so dass dort sein Orchester aus siebzehn Musikern unter der Leitung von Carl Heinrich Graun bestand. Nach der Thronbesteigung 1740 verpflichtete er Carl Philipp Emanuel Bach als Hofcembalisten, und ein Jahr später kam auch Johann Joachim Quantz aus sächsischen Diensten endgültig an den Preußischen Hof. Das Flötenspiel des Königs wurde von den Zeitgenossen allgemein als »hervorragend« und »meisterhaft«, manchmal aber auch als »sehr brav« bezeichnet. Wenn es die Zeit erlaubte, griff der König morgens und am Vormittag zur Flöte, um dann abends ein Konzert zu geben. Büsching schreibt: »Gemeiniglich ging um 6 Uhr das Conzert an, vor demselben aber eine Viertelstunde das Vorspiel her. Nun spielte Er drey Conzerte, hörete auch wohl zuweilen entweder eines von Quanz oder ein Solo von Duport an, und alsdenn hatte die Musik gemeiniglich an dem Tag ihr Ende.«[214] Er komponierte auch, aber wohl doch immer unter der Anleitung seines Lehrers Quantz. Von Friedrich dem Großen sind 121 Sonaten für Flöte und Cembalo, vier Konzerte für Flöte und Streichorchester, eine Ouvertüre, wenige Märsche und andere Stücke bekannt. Das Flötenspiel hat er dann wegen des Verlustes der Vorderzähne 1778/79 aufgegeben; seit 1756 komponierte er bereits nicht mehr. Peter Haas hat um 1786 ein abendliches Konzert bei Friedrich dem Großen in einer Radierung dargestellt.[215] Der alternde König steht etwas steif mit der Flöte in der Hand vor den Musikern. Wichtig auf dem Bild aber ist die Beleuchtung, die wohl auch für das spätere Menzel-Bild anregend gewesen ist.

Nach dem Tode Friedrichs des Großen 1786 ist einiges in dem Zimmer verändert worden. Während Friedrich Wilhelm II. die zwei Canapés und sechs mit rotem Damast bezogene Fauteuils von 1792 dem Kastellan Hackel schenkte, kam der Hammerflügel zuerst in die Neuen Kammern und 1793 in den Neuen Garten, vermutlich in den Konzertsaal der Orangerie oder in das Marmorpalais selbst.[216] Das Aquarell von Hintze aus dem Jahre 1844 zeigt klassizistische Sitzmöbel und auch ebensolche Konsoltische zwischen den Fenstern und unterhalb des Gemäldes an der Nordwand (Abb. S. 59). Bei dem 1854 von Eduard Gaertner entstandenen Aquarell des Kon-

*Eduard Gaertner, Schloss Sanssouci, Konzertzimmer, 1854 (SPSG, Aquarellsammlung Nr. 749)*

zertzimmers mit Blick durch die geöffnete Tür in das Audienzzimmer sind an der Rückwand wieder der alte Konsoltisch und auch Sitzmöbel, die wohl friderizianisch und um 1760 entstanden sein müssen, zu sehen (Abb. S. 60). Nach 1845 ersetzten sie die klassizistischen Möbel. Der Hammerflügel ist allerdings nicht wiedergegeben. Er muss sich zu diesem Zeitpunkt noch an einem anderen Ort befunden haben.

Bekannt und berühmt wurde das Konzertzimmer durch ein zwischen 1850 und 1852 entstandenes Gemälde von Adolph Menzel, das sein »populärstes Bild« überhaupt blieb: das Flötenkonzert Friedrichs des Großen in Sanssouci (Abb. S. 61).[217] Die Szene geht auf ein verbürgtes Ereignis zurück: 1750 hatte die Schwester des Königs, Wilhelmine von Bayreuth, ihren Bruder besucht, und dieser gab ihr zu Ehren in Sanssouci ein Konzert. Menzel hatte das Bild wohl schon 1849 begonnen, die Arbeit daran aber durch die »Tafelrunde« und das »Hochkirch-Bild« unterbrechen müssen. Im Jahre 1851 bestellte der Potsdamer Zuckerfabrikant und Mitglied der Potsdamer Stadtverordnetenversammlung Ludwig Friedrich Otto Jacobs das Bild bei Menzel. Anfang August 1852 war das Gemälde fertig und wurde auf der Akademie-Ausstellung gezeigt.

Wie bei der »Tafelrunde« ist es wieder eine Hofgesellschaft, die sich um den König scharrt. Allerdings sitzt er nicht im Kreis vertrauter Gesprächspartner, sondern steht zentral nahezu in der Bildmitte mit einem großen Freiraum davor und spielt ein Flötensolo, während die Musiker erwartungsvoll verharren. Ein erlesenes Publikum hat sich versammelt: (von links nach rechts) Baron von Bielfeld sieht etwas desinteressiert an die Decke, davor steht Graf Gotter, ebenfalls zur Decke blickend Maupertuis, der Präsident der Akademie, die Schwester Amalie, dahinter der Kapellmeister Graun, und auf dem Sofa sitzt der Hauptgast des Abends, Wilhelmine von Bayreuth. Auf der rechten Seite, beinah versteckt hinter dem Notenständer, die Hofdame der Königin, die allerdings nicht dabei war, Sophie Caroline Gräfin von Camas, hinter ihr steht fast an der Wand gelehnt der schon seit Rheinsberger Tagen mit Friedrich bekannte Offizier Chevalier Chasot. Drei von den anwesenden Musikern können genannt werden: der Konzertmeister Franz Benda, stehend mit der Violine in der Hand, Johann Joachim Quantz, der Flötenlehrer, lehnt am Bildrand, und nur ihm war es gestattet, Lob und Tadel auszusprechen, und am Cembalo Carl Philipp Emanuel Bach, Hofcembalist und Kammermusikus des Königs. Er wartet, die Hand auf den Tasten, auf den Einsatz nach dem Solo des Königs.

Menzel, der mit großer Anstrengung an diesem Bild gemalt hatte, schrieb am 26. Dezember 1851 an seinen Freund

*Adolph Menzel, Flötenkonzert Friedrichs des Großen in Sanssouci, 1850–1852 (SMPK, Nationalgalerie, AI 206)*

Arnold: »Ich darf wohl sagen, ich habe mir meinen Stoff nie leicht gemacht, aber eine solche Aufgabe habe ich mir noch nie gesteckt und zwar (abgesehen von allem anderen) durch die geforderte Beleuchtung: Kerzenlicht von allen Seiten und von oben.« Zwei Jahre vor seinem Tod bemerkte er in einem Gespräch mit dem Journalisten Axel Delmar etwas sarkastisch: »Der König steht da wie ein Komiß, der sonntags Muttern etwas vorflötet ... Überhaupt habe ich es bloß gemalt des Kronleuchters wegen. In der Tafelrunde brennt er nicht – hier brennt er!«[218]

Mit der Darstellung der Tafelrunde im Marmorsaal des Schlosses Sanssouci von Adolph Menzel, erworben von der Nationalgalerie 1873, und dem Flötenkonzert im Konzertzimmer des gleichen Schlosses, nur zwei Jahre später angekauft, entstand eine neue Dimension in der Betrachtung der friderizianischen Zeit. Auf der einen Seite wurde Menzel dem privaten Charakter des Hauses mit philosophischen Gesprächen im Marmorsaal und Konzerten im Musikzimmer, beides unter Freunden und Gleichgesinnten, gerecht; er bewegte sich aber auch ganz im Sinne der Friedrich-Renaissance, die im ersten Drittel des 19. Jahrhunderts eingesetzt hatte. War es nicht die heile Welt von einem intakten Königtum, dem sich Philosophie, Kunst und Literatur zugehörig fühlten und nach dem man sich nach der gescheiterten Revolution von 1848 sehnte? Das Schloss Sanssouci und auch der Maler Menzel wurden sehr bald bekannt oder besser gesagt wieder bekannt; das Schloss wurde populär und Menzel der beste Vertreter der friderizianischen Historienmalerei.

### Das Arbeits- und Schlafzimmer

Das Arbeits- und Schlafzimmer Friedrichs des Großen ist der einzige Raum, der nicht in seiner originalen Dekoration und Ausstattung erhalten ist. Friedrich Wilhelm II. ließ es gleich nach dem Tode Friedrichs 1786/87 im Stil des frühen Klassizismus, der nun radikal das Rokoko ablöste, umgestalten.

Es gibt nur wenige Beschreibungen dieses Zimmers aus friderizianischer Zeit und nur eine etwas schemenhafte Darstellung des Raumes anlässlich des Todes Friedrichs des Großen. Von Rekonstruktionsversuchen des 19. und denkmalpflegerischen Ergebnissen des 20. Jahrhunderts wird noch zu sprechen sein.

Wenige Jahre nach der Fertigstellung des Schlosses beschrieb die Landgräfin Caroline von Hessen im Jahre 1750 dieses Zimmer: »Man geht in das Schlafzimmer mit dem Bett, daß sich in einer Art Nische (Alkoven) befindet, abgegrenzt durch eine vergoldete Balustrade. Das Zimmer ist reich an

Holzbildhauerarbeiten (Schnitzereien) und Vergoldung in entzückendem Geschmack. Anstatt vertäfelter Wandfelder finden sich hier solche aus grüner Seide, Seladonfarbe, über die sich eine Schnitzerei von vergoldeten Blumengirlanden zieht. Die beiden Türen zu Seiten des Alkoven sind mit Spiegeln belegt, über die sich wie spielend die Blumengirlanden ziehen ebenso wie bei den seidenen Wandflächen.«[219]

In seiner zweiten eigenhändigen Grundrisszeichnung für das Schloss hat der König für das vorgesehene Arbeits- und Schlafzimmer Folgendes vermerkt: »chambre de lit/meme proportion qu' à Potsdam« und im Schlafbereich: »alkove« (Abb. S. 40 unten). Dieses Zimmer sollte also die gleiche Proportion haben wie der entsprechende Raum im Potsdamer Stadtschloss. Die Entwürfe für die Alkovenwand und ein Viertel der dortigen Decke schuf Johann August Nahl 1744 (Abb. S. 30 oben). Der eindeutige Hinweis auf das Zimmer im Stadtschloss zeigt Friedrichs Beharrungsvermögen in Bezug auf bestimmte Raumformen. Einen Abschluss mit einer Alkovenbrüstung hatte auch schon das Schlafzimmer in seiner ersten Wohnung im Schloss Charlottenburg. Auch dafür fertigte Johann August Nahl den Entwurf an.

Die Rechnung vom 1. Mai 1747 belegt, dass Johann Christian Hoppenhaupt d. J. die Schnitzereien in diesem Raum ausgeführt hat.[220] Hübner glaubt durch Vergleiche mit Ornamentmotiven an der Decke des Schlafzimmers im Potsdamer Stadtschloss und auch mit denen in der Goldenen Galerie des Schlosses Charlottenburg für den Entwurf des Arbeits- und Schlafzimmers in Sanssouci Johann August Nahl in Anspruch nehmen zu können.[221] Auch Kania[222] und Bleibaum[223] schlossen sich dieser Meinung an. Die Angaben in der zeitgenössischen Literatur sprechen ebenfalls dafür. So hat z. B. Nicolai 1786 bei den »Nachrichten von Künstlern und Friedrich II.« unter Nahl vermerkt: »Auch hat er Zeichnungen zu Zimmern usw. in Sanssouci gemacht.«[224] Bestätigung erfährt dies außerdem durch ein Schreiben des Kabinettsrates Eichel vom 18. Juli 1746, d. h. wenige Tage vor der Flucht Nahls aus Preußen: »Der Bildhauer Johann August Nahl welcher eigentlich zu Berlin etabliret gewesen, sich aber die mehriste Zeit hier (d. h. in Potsdam) und zu Charlottenburg aufgehalten und die Bildhauerarbeiten zu den königlichen Bauten gefertiget hat.«[225] Bleibaum nimmt an, dass auch der Decke ein Entwurf Nahls zugrunde lag. Die Ausführung oblag dann Johann Michael Merck und das Figürliche – sechs Vögel und acht Kinder – Georg Franz Ebenhech. Da die Rechnungen für diese Arbeiten bereits vom 13. August 1746 bzw. 16. September 1746 und für die Vergoldung durch Paulus Fischer vom 11. November 1746 datiert sind, muss also der Entwurf noch vor Nahls Weggang im Juli 1746 entstanden sein.[226] Auch bei der Wanddekoration schließt Bleibaum eine Beteiligung Nahls nicht aus.[227] In dem Kontrakt, den Johann Boumann mit dem Goldschmied Ludwig Siegmund Wiedemann aus Berlin am 4. Februar 1747 über die Anfertigung der Balustrade im Schlafzimmer des Königs geschlossen hat, heißt es u. a.: »Hiernächst sollen Auf Königl. Allergnädigsten Befehl nach der Zeichnung von Nahl noch 4. von Messing gegossen und in Feuer Verguldte Kinder nebst deren Decorationes auf dieser Balustrade zu stehen Kommen«.[228] Eine Beteiligung Nahls ist also sehr wahrscheinlich, vielleicht nicht zuletzt wegen der Proportion dieses Raumes, die dem im Stadtschloss entspricht und deren Dekoration er nachweislich entworfen hat.[229]

Zwei Jahre vor dem Tod des Königs war der Marquis de Bouillé im August 1784 zu Besuch in Sanssouci und beschrieb seine Eindrücke vom Arbeits- und Schlafzimmer des Königs: »Dieser Raum (das Musikzimmer) führt zu seinen Schlafzimmer, weiträumig, sehr hell, mit zahlreichen Spiegeln und geteilt durch eine große Balustrade, welche den Platz für das Bett bezeichnet, das indessen neben dem Kamin hinter einem Bettschirm aufgeschlagen war. Es war ein einfaches Feldbett, das von einer alten roten Tafftdecke bedeckt, die ebenso wie die anderen Möbel sehr unsauber war, infolge der zahlreichen, das königliche Zimmer bewohnenden, von Friedrich geliebten Hunde. Ebenso wie sein Schreibtisch waren mehrere Tische mit unordentlich verteilten Büchern bedeckt ... Man sah ferner auf einem Sessel in der Mitte des Zimmers ein Bildnis Josephs II., dessen Porträt sich ebenfalls in den Räumen des Königs im Berliner Schlosse und im Neuen Palais findet«.[230] Friedrich erwähnte einmal, warum er nur ein Porträt dieses Monarchen im Zimmer hatte, dass man diesen nämlich nicht aus den Augen lassen dürfe.

Das Zimmer befand sich also nach Bouillés Beschreibung in keinem guten Zustand. Dies ist zwar in Bezug auf die Möbel den Hunden zuzuschreiben, aber auch sonst glaubte der König, dass Reparaturen und Renovierungsarbeiten nicht notwendig seien. Friedrich äußerte einmal gegenüber einem Baubediensteten, der ihm einen Kostenanschlag für eine Reparatur vorlegte, die ihm wie immer zu hoch erschien: »Ich will nicht wie die Römer bauen, es soll nur bey meinem Leben dauern.«[231] Angeblich soll das Misstrauen allen Baubediensteten gegenüber aus jener Zeit herrühren, als Friedrich als Kronprinz bei seiner Tätigkeit in der Küstriner Verwaltung 1731 verschiedene Unregelmäßigkeiten erlebt hatte. Manger weist allerdings darauf hin, dass daran wohl auch die schlechte Bezahlung schuld gewesen war. Man solle aber nicht von einigen Beispielen auf die »ganze Zunft der Baumeister schließen«. Viele Kostenanschläge erschienen dem König von vornherein zu hoch, und um sicher zu gehen, ließ er die der Potsdamer Baumeister von denen in Berlin revidieren und umgekehrt. Traten bei den Bauten später notwendige Reparaturen auf, so hatten die Baumeister einen dauernden Kampf um die Bewilligung der erforderlichen Gelder zu führen. Manger führt aber

*Friedrich Georg Berger nach Friedrich (Wilhelm) Bock, Schloss Sanssouci, Arbeits- und Schlafzimmer des Königs. Der Tod Friedrichs des Großen am 17. August 1786, Radierung, 1797 (SPSG, Plankammer)*

eine ganze Reihe von Reparaturen in Sanssouci in seiner Baubeschreibung auf.[232] So war 1784 eine notwendige Reparatur des Daches und der Balken über dem Schlafzimmer des Königs unbedingt erforderlich, dieser ließ sie jedoch auf ein Minimum reduzieren.

Friedrich der Große starb am 17. August 1786 um 2.20 Uhr im Sessel sitzend in seinem Arbeits- und Schlafzimmer im Schloss Sanssouci. Anwesend waren der Lakai Struzky, der Leibmedikus Dr. Selle und die Kammerdiener Neumann und Schoening. Gegen 3.00 Uhr erschien der neue König Friedrich Wilhelm II. und ordnete die Aufbahrung im daneben gelegenen Konzertzimmer und die Versiegelung des Sterbezimmers an (Abb. S. 63). Die sonst übliche Einbalsamierung wurde auf Wunsch des verstorbenen Königs nicht vorgenommen. Am Abend des 17. August wurde der Leichnam zum Potsdamer Stadtschloss in den Großen Marmorsaal gebracht und am 18. August in dem mit gelbem Samt und Silber dekorierten Audienzzimmer aufgebahrt. Dort war der König in seiner Paradeuniform »den ganzen Tag für jedermann hoch und niedrig Bürger und Soldaten zu sehen«.[233] Einen Tag später, am 18. August 1786, erfolgten die Überführung in die Garnisonkirche und die Beisetzung in der Gruft Friedrich Wilhelms I. Der Platz neben dem Vater war leer, da die Mutter Sophie Dorothea 1757 im Berliner Dom beigesetzt worden war. Das alles geschah ohne Pomp und Prunk mit einem kleinen, meist militärischen Gefolge, nicht einmal Friedrich Wilhelm II. war dabei. Die offizielle Trauerfeier fand am 9. September 1786 statt. Der in mehreren Testamenten ausdrücklich festgelegte Bestattungsort Friedrichs des Großen war die schon 1744 in Sanssouci angelegte Gruft auf der obersten Terrasse. Friedrich Wilhelm II. soll angeblich gleich nach dem Ableben seines Onkels diese Gruft besichtigt haben, er fand jedoch, »daß das Gemäuer der Würde eines Königs nicht entspräche«. Das war auch die allgemeine Meinung. Man zweifelte außerdem daran, ob Friedrich der Große die Beisetzung dort wirklich ernstlich gewollt hätte. So akzeptierte man die Entscheidung des Nachfolgers: »Weniger kann und darf ich nicht tun als mein sehliger Onkel an Friedrich Wilhelm I. getan hat aber ein Mehreres zu tun, steht in meiner Gewalt.«[234]

Friedrich Wilhelm II. hatte schon 1783 am Potsdamer Heiligen See ein Grundstück mit einem »Lusthaus« erworben, das dem Potsdamer Kaufmann Pünschel gehört hatte. In den nachfolgenden Jahren wurden mehrere Gärten, die um dieses Haus lagen, dazu gekauft, so dass ein größeres Areal entstand, das bald zu einer neuen Parkanlage, dem Neuen Garten, gestaltet wurde. Durch Reisen nach St. Petersburg und Warschau, vor allem durch die Bekanntschaft mit Fürst Franz in Dessau, der vor 1786 mehrfach Potsdam besucht hatte, war der spätere König Friedrich Wilhelm II. mit den neuen Stilauffassungen des Klassizismus bekannt geworden. Das Rokoko hatte sich 1786 längst überlebt, und der neue König brach endgültig mit diesem Stil. So berief er im Herbst 1786 Friedrich Wilhelm von Erdmannsdorff, den Architekten des Wörlitzer Schlosses, nach Potsdam, um für sich selbst das Schlaf- und Arbeitszimmer Friedrichs zu verändern und zusammen mit Carl von Gontard die Königskammern im Berliner Schloss neu zu gestalten.[235] Es erschien ihm wohl wichtig, den Ort des alten, verstorbenen Königs in Sanssouci zu besetzen, aber neu und zeitgemäß zu gestalten, um so die Kontinuität des preußischen Königtums auch unter einem neuen Regenten zu demonstrieren.

Aus dem Zimmer wurden alle Raumdekorationen des Rokoko bis auf den Kamin entfernt. Auch die Möbel kamen in andere Schlösser bzw. Räume oder wurden dem Kastellan Hackel geschenkt, wie ein Schreiben von Friedrich Wilhelm II. aus dem Jahre 1792 bestätigt. Dazu gehörte auch das vergoldete bronzene Gitter vor dem Alkoven.[236]

Erdmannsdorff, der im November 1786 nach Berlin bzw. Potsdam kam, schrieb über die ihm gestellten Aufgaben an seine Frau Wilhelmine von Erdmannsdorff: »Ich gestehe, daß ich nicht ohne Stolz daran denke, wie man es mir überlassen hat ganz nach meinen Ideen die Wohnräume dieses wundervollen alten Helden umzugestalten, der, wäre er ein guter Mensch gewesen, zweifellos einer der größten Herrscher geworden wäre, der je ein Land regiert hat. Hier entwarf er die meisten Pläne zu seinen kriegerischen und politischen Großtaten, die die Bewunderung seines Zeitalters erregten. Hier regierte er ein halbes Jahrhundert lang als König, allein, ohne Ministerpräsident – der Erfinder einer neuen militärischen Organisation, die das Vorbild für ganz Europa wurde. Hier ging er als Philosoph seine eigenen Wege, war sein eigener Historiker und Biograph, ein Schriftsteller, der immer gefeiert werden wird. In weiser Zurückgezogenheit genoß er die Gesellschaft geistvoller Männer, in deren Kreis er ein überaus angenehmer Gesellschafter war, der seine Zeit mit unnachahmlicher Regelmäßigkeit zwischen seinen Geschäften und seinen, der Gelehrsamkeit gewidmeten, Mußestunden teilte, die er durch seinen Sinn für Musik und Dichtkunst belebte. Sogar in dieser Letzteren wäre er berühmt geworden, hätte er ein Dichterherz besessen. Diese Gedanken sowie Betrachtungen über die Vergänglichkeit menschlicher Größe gehen mir durch den Kopf, wenn ich im Zimmer des verstorbenen Monarchen bei der Arbeit bin. Ich weis nicht, ob er sehr erfreut sein würde über die Art und Weise wie ich es umgewandelt habe.«[237] Bewunderung aber auch Skepsis gegenüber den Taten und Fähigkeiten dieses Königs werden hier deutlich, aber auch Zweifel, ob er die Umgestaltung seines Refugiums in dieser Art gebilligt hätte.

Die Arbeiten an der Veränderung des Zimmers gingen zügig voran, denn am 22. November wird Erdmannsdorff aus Potsdam nach Berlin berichtet: »Die Werkmeister welche die Arbeit an der Königl. Schlafkammer in Sans Souci haben sind mit Abnehmen aller Decorationen an den Wänden und der Decke ... soweit daß sie bis übermorgen damit völlig zustande seyn werden.« Er wurde um die Übersendung von Schablonen für die Gesimse gebeten, antwortete aber am nächsten Tag, dass er sie schicken würde »sobald ich Sr. Maj. dem Könige meine Gedanken zur Verzierung dieses Zimmers werde vorgelegt haben«.[238] Am 9. Dezember 1786 erhielt das Potsdamer Hofbauamt die Schablone und Anweisung, die geschwungene Voute der Alkovenwand und die Gesimsverkröpfung an der Kaminwand zu beseitigen, so dass ein klarer Raum entstand.[239] Bedingt durch eine winterliche Unterbrechung war Erdmannsdorff am 2. Februar 1787 wieder in Berlin, um von hier aus den Baufortgang in Sanssouci zu überwachen. Die Arbeiten wurden zwar beschleunigt, doch kamen sie nicht im gewünschten Maße voran. Der Baumeister Manger schrieb am 17. Februar 1787, dass das Zimmer noch so feucht sei, dass das Bewohnen desselben für Seine Majestät nicht gesund sein könnte. Außerdem wären die neuen Möbel für das Schlafzimmer vor Ende März nicht fertig.[240]

Im Juli 1787 konnte der König endlich das neue Zimmer beziehen. Es entsprach wohl ganz seiner Auffassung von einem neuen Stil. Die Ausmalung der Decke schuf Johann Fischer, der bereits unter Erdmannsdorff in Wörlitz tätig war: Sie schmückt ein von einem Mäanderband gerahmtes Velarium mit Tierkreiszeichen, Opferszenen und Götterdarstellungen sowie in den Zwickeln weibliche Genien, die allegorisch den Geschichtsruhm, den Frieden, die Kriegskunst und die Dichtung darstellen. Auch malte er die Stäbe mit Akanthusblumen und Früchten auf Goldgrund an den Pfeilern der Alkovenöffnung, am Spiegel und über den Türen. Die Rundfelder der Decke des Schlafbereiches sind mit Adlern in Ruhmeskränzen, dazwischen Löwenköpfen und in den Zwickeln der Ränder mit Mohnkapseln, Symbole des Schlafes, geschmückt. Constantin Philipp Sartori d. J. schuf 1787 nach Erdmannsdorffs Angaben die vier Reliefs über den Türen nach Vorbildern am Konstantinbogen im Rom aus der Zeit um 130 n. Chr. An der Kaminwand: Opferung an Diane und Apoll, an der Alkovenwand: Opferung an Herkules und Silvanus. Die ursprüngliche Wandbespannung war von hellgrünem Gros-de-Tours, einem Halbseidengewebe. Da das originale Muster- und Gewebebild nicht mehr nachzuvollziehen war, wurde die 1994/95 angebrachte Bespannung nach dem Muster eines Gewebes aus dem Berliner Schloss von 1803/04 angefertigt.

Die Veränderungen in der Gestaltung des Zimmers sollten auch am äußeren Bild des Schlosses sichtbar sein. Die drei östlichen Fenster der Südfassade weisen eine größere Sprossung und einen oberen rundbogigen Abschluss auf im Gegensatz zur kleinteiligen aus der friderizianischen Zeit.

*A. K. Uchtomski, Schloss Sanssouci, Arbeits- und Schlafzimmer ehem. Friedrichs des Großen, unter Friedrich Wilhelm II. 1786/87 verändert und neu eingerichtet, Aquarell, 1842 (St. Petersburg, Staatliche Eremitage)*

*Johann Heinrich Strack, Schloss Sanssouci, Arbeits- und Schlafzimmer. Rekonstruktionsversuch des Zustandes zur Zeit Friedrichs des Großen, Bleistift, aquarelliert, um 1845 (SPSG, Plansammlung Nr. 46)*

*Schloss Sanssouci, Arbeits- und Schlafzimmer Friedrichs des Großen. Rekonstruktion der friderizianischen Wanddekoration anhand vorgefundener Reste durch P. G. Hübner, 1926*

*Schloss Sanssouci, Arbeits- und Schlafzimmer Friedrichs des Großen, Postkarte um 1910 (SPSG, Fotosammlung)*

Schönemann hat zu Recht darauf hingewiesen, dass dieser Raum trotz der Skepsis, die Erdmannsdorff bei der Gestaltung hatte, zu einer der frühesten Gedächtnisstätten für Friedrich den Großen geworden ist.[241] In der Ausstattung mit Möbeln, Gemälden und zum Teil auch mit Skulpturen hat dieses Zimmer eine wahre Odyssee durchgemacht. Von dem Erdmannsdorffer Mobiliar hat sich bis heute der Konsoltisch zwischen den Fenstern erhalten. Ein Aquarell von A. K. Uchtomski, das sich in der Eremitage in St. Petersburg befindet, zeigt die Ausstattung um 1842 (Abb. S. 65 oben). Die wenigen Möbel, die noch vorhanden sind, werden heute im Alkoven des Raumes ausgestellt.[242]

Die Besinnung auf den großen Vorfahren hatte schon vor der Mitte des 19. Jahrhunderts in Friedrich Wilhelm IV. einen enthusiastischen Vertreter. Seit der Heirat mit der bayrischen Prinzessin Elisabeth hatte er von seinem Vater Friedrich Wilhelm III. die Erlaubnis, in Sanssouci wohnen zu dürfen, und als er 1840 den Thron bestieg, wurde das Schloss sein bevorzugter Sommersitz. Neben den Veränderungen, die schon bei den behandelten Räumen genannt wurden, galt sein Augenmerk besonders dem Arbeits- und Schlafzimmer Friedrichs des Großen. Es bestand die Absicht, für diesen hier einen Gedächtnisraum mit Möbeln und Bildern entstehen zu lassen. Anstoß dazu war wohl das 1843 aus dem Nachlass des Prinzen August von Preußen von Friedrich Wilhelm IV. erworbene Porträt Friedrichs des Großen von Anton Graff aus dem Jahre 1781. Dazu kam der Sterbestuhl des einstigen Königs, der nach einer wahren Odyssee im gleichen Jahr zurückerworben werden konnte. Man wollte wohl den ganzen Raum im Sinne der friderizianischen Ausgestaltung rekonstruieren. Johann Heinrich Strack hatte um 1845 Entwürfe gemacht, die allerdings nicht ausgeführt wurden (Abb. S. 65). Friedrich Wilhelm IV. und Strack wussten wohl nichts von den Umrissspuren der aufgelegten Schnitzereien, die sich bei einer Erneuerung der Wandbespannung auf der darunter liegenden Holzverkleidung abzeichneten. Sie wurden Anfang der 1920er Jahre zeichnerisch dokumentiert (Abb. S. 66 oben) und stimmen mit den auf dem Stich von Bock gegebenen Andeutungen der Wanddekoration überein (Abb. S. 63 unten). Die Möblierung und der Bilderschmuck haben bis in unsere Zeit immer wieder gewechselt. Im Auftrag von Kaiser Wilhelm II. wurde 1899 die Sitzstatue »Der Philosoph von Sanssouci in seiner letzten Stunde« hier aufgestellt. Sie kam nach 1920 in das Hohenzollern-Museum Berlin (Abb. S. 66 unten).

Die jetzige Ausstattung des Zimmers versucht diesen Memorialcharakter zu bewahren mit Bildnissen des Königs und seiner Eltern von Pesne und Graff, Szenen aus seinem Leben von Cunningham, Frisch und Rode sowie Möbeln, die ehemals in diesem Zimmer standen, wie der französische Dokumentenschrank, oder aus dem Umkreis des Königs stammten. Wieder in dem Raum befindet sich der Kronleuchter des Potsdamer Glasschleifers Johann Christian Bode aus dem Jahre 1747. Auf dem Kamin steht wie zur Zeit Friedrichs des Großen die als antik angesehene Büste des »Marc Aurel«, den der König als Kriegsherrn, aber auch als Philosophen sehr schätzte. Erst nach seinem Tode stellte sich heraus, dass die Büste eine Kopie aus dem 18. Jahrhundert nach einer antiken Darstellung des Lucius Verus war. Sie stammte aber aus der Sammlung seiner Lieblingsschwester Wilhelmine von Bayreuth.

## Die Bibliothek

Im inneren Raumgefüge des Schlosses ist die Bibliothek nicht sichtbar. Sie ist nur durch eine ehemals verspiegelte Tür zu erreichen, die nördlich neben dem Alkoven liegt. Durch einen kurzen Gang gelangt man in den runden Raum, der sich im Äußeren des Schlosses als ein gedrungener Turm abzeichnet (Abb. S. 68). Friedrich hat in seiner zweiten Skizze zum Schloss Sanssouci bei diesem Raum »come à Reinsberg« vermerkt (vgl. Abb. S. 40 unten). War es dort ein spätmittelalterlicher Burgturm, der durch die Lage und die runde Form auch die Isolierung des Raumes ermöglichte, wird dies in Sanssouci bewusst in der Außenarchitektur sichtbar gemacht. Rheinsberg, das Friedrich bereits 1737 als »sein Sanssouci« bezeichnete, wird im eigentlichen Sanssouci bewusst zitiert. Der Zugang vom Arbeits- und Schlafzimmer des Königs war nur Eingeweihten bekannt, und niemand durfte diesen Raum ohne dessen ausdrückliche Genehmigung betreten.[243] In den ersten Entwürfen gingen vom Schlafzimmer an der nordöstlichen Seite neben dem Alkoven zwei Türen ab. Eine Tür führte in den Gang zur Bibliothek, die andere in den Domestikenflügel. Da dies wohl als sehr kompliziert erschien, begradigte man die Situation, und es führte nun nur eine Tür in den Gang zur Bibliothek und von dort eine weitere in den Wohnbereich der Diener. Gleich hinter dem Bibliotheksgang lag das Zimmer des Kammerdieners Fredersdorf; dadurch war ein unkontrollierter Zugang zum König und zur Bibliothek kaum möglich. Dies brachte natürlich eine Klärung der Grundrisssituation.

Ursprünglich waren für die Bibliothek drei Fenster vorgesehen. Aus dem dritten nach Norden gerichteten Fenster konnte man aber direkt auf den östlichen Seitenflügel schauen. Der Kamin hatte seinen Platz an der südöstlichen Wand. Dies muss wohl als sehr ungünstig empfunden worden sein, denn die Diener hätten unmittelbar in den Raum des Königs geblickt. Wohl in letzter Minute wurde deshalb der Kamin an die Stelle des nördlichen Fensters gesetzt und so mit der Nische an der Westseite und den beiden Fenstern an der Ost- und Südseite eine klare axiale Betonung des Raumes erreicht. In diesen gelangt man vom Gang durch die eine Hälfte eines Bücherschrankes, der als Tür gearbeitet ist, so dass, wenn diese geschlossen ist, ein Raum geistiger Konzentration entsteht, zu dem unbewusst seine Proportionen – die Höhe ist gleich der Breite – beitragen.

In dem vom König approbierten Grundrissplan (Abb. S. 41) ist in dem Rund der Bibliothek von fremder Hand vermerkt: »Cedern mit metal decorirt und vergold und frei (?) ins feir«. Damit war bereits die besondere Ausstattung der späteren Bibliothek festgelegt. Bisher hatte der König nur ein kleines schmales Kabinett im Potsdamer Stadtschloss, das eigentlich nur ein Durchgangsraum war, mit Zedernholz und vergoldeter Bronzeornamentik ausgestattet. Vielleicht war es gleichsam der Proberaum für die Bibliothek des Schlosses Sanssouci. Es ist symptomatisch für die Kunst des Rokoko, dass meist die Künstler und Handwerker für die einzelnen Gewerke benannt und ihre Arbeiten durch Rechnungen belegt werden können. Für das Gesamtkonzept aber der entwerfende Künstler oft nur schwer oder gar nicht zu ermitteln ist und nur durch Stilvergleich entsprechende Zuschreibungen möglich sind. Auch bei der Bibliothek in Sanssouci ist dies der Fall. Während Hübner[244] und Bleibaum[245] die entwerfende Hand Nahls sehen, glaubt Eggeling, dass »die Dekoration der Bibliothek ... wahrscheinlich einem Entwurf Knobelsdorffs zu danken ist«.[246]

Der gesamte Raum ist mit Zedernholz vertäfelt, das auf Eichenholz aufgeleimt ist, da es wegen der Kostbarkeit des Holzes nur ein dünnes Furnier sein konnte. Zedernholz stammt meist aus dem Libanon und wurde der Sage nach beim Tempelbau

Salomons verwendet. Die Zeder, die immergrün ist, saugt weder Wasser auf, noch kann ihr Holz von Tieren zerstört werden, sie ist also besonders widerstandsfähig. Dieser Umstand machte sie zum Symbol der Beständigkeit des Hauses Brandenburg. Friedrich der Große wusste um die Kostbarkeit des Holzes und die Verbindung zu Salomon. Als er seiner Schwester am 3. Juli 1754 schrieb, dass er ihr ein Kabinett für ihre Eremitage sende, pries er diese Kostbarkeit vom Berge im Libanon. Anfang 1753 war das Bayreuther Schloss abgebrannt und Wilhelmine hatte ihren Bruder um Unterstützung gebeten. Das Zedernholz wurde vermutlich für das Erste Gobelinzimmer in Bayreuth verwendet, das aber 1890 verändert wurde.[247]

Zurück zur Bibliothek, deren symbolhafte Bedeutung dem König durchaus bewusst war. In die Wand eingelassen sind vier, nicht sehr hohe Bücherschränke mit entsprechenden Ablagen in der Paneelzone. Sie sind zweigeteilt und ihr Mittelteil ist verspiegelt. Darüber befindet sich ein Ornament, das die Thematik des großen, ovalen vergoldeten Bronzereliefs widerspiegelt. Die von Benjamin Giese geschaffenen Reliefs symbolisieren die Musik, die Astronomie, die Bildhauerei sowie die Malerei und Zeichenkunst. Die Ornamentik, die die ganze Palette des Rokoko vom Weinlaub über Blumen, Geräte und Instrumente und natürlich auch die Rocaille beinhaltet, überzieht die Wandfelder und auch die Decke. Diese ist nicht wie beim Berliner Schreibzimmer Friedrichs des Großen durch zur Mitte strebende Bänder gegliedert, sondern teilt sich radial in zwei Ringe auf, die trotzdem zur Mitte streben, die von einer alles überstrahlenden Sonne eingenommen wird. Johann Michael Merck ist der Stuckateur dieser Deckenornamentik, während Georg Franz Ebenhech die Sonne schuf; alles wurde vergoldet von Friedrich Bock.

Johann Heinrich Hülsmann, der Schöpfer der Wandvertäfelung, zeichnet auch für den radial geordneten Fußboden verantwortlich.

Unterhalb der großen ovalen Reliefs stehen auf vergoldeten Bronzekonsolen vier antike Marmorbüsten, die Friedrich der Große mit der Sammlung Polignac erwarb. Zu den berühmtesten antiken Marmorbüsten zählen seit dem 18. Jahrhundert der »Homer«, eine römische Kopie vom Ende des 2. Jahrhunderts n. Chr. nach hellenistischem Vorbild, der griechische Philosoph Sokrates, eine römische Kopie des 1. Jahrhunderts n. Chr., ein griechischer Dichter (Aischylos ?), eine römische Kopie des 2. Jahrhunderts n. Chr., und zuletzt ein Apoll, eine römische Arbeit des 2. Jahrhunderts n. Chr.

Die ursprünglichen Sitzmöbel in der Nische sind im frühen 19. Jahrhundert verloren gegangen. Heute stehen hier ein Sofa sowie ein Schreibtisch. Sie sind um 1745 entstanden und waren ursprünglich im Potsdamer Stadtschloss.

Auf dem Kamin steht eine Büste Friedrichs des Großen. Es ist ein Werk des italienischen Bildhauers Bartolomeo Cavaceppi aus dem Jahre 1770 und wurde auf einer Auktion des Herzogs von Anhalt-Dessau 1931 für die Schlösser erworben. Anfangs war sie im Arbeits- und Schlafzimmer platziert und wurde später auf dem Kamin der Bibliothek aufgestellt. Es ist eine der wenigen zeitgenössischen bildhauerischen Darstellungen des Königs, für die er, der Legende nach, dem Künstler eine längere Audienz eingeräumt haben soll.

*Unbekannt (wohl nach Heinrich Hintze), Schloss Sanssouci, Bibliothek, 1844 (SPSG, KPM Archiv)*

Das wichtigste in einer Bibliothek sind aber die Bücher. Friedrich der Große besaß im Laufe seiner Regierungszeit – die Kronprinzenzeit eingerechnet – sieben Bibliotheken: im Schloss Rheinsberg, im Charlottenburger Schloss, im Stadtschloss Potsdam, im Berliner Schloss, im Schloss Sanssouci, im Schloss Breslau und im Potsdamer Neuen Palais. Von ihrer künstlerischen Gestaltung her war die Bibliothek im Schloss Sanssouci zweifellos die bedeutendste und von ihrem Buchbestand hier auch die umfangreichste. Sie umfasste 2.288 Bände, von denen heute noch 2.022 vorhanden sind.

Von frühester Jugend an bis zu seinem Tode haben Bücher diesen preußischen König begleitet. Sie waren für ihn mehr als nur Quelle des Wissens und der Unterhaltung, sie waren ein fester Bestandteil seines täglichen Lebens und für ihn zuverlässigere Freunde als die Menschen. Der Vater, Friedrich Wilhelm I., hatte bereits erkannt, welch starken Einfluss die Lektüre wissenschaftlicher und schöngeistiger Bücher auf den Kronprinzen ausübte, denn nach seiner Meinung »ist das Lesen allerhand Bücher Schuld, daß der Kronprinz in verschiedene verderbliche und gefährliche Umstände geraten« sei.[248] Damit war der gescheiterte Fluchtversuch Friedrichs im Jahre 1730 gemeint, da man bei der nachfolgenden Untersuchung eine vom Kronprinzen angelegte Bibliothek mit 3.775 Bänden gefunden hatte. Diese wurden auf Geheiß des Königs in Amsterdam verkauft. Nach Verurteilung des Kronprinzen gehörte ein strenges Bücherverbot zu seiner Küstriner Festungshaft. Mit dem Einzug in Rheinsberg 1736 begann nicht nur die Korrespondenz mit Voltaire, sondern auch mit Nicolas Claude Thieriot, der ihn ständig auf die wichtigsten Neuerscheinungen aufmerksam machte und auch die Bücher besorgte.

Als König verfolgte er die Tendenz, in jedem seiner neu errichteten oder umgebauten Schlösser eine Bibliothek zum eigenen Gebrauch zu besitzen. Die so entstandenen sieben Schlossbibliotheken umfassten über 7.000 Bände. Bibliotheksräume gehörten immer zu den Wohnungen des Königs und damit zu seiner unmittelbaren Lebenssphäre. Ihre Lage, Form und Ausstattung wurden in starkem Maße von eigenen Vorstellungen bestimmt. Vielfach lagen sie am Ende der Zimmerflucht, stets aber neben dem Schlafzimmer und waren oftmals nur durch dieses zu erreichen. Der König schlief also wie ein »Wachhund« vor seinen Büchern oder stellte sie, wie im Potsdamer Stadtschloss, in Schränke gleich in den Alkoven seines Schlafbereiches, so dass die Bücher zu jeder Tages- und Nachtzeit greifbar waren.

Zwei Raumtypen galt die Vorliebe Friedrichs: Das Rund des Rheinsberger Turmkabinetts findet seine Wiederholung im Schreibzimmer des Berliner Schlosses, das auch als Bibliothek diente, und im gleichnamigen Raum von Schloss Sanssouci. Den Charakter einer Galerie, die zweite Raumform, erhielt die Bibliothek in der ersten Wohnung des Königs im Charlottenburger Schloss und später wieder im Neuen Palais in Sanssouci, die wiederum mit der Bibliothek in Breslau, besonders in der Form der Schränke, in Verbindung steht. Diese konservative, im Wesentlichen von den Jugendeindrücken und Vorstellungen geprägte Architekturauffassung lässt Friedrich immer wieder auf Bekanntes und Erprobtes zurückgreifen, das letztlich auch für den Buchbestand selbst gilt.

Schon im August 1747, nur wenige Monate nach der Einweihung des Schlosses Sanssouci, wurden die Bücher aus Schloss Rheinsberg, das der König bereits 1744 seinem Bruder Heinrich geschenkt hatte, in die neue Bibliothek überführt. Den Transport der 37 Kisten besorgte der Marquis d'Argens, der zum engeren Freundeskreis Friedrichs gehörte und oft Gast an seiner Tafel war. Diese Bücher machten aber nur die Hälfte des späteren Bestandes aus, und da sie während der Kronprinzenzeit in Frankreich erworben und auch dort gebunden worden waren, fallen sie schon durch die reicheren braunen »Pariser Einbände« auf. Bemerkenswert ist dabei der große Anteil naturwissenschaftlicher und physikalischer Werke, die Friedrich wohl auf Anregung Voltaires und dessen Freundin, der Marquise du Chatelet, gekauft hatte. Als Kronprinz hatte Friedrich in Rheinsberg physikalische Untersuchungen vorgenommen und sich ein Observatorium auf einem der Schlosstürme anlegen lassen.

Die für Sanssouci neu erworbenen Bücher erhielten wie der größte Teil der Bestände der anderen Bibliotheken, ausgenommen die in Charlottenburg, einheitlich so genannte »Berliner Einbände« aus rot-braunem Ziegenleder mit einfacher gewundener Randleiste und das Signum der jeweiligen Schlossbibliothek auf dem Deckel. Für Sanssouci war es ein »V« – Vigne (Weinberg). Das war die älteste Bezeichnung des Schlosses, das der König bis zu seinem Tode 1786 jedes Jahr, ausgenommen die Zeit des Siebenjährigen Krieges, von April bis Oktober bewohnte. Dort waren die griechischen und römischen Dichter, Philosophen und Geschichtsschreiber Homer, Platon, Herodot und Plutarch sowie Marc Aurel, Cäsar, Virgil und Seneca ebenso vertreten wie die Franzosen Corneille, Racine, Molière, Montesquieu, Bayle und besonders Voltaire. Ein deutsches Buch suchte man in Sanssouci vergeblich.

Vom König in die Bibliothek geführt zu werden, oder gar in ihr zu arbeiten, war eine große Ehre für den Besucher. Voltaire genoss während seines Aufenthaltes in Potsdam zwischen 1750 und 1753 diese Auszeichnung, und auch d'Alembert bekam im Juni 1763 bei seinem Besuch in Potsdam vom König diese Bibliothek und deren Bücher gezeigt. Der Baron von Bielfeld, der seit den Rheinsberger Tagen mit Friedrich bekannt war, schrieb: »Dieser einzigartige Raum ist nicht bestimmt, den Luxus eines prachtliebenden Königs zu entfalten; er ist die Werkstatt eines von den Musen genährten Mannes. Die Fächer in den Schränken sind nicht mit Büchern bestellt, deren Wahl dem Buchhändler überlassen war, die ihm nach Fuß und Elle bezahlt wurden und die der Buchhändler reihenweise vergoldet hat, um eine dekorative Wirkung zu erzielen. Die Sammlung ist weniger umfangreich wie gut ausgewählt, eine kleine Bibliothek nach einem wohldurchdachten System zusammengestellt und in literarischer Beziehung ein wahrer Schatz, insbesondere in den französischen Übersetzungen aller griechischen und römischen Klassiker, deren Ruhm die Jahrhunderte hindurch bis auf uns gedrungen ist ... Man kann daher sagen, daß der Geist des Altertums in dem Kabinett von Sanssouci vereint ist und daß ein Mann von Geschmack sich dort eingehende Kenntnisse erwerben kann ohne die Totensprachen zu kennen.«[249] Die griechischen und römischen Schriftsteller gab es natürlich nur in französischen Übersetzungen. Die letzten Bücher, aus denen der Vorleser Dantal nur wenige Tage vor Friedrichs Tod vorlesen musste, waren »Le siècle de Louis XIV« und »Le précis du siècle de Louis XV« von Voltaire. Ihm hatte der König am 8. Mai 1770 geschrieben: »Die einzigen Feste, die ich in meinem Alter schätze, sind gute Bücher.«

Die Bücher der Sanssouci-Bibliothek wurden 1944 in ein Bergwerk in Thüringen ausgelagert, kamen nach dem Krieg nach Wiesbaden und von dort nach Berlin, wo sie nach 1963 in der wiederhergestellten Bibliothek der Ersten Wohnung

*Unbekannter Zeichner des so genannten Knobelsdorff-Skizzenbuches (Andreas Krüger ?), Stadtschloss Potsdam, Skizze für die Dekoration der Kleinen Galerie in der Westwohnung Friedrichs des Großen. Dekoration der Südwand (Fensterwand) (SPSG, Plankammer, Skizzenbuch 3826, fol. 95v.)*

Friedrichs des Großen im Charlottenburger Schloss aufgestellt wurden. In Potsdam befanden sich nach dem Krieg Bestände der Potsdamer Stadtschlossbibliothek. 1993 kamen die Bestände der Sanssouci-Bibliothek wieder an ihren alten originalen Platz zurück. Die Bücher der Stadtschlossbibliothek sind nun in den Schränken der Bibliothek in Charlottenburg untergebracht.

### Die Kleine Galerie

Den Wohnräumen des Königs auf der Südseite des Schlosses ist im Norden, die ganze Länge dieser Räume einnehmend, die schmale Kleine Galerie vorgelagert. Auf beiden Zeichnungen Friedrichs ist vom Vestibül aus noch ein kleiner einfenstriger Raum abgeteilt, der bei der späteren Planung aber weggefallen ist. Etwas unklar scheint von Anfang an die Verbindung der Galerie zu den Räumen des Königs, der Bibliothek und dem Arbeitszimmer, gewesen zu sein. Außerdem befand sich hier auch das Zimmer des Kammerdieners Fredersdorf. Die Situation hat sich im Laufe der Bauplanung zwar etwas geklärt, aber die Galerie endet trotz allem an dem schmalen Korridor, der zu den Dienerräumen und auch zur Ausgangstür zur östlichen Kolonnade führt. Man hat gemutmaßt, dass der König durch diese Konstruktion, ohne den offiziellen Eingang durch das Vestibül zu benutzen, schnell zu seinen Räumen, aber auch zur Kleinen Galerie gelangen konnte. Solch einen »privaten« Zugang hatte Friedrich auch zu seinen Wohnungen im Potsdamer Stadtschloss, im Berliner Schloss und letztlich auch in der Zweiten Wohnung des Charlottenburger Schlosses.

Vom Raumklima her ist die Lage der Galerie auf der Nordseite des Schlosses wohl etwas ungünstig. Wie die Dienerräume auf der Westseite hatte sie jedoch die Aufgabe, die südlichen Wohnräume des Königs vor Kälte und Feuchtigkeit zu schützen, was wiederum für die dort untergebrachten Gemälde nicht immer die besten Bedingungen waren. Ähnliche rückwärtige Klimaräume haben auch die Bildergalerie und die Neuen Kammern östlich und westlich des Schlosses.

Die Kleine Galerie ist ein lang gestreckter schmaler Raum von fast 25 Metern Länge und mit nur 3,22 Metern von geringer Breite. Diese schmale Raumform veranlasste die Landgräfin von Hessen zu der Bemerkung, dass man hier wohl keine Reifröcke haben wolle.[250]

Wie der König bei der Bibliothek in Sanssouci auf der Wiederholung des gleichnamigen Raumes in Rheinsberg und bei dem hiesigen Arbeits- und Schlafzimmer auf der des gleichen Zimmers im Potsdamer Stadtschloss bestand, bezieht sich auch die Kleine Galerie auf einen ähnlichen Raum im Potsdamer Stadtschloss. Dort hatte der König im ersten Obergeschoss in der Südwestecke des Corps de Logis einen Raum ausstatten lassen, dessen drei Fenster nach Süden und ein Fenster nach Westen gerichtet waren. Nach den Rechnungen vom August 1744 ist Johann August Nahl maßgeblich an der Gestaltung dieses Raumes beteiligt gewesen, der allerdings 1804 zum Etrurischen Kabinett umgestaltet wurde. Lediglich eine Beschreibung von Nicolai aus dem Jahre 1786 gibt einen Eindruck: »Eine kleine Galerie (4 Fenster; 3 nach dem Lustgarten, 1 nach der breiten Straße). Täfelung, die Füllungen grün, und der Grund fleischfarben, die Pilaster mit Mosaik, und die Decorationen vergoldet. Hier sind sieben antike halbe Bruststücke aus der Polignakschen Sammlung, worunter: Vitellius, Julius, Dometian und Niobe. Drei Gesellschaftsgemälde von Watteau.« In den Anmerkungen steht dazu: »Sie sind unter folgenden Titeln: 1. Annehmlichkeit des Balls, 2. Vorstellung eines Trauerspiels, 3. Eine vergnügliche Gesellschaft, zu Paris in Kupfer gestochen.«[251]

Eine gewisse Vorstellung von der Galerie vor der Umgestaltung 1804 geben die Zeichnungen aus dem so genannten Knobelsdorff-Skizzenbuch Nr. 3826 (Andreas Krüger ?) (Abb. S. 70).[252]

Der als Galerie vorgesehene Raum in Sanssouci war aber wesentlich länger und höher als der im Potsdamer Stadtschloss. Wenn auch Raumgröße und Proportion kaum dem Vorbild entsprachen, so war aber die Bestimmung des Raumes, als Galerie, Kunstwerke unterschiedlicher Genres aufzunehmen, doch gleich. Außer der nahezu zeitnahen französischen Malerei und der antiken Plastik kam in Sanssouci noch das Porzellan hinzu.

Die Nordseite der Kleinen Galerie ist durch fünf große zum Ehrenhof weisende Fenster gegliedert, denen gegenüber in fünf Wandfeldern Gemälde platziert sind. Zwischen den Fenstern sind Spiegel angebracht, vor denen Kommoden bzw. Konsoltische, flankiert von antiken Büsten auf Sockeln, stehen. Den Spiegeln gegenüber befinden sich Korbnischen mit antiken Skulpturen. Die Länge des Raumes wird durch den schräg gestellten Kamin mit einem Spiegel darüber neben den Türen an der Ost- und Westseite der Galerie gemildert, aber dadurch auch abgeschlossen.

Wie meistens bei der Dekoration von Räumen wurden auch hier zuerst die Decke und die Wände von den Stuckateuren Carl Joseph Sartori und Johann Michael Merck bereits bis Ende 1746 geschaffen. Mit dem hellen Apfelgrün und dem Rosa des Stuckmarmors der Wände wird die Farbigkeit der Galerie im Potsdamer Stadtschloß wieder aufgenommen. Leider kommt dieser Farbklang heute kaum noch zur Wirkung, weil die Farbigkeit des Stuckmarmors verblasst ist. Man könnte ihn etwas aufschleifen, das aber hätte einen Substanzverlust zur Folge, und es ist ungewiss, wie lange die neue Oberfläche farblich bestehen bliebe.

Das fünfteilige Deckengemälde, blumenstreuende Putten gemalt von Johann Gottlieb Glume, ist von einem wellenförmigen Ornament gerahmt. Dieses Motiv hat der König bei der Decke in der Marmorgalerie des Neuen Palais über zwanzig Jahre später noch einmal aufnehmen lassen. Die Ornamentik auf den Wandflächen, die zum Teil aus Blei ist, aber auch die in der Voute der Decke oder um die aus Rocaillen gebildeten Rahmen der Supraporten und nicht zuletzt an den Türen sind vom Wein oder Weinlaub bestimmt. Neben Merck und Sartori war vor allem Johann Christian Hoppenhaupt d. J. daran beteiligt. Wieder nennen die Quellen keinen Künstler für den einheitlichen Entwurf des wegen seiner Länge so komplizierten und doch so einheitlich gestalteten Raumes. Während Bleibaum darin die Kunst Nahls sieht, neigt Kurth mehr zum jüngeren Hoppenhaupt.[253]

Zur festen Raumausstattung gehörten auch die beiden Kamine an den Schmalseiten, die vermutlich Graf Rothenburg im Februar 1748 aus Paris lieferte. Die ebenfalls aus Frankreich stammenden Kronleuchter mit Bergkristallbehang sind 1746 gleichfalls von Rothenburg in Paris erworben worden.

Die zwei Konsoltische mit den vergoldeten, am Boden liegenden und etwas weinseligen Bacchusknaben spielen direkt auf den Charakter des Hauses an und sind von Matthias Müller geschaffen. Er verfertigte auch die Kommoden, die als Holzkästen für die Bestückung der Kamine dienten und bis 1945 östlich und westlich der beiden Türen standen, seit dieser Zeit aber verschwunden sind. Auch von den fünf Sofas von Lucas Meyer, die unter den Gemälden standen und doch wohl mehr der Dekoration des Raumes dienen als zum Sitzen einladen, hat sich nach 1945 nur eines erhalten. Die vier anderen sind 1991 bis 1994 kopiert worden und erhielten Bezüge aus pfirsichblütenfarbenem Seidendamast. Nahezu alle Räume in den friderizianischen Schlössern waren mit Kunstwerken ausgestattet. Mit der Einrichtung einer Galerie wurde ihnen ein größerer Eigenwert zuerkannt. Sie waren nicht nur Raumschmuck, sondern Gegenstand der alleinigen besonderen Betrachtung. Obwohl sie sich letzten Endes dem Ensemblecharakter barocker Innenraumkunst unterordnen, lösen sie sich gleichzeitig davon und erhalten gleichsam einen »musealen« Charakter. Das Spiel mit unterschiedlichen Kunstarten bleibt aber trotzdem gewahrt, wenn Lambert Sigisbert Adam, der als Bildhauer und Lehrer an der Pariser Akademie unter anderem auch die von Friedrich dem Großen erworbene Sammlung Polignac ergänzte, 1754 eine Aufstellung vom antiken Skulpturen (»entremêlées d'Urnes, de Vases, de Tables de marbre, de Candelabres, de Girandoles, de Porcelaines montées, avec des Tableaux suspendus au dessus«) vorschlägt. Die italienischen Fürsten hätten in ihren Palästen eine ähnliche Aufstellung, und so macht diese Mischung einen »bewundernswerten Eindruck«.[254]

Der prägendste Schmuck in diesem Raum sind die Gemälde von Watteau, Lancret und Pater. Spätestens seit Rheinsberg hatte der König eine Vorliebe für diese Malerei, die seinem dortigen Lebensgefühl entsprach, welches er eigentlich auch in Sanssouci umzusetzen hoffte. Nicht zuletzt sprechen die Wiederholung von Architektur-Raumformen und auch der Name »Sanssouci«, den Friedrich schon 1737 Rheinsberg gab, für eine Weiterführung dieses Jugendtraumes. Im Laufe seines Lebens sammelte er ungefähr 150 Gemälde französischer Meister des 18. Jahrhunderts. Die besondere Vorliebe des Königs galt aber Watteau, von dem er 13 Gemälde besaß und von denen sich vier im Schloss Sanssouci befanden. Dazu kamen die Gemälde von Pater und Lancret, von dem der König insgesamt 26 Bilder sein Eigen nannte. Das letzte Gemälde, das er 1763 von Watteau erwarb, war die »Einschiffung nach Cythera«, das im Potsdamer Stadtschloss hing. Jedoch schon nahezu ein Jahrzehnt zuvor hatte sich der künstlerische Geschmack des Königs gewandelt. Als ihm 1754 sein Privatsekretär Darget Gemälde von Lancret anbot, schrieb er: »Betreffs der Bilder, von denen Sie schreiben, will ich Ihnen sagen, daß ich diesen Geschmack nicht mehr teile, oder vielmehr, daß ich von dieser Art genug habe. Ich kaufe jetzt gern Rubens und van Dyck, kurz Bilder großer Meister, sowohl der flämischen wie der französischen Schule. Wenn Sie hören, daß eins zu verkaufen ist, werden sie mich durch die Mitteilung erfreuen.«[255]

Die große Bildergalerie war gedanklich schon in der Planung. Aber in Sanssouci herrschte noch die Welt des Watteau. In der Mitte des Jahres 1747 war die Dekoration dieses Raumes im Wesentlichen abgeschlossen, wie auch die Rechnungsbelege für das Mobiliar und die Bilderrahmen zeigen. Zu dieser Zeit waren bereits 15 Bilder im Besitz des Königs, lediglich das Gemälde »Gesellschaft im Freien« von Watteau kam erst 1750 in die Galerie und wurde 1889 an die Gemäldegalerie in Berlin abgegeben. Zur Zeit Friedrichs hatte er in der Kleinen Galerie außer den drei Gemälden von Watteau fünf Bilder von Lancret und acht von Pater vereinigt.

Wie bei der Kleinen Galerie im Potsdamer Stadtschloss werden antike Statuen bzw. Büsten zu den Gemälden in eine spannungsreiche Beziehung gesetzt. Vier antike Marmorstatuen, die alle aus der Sammlung Polignac stammen und Ergänzungen von Lambert Sigisbert Adam aufweisen, stehen auf den Sockeln in den Nischen und trennen somit die einzelnen Wandabschnitte mit den Gemälden. Die römischen Kopien nach griechischem Vorbild ergeben aber kaum ein zusammenhängendes Programm. Es sind die Statue eines Pan, Athena mit dem Erechthoniosknaben, die Statue eines Bacchus und die eines Apoll. Obwohl es die ursprüngliche friderizianische Aufstellung ist, deuten doch die viel zu großen Postamente für die kleineren Figuren, die sich außerdem etwas unproportional in den großen Nischen ausnehmen, darauf hin, dass vermutlich hier an andere Statuen gedacht war. Man vergleiche nur die Aufstellung und ihre Proportionen mit denen in den Nischen im Marmorsaal. Dort stimmen sie mit der Größe der Nischen überein.

Auf zehn Postamenten, die wahrscheinlich ebenfalls aus der Sammlung Polignac und vermutlich aus Italien stammen, standen acht antike Marmorbüsten an der Fensterfront und die zwei von Lambert Sigisbert Adam gefertigten Bildwerke der

*Heinrich Hintze, Schloss Sanssouci, Kleine Galerie, Blick nach Osten, Aquarell, 1844 (SPSG, KPM-Archiv)*

»Amphitrite« und des »Neptun«, die der Kardinal Polignac 1724 von Adam in Rom erworben hatte, auf dem Kamin. Kreikenbom stellte fest, dass die Antiken in Sanssouci im übertragenen Sinne nicht dem Imperator Friedericus Rex, sondern dem Philosophen huldigen.[256] Die antiken Kaiserbüsten stehen vor dem Schloss auf der Terrasse. Lediglich Kaiser Marc Aurel hat auf dem Kamin des Schlafzimmers seinen Platz, aber als Philosoph und nicht als Feldherr.

Im Gegensatz zum gleichnamigen Raum im Potsdamer Stadtschloss wird die Kleine Galerie in Sanssouci mit Porzellan um eine Kunstgattung erweitert. Auf vergoldeten Konsolen standen ursprünglich an der Fensterwand 16 weiße Vasen aus Meißner Porzellan, entstanden um 1740, die zur Kriegsbeute Friedrichs des Großen 1745 in Sachsen gehörten. Heute ziert nur noch eine Vase eine Konsole, 15 Vasen sind seit 1945 verschollen.

Bei der Betrachtung des gesamten Raumes und der darin enthaltenen Kunstwerke wird man mit dem Inspektor der Bildergalerie in Sanssouci feststellen können, der 1773 zu diesem Raum schrieb: »Diese kleine Galerie ist edel, und mit einem königlichen Geschmacke und Pracht ausgezieret.«[257] Das Ensemble blieb bis zum Jahre 1830 bestehen. Mit der Gründung der Berliner Museen kamen die vier Statuen in das von Schinkel errichtete dortige Alte Museum. Nach mehr als hundert Jahren, im Juli 1936, kehrten sie zurück. Fünf der antiken

Büsten aus der Kleinen Galerie bereicherten seit 1830 ebenfalls die Berliner Sammlungen. Die Galerie machte nach diesem »Umzug« der Kunstwerke doch einen leeren Eindruck (Abb. S. 72). Unter Friedrich Wilhelm IV. wurden die Büsten zum Teil durch neuzeitliche ersetzt, darunter auch die einer Mohrin und eines Mohren, die wohl aus dem 18. Jahrhundert stammen.

Der Gemäldebestand hatte bis zum Beginn des Zweiten Weltkrieges noch annähernd seinen ursprünglichen geschlossenen Zustand bewahrt. 1942 wurden alle Gemälde, die beiden Büsten von Adam, die Meißner Vasen und das gesamte Mobiliar verlagert. Nur die antiken Skulpturen blieben an Ort und Stelle und überstanden Krieg und die Nachkriegsereignisse. Nach der Auslagerung in die Sowjetunion kamen 1956 sieben Gemälde und acht Rahmen des Bilderbestandes der Kleinen Galerie wieder nach Sanssouci zurück. Dazu gehörten auch die Konsoltische und eine Bank. Die Adam-Büsten und drei Watteau-Gemälde waren kurz vor Ende des Krieges in ein Bergwerk in Thüringen ausgelagert worden, gelangten nach Kriegsende nach Wiesbaden und dann in das Berliner Schloss Charlottenburg. Nach 1990 wurden sie wieder an ihren angestammten Platz in der Kleinen Galerie von Sanssouci verbracht. Zwei seit 1945 verschollene Gemälde von Pater, »Die Wahrsagerin« und »Der Sultan im Garten«, konnten durch die Kulturstiftung der Länder und die Stiftung Deutsche Klassenlotterie Berlin zurückgekauft werden und befinden sich heute wieder in der Kleinen Galerie.

Wenn sich auch in dem letzten Jahrzehnt der originale Bestand an Kunstwerken in der Galerie wieder dem ursprünglichen Zustand angenähert hat, so fehlen doch bis heute noch vier Gemälde von Pater und Lancret, die Vasen aus Meißner Porzellan auf den Konsolen, die Holzkästen und vier Sofas.

### Die Gästezimmer

Westlich des Marmorsaals liegen vier Gästezimmer, die wie die Gemächer des Königs nach Süden ausgerichtet sind. Ein fünftes befindet sich in dem Rundbau, der der Bibliothek auf der Ostseite entspricht. Diese Zimmer haben eine Ebene mit denen des Königs einschließlich des Marmorsaals. Das ist ungewöhnlich und entsprach in keinster Weise den Regeln französischer Schlösser, in denen die Zimmer für die Gäste meist in einem Nebenflügel untergebracht waren. Es unterstreicht jedoch den privaten Charakter des ganzen Schlosses, in dem sich der König sowohl über architektonische als auch gesellschaftliche Regeln hinwegsetzte.

Für jeden Gast war nur ein Zimmer bestimmt mit einem zusätzlichen kleinen Raum, der nach Norden lag und für den jeweiligen Diener vorgesehen war. Eine bzw. zwei Fenstertüren in jedem Zimmer ermöglichen den Zugang zu der vor dem Schloss liegenden Terrasse. Die Türen zu den einzelnen Gemächern befinden sich in unmittelbarer Nähe der Fenster bzw. Fenstertüren und sind als Enfilade so angeordnet, dass man durch das gesamte Schloss blicken kann, wenn man auch die des Marmorsaals und der Wohnung des Königs öffnet.

Eine »Einzimmerwohnung« mit einem kleinen Dienerbereich ist auch für einen königlichen Gast nicht sehr komfortabel, standen ihm doch im Potsdamer Stadtschloss bereits drei Räume, Vorzimmer, Wohnraum und Schlafzimmer, zur Verfügung. Aber in Sanssouci hatte man die Ehre, ein auserwählter Gast an der Tafel Friedrichs des Großen zu sein.[258]

In der ersten Grundrisszeichnung des Königs sind im westlichen Gästeflügel sechs nahezu gleich große Räume eingezeichnet, ohne zwischen denen der Gäste und denen für die Diener zu unterscheiden (Abb. S. 40 oben). Auf der zweiten Zeichnung hat der König bei seinen Wohnräumen eigenhändig »Pour le roy« und bei dem Gästetrakt »Pour des étranger« vermerkt (Abb. S. 40 unten). An den eingezeichneten Rückwänden der Gästezimmer hat er »Alkove« und an den nach Norden gelegenen kleinen Räumen einmal »Garderobe« und zweimal »Garde« geschrieben. Das westliche runde Zimmer, das spätere Rothenburgzimmer, ist mit »apartement« und »alkove« bezeichnet. In der vom König dann approbierten Ausführungszeichnung sind aus den drei schließlich vier Gästezimmer mit den entsprechenden Dienerräumen nach Norden geworden: Zwei Zimmer mit je zwei Fenstern zum Garten liegen in der Mitte, flankiert jeweils rechts und links von einem einfenstrigen Raum. Das westliche »Turmzimmer« ist natürlich davon ausgenommen, in der Gestaltung aber wieder auf diese Räume bezogen.

Friedrich Wilhelm IV. bewohnte im 19. Jahrhundert nicht die Gemächer Friedrichs des Großen, sondern die früheren Gästezimmer. Während die Gemälde an den Wänden meist ihren Platz behielten, wurde das Mobiliar durch Stücke im Stil des Zweiten Rokoko ergänzt. Das Erste Gästezimmer war das Wohn- und Arbeitszimmer Friedrich Wilhelms IV.; in diesem ist er auch am 2. Januar 1861 gestorben. Es folgen das Wohnzimmer der Königin Elisabeth und das gemeinsame Schlafzimmer. Das Voltairezimmer war das Toilettenzimmer der Königin.

Den Zustand der ersten beiden Gästezimmer zur Zeit Friedrich Wilhelms IV. zeigen 1857 entstandene Aquarelle von Ferdinand von Arnim; die anderen beiden Räume der Wohnung des Königspaares konnten durch Fotografien um 1890 belegt werden.

Im Mittelpunkt der Betrachtung der Räume soll jedoch die alte Ausstattung der friderizianischen Zeit stehen, die man nach 1926 wieder herzustellen versuchte.

Im Vergleich zu den Räumen des Königs haben die Gästezimmer eine einfachere Ausstattung. Während das Erste und Vierte Gästezimmer eine bemalte Vertäfelung besitzen bzw.

*Ferdinand von Arnim, Schloss Sanssouci. Das Erste Gästezimmer als Wohnzimmer Friedrich Wilhelms IV., 1857 (SPSG, Aquarellsammlung Nr. 99 a)*

besaßen, haben das Zweite und Dritte Gästezimmer jeweils an den Längswänden eine blau-weiß bzw. rot-weiß gestreifte Tapete, um den reichhaltigen Bilderschmuck aufzunehmen. Vergoldet sind nur die Rahmungen der Spiegel und Supraporten und im Zweiten bzw. Dritten Gästezimmer die Schwünge über dem geraden Abschluss des Alkoven sowie drei kleine Ornamente darüber.

Es ist auffällig, dass ursprünglich drei Zimmer Malereien mit chinoisen Motiven aufweisen: das Erste und Vierte Gästezimmer sowie das so genannte Rothenburgzimmer.

Friedrich Wilhelm Höder, der schon 1742 die Japanische Kammer in der Wohnung der Königin Elisabeth im Erdgeschoss des Neuen Flügels von Schloss Charlottenburg mit chinoisen Motiven bemalt hatte, ist nun auch an der Ausgestaltung der drei Gästezimmer im Schloss Sanssouci beteiligt (Abb. S. 22 oben links). In seiner Rechnung zur Malerei im ERSTEN GÄSTEZIMMER vom 24. Oktober 1747 vermerkte er: »Die vor Cammer habe ich gemahlt mit Ornamenten und Japanische Figuren Kirsch Farben Calehr und mit feinem Golde erhöhet.«[259] Aus bisher nicht geklärten Gründen wurde die Malerei kurz danach durch eine Wandbespannung aus »Sattinade bleumourant unie« verdeckt.[260] Bei Renovierungsarbeiten im Jahre 1953 hat man die blaue Stoffbespannung, die mit Ausnahme des Alkovens und der Fensterseite die Wände überzog, entfernt und die darunter liegende Holztäfelung mit der Malerei Höders entdeckt.[261] Sie ist seitdem wieder sichtbar. Man hat immer wieder versucht nachzuvollziehen, warum die Malerei schon sehr bald durch eine Stoffbespannung verdeckt worden ist. Restauratorische Untersuchungen in den 1980er Jahren führten zu dem Schluss, dass für die Vertäfelung relativ frisches Holz verwendet wurde und durch die Austrocknung Risse entstanden waren. Außerdem machten sich beharzte Stellen im Holz immer wieder (sogar bis heute!) bemerkbar. Die Wandbespannung ermöglichte es aber auch, weitere 14 Gemälde in diesem Raum unterzubringen (Abb. S. 74). Sie sind jetzt in den Schlössern Sanssouci, Neues Palais und Schloss Charlottenburg verteilt. Auf ein Bild muss aber noch hingewiesen werden, das seit dem 18. Jahrhundert in diesem Raum hing und sich heute im Haus Doorn, Holland, befindet. Es ist das Porträt von Georg Wenzeslaus von Knobelsdorff, dem eigentlichen Baumeister des Schlosses, das Antoine Pesne 1738 malte und das der König hier platzieren ließ.

Höders Malerei »à la chinoise« zeigt Figuren in zartrosa Farben mit leichten Goldhöhungen in einer ornamentalen und floralen Umgebung, die bei unterschiedlicher Beleuchtung eine Plastizität der Malerei hervorrufen. In diese phantasievolle Welt fügen sich auch die Ideallandschaften der beiden Supraporten über den Türen von Charles Sylva Dubois gut ein. Im Zimmer stehen heute friderizianische Sitzmöbel, die um 1760 entstanden sind, aber ursprünglich nicht in diesen Raum gehören, sowie ein rot lackierter Schreibtisch, um 1760, der vermutlich schon laut Inventar seit 1782 hier gestanden

*Ferdinand von Arnim, Schloss Sanssouci. Das Zweite Gästezimmer als Wohnzimmer der Königin Elisabeth, 1857 (SPSG, Aquarellsammlung Nr. 99 b)*

hat. Der feuervergoldete Kronleuchter mit Glasbehang ist wahrscheinlich um 1765 in Frankreich entstanden.

In dem vom König approbierten Kostenanschlag vom 18. Juli 1746 für das ZWEITE GÄSTEZIMMER ist eine Versilberung der Ornamente, der Gemälderahmen und der Möbel entsprechend der Vergoldung im Ersten Gästezimmer vorgesehen. Warum dann von Anfang an die genannten Möbel und Architekturteile doch vergoldet wurden, kann nicht gesagt werden. Die Bespannung der Längswände mit blau-weiß gestreifter Sattinade bietet aber Platz für die Gemälde, die in zwei bzw. drei Reihen übereinander hängen und somit den Gästen eine Auswahl der friderizianischen Gemäldesammlung zeigen sollten (Abb. S. 75). Sogar die Türen rechts und links vom Alkoven – die linke führt in eine Kleiderkammer, die rechte in die dahinter liegende Dienerkammer – sind oben mit einer speziellen Vorrichtung für die Gemälde versehen, damit sie dennoch geöffnet werden können, aber der Gesamteindruck des Raumes nicht beeinträchtigt wird.

Neben Werken von Jean Raoux, Nicolas Lancret, Jean François de Troy und Jean-Baptiste Pater schmücken auch zwei Porträts von Antoine Pesne, zwei Gemälde von Francesco Zuccarelli mit Bezügen zur antiken Mythologie bzw. Geschichte und zwei Blumenstillleben von Jacobus van Huysum diesen Raum. Es ist ein wahres »Potpourri« der friderizianischen Gemäldesammelleidenschaft, aber natürlich gibt es dabei keine christlichen Darstellungen. Diese wollte Friedrich in seinem Schloss nicht haben. Es grenzt nahezu an ein Wunder, dass dieser Gemäldebestand von 15 Bildern trotz vieler Wirren in den zurückliegenden Jahrzehnten heute wieder wie zur friderizianischen Zeit die Wände dieses Zimmers schmückt. Die Supraportengemälde mit Stilllebendarstellungen von Augustin Dubuisson vervollständigen diesen Reigen. Zur ursprünglichen Ausstattung gehört auch der vergoldete Konsoltisch von Johann Böhme zwischen den beiden Fenstern mit der Vase aus ägyptischem Porphyr aus der Sammlung Polignac darauf. Die vergoldete Kommode fertigte Matthias Müller nach dem Vorbild eines ebensolchen Möbels, geschaffen von Hoppenhaupt für die Königin Sophie Dorothea im Arbeits- und Schlafzimmer des Königs, an. Das vergoldete Sofa von Johann Böhme aus dem Jahre 1746/47 war wohl ursprünglich für die Kleine Galerie bestimmt. Wichtig für den Gesamteindruck des Raumes ist der Glaskronleuchter aus der Zechliner Hütte, der möglicherweise in der zweiten Hälfte des 18. Jahrhunderts von dem Potsdamer Glasschleifer Johann Christoph Brockes zusammengesetzt wurde.

Da die Gästezimmer als Wohn- und Schlafzimmer also fast die selbe Funktion wie das Arbeits- und Schlafzimmer des Königs hatten, befindet sich hier auch ein Alkoven für das Bett, über dessen Aussehen leider nichts bekannt ist. Im Januar 1806 meldete der Kastellan Droz allerdings: »Einen Königl. Preuß. Hochlöbl. Hofmarschall Amt zeige ich gehorsamst an, daß die sämtlichen Herrschaftlichen Bettstellen in denen Al-

*Schloss Sanssouci. Das Dritte Gästezimmer als Schlafzimmer Friedrich Wilhelms IV. und der Königin Elisabeth, nach einer Postkarte, 1908 (SPSG, Fotosammlung)*

koven sowohl auf Sanssouci als in den neuen Kammern in so desolaten Umständen sind, daß alle vom Wurm gänzlich zerfressen und keine Reparatur mehr fähig sind, und man bey vorfallenden Umständen nicht länger risquiren kann, jemand darinnen zu betten, wovon sich schon der Herr Hofstaats Sekretär Wagener bey Besichtigung derselben selbst überzeugt hat. Ich frage deshalb gehorsamst an, ob ich in deren Stellen 12 Stück neue Herrschaft. Bettstellen anfertigen lassen soll, um solche bey vorfallender Gelegenheit zum künftigen Frühjahr in complett brauchbaren stande wieder aufstellen zu können, und erwarte hierüber die nächten weiteren Befehle.«[262]

Über das Aussehen der Bettstellen ist nichts bekannt; es heißt nur, dass sich im Alkoven ursprünglich eine »ordinäre« Bettstelle zweiter Klasse mit dem dieser Klasse entsprechenden Bettzubehör befand: »zwei Matratzen, zwei Kopf-Küße, eine Wurst (Kissenrolle) und eine blaue Atlas-Decke«. Das »Weiß-Zeug« (Bettwäsche) wurde separat aufbewahrt. Auch die »Lacken« und »Züchen« (Bezüge) gab es in zwei bis drei Klassen.[263] Die Forderung des Kastellans muss irgendwann erfüllt worden sein, denn die Gästezimmer wurden während des gesamten 19. Jahrhunderts oft benutzt. Entsprechend dem Inventar von 1782 sind die Betten 1984 im Zweiten, Dritten und Vierten Gästezimmer rekonstruiert worden; sie vermitteln so einen Eindruck der Bewohnbarkeit dieser Zimmer.

Auch das DRITTE GÄSTEZIMMER wird von Bilderschmuck bestimmt (Abb. S. 76). Im Gegensatz zum vorherigen Raum ergibt sich gemeinsam mit den Vedouten ein einheitliches Programm. Auch heute können wieder die 21 Gemälde, die bereits unter Friedrich dem Großen in diesem Zimmer waren, betrachtet werden. Neben Ideallandschaften von Charles Sylva Dubois, mit Figurenstaffagen zum Teil von Antoine Pesne, und zwei märkischen Landschaften von Anton Quartal sind vor allem die Venedig-Ansichten von Michele Marieschi und Luca Carlevarijs raumprägend. Den Hauptschmuck an der Westwand des Zimmers bilden zwei Vedouten von Giovanni Paolo Panini: Der Blick auf Rom von Nordwesten zeigt mit der Kuppel der Peterskirche das christliche Rom, das Forum Romanum symbolisiert die antike Welt. Mit den Rom- und Venedig-Ansichten träumt der Gast – und sicherlich auch der König, der diese Städte nie gesehen hat – von der Kunst und Kultur Italiens. Wenn man schon nicht reisen konnte oder wollte, schuf man sich diese Welt in seiner Umgebung selbst. So hängt links neben dem östlichen Fenster »Ansicht von Sanssouci und Potsdam von Westen«, 1750 von Georg Wenzeslaus von Knobelsdorff gemalt (Abb. S. 37); Oesterreich bemerkte 1773 treffend zu diesem Bild: »In diesem Gemählde herrscht viel Wahrheit, es tuht desselben eine gute Würkung.«[264] Für den König war das von ihm geschaffene Potsdam nahezu gleichbedeutend mit bekannten italienischen Städten – das sollte auch der Bewohner dieses Zimmers wissen.

Der 1746 vom Grafen Rothenburg für Friedrich den Großen in Paris erworbene Dokumentenschrank mit Uhren-

*Schloss Sanssouci. Das Vierte Gästezimmer – Voltairezimmer – als Toilettenzimmer der Königin Elisabeth, Fotografie, um 1890 (SPSG, Fotosammlung)*

aufsatz im Arbeits- und Schlafzimmer des Königs muss diesen so begeistert haben, dass er von Melchior Kambly 1749 gleich zwei Nachbildungen anfertigen ließ. Einer dieser Schränke wurde im Dritten Gästezimmer aufgestellt, der andere kam in die 1753 fertig gestellte Wohnung des Königs im Breslauer Schloss und ist seit 1945 verschollen.[265] Im Vergleich zum französischen Original sind die Bronzeverzierungen Kamblys im Sinne des preußischen Rokoko plastischer und naturalistischer ausgeführt.

Der vergoldete Konsoltisch zwischen den beiden Fenstern und das Sofa neben dem Kamin stammen von den selben Künstlern, die auch die Möbel des Zweiten Gästezimmers angefertigt haben. Auf dem Kamin, der wie die in den beiden vorhergehenden Gästezimmern aus der Werkstatt von Friedrich Christian Glume stammt, stehen drei Vasen, die nach einem Modell von Johann Joachim Kändler um 1745 in Meißen angefertigt wurden. Die mittlere ziert ein Reliefbildnis der Kaiserin Elisabeth von Russland.

Das letzte der in der Enfilade liegenden Zimmer, das VIERTE GÄSTEZIMMER, trägt heute den Namen des französischen Philosophen und Aufklärers Voltaire (Abb. S. 77). Er war am 10. Juli 1750 einer Einladung Friedrichs des Großen folgend in Potsdam eingetroffen und bezog eine Wohnung im Potsdamer Stadtschloss, die ihm der König zur Verfügung gestellt hatte. Wohl seit dem frühen 19. Jahrhundert wird von dem Vierten Gästezimmer als dem VOLTAIREZIMMER gesprochen, in dem der Dichter bis zu seinem Weggang aus Potsdam am 26. März 1753 gewohnt haben soll. Es gibt nur wenige Quellen, die einen kurzzeitigen Aufenthalt Voltaires in Sanssouci belegen. Seine Briefe an verschiedene Personen sind nahezu alle mit »Potsdam« bezeichnet. Nur in einem Brief vom 9. oder 10. September 1750 heißt es »Sanssouci«. Er ist an den damaligen Privatsekretär und Vorleser Friedrichs des Großen, Claude Etienne Darget, gerichtet, der von 1746 bis zum Frühjahr 1753 dieses Amt inne hatte. Voltaire schrieb: »Lieber Freund! Sie sind gewiß verblüfft, einen Brief von mit aus Sanssouci zu erhalten. Die Frau Markgräfin (Wilhelmine von Bayreuth, d. V.) hat mir erlaubt, sie hierher zu begleiten.«[266]

Im Juli 1751 machte der König in Sanssouci eine Brunnenkur und lud Voltaire ein, in dieser Zeit in das Schloss zu kommen. Dies bezeugte auch dessen Sekretär, Collins, dass Voltaire von Zeit zu Zeit nach Sanssouci reiste und einige Tage mit dem König dort verbrachte.[267] Wenn überhaupt hat sich Voltaire nur kurzzeitig im Schloss Sanssouci aufgehalten und das so genannte »Voltairezimmer« in seiner heutigen Gestalt wohl nicht kennen gelernt.[268]

Das im Oktober 1747 fertig gestellte Vierte Gästezimmer hatte einen gelben Lackanstrich, und die Vertäfelung war von Friedrich Wilhelm Höder »gemahlt mit vestunen gris de lin mit feinem Silber erhöhet«.[269] Die Spiegel- und Supraportenrahmen sowie die Gestelle der Sitzmöbel und auch die Wandleuchter hatte man versilbert. Die Bezüge der Fenster- und Alkovengardinen bestanden aus gelber Seide (»Sattinade jonquille«).[270] Im Kostenanschlag vom 18. Juni 1746 für die Ausgestaltung der Innenräume sind weder eine Versilberung dieses Zimmers noch eine Chinoise-Malerei aufgeführt. Folglich müssen sich während des Bauverlaufs und der Dekoration der Räume Veränderungen ergeben haben. Ähnliches geschah beim Zweiten Gästezimmer, für das im Kostenanschlag eine Versilberung vorgesehen war, in der Ausführung aber eine Vergoldung der Ornamente und Rahmen erfolgte.

Im Sommer 1752 begann eine Neugestaltung dieses Zimmers, über dessen Ursache bisher nichts bekannt ist. Man geht wohl nicht Fehl in der Annahme, dass wie beim Ersten Gästezimmer ein Schaden an der Vertäfelung – vielleicht waren es Risse wegen des verwendeten nassen Holzes – eingetreten war. Der König entschloss sich zur völligen Veränderung der Dekoration dieses Zimmers. Die Beeinträchtigung muss doch sehr groß gewesen sein, denn es ist bekannt, dass Friedrich nur sehr unwillig Geld für notwendige Reparaturen zur Verfügung stellte, geschweige denn für eine vollkommen neue Einrichtung. Auch Manger gibt keine Begründungen, sondern beschreibt lapidar, die »Verzierung des Eckkabinets im Lustschlosse auf der rechten Seite gegen den Garten … Es ward durchaus an den Wänden getäfelt, sodann von Hoppenhaupt an denselben mit Zierrathen von Vögeln, Früchten, Blumen, Festons etc. von Holz, an der Decke aber mit eben der gleichen von Stuck versehen, wofür ihm 3.200 Taler bezahlt wurden. Du Buißon kolerirte alle gedachten Zierrathen nach der Natur für 700 Taler, womit er im Mai 1753 fertig wurde. Die Mahler Buchholz und Bock aber lackirten sodann alles glatte Tafelwerk strohgelb für 1.563 1/3 Taler, womit sie im März 1754 zu Stande kamen.«[271]

Man kann davon ausgehen, dass Johann Christian Hoppenhaupt d. J., der auch die gesamten Bildhauerarbeiten ausgeführt hat, für den einheitlichen Gesamtentwurf dieses Zimmers verantwortlich zeichnet. Die Vereinbarung mit ihm vom 19. Juni 1752 war über »die zu anfertigeung eines Zimmers in Sans Souci erforderlichen Bildhauerarbeith nach Von Seiner Königl. Majestät Allerhöchst Approbirten Zeichnung geschlossen worden.[272]

Die Zeichnung ist nicht überliefert, nur eine Skizze des Königs gibt eine Vorstellung von der von ihm beabsichtigten Wanddekoration.[273] Vermutlich war bei der ersten Gestaltung des Zimmers, wie bei den drei Gästezimmern zuvor, ein von Friedrich Christian Glume gestalteter Kamin vorhanden. In der zweiten Fassung war es nun ein »vortrefflicher Camin von Giallo antico, in der äußeren Vollkommenheit durch den Bildhauer und Decorateur Svitzer zu Potsdam gearbeitet. Es scheint, als wenn der Marmor geschmolzen wäre, so vortreflich ist die Arbeit.«[274] Der Kronleuchter und die vier Wandleuchter aus Messingblech mit Porzellanblüten aus Vincennes, heute ergänzt mit Porzellanblüten aus Meißen, sind um 1760 in Paris entstanden. Auf dem Kamin stehen vier Porzellanvasen mit »indianischer Blumenmalerei«, zwischen 1730 und 1732 in Meißen angefertigt. Die seit 1982 hier befindlichen sechs versilberten Stühle stammen aus dem Potsdamer Stadtschloss und sind um 1745 von Johann August Nahl geschaffen worden. Auch das ursprüngliche Mobiliar dieses Zimmers war versilbert und 1810 dem Kastellan Droz geschenkt worden. Um 1845 kamen, vermutlich aus einem friderizianischen Schloss, Möbel mit Stickereien nach Lafontainschen Fabeln hierhin. Entsprechend wurden auch Alkoven- und Fenstergardinen angefertigt.

Aufgrund eines gefundenen Originalgewebes im Alkoven konnten die Bezüge des 1982 rekonstruierten Bettes und die Vorhänge vor Fenster und Alkoven in goldgelber Sattinade rekonstruiert werden. Der Eindruck eines Lackkabinettes, der ursprünglich vorherrschte und im 19. Jahrhundert durch mattgelbliche Töne ersetzt worden war, konnte bei der Restaurierung des Zimmers 1979 wieder hergestellt werden. Einen Eindruck von der Ausmalung der ersten Ausstattung des Zimmers durch Höder geben die Reste im Alkoven wieder.

Das »Voltairezimmer« oder die »Blumenkammer«, wie der Raum im 18. Jahrhundert hieß, leitete eine neue Phase des friderizianischen Rokoko ein. Die durch Knobelsdorff, Nahl und dem älteren Hoppenhaupt entworfene und geschaffene Ornamentik und Dekoration war durch einen alles zusammenfassenden Gold- und Silberton geprägt. Die Rocaillen verbanden sich organisch mit dem naturalistischen Ornamentdetail. Die gewollte Verfremdung wird nun aufgehoben, und alles erscheint wie in der Natur. Dieses Zimmer steht am Anfang einer nun beginnenden Stilentwicklung, die über das Schreibzimmer im Potsdamer Stadtschloss, 1755 von Hoppenhaupt d. J. gestaltet, bis zu den Räumen im Neuen Palais nach 1763 reicht. In der »Blumenkammer« von Sanssouci wurde aber damit der Anfang gemacht.

Das letzte, FÜNFTE GÄSTEZIMMER liegt abseits von den anderen vier und entspricht in seiner runden Gestalt der Bibliothek auf der Ostseite des Schlosses. Auch als »Turmzimmer« bezeichnet, trägt es noch heute den Namen seines ersten Bewohners, des Grafen Friedrich Rudolph von Rothenburg. Nach dessen Tod bewohnte es auch noch der Marquis d'Argens, bevor dieser eine Wohnung im Neuen Palais bezog. Von den anderen vier Gästezimmern sind ihre zeitweiligen Bewohner – bis auf eventuell Voltaire – leider namentlich nicht bekannt.

Graf Rothenburg entstammte einer alten preußischen Adelsfamilie und wurde 1710 in Nettkau bei Crossen an der Oder geboren. Schon mit vierzehn Jahren besuchte er die Universität Frankfurt/Oder, setzte 1725 die Studien in Frankreich fort und trat 1727 in die französische Armee ein. Nach Beteiligung an diplomatischen Missionen in Spanien und Kämpfen in Nordafrika trat er 1741 in den Dienst Friedrichs. Im Ersten Schlesischen Krieg wurde er schwer verwundet; von dieser Verletzung erholte er sich nie mehr richtig. Für Friedrich war er in diplomatischer Mission in Frankreich tätig. Durch sein Geschick konnte er nicht nur politische Forderungen des Königs regeln, sondern auch für die neu zu erbauenden und einzurichtenden Schlösser, namentlich für Sanssouci, viele Kunstwerke, Gemälde, Möbel, Kamine, Beleuchtungskörper usw. erwerben. Da er schon 1733 zum Katholizismus übergetreten war, förderte er intensiv den Bau der katholischen St. Hedwigs-Kirche in Berlin, in der er auch nach seinem frühen Tod, am 29. Dezember 1751, beigesetzt wurde. Friedrich hat ihn nicht nur als Diplomaten und geschickten Käufer von Kunstsachen, sondern auch als Mitglied der Tafelrunde sehr geschätzt.

Das Rothenburg-Zimmer ist der dritte Raum, den Friedrich Wilhelm Höder ausgemalt hat. Während seine Malereien im Ersten bzw. Vierten Gästezimmer Jahrhunderte lang von einer Bespannung verdeckt waren oder schon fünf Jahre nach der Fertigstellung, wie beim Voltairezimmer, verschwanden, ist die Chinoise-Malerei in diesem Zimmer bis heute erhalten. Höder schreibt in seiner Rechung vom 24. Oktober 1747: »Die großen Felder sind mit grünen Ornamenten und Japanischen Figuren, selbige sind mit feinem Golde erhöhet, die kleineren Bilder sind colorirten Ornamenten wie auch das Baneel und Fenster Laden.«[275]

Der Alkoven an der Nordseite des Zimmers hat zwar optisch die Größe der Fenster, ist aber im oberen Drittel etwas heruntergezogen, so dass die eigentliche Öffnung kleiner ist. Die Gemälde im Inneren der Bettnische gehörten nicht zur ursprünglichen Ausstattung des Raumes, sondern sind vermutlich erst am Ende des 18. Jahrhunderts geschaffen und in den Alkoven eingebracht worden. Ihr Motiv geht auf Ornamentstiche von Antoine Watteau zurück.

Zur Raumausstattung gehört wieder wie in den ersten drei Gästezimmern ein Kamin von Friedrich Christian Glume. Als einziges Möbel steht von Anfang an eine Kommode aus Nussbaummaserholz von Johann Heinrich Hülsmann mit Beschlägen von C. G. Kelly in diesem Raum. Er wird heute nur noch zu besonderen Anlässen genutzt.

## Schloss Sanssouci bis zum Tode Friedrich Wilhelms IV. im Jahre 1861

Mit dem Tod Friedrichs des Großen 1786 endete in Preußen eine geschichtliche und kunstgeschichtliche Ära. Der König hat Zeit seines Lebens am Rokoko festgehalten, das sich bei seinem Tod schon längst stilgeschichtlich überlebt hatte. Sein Neffe, Friedrich Wilhelm II., ließ das Arbeits- und Schlafzimmer des Vorgängers in Sanssouci im Stil des frühen Klassizismus umgestalten und machte damit den neuen Stil zum Programm.

Schon im Herbst 1786 begann die Planung für eine neue Sommerresidenz dieses Königs, die mit dem Marmorpalais im Neuen Garten in Potsdam 1792 fertig gestellt wurde. Friedrich Wilhelm von Erdmannsdorff aus Wörlitz, aber auch der 1788 aus Breslau nach Berlin berufene Karl Gotthard Langhans sind die Protagonisten dieses Stils, dem sich auch Carl von Gontard anpassen musste. Nicht nur das Arbeits- und Schlafzimmer von Friedrich Wilhelm II. war neu gestaltet und möbliert worden, auch aus den anderen Räumen des Schlosses wurden die alten Möbel zum Teil ausrangiert und die Zimmer mit klassizistischen Möbeln neu eingerichtet.[276] Auf den kurz nach 1840 entstandenen Aquarellen sind diese Möbel noch zu sehen, erst mit dem Einzug Friedrich Wilhelms IV. erhielt das Schloss eine neue Einrichtung (Abb. S. 53, 59, 65 oben, 66 unten).

Nach dem Tode Friedrichs des Großen und der kurzen Residenz Friedrich Wilhelms II. wurde Schloss Sanssouci immer wieder für gelegentliche Aufenthalte durch die königliche Familie genutzt. Seit dem frühen 19. Jahrhundert interessierte sich der Kronprinz Friedrich Wilhelm (IV.) für das Schloss und hielt sich hier bald für Wochen auf, um es schließlich ab 1840 ganz zu seiner Sommerresidenz zu machen.

Eine der ersten Gäste nach dem Auszug Friedrich Wilhelms II. waren vom 16. Mai bis 20. September 1794 Kronprinzessin Luise, die erst wenige Monate zuvor, im Dezember 1793, den preußischen Prinzen Friedrich Wilhelm (III.) geheiratet hatte, und ihre Schwester Friederike. In ihren Briefen, vornehmlich an den Kronprinzen, ist allerdings nur wenig vom Leben in Sanssouci zu erfahren.

Sechs Jahre später hielt sie sich wiederum dort auf, jedoch nur wenige Tage, vom 29. Mai bis 9. Juni 1800. Neben dem Vater und ihrem Bruder sowie den Geschwistern Friedrich Wilhelms III., Prinz Wilhelm von Preußen und Wilhelmine der Niederlanden, waren auch ihre drei Kinder, Friedrich Wilhelm, der spätere Thronfolger Friedrich Wilhelm IV., sowie Prinz Wilhelm und Prinzessin Charlotte, anwesend. In ihren Briefen ist von ausgedehnten Spaziergängen, vom Abendessen auf der Terrasse und ausgelassenen Spielen mit der gesamten Hofgesellschaft die Rede. An ihren Gemahl Friedrich Wilhelm III. schrieb sie am 6. Juni 1800, dass Sanssouci tausendmal angenehmer sei als Charlottenburg.[277]

Friedrich Wilhelm III., der sich allerdings nur selten in Sanssouci aufhielt, berichtete am 15. Juni 1806 seiner Frau: »Nachdem ich eine recht gute Predigt gehört hatte und die Paraden zu Ende waren, begab ich mich nach Sanssouci, um hier an unserem alten Platz unter der Laube zu dinieren. Ich hatte dabei sechs Gäste. Dann machte ich meinen ersten Versuch, die Rolle des Philosophen von Sanssouci zu spielen. Ich wählte zu diesem Zweck einige Bände aus, vielleicht die am wenigsten philosophischen der ganzen Bibliothek, mit denen ich mich auf der Terrasse von Sanssouci niederließ. Nachdem ging ich ganz allein im Park spazieren, immer wie der Philosoph von Sanssouci.«[278] Friedrich Wilhelm III. kannte natürlich noch Friedrich den Großen, hatte Paraden erlebt und ihn auch auf dem Totenbett gezeichnet.[279] So ist es nicht verwunderlich, dass er unter einen der letzten Briefe an Luise, kurz vor ihrem Tode am 19. Juli 1810, schrieb: »Im göttlichen Sanssouci zur Teestunde am 26. Juni 1810«.[280]

Von Jugend an begeisterte sich der Kronprinz Friedrich Wilhelm (IV.) für Friedrich den Großen und seine einstige Wohnstätte, das Schloss Sanssouci. An dessen Todestag im Jahre 1806 hielt der Erzieher des Kronprinzen, Friedrich Delbrück, eine Ansprache an seinen Schüler und bemerkte: »Sie selbst sind durch den Aufenthalt in Sanssouci näher an alles erinnert worden, was diesen großen Menschen betrifft. Sie haben in dem Gebäude gewohnt, von wo aus er soviel gewirkt hat, sie kennen die Stätte, wo er die letzten Wochen seines Lebens unaussprechlich litt und ein ruhmvolles Leben durch einen sanften Tod schloß.«[281]

Der Herbst des Jahres 1806 markiert einen großen Einschnitt. Preußen verlor bei Jena und Auerstedt die Schlacht gegen die Napoleonische Armee, und das Königspaar floh am 16. Oktober 1806 nach Memel in Ostpreußen. Napoleon zog am 24. Oktober in Potsdam ein und besichtigte am 25. Oktober das Neue Palais, Schloss Sanssouci und die Neuen Kammern. Über seinen Besuch von Schloss Sanssouci schrieb er selbst, »Ich konnte mich nicht eines schwer zu schildernden Gefühls erwehren, als ich die Stufen zum Schlosse Friedrichs erstieg und in Sanssouci alle Räume besichtigte, welche durch den großen König unsterblich geworden sind. Er hatte sieben Jahre dem halben Europa Widerstand geleistet; in 14 Tagen ist seine Monarchie vor unseren Adlern in den Staub gesunken.«[282]

Da man Plünderungen befürchtete, wurde für das Schloss ein kaiserlicher Schutzbrief ausgestellt, der in deutscher Übersetzung wie folgt lautete: »Generalmajor. Große Armee. Befehl. Im Namen des Kaisers! Das königliche Schloß Sanssouci ist unter besonderen Schutz der Befehlshaber der französischen und verbündeten Truppen gestellt und wird angesehen wie ein Schloß Seiner Majestät des Kaisers. Es ist ausdrücklich verboten, dort irgendeinen Schaden anzurichten und auch nur das geringste Inventarstück zu verschleppen. Der Kastellan des Schlosses ist beauftragt, über seine Erhaltung zu wachen und wird gegenwärtige Order in Händen halten, um ihre Achtung zu verschaffen. Berlin, 22. November 1806. Der Prinz von Neuchâtel und Belangin, Kriegsminister, Generalmajor, gez. Berthier.«[283]

Am 12. Dezember 1806 wurden zur Bewachung des Schlosses drei französische Dragoner in Sanssouci einquartiert, die bis zum 1. März 1807 dort blieben und die, als sie abmarschierten, vom Hofmarschallamt pro Mann 5 Taler bekamen, da sie mit »vortrefflicher Disziplin« und »größter Sorgfalt« das Schloss beschützt hatten.[284]

Nach dem Besuch Napoleons in Sanssouci erteilte am 4. November 1806 der Grandmarschall Duroc nach einer Anweisung des französischen Kaisers dem Baudirektor Langhans die Order, einen Plan des Schlosses anzufertigen. Wenn es erforderlich sei, sollten die Offiziere des französischen Kommandanten in Potsdam ihm dabei behilflich sein. Langhans schickte aus Berlin die schriftliche Weisung, einen Grundriss von Haupt- und Nebengebäuden anfertigen zu lassen, weiterhin zu berichten, ob das Hauptgebäude unterkellert sei oder nicht und schließlich es von drei Seiten zeichnen zu lassen. Weiterhin war ein Schnitt des Schlosses mit dem Kuppelsaal in der Mitte anzufertigen. Alles sollte aber malerisch mit der Umgebung dargestellt werden. Am 24. November 1806 ging die letzte der Zeichnungen, die die Baubeamten des Potsdamer Hochbauamtes A. L. Krüger, J. R. Richter und F. G. Schadow angefertigt hatten, nach Berlin, und von dort wurden sie dem Kaiser ins Feld nachgeschickt, da er sie der Kaiserin nach Paris zu senden gedachte.[285] Im Zusammenhang mit diesen Zeichnungen schuf der Maler Samuel Rösel auch Aquarelle des Schlosses. Dazu schrieb Johann Gottfried Schadow am 30. März 1807 an Carl August Böttiger: »Der Landschafter Rösel hat 3 colorirte aquarellen Ansichten von Sanssouci für den Kaiser gemacht, die gar lieblich gerathen sind u. eine preziose Ausführung haben, so daß ich denke, diese wenigen Sachen werden uns bei den Parisern nicht herabsetzen.« Ein 1807 datiertes Aquarell von Rösel, das sich in der Aquarellsammlung der Schlösserverwaltung befindet, zeigt die Gartenseite (Abb. S. 81). Die von Napoleon bestellte Sanssouci-Serie stand wohl zweifellos im Zusammenhang mit der Planung einer Residenz für seinen Sohn, den König von Rom, am Berg Chaillot bei Paris.[286]

Es war allgemein bekannt, dass Napoleon in ganz Europa besondere Kunstwerke beschlagnahmen und in die französische Hauptstadt bringen ließ. Auch in Preußen, besonders in Berlin und Potsdam, bestand nach der Niederlage von Jena und Auerstedt diese Gefahr, und man wollte durch Verlage-

*Johann Gottfried Samuel Rösel, Schloss Sanssouci, Ansicht der Gartenseite von Südosten, 1807 (SPSG, Aquarellsammlung,Nr. 2654 a)*

rung die Kunstwerke retten. Während 150 Kisten mit Kunstgut am 19. Oktober 1806 über Küstrin nach Pillau gesandt wurden, konnten vier Kisten mit 70 Gemälden aus der Bildergalerie von Sanssouci und dem Marmorpalais im Neuen Garten nicht mehr rechtzeitig weiter transportiert werden. Sie fielen den Franzosen in die Hände und wurden durch Dominique-Vivant Denon, dem Beauftragten des französischen Kaisers für ein »Musée Napoléon«, nach Paris gebracht, kamen aber nach der Niederlage Frankreichs 1815/16 wieder zurück. Aus Sanssouci wurde nur ein Bild aus dem Audienzzimmer des Schlosses, »Liebeserklärung« von J. F. de Troy, mit nach Paris genommen, 1815 jedoch nicht zurückgeführt. Es befindet sich heute in einer englischen Privatsammlung.[287]

Kronprinz Friedrich Wilhelm (IV.) hatte von seinem Vater Friedrich Wilhelm III. nach 1815 die Erlaubnis erhalten, in den Räumen Friedrichs des Großen im Berliner Schloss zu wohnen. Nach seiner Heirat mit der Bayerischen Prinzessin Elisabeth am 16. November 1823 erfolgte eine Veränderung dieser Gemächer nach Entwürfen von Karl Friedrich Schinkel, nur das Arbeitszimmer Friedrichs des Großen blieb von den Umbaumaßnahmen verschont.

Schloss Sanssouci kam Friedrich Wilhelm (IV.) räumlich schon etwas näher, als ihm sein Vater zu Weihnachten 1825 das so genannte Büringsche Vorwerk südlich des Parks Sanssouci schenkte. Karl Friedrich Schinkel baute dieses Landhaus 1826 bis 1829 zu einem Schloss um, das nach dem Vornamen der ursprünglichen Besitzerin Charlottenhof hieß. Aber Sanssouci wurde nicht aus den Augen gelassen, und immer wieder erteilte Friedrich Wilhelm III. seinem Sohn und dessen Frau die Erlaubnis, dort wohnen dürfen. Die Akten verzeichnen fast jährliche Aufenthalte.[288] Das Kronprinzenpaar bezog stets die Gästezimmer des Schlosses. Als die Kaiserin von Russland, die Schwester Friedrich Wilhelms (IV.), 1838 zu Besuch kam, bewohnte sie auch die ehemaligen Räume Friedrichs des Großen. Wohl aus diesem Grund wurden die Aquarelle von Uchtomski nachträglich zur Erinnerung vom Konzertzimmer sowie vom Arbeits- und Schlafzimmer angefertigt (Abb. S. 65 oben).

Am 7. Juni 1840 starb Friedrich Wilhelm III. und Friedrich Wilhelm IV. bestieg den preußischen Thron. Nun konnte er endlich seinen Traum erfüllen und Schloss Sanssouci als seinen Sommersitz wählen. Bei seinen jährlichen Aufenthalten in der Kronprinzenzeit hatte er in den Gästeräumen gewohnt, die er auch jetzt zu seiner Wohnung bestimmte. Das Erste Gästezimmer war das Wohnzimmer des Königs, das Zweite das der Königin Elisabeth. Als gemeinsames Schlafzimmer diente das Dritte Gästezimmer und das Vierte, das so genannte Voltairezimmer, war das Toilettenzimmer der Königin. Wenn auch an den dortigen Dekorationen und dem friderizianischen Bilderschmuck wenig verändert wurde, so kamen doch zahlreiche Möbel, meist im Stil des Zweiten Rokoko, dazu, so dass die Zimmer mit den sich ansammelnden Erinnerungsstücken einen sehr vollen Eindruck hinterließen (Abb. S. 74–77).

*Friedrich Wilhelm IV., Schloss Sanssouci, östlicher Seitenflügel, 1836/40*

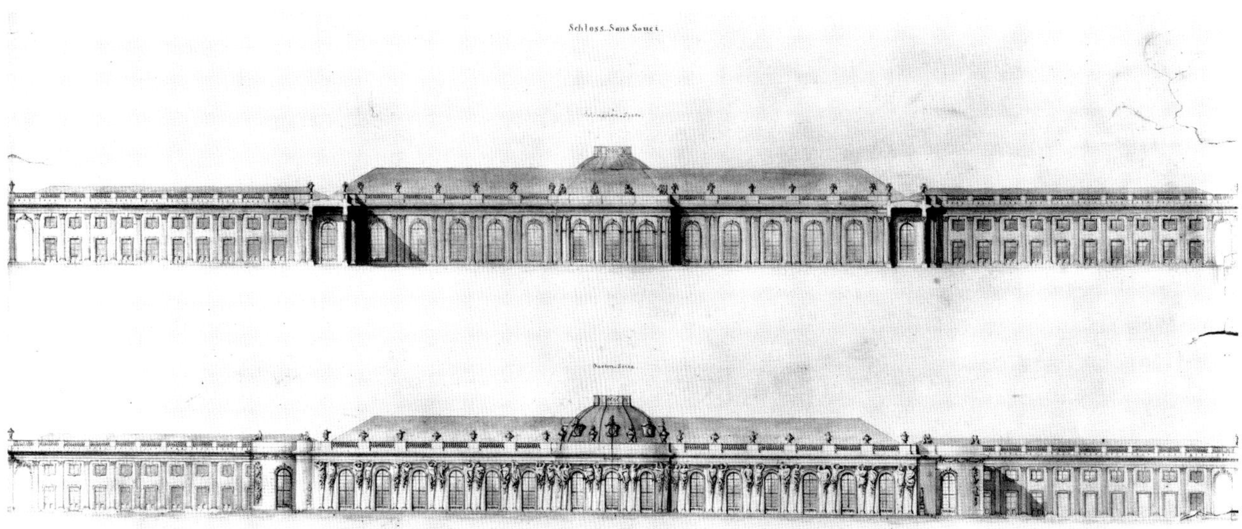

*Carl Hesse, Schloss Sanssouci, Aufriss der Hof- und Gartenfront, 1850 (SPSG, Plansammlung Nr. 45)*

Die wohl unter Friedrich Wilhelm III. recht sparsame Hofhaltung änderte sich nun zwangsläufig für den neuen König und die Königin. Friedrich der Große hat in seiner ersten Skizze zum Schloss schon die Nutzung der eingeschossigen Seitenflügel bestimmt. Im östlichen befanden sich die Zimmer für die Sekretäre und Bediensteten des Königs, außerdem noch die Wohnung für den Gärtner oder den Kastellan. Im westlichen Seitenflügel waren die Küche, daran anschließend die Stallung und am westlichen Ende eine Remise eingerichtet worden. Es ist heute schwer vorstellbar, dass Küche und Pferdestall nahezu nebeneinander lagen. Außerdem war es mühsam, die Speisen in den Marmorsaal oder ins Kleine Speisezimmer zu transportieren; man musste nämlich immer durch die Dienerräume der Gästezimmer oder aber direkt über den Ehrenhof gehen.

Da die Bausubstanz der Seitenflügel sehr schlecht war, wurde ein Um- oder Neubau notwendig. Vermutlich schon vor seiner Thronbesteigung hatte sich Kronprinz Friedrich Wilhelm (IV.) damit beschäftigt, diese Seitenflügel zu verän-

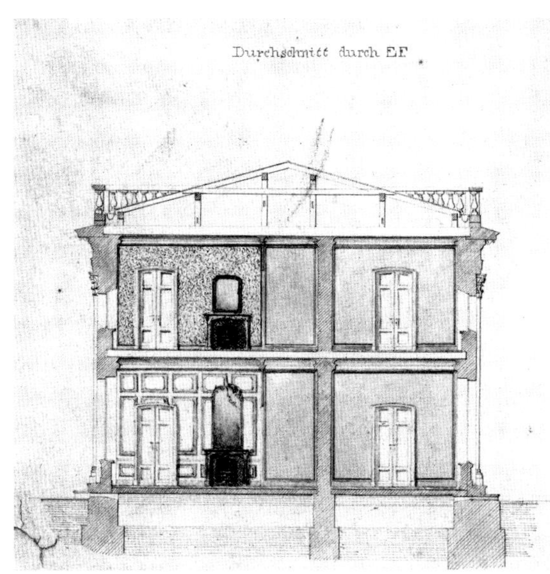


*Carl Hesse, Schloss Sanssouci, Querschnitt durch den Hofdamenflügel, 1850 (SPSG, Plansammlung, Nr. 43)*

*Carl Rauch, Schloss Sanssouci, »Traumzimmer«, um 1850 (Schloss Wolfgarten, Hessische Hausstiftung, Inv.-Nr. WO Alb 7/67)*

dern. Seine zwischen 1836 und 1840 entstandene Skizze zeigt den östlichen Flügel, der die Höhe des Hauptbaus aufnimmt und sehr zurückhaltend gegliedert ist (Abb. S. 82 oben). Sie war wohl auch die Grundlage für einen Entwurf von Ludwig Persius, dessen Ausführung Ferdinand von Arnim übernahm. In sehr geschickter, aber einfühlsamer Weise erhielten die Flügel durch Anderthalbgeschosse die Höhe des Hauptbaus, wurden jedoch gegenüber den alten Anbauten um zwei Achsen verlängert und endeten in einer offenen Halle (Abb. S. 82 Mitte). Durch eine flache Pilastergliederung und eine Ornamentik aus Zinkguss, die gesandelt wurde, ist die Verbindung zum eigentlichen Schloss hergestellt, und doch sieht man den Flügeln an, dass sie aus einer anderen Zeit stammen. Im westlichen Flügel, der wie auch der östliche 1841/42 errichtet wurde, sollten »fremde Damen und Kavaliere und deren Bedienung« aufgenommen werden. Im Sinne des 18. Jahrhunderts sind die Räume in beiden Etagen dieses Flügels nach dem Prinzip des »Appartement double« gegliedert, das heißt, die Schlaf- und Wohnräume der Gäste liegen nach Süden, während die Dienerräume im Norden angelegt sind (Abb. S. 82 unten). Friedrich Wilhelm IV. legte großen Wert darauf, dass die Räume in einem »einfachen Rococo Styl« ausgestaltet wurden. Doch ein Zimmer nimmt eine besondere Stellung ein, das so genannte »Traumzimmer« am östlichen Ende dieses Flügels. Ursprünglich hatte Persius dafür einen Entwurf mit einer einfacheren Boiserie angefertigt, den Friedrich Wilhelm IV. jedoch ablehnte und der dann im Zimmer darüber im Obergeschoss Verwendung fand. Am 10. Mai 1847 war Persius beim König. Dieser verlangte eine »wesentliche Änderung des grünboisierten Zimmers«; während des Gesprächs bemerkte er zu Persius: »Sie wissen, daß ich einmal von der Ausstattung dieses Zimmers geträumt habe u. deshalb wollen wir die Sache durchsetzen.« Nach den Wünschen des Königs ist das Zimmer schließlich auch gestaltet worden (Abb. S. 83). Das »Traumzimmer« besitzt eine auffallende Ähnlichkeit mit der grün boisierten Kammer im Alten Schloss in Charlottenburg, die sich Friedrich kurz nach 1740 einrichten ließ und die Friedrich Wilhelm IV. als Teezimmer nutzte (Abb. S. 20 rechts). Es zeigt eine Annäherung an den frühen friderizianischen Stil, den Friedrich Wilhelm IV. auch bei den anderen Räumen des Damenflügels in Sanssouci bevorzugte.[289]

Schon in den 1920er Jahren wurden die Räume des Damenflügels dem Publikum gezeigt. Nach unterschiedlicher Nutzung ab 1945 konnten sie in den 1970er Jahren restauriert und mit entsprechenden Möbeln und Einrichtungsgegenständen 1981 als Museum des »Zweiten Rokoko« wieder eröffnet werden.

*Robert Bußler nach Joseph Stieler, Friedrich Wilhelm IV. von Preußen, 1843 (SPSG, GK I 12036)*

*Robert Bußler nach Joseph Stieler, Königin Elisabeth von Preußen, 1843 (SPSG, GK I 12035)*

Die Schlossküche wurde nun im östlichen Seitenflügel eingerichtet. Da dieser Flügel unterkellert wurde – oder bereits im 18. Jahrhundert schon teilweise war –, konnten hier besondere Räumlichkeiten, wie der Weinkeller, die Lampenkammer, die Konditorei und ein Raum für die Eiszubereitung, untergebracht werden. Im Erdgeschoss gab es neben der großen Küche eine Kaffeeküche, eine Kaffeetierstube, eine Backkammer, eine Küchenmeisterstube sowie ein kleines Speisezimmer. Außerdem wurde eine Porzellan- und Silberkammer eingerichtet. Im Obergeschoss, das durch einen Mittelgang geteilt ist, befanden sich die Zimmer für die Bediensteten, den Küchenmeister sowie den Haushofmeister. Auch vom östlichen Flügel war der Weg zur Tafel in der Mitte des Schlosses nicht sehr bequem, denn man musste entweder durch die Kleine Galerie oder durch die königlichen Wohnräume gehen.

Friedrich Wilhelm IV. bewohnte in den Sommermonaten Schloss Sanssouci, im Winter zog man in das Schloss Charlottenburg. Als sich sein Gesundheitszustand im Laufe der Zeit verschlechterte, übertrug er 1857 die Regentschaft seinem Bruder Wilhelm. Auch Reisen nach Italien von Oktober 1858 bis März 1859 verbesserten seinen labilen Zustand kaum. Am 2. Januar 1861 starb Friedrich Wilhelm IV. im Ersten Gästezimmer des Schlosses Sanssouci. Der Sarg wurde im Arbeits- und Schlafzimmer Friedrichs des Großen aufgebahrt und am 7. Januar in der Gruft der Friedenskirche beigesetzt. Die Königinwitwe Elisabeth erhielt gemäß des Testaments Friedrich Wilhelms IV. die Schlösser Sanssouci, Charlottenburg und Schönhausen; Schloss Stolzenfels hatte er ihr schon zu Lebzeiten geschenkt. Nach wie vor bewohnte Elisabeth in den Sommermonaten Schloss Sanssouci. Sie starb am 14. Dezember 1873 in Dresden, wo sie ihre Schwester Amalie besucht hatte. Der Sarg wurde wie schon der Friedrich Wilhelms IV. im Arbeits- und Schlafzimmer Friedrichs des Großen in Sanssouci aufgebahrt und am 20. Dezember neben ihrem Mann in der Friedenskirche von Sanssouci beigesetzt.

Mit dem Tod der Königin Elisabeth neigte sich eine Ära dem Ende zu. Zwei Königen hatte Schloss Sanssouci als ein Refugium für ihre baukünstlerischen Vorstellungen und Träume gedient. Der Name des Schlosses war für Friedrich den Großen auch ein Motto für seine private Lebenshaltung gewesen. Friedrich Wilhelm IV. hatte sich seit seiner frühesten Jugend mit diesem König und seinem Schloss verbunden gefühlt und letztlich auch mit dem Einzug in Sanssouci die räumliche Annäherung an seinen Vorfahren gesucht. In die großen Fußstapfen seines Urgroßonkels konnte er allerdings nicht treten, wie eine zeitgenössische Karikatur aus dem Jahre 1843 zeigt.[290] Friedrich Wilhelm IV. hat aber ihn lebenslang verehrt, wohl auch darum wissend, dass er dessen Geistesgröße und Regierungstalent nie erreichen würde. »Ich bin keine großer Regent« hat er einmal gesagt, und in Bezug auf Friedrich den Großen sei er in jeder Hinsicht ein warnendes Gegenbeispiel, »nur in einem bin ich ihm über: Ich habe eine bessere Handschrift«.[291] Nach dem Tode der Königin Elisabeth wurde das Schloss Sanssouci nicht mehr bewohnt und nur noch museal genutzt.

# Grundriss des Schlosses Sanssouci

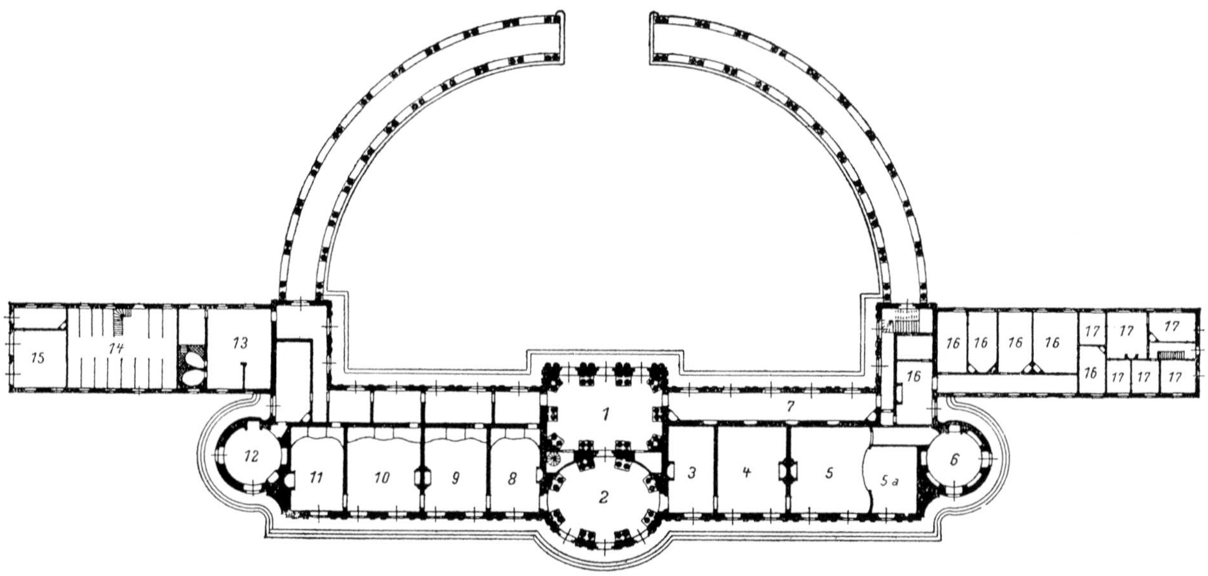


**A. Bau Friedrichs des Großen**

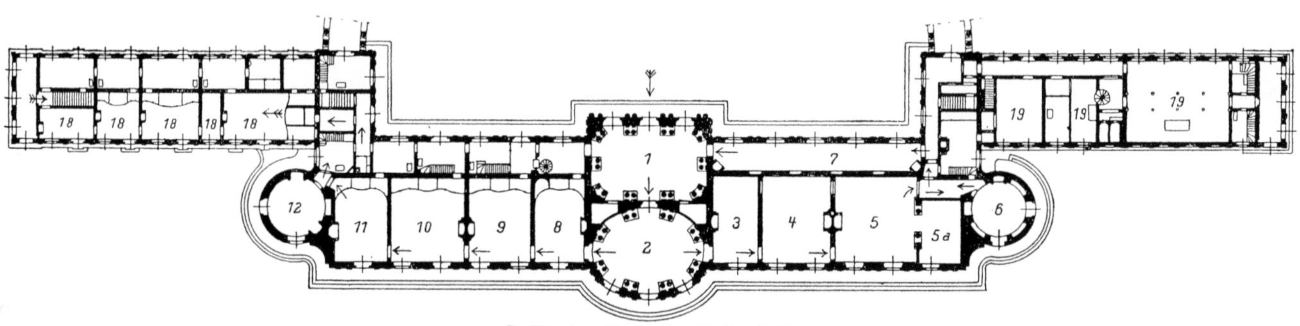


**B. Heutiger Zustand — Erdgeschoß**

*In beiden Grundrissen*
*1 Vestibül*
*2 Marmorsaal*

*Wohnung Friedrichs des Großen (3–7)*
*3 Vor- (Audienz-) Zimmer*
*4 Konzertzimmer*
*5 Schlaf- und Arbeitszimmer mit Alkoven 5a*
*6 Bibliothek*
*7 Kleine Galerie*

*Gästezimmer (8–12)*
*8 1. (blaues) Kavalierzimmer*
*9 2. (blauweißes) Kavalierzimmer*
*10 3. (rotweißes) Kavalierzimmer*
*11 Voltairezimmer*
*12 Rothenburgzimmer*

*In Grundriss A*
*13 Küche*
*14 Stallung*
*15 Remise*
*16 Zimmer für Sekretäre und Bedienstete*
*17 Wohnung für Gärtner oder Kastellan*

*In Grundriss B*
*18 Kavalier- und Damenzimmer Friedrich Wilhelms IV.*
*19 Wirtschaftsräume und Küche*

1 Instruktion Friedrich Wilhelms I. an die Aufseher in Küstrin. In: »Allergenädigster Vater.«, Dokumente aus der Jugendzeit Friedrichs II., herausgegeben von Frank Schumann, Berlin 1986, S. 60.
2 Max Hein: Friedrich der Große. Ein Bild seines Lebens und Schaffens, Berlin 1916, S. 27.
3 Hein, S. 28.
4 Hein, S. 29.
5 Vgl. Anm. 1, S. 66.
6 Hein, S. 33.
7 Friedrich Nicolai: Anekdoten von König Friedrich II. von Preußen, Bd. VI, Berlin 1792, S. 194.
8 Vgl. Anm. 6.
9 Hein, S. 34.
10 Vgl. Anm. 9.
11 Hein, S. 36.
12 Vgl. Anm. 11.
13 Vgl. Anm. 11.
14 Hans Bentzien: Nur in Rheinsberg bin ich glücklich gewesen. Kronprinz Friedrich in Küstrin, Ruppin und Rheinsberg, Berlin/Bonn 2001, S. 23.
15 Dokumente aus der Jugendzeit Friedrichs II., S. 96.
16 Vgl. Anm. 15, S. 97.
17 Bentzien, S. 26.
18 Vgl. Anm. 15.
19 Das Palais blieb bis zu Beginn des 20. Jahrhunderts der Sitz des jeweiligen Kronprinzen. Allerdings wurde es 1857 durch Johann Heinrich Strack für den Kronprinzen Friedrich Wilhelm, den späteren Kaiser Friedrich III., umgebaut. Nach 1918 diente es einer Abteilung der Nationalgalerie als Ausstellungshaus. Im Zweiten Weltkrieg wurde es zerstört, die Ruine abgetragen und 1968/69 nach einem Entwurf von Richard Paulick im Strackschen Sinne wieder aufgebaut. Borrmann, S. 311–313; Seidel, Hohenzollern-Jahrbuch, 11, 1907, S. 206–211; Krieger 1923, S. 108–111; Mertens, S. 97–99, 416–426.
20 Seidel, Hohenzollern-Jahrbuch, 11, 1907, S. 209 (dort in Französisch).
21 Briefe Friedrichs des Großen, 1. Bd., S. 24.
22 Bartelt, S.7; das Haus ist bei dem Brand der Stadt Neuruppin am 26. August 1787 vernichtet worden.
23 Bittkau, S. 111.
24 Richter, S. 21f.
25 Becher, S. 63.
26 Kühn, Gärten, S. 35.
27 Kühn, Gärten, S. 33; Streichhan, S. 27 und Kat. der Bauzeichn. Nr. 46; Weibelzahl, S. 69–75; Ausst. Kat. Knobelsdorff, 1999, Kat.-Nr. V.1 (S. 226), Abb. S. 22. Eggeling datiert dort die Zeichnung im Kat.-Text »um 1734«, in den »Biographischen Daten zu Knobelsdorff« allerdings schon 1732 (S. 296); Rahn, S. 8, 61–63, Abb. 16–17.
28 Vgl. Anm. 27 (Kühn).
29 Bittkau, S. 112.
30 Ausst.-Kat. Knobelsdorff, 1999, Kat.-Nr. I.11 (S. 177) m. Abb.
31 Streichhan, S. 27; Ausst.-Kat. Knobelsdorff, 1999, Kat.-Nr. V.1 (S. 226).
32 Siehe Anm. 27; Drescher/Badstübner-Gröger, S. 164–166.
33 Ausst.-Kat. Knobelsdorff, 1999, Kat.-Nr. IV 29 u. 30, V.1, Abb. S. 22, 23 (mit Literaturangabe).
34 Metzler, S. 131–134; Reinisch, S. 68–70.
35 Vgl. Anm. 32.
36 Petersdorff, S. 44.
37 Hennert, S. 6, Anm. c.; Kadatz (S. 51) schreibt: »Im März 1733 erklärte sich Friedrich Wilhelm I. bereit, die ›Herrschaft Rheinsberg‹ für seinen Sohn anzukaufen.« Für diesen frühen Zeitpunkt gibt es bei Kadatz keinen Nachweis. In der Rheinsberg-Literatur ist dieses frühe Datum bisher nicht bekannt.
38 Teßner, S. 40.
39 Briefe Friedrichs des Großen, Bd. I, S. 83.
40 Vgl. Anm. 39.
41 Ausst.-Kat. Friedrich der Große, 1992, Kat.-Nr. 39 (S. 120–121); Ausst.-Kat. Knobelsdorff, 1999, Kat.-Nr. I. 5, Abb. S. 24.
42 Hennert, S. 7.
43 Hennert, S. 9.
44 Eggeling 1979, S. 66.
45 Boeck, S. 40–43; Kubsch, S. 43/44; Eggeling, S. 63, Abb. 4 und 5.
46 Hennert, S. 6/7.
47 Hennert, S. 7.
48 Brief zitiert bei Eggeling 1979, S. 80, Anm. 15.
49 Briefwechsel Friedrich/Wilhelmine, 2003, S. 143.
50 Vgl. Anm. 49.
51 Brief Friedrichs des Großen, Bd. I, S. 97.
52 Petersdorff, S. 60.
53 Brief vom 10. August 1737, wie Anm. 49.
54 Wie Anm. 49, S. 128.
55 Köllmann, S. 36–44.
56 Badstübner-Gröger, S. 115–171; Eggeling, S. 67–70.
57 Werke Friedrichs des Großen, Bd. 10, S. 29–31. Das Gemälde befindet sich heute im Schreibkabinett der Wohnung des Prinzen Heinrich im Schloss Rheinsberg (R. 33); Führer Schloss Rheinsberg, 2004, S. 31 mit Raumabb.
58 Berkenhagen u. a., S. 54–57, 210/11 (Nr. 530 a-e), Abb. 128–133.
59 Wir folgen den Forschungen von Eggeling 2002, S. 71–82. Dort auch die ältere Literatur angegeben.
60 Zum ersten Mal veröffentlicht von Claudia Sommer 1996, S. 31–40.
61 Vgl. Eggeling 2003, S. 72, Anm. 174.
62 Eggeling 2003, S. 73.
63 Seidel 1924, S. 31; Sommer, S. 37.
64 Vgl. Anm. 49, S. 143.
65 Vgl. Anm. 28.
66 Die geschnitzten und vergoldeten Trophäen an den Spiegelflächen und über den Fenstern des Rittersaales sind seit 1945 verschollen.
67 Des Freiherrn von Bielfeld freundschaftliche Briefe nebst einigen anderen. Erster Theil. Zweyte durchaus verbesserte und vermehrte Auflage. Danzig und Leipzig 1770, S. 70/71 (Achter Brief vom 30. Oktober 1739).
68 Kühn 1939, S. 39, Abb. S. 41.
69 Vgl. dazu und zur Auffindung der Zeichnung Friedrichs zum Bacchustempel Giersberg 1999, S. 143–149.
70 Ausst.-Kat. Rheinsberg. Eine märkische Residenz des 18. Jahrhunderts, Potsdam-Sanssouci 1985, S. 4.
71 Vgl. Die Rheinsberger Hofkapelle von Friedrich II. Musiker auf dem Weg zum Berliner »Capell-Bedienten«, Rheinsberg 1995.
72 Ausst.-Kat. Knobelsdorff, 1999, S. 29.
73 Zitat bei Eggeling 1978, S. 5.
74 Aquarell von Friedericke Meinert (143, R. 212) und Paul Graeb (1875, R. 213) in SPSG, Plankammer Charlottenburg. Abb. bei Eggeling 1978, S. 9 und 10, Foto vom Teezimmer (R. 211) im Inventurband Charlottenburg, 1970, Tafelband, Abb. 282, 283.
75 Kühn 1939, S. 65, Anm. 22;Eggeling 1978, S. 13.
76 Kühn 1970, Textband, S. 101; Eggeling 1978, S. 16, Abb. 6; ders. 2002, S. 100–101, 229 (Nr. 18), Abb. 78. Die Zeichnung Knobelsdorffs befindet sich in Berlin, SMPK, Kunstbibliothek 4113 im Kasten 3058.

77 Kühn 1970, Textband, S. 110–121, Tafelband, Abb. 576–663; Eggeling 1978, S. 19–44; Baer, S. 47–53; Amtl. Führer, 2002, S. 193–227. Der Neue Flügel brannte beim Bombenangriff im November 1943, abgesehen von einigen Räumen im Osten, vollständig aus. Der Aufbau begann bald nach 1945, die Rekonstruktion der einzelnen Räume zog sich bis in die 1990er Jahre hin. Vgl.: Ein Schloß in Trümmern, Charlottenburg im November 1943, Berlin 1993; Amtl. Führer, 2002, S. 50–57.

78 Abb. bei Kühn 1955, Abb. 93–95; dies. 1970, Tafelband Nr. 576–581; Kühn 1955, Abb. 93–95; Eggeling 1978, S. 20/21, Abb. 9. u. 10.

79 Vgl. Anm. 56.

80 Kühn 1970, Textband, S. 111; Eggeling 1978, S. 52, Anm. 17.

81 Eggeling 1978, S. 24–29, Abb. 16, 17.

82 Kreikenbom, S. 51. Die originalen Büsten kamen 1829 ins Königliche Museum und sind in Charlottenburg durch Gipsabgüsse ersetzt.

83 Baer 1975, S. 129/130; Giersberg 1993, S. 63.

84 Eggeling 1978, S. 41/43, Abb. 31, 32.

85 Eggeling 1978, S. 41.

86 Zitat bei Seidel 1899, S. 127.

87 Briefe Friedrichs des Großen, 1914, Bd. I, S. 209.

88 Kühn 1955, S. 70–72; Kühn 1970, Textband S. 121–124; Eggeling 1978, S. 44–50.

89 Ausst.-Kat. Watteau 1684–1721, Berlin 1985, Kat.-Nr. 73, S. 447–458.

90 Helmut Börsch-Supan: Antoine Watteaus Embarquement im Schloß Charlottenburg (Aus Berliner Schlösser, Kleine Schriften VIII) Berlin 1983. Dort auch über die Geschichte der Standorte, Ausst.-Kat. Watteau 1984, Kat.-Nr. 62, S. 406–411.

91 Der Saal brannte 1943 völlig aus und wurde bis 1973, mit Ausnahme des Deckenbildes, wieder hergestellt. In Ermangelung notwendiger Unterlagen schuf der Maler Hann Trier eine Paraphrase in zeitgenössischen Formen. Vgl. Kühn 1955, S. 61–63; Kühn 1970, Textband S. 105–107, Tafelband Abb. 468–491; Martin Sperlich/Helmut Börsch-Supan/Tilo Eggeling: Der Weiße Saal und die Goldene Galerie im Schloß Charlottenburg, Berlin 1973 (Aus Berliner Schlösser, Kleine Schriften I).

92 Ausst.-Kat. Knobelsdorff, 1999, S. 13; Eggeling 2003, S. 157 ff. (dort auch ältere Literatur).

93 Die Galerie brannte 1943 nahezu vollständig aus und wurde von 1961 bis 1973 rekonstruiert. Vgl. Kühn 1955, S. 63–65; Kühn 1970, Textband S. 107–109, Tafelband Abb. 492–575; siehe Anm. 91 Eggeling, S. 24–39; Eggeling 2003, S. 167–213 (dort auch die gesamte Literatur).

94 Nicolai 1786, II, S. 869–871; Albert Geyer: Die Historischen Wohnräume im Berliner Schloß, Berlin 1926, S. 13–29; Die Historischen Wohnräume im Berliner Schloß, Berlin 1935, S. 18–35; Bleibaum, S. 76–78, Abb. 26; Eggeling: Die Wohnung Friedrichs des Großen. In: Gerd Peschken/Hans Werner Klünner, Das Berliner Schloß, Berlin 1982, S. 69–73, Abb. 240, 241; Albert Geyer: Geschichte des Schlosses zu Berlin, Bd. 2; Vom Königsschloß zum Schloß des Kaisers (1698–1918), bearbeitet von Sepp-Gustav Gröschel, Berlin 1992, S. 31–33.

95 Seidel 1904, S. 160; ders. 1926, S. 86; Bleibaum, S. 58.

96 Bleibaum, S. 53/54.

97 Manger, S. 28/29.

98 Giersberg 1998, S. 55–88 mit Literaturverzeichnis.

99 Eggeling, Ausst.-Kat. 1993, S. 82.

100 Giersberg 1998, S. 121, Farbabb. 9. Das Zimmer ist 1801/02 unter Friedrich Wilhelm III. zur »Blauen Paradekammer« umgestaltet worden.

101 Nicolai 1786, III, S. 1144.

102 Ausst.-Kat. Prinz Heinrich, 2002, Kat.-Nr. VI. 52, VI. 53 (mit ausführlicher Literatur).

103 Zitat bei Giersberg 1986, S. 19.

104 Kurth, S. 15.

105 Eckardt 1964, S. 156.

106 Vgl. Anm. 105.

107 Detlef Karg: Die Entwicklungsgeschichte von der Terrassenanlage und dem Schloß Sanssouci, Potsdam-Sanssouci 1980 (2. Aufl. 1994).

108 Manger, S. 35.

109 Manger, S. 36.

110 Bielfeld 1770, S. 252.

111 Friedrich II./Algarotti, Briefe, S. 35, Brief 26.

112 Eckardt 1964, S. 156.

113 Karg 1980, S. 8.

114 Manger, S. 504; Karg, S. 9/10.

115 Giersberg/Krüger 1992, S. 13.

116 Volz, S. 18.

117 Vgl. Anm. 115, S. 44.

118 Vgl. Anm. 115, S. 47. Der König wurde nach seinem Tode 1786 nicht in der Gruft auf der oberen Terrasse des Schlosses Sanssouci, sondern neben seinem Vater in der Potsdamer Garnisonkirche bestattet. Nach einer Odyssee der beiden Särge zwischen 1945 und 1952 wurden sie auf die Burg Hohenzollern gebracht. 1991, 205 Jahre nach seinem Tode, fand der König endlich seine gewünschte Ruhe in der Gruft in Sanssouci. Da die Garnisonkirche zerstört war, wurde der Sarg Friedrich Wilhelms I. im Mausoleum Kaiser Friedrichs III. an der Friedenskirche im Park von Sanssouci aufgestellt. Vgl. Hans Bentzien: Die Heimkehr der Preußenkönige, Berlin 1991; Giersberg/Krüger 1999.

119 Volz, S. 27.

120 Manger, S. 50.

121 Rahn 2000, S. 55.

122 Zitat bei Backschat 1916, S. 100.

123 Vgl. Anm. 122, S. 100/101.

124 Mielke 1981, S. 61.

125 Vgl. Anm. 124.

126 Manger, S. 52.

127 Manger, S. 63.

128 Riehl, S. 235.

129 Eckert, S. 39.

130 Vgl. Anm. 129, S. 40.

131 Vgl. Anm. 129, S. 41/42.

132 Vgl. Anm. 129, S. 42.

133 Vgl. Anm. 129, S. 40.

134 Potsdamer Schlösser in Geschichte und Kunst, S. 41.

135 Riehl, S. 236.

136 Vgl. Anm. 135.

137 Riehl, S. 237.

138 Riehl, S. 237.

139 Manger, S. 50.

140 Vgl. Anm. 139.

141 Manger, S. 618.

142 Ausst.-Kat. Knobelsdorff, 1999, S. 182–186.

143 Giersberg 1986, S. 103.

144 Streichhan, S. 22.

145 Manger, S. 616/617.

146 Kühn, Gärten, 1939, S. 67, Anm. 57.

147 Ausst.-Kat. Knobelsdorff, 1999, S. 14.

148 Giersberg 1986, Abb. S. 80, S. 90/91, S. 316/317, mit der gesamten Literatur zu den Zeichnungen, die seit 1945 verschollen sind.
149 De Catt, S. 54 und 133.
150 Eckardt, S. 43.
151 Giersberg 1986, S. 248 (mit Abb.), S. 319.
152 Mielke 1981, S. 61/62.
153 Hübner, S. 68–70; Streichhahn, S. 51–57, Anm. 216 (alle Sanssouci-Pläne genannt), S. 92, Abb. 21.
154 Ausst.-Kat. Knobelsdorff, 1999, S. 237 (Kat. Nr. V.12) m. Abb. (mit Literaturangaben).
155 Vgl. Anm. 154.
156 Hübner, S. 69; Ausst.-Kat. Königliche Visionen, 2003, S. 188 m. Abb.
157 Manger, S. 67; Bauten und Bildwerke im Park Sanssouci, Potsdam 2000, S. 125, 129/30, mit Literaturangaben. Hölzerne Treillagesalon und westlicher Laubengang 1770/71 bzw. 1775/76 in Eisenkonstruktion ersetzt.
158 Stephanie Gerlach: Der Betende Knabe, Berlin 2000.
159 Kaddatz 1983, S. 221–227, mit Abbildung der Pläne Knobelsdorffs; Ausst.-Kat. Knobelsdorff, 1999, S. 240–242 m. Abb.
160 Drescher/Badstübner-Gröger, S. 150–160; Ausst.-Kat. Knobelsdorff, 1999, S. 112.
161 Hünecke, in: Ausst.-Kat. Knobelsdorff, 1999, S. 119–126.
162 Jean-Marie Pérouse de Montclos/Robert Polidori: Versailles, Köln 1996, S. 186–191, Zitat S. 189; Dorst, S. 15–21.
163 Dorst, S. 17, Abb. S. 18 mit weiteren Beispielen, die aber diesen flachen Architekturtyp abwandeln. Auf die Verbindung zum Palais Bourbon hat schon Streichhan (S. 53) hingewiesen; Krause, S. 302–317.
164 Ausst.-Kat. Knobelsdorff, 1999, S. 12.
165 Bleibaum, S. 104; Köllmann, S. 57–64, 120. Der Meinung Bleibaums schließt sich auch Kurth (S. 30) an.
166 Streichhan, S. 54, 88, 92 (Nr. 69); Kurth, S. 28, Abb. 7.
167 Matthias Daniel Pöppelmann, der Architekt des Dresdner Zwingers. Hrsg. von Harald Marx, Leipzig 1990, S. 24ff.; Giersberg 1999, S. 145.
168 Kühn 1939, S. 14, Abb. S. 41.
169 Vgl. Giersberg 1999, S. 143–149.
170 Giersberg, Stadschloß 1998, Abb. S. 119, 191.
171 Köllmann, S. 103 und 125; Drescher/Badstübner 1991, S. 113–119 m. Abb. der Pläne von Johann Christian Hoppenhaupt d. J. aus dem Jahre 1766.
172 Kupferstich von Johann David Schleuen um 1750. Abgebildet bei: Hans Reuter: Barock in Berlin, Berlin 1969, S. 89, Abb. 12c.
173 GSTA PK Berlin HA Rep. 14F, Potsdam Nr. 7, 1746.
174 Streichhan, S. 80, 92.
175 Ausst.-Kat. Knobelsdorff, 1999, S. 12.
176 Montclos/Polidori, Abb. S. 113.
177 Drescher/Badstübner 1991, S. 82–85, Abb. 72 u. 73.
178 Volz, S. 48.
179 Ausst.-Kat. Knobelsdorff, 1999, S. 13.
180 Streichhan, S. 92, Katalog der Bauzeichnungen, Nr. 59, 60, 63, 64.
181 Hübner, S. 36/37; Krause, S. 266–270, Abb. 285, 286.
182 SPSG, Skizzenbuch Knobelsdorff, Nr. 3827, S. 239.
183 GSTA Berlin, HA REP 14F. Potsdam Nr. 107, 20, 10, Rechnungen vom Aechten Marmorsalon in Sanssouci, Anno 1747; Manger, S. 75–77; Hübner, S. 36–38.
184 Volz, S. 38; Kat. Schloß Sanssouci, 1996, S. 37 mit Verzeichnis der älteren Literatur.
185 Oesterreich 1773, S. 60; Nicolai 1779, II, S. 915.
186 Thiebault, II, S. 267/68.
187 Brief Voltaires an den Marquis de Thibouville vom 24. Oktober 1750. In: Friedrich der Große im Spiegel seiner Zeit, S. 236.
188 Nicolai, Anekdoten (1789), 2. Heft, S. 317/18.
189 Seidel 1924, S. 110.
190 Briefe Friedrichs des Großen an August Wilhelm, S. 198.
191 Briefe Friedrichs des Großen und Wilhelmine, Bd. I, S. 174.
192 Markgräfin Wilhelmine von Bayreuth und ihre Welt. Ausst.-Kat., S. 81, Nr. 216. Die Zeichnungen waren in Bayreuth nicht zu ermitteln. Freundliche Mitteilung von Herrn Prof. Dr. K. Parlasca, Frankfurt/Main.
193 Briefe Friedrichs des Großen und Wilhelmine, Bd. II, S. 319.
194 Hübner, S. 39.
195 Ausst.-Kat. Adolph Menzel, Berlin 1980, S. 298–299, Abb. S. 139; Gesold Lammel: Adolph Menzel, Friderizianer und Wilhelmianer, Dresden 1988, S. 32 f. m. Abb.; Ausst.-Kat. Adolph Menzel, 1850–1905. Das Labyrinth der Wirklichkeit. Hrsg. von Claude Keisch und Marie Ursula Riemann-Reyher, Berlin 1997; Hubertus Kohle: Adolph Menzels Friedrich Bilder. Theorie und Praxis der Geschichtsmalerei im Berlin der 1850er Jahre, München/Berlin 2001, S. 71–75, Abb. 35–40.
196 Vgl. Speiseplan vom 8. Juni 1752, Abb. in: Potsdamer Schlösser in Geschichte und Kunst, S. 51.
197 Kurth 1962, S. 123.
198 Volz, S. 93.
199 Büsching, S. 12.
200 Vgl. Abb. 39.
201 Manger, S. 50.
202 Seidel 1915, S. 165.
203 Hübner, S. 41.
204 Staatliche Museen Preußischer Kulturbesitz, Kunstbibliothek Berlin, Architektenzeichnungen 1479 bis 1979. Ausgewählt und bearbeitet von Ekhart Berckenhagen, Berlin 1979, S. 97/98, Abb. 124, dort auch die gesamte Literatur zu der Zeichnung.
205 Manger, S. 64.
206 Hübner, S. 44.
207 Ausst.-Kat. Bau- und Gartenkunst, 1993, Kat.-Nr. I.85, S. 101/102; Eggeling $^{2}$2003, Anm. 341.
208 Ausst.-Kat. Bau- und Gartenkunst, 1993, Kat.-Nr. I.86, S. 103; Eggeling, $^{2}$2003, Anm. 341.
209 Hübner, S. 44.
210 Briefwechsel Friedrich der Große mit seinem Bruder August Wilhelm. Hrsg. von G. B. Volz, Leipzig o. J., S. 99.
211 Berckenhagen, Antoine Pesne, S. 199/200.
212 Vgl. Abb. S. 36.
213 Hübner, S. 44.
214 Büsching 1788, S. 26.
215 Lammel 1988, S. 45, Abb. 33.
216 Seidel 1905, S. 159; Hübner, S. 45, verzeichnet das Instrument aufgrund der Inventare von 1796, 1825 und 1845 in den Neuen Kammern.
217 Lammel 1988, S. 43–47; Ausst.-Kat. Adolph Menzel, 1908, Kat.-Nr. XI, S. 299/300; Ausst.-Kat. Menzel, 1997, Kat.-Nr. 56, S. 147–50; Kohle, S. 70–80, Abb. Tafel 4 und 42, 43.
218 Ausst.-Kat. Menzel, 1980, S. 300.
219 Hans Kania: Das Sanktoarium von Schloß Sanssouci, in: Potsdamer Tageszeitung, 9.2.1920.
220 Seidel 1915, S. 162.
221 Hübner, S. 48.
222 Siehe Potsdamer Tageszeitung vom 9.2.1920.

223 Bleibaum, S. 85.
224 Nicolai, Nachrichten, 1786, S. 151.
225 Zitat bei Hübner, S. 34.
226 Hübner, S. 49.
227 Bleibaum, S. 85.
228 Seidel 1915, S. 164.
229 Vgl. auch Seidel 1911, S. 230/231.
230 Zitat bei Seidel 1915, S. 146/149.
231 Manger, S. 319.
232 Manger, S. 780.
233 Alle Angaben zum Tod des Königs und seiner Bestattung in der Garnisonkirche bei Giersberg/Krüger, S. 48f. mit einschlägiger Literatur.
234 Zitat bei Giersberg/Krüger, S. 50.
235 Harksen, S. 39–41; Schendel, S. 42–54.
236 Seidel 1915, S. 160.
237 Heinz Schönemann: Ein frühes Denkmal für Friedrich den Großen, in: Kulturbauten und Denkmalpflege, H. 2, Potsdam – Ein Kunst- und Kulturdenkmal, 1991, S. 32–37, Zitat S. 35.
238 Beide Zitate im Ausst.-Kat. Friedrich Wilhelm II., 1997, S. 214.
239 Schendel 1986, S. 42.
240 Seidel 1915, S. 151.
241 Schönemann 1991, S. 36.
242 Vgl. Ausst.-Kat. Friedrich Wilhelm II., 1997, S. 217–220.
243 Nicolai 1786, III, S. 1215.
244 Hübner, S. 53.
245 Bleibaum, S. 78–82.
246 Eggeling, S. 142–156, Zitat S. 144.
247 Kurth, S. 169/70.
248 Diese und weitere Zitate bei Giersberg, Die Schloßbibliotheken Friedrich II., S. 61–67.
249 Bogdan Krieger: Die Berliner Schloßbibliotheken, MS, o. J.; im Schloss Charlottenburg.
250 Kurth, S. 138.
251 Nicolai, 1786, III, S. 1145. Zu der Kleinen Galerie im Potsdamer Stadtschloss und zu den Zeichnungen eines unbekannten Meisters vgl. Ausst.-Kat. 1993, S. 88–94 (Eggeling).
252 Weitere Abbildungen vgl. Eggeling.
253 Bleibaum, S. 85/86; Kurth, S. 114.
254 Kreikenbom, S. 47.
255 Briefe Friedrichs des Großen, Bd. 1, S. 299/300.
256 Kreikenbom, S. 51.
257 Oesterreich 1773, S. 63.
258 Mielke, Potsdamer Baukunst, S. 64; Hansmann, S. 221.
259 Seidel 1915, S. 166.
260 Rechnung von Gerard und Michelet vom Mai 1747. Vgl. Hübner, S. 59.
261 Eckardt 1961, S. 44.
262 SPSG, Plankammer, Akte Sanssouci, Nr. 8 1798–1825, S. 35.
263 Amtl. Führer, Schloss Sanssouci, 1996, S. 136
264 Oesterreich 1773, S. 68.
265 Hintze, S. 19.
266 Friedrich der Große im Spiegel seiner Zeit, Bd. I, S. 234.
267 Zitat bei Seidel 1915, S. 154.
268 Volz, S. 40, nennt vielleicht einen nochmaligen Aufenthalt im Juli 1752 Voltaires in Sanssouci, vermutlich ist aber der im Jahr zuvor gemeint.
269 Seidel 1915, S. 166; Hübner, S. 65.
270 Hübner, S. 65.
271 Manger, S. 144.
272 Hübner, S. 65.
273 Amtlicher Führer, Schloss Sanssouci, 1996, Abb. S. 24.
274 Oesterreich 1773, S. 71.
275 Seidel 1915, S. 166.
276 Seidel 1915, S. 160.
277 Königin Luise von Preußen, Briefe und Aufzeichnungen, 1786–1810, München/Berlin 1985, S. 164.
278 Zitat bei Scholz, S. 17.
279 Petersdorff, Abb. S. 562.
280 Vgl. Anm. 3.
281 Ausst.-Kat. Friedrich Wilhelm IV., 1995, S. 8.
282 Ostmann, S. 83.
283 Französische Original bei Sello, 1888, S. 421/22, deutsche Übersetzung bei Scholz, S. 60, Anh. Nr. 9.
284 Ostmann, S. 83.
285 Ostmann, S. 84.
286 Schadow, Bd. 1, S. 77, Bd. 2, S. 488.
287 Das Bild war in den 1990er Jahren auf dem internationalen Kunstmarkt angeboten worden, konnte aber wegen der hohen Kaufsumme nicht zurück erworben werden.
288 Scholz, S. 23–25.
289 Ausst.-Kat. Friedrich Wilhelm IV., 1995, S. 326/27; Ausst.-Kat. Persius, 2003, S. 114/15.
290 Barclay, Abb. S. 181.
291 Ausst.-Kat. Friedrich Wilhelm IV., 1995, S. 9.

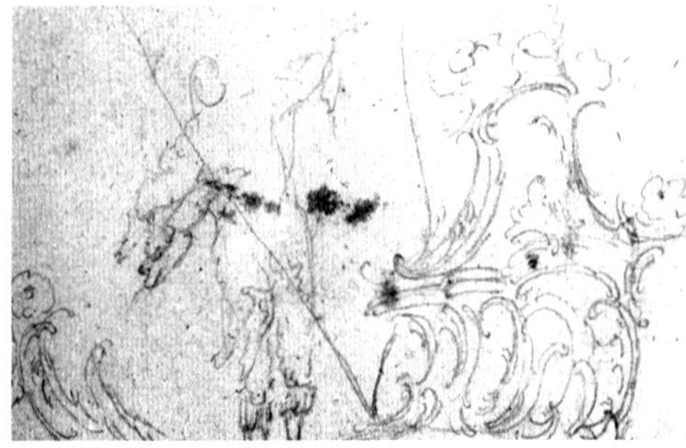

*Tilo Eggeling*

# Rocaille und Dekoration

Für das Verständnis der großen Leistungen der friderizianischen Innenraumdekoration spielt Schloss Sanssouci eine herausragende Rolle. Denn nach der Zerstörung der Berliner Schlösser und des Potsdamer Stadtschlosses ist es das einzige unter den Schlössern Friedrichs des Großen, in dem sich mit dem Marmorsaal, dem Konzertzimmer und der Bibliothek Raumdekorationen aus der Blütezeit dieses Stils erhalten haben.

An einigen dieser Dekorationen tritt aber schon ein veränderter Geschmack in Erscheinung, der durch eine Neigung zu verfestigten symmetrischen Formen und zu einer gewissen Massigkeit der ornamentalen Details gekennzeichnet ist[1] und der in der Folgezeit die Entwicklung der friderizianischen Innendekoration bis hin zur Ausstattung des Neuen Palais (1764–1768) und der Neuen Kammern (1772–1775) bestimmte.[2]

Nach Funktion und Stil lassen sich in Sanssouci drei Arten von Raumdekorationen unterscheiden. Zum einen sind das die repräsentativen Räume in der Mitte des Schlosses, das Vestibül und der ovale Marmorsaal. Ornamentale Dekorationen, die auf der Rocaille als konstitutivem Element aufbauen, erscheinen hier nur an bestimmten Stellen, z. B. an den Türen oder innerhalb der Kuppeldekoration des Marmorsaales.

Zur zweiten Gruppe gehören die Wohnräume, die der König selber bewohnte und die durchweg mit hohem Aufwand eingerichtet und dekoriert wurden. Diese Dekorationen basieren auf der Grundform der Rocaille, jener muschelförmigen Substanz, für deren Durchgestaltung man Vorbilder aus den Vorlagewerken der französischen Architekten und Ornamententwerfer bezog.[3] Auf der Grundlage naturalistischer Formen wie Pflanzenstengel, Blatt- und Blütenkelchen, Palmenwedel, Blumenkörbe, Fischreihern und anderen Tieren sowie verschiedenen Formen von Gitterwerk entwickelte sich ein Dekorationsstil von europäischem Rang, dessen besondere Qualität in der reichen ornamentalen Phantasie und der kompositorischen Eleganz der dekorativen Konzeptionen beruht.

Als dritte Gruppe kann man jene Zimmer ansehen, die auf der Südseite des Schlosses westlich an den Marmorsaal anschließen und die für die Unterbringung von Gästen vorgesehen waren. Sie sind deutlich schlichter ausgestattet als die königlichen Wohnräume, was sich auch im Stil der Dekorationen bemerkbar macht. So waren immerhin ursprünglich drei Räume dekorativ ausgemalt, wofür sich bei den königlichen Zimmern keine Beispiele finden, andere waren einfach nur mit Stoff ausgespannt.

Die Frage, welchen schöpferischen Kräften die Raumkunstwerke des friderizianischen Rokoko zu danken sind, wird dadurch erschwert, dass in den meisten Fällen die in den erhaltenen Rechnungen genannten Künstler nicht identisch sind mit den Entwerfern. Den Anteil der verschiedenen Zieratenbildhauer und Dekorateure zu bestimmen, kann daher nur auf der Grundlage der Stilkritik erfolgen. Insbesondere der Einfluss von Georg Wenzeslaus von Knobelsdorff, der als Intendant aller Königlichen Schlösser und Gärten auf sämtliche künstlerischen Unternehmungen der Jahre 1740 bis 1746 einen maßgebenden Einfluss hatte, ist schwer einzuschätzen.[4] Knobelsdorff standen mit Johann August Nahl (d. Ä.)[5] und den Brüdern Johann Michael Hoppenhaupt (d. Ä.) und Johann Christian Hoppenhaupt (d. J.)[6] hervorragende, außergewöhnlich begabte Zierratenbildhauer zur Seite, die ebenfalls verschiedene eigene Entwürfe beisteuerten, vielfach aber, wie in der Goldenen Galerie in Charlottenburg, unter der Leitung Knobelsdorffs zusammenarbeiteten.[7] Hinzu kommt, dass der König auf die Innenausstattung seiner Schlösser selbst massiv Einfluss nahm. Nach Manger war er in den ersten vierzig Jahren seiner Regierung »Selbsterfinder und Vorzeichner der Aussenseiten zu den erbauenden Schlössern ..., eben so als zur Verzierung und Meublierung der innern Gemächer in den Ihm besonders eigenen Gebäuden; in den letztern Jahren nahm er es Hierinnen nicht so genau«[8].

**Vestibül** (Abb. 38 und folgende)

Die Mitte des Schlosses wird analog zum Vorbild der französischen Sommerschlösser (»maison plaisance«) von zwei Räumen bestimmt, die vornehmlich mit architektonischen Mitteln gestaltet sind: dem Vestibül, durch das man von Norden her das Schloss betritt, und dem ovalen Marmorsaal, der als freie Nachbildung des römischen Pantheon erst 1748 fertig gestellt wurde. Knobelsdorff hat beiden Räumen ein individuelles Erscheinungsbild gegeben und sie zugleich durch die umlaufende korinthische Säulenordnung zu einer Einheit verbunden. Freie Ornamentformen, d. h. solche, die auf der Rocaille als formprägendem Motiv basieren, treten hinter der architektonischen Gestaltung zurück; gleichwohl spielen sie für das Erscheinungsbild beider Räume eine bestimmende Rolle. Im Vestibül findet man sie nur als Türdekorationen. In dem ganz in grauem Stuckmarmor ausgekleideten und mit einem Deckenbild von Johann Harper geschmückten Raum mit seinen glatten Wandflächen wirken sie mit ihrer Ornamentik wie Zierinseln. Im Marmorsaal hingegen, einst Tagungsort der berühmten Tafelrunde Friedrichs des Großen, spielen Ornamentformen vor allem bei der Gestaltung von Kuppel und Marmorfußboden eine Rolle.

Die Südwand des Vestibüls (Abb. 40) wird von drei in Blendnischen eingestellte Türen untergliedert, von denen nur die mittlere aus dem Raum herausführt, während die beiden anderen den Zugang zu einer Wendeltreppe bzw. zu einem Nebengelass ermöglichen. Ihrer Bedeutung gemäß ist die mittlere deutlich höher als die beiden anderen und trägt außerdem ein von Georg Franz Ebenhech gefertigtes Stuckrelief, den Triumphzuges des Bacchus. Dieser Hierarchie entspricht auch die Ornamentik, die reicher entwickelt ist als die der seitlichen Pendants. Bei diesen (Abb. 56) sind nur zwei von vergoldeten Leisten gefasste Füllungsfelder ausgegrenzt, deren oberes mit herabhängenden Festons geschmückt ist, die, aus verschiedenen Musikinstrumenten gebildet, auf den festlichen Charakter des Schlosses verweisen. Etwas unterhalb der Schlüssellöcher entwickelt sich unvermittelt reich gearbeitetes Muschelwerk. Verschieden gerichtete, z. T. kräftig ausgebildete C-förmige Rocaillen »verschrauben« hier gleichsam die beiden Füllungsfelder, die sonst nur von schlichten vergoldeten Profilrahmen begrenzt werden, zu einer Einheit – ein Motiv, das in eleganterer Form bereits an den Türen des Weißen Saales und der Goldenen Galerie in Charlottenburg vorkommt.

Die Ornamentik der beiden Flügel der mittleren Tür ist differenzierter gestaltet (Abb. 53). Sie sind wie üblich in ein höheres und ein niederes Feld geteilt. Beide stoßen unter Wahrung gewisser Abstände etwas unterhalb der Ebene der Türknäufe gegeneinander, wobei eine Zone spannungsvoller Kurvaturen und muschelgesäumter Schweifungen entsteht. Von hier aus erwachsen Panshermen in den oberen Bereich der Füllungen. Sie werden von Gitterwerksrudimenten überformt, die ihrerseits mit der geschwungenen oberen Rahmenbekörnung in Beziehung stehen. Die der Sockelzone entsprechenden unteren Füllungsfelder sind mit Musikemblemen verziert.

Bei aller Unterschiedlichkeit der Dekorationen binden die halbrund geschlossenen und vergoldeten Supraportenreliefs von Franz Georg Ebenhech die Türen in einen engen thematischen Zusammenhang ein. Dargestellt sind hier der Tanz der Bacchantinnen um eine Herme des bäuerlichen Fruchtbarkeitsgottes Priapos (westliche Tür, Abb. 49), der Triumphzug des Bacchus (südliche Tür, Abb. 51) und der Bacchantenzug mit trunkenem Silen (östliche Tür, Abb. 46).

In Anspielung auf das Weinbergschloss ist das Hauptthema dieser Reliefs der Wein und das mit seinem Genuss verbundene festliche Treiben. Auffallend sind die aus ungefasstem Stuck bestehenden Rahmen der Reliefs, die von den Stuckateuren Carl Josef Sartori und Johann Michael Merck ausgeführt wurden. Ihre etwas verwilderte, stark vegetabilisch orientierte Ornamentik findet in der übrigen Dekoration des Schlosses keine Entsprechung. Man kann daher annehmen, dass beide hier eigenständige Entwürfe verwirklicht haben.

**Marmorsaal** (Abb. 60 und folgende)

Knobelsdorffs Beteiligung am Entwurf für den Innenausbau von Schloss Sanssouci kann man, abgesehen vom dem sehr schlichten Vestibül, im Wesentlichen auf zwei Räume, die allerdings zu den schönsten Leistungen der friderizianischen Innendekoration zählen, beschränken: den ovalen Marmorsaal in der Mittelachse des Schlosses und die Bibliothek Friedrichs des Großen am östlichen Ende. Darüber hinaus hat er offenbar wenig Einfluss auf die Innenausstattung ausgeübt, was wohl auch mit der spätestens im Herbst 1746 eingetretenen Trübung des Verhältnisses zum König zusammenhing.[9]

Im ovalen Marmorsaal ist das System der vor Pilaster gestellten Doppelsäulen des Vestibüls übernommen worden. Dominiert dort das zurückhaltende Silbergrau der stuckmarmorierten Wände, unterbrochen nur von den Zierinseln der Türen, so stößt man im Marmorsaal auf eine Raumdekoration, die architektonische Strenge mit festlicher Heiterkeit vereint. Der von Knobelsdorff nach dem Vorbild des römischen Pantheon gestaltete Saal bezaubert durch die feine Abstimmung der verwendeten Materialien. Die Säulen – mit Kapitellen und Basen aus feuervergoldeter Bronze – bestehen aus graugeadertem Carrara-Marmor, die Wände und Fensterleibungen aus rotgrauem, die Nischen der Türen und die Skulpturen zwischen den Säulenpaaren aus rötlich-gelbem, wohl schlesischem Marmor.

### Kuppel (Abb. 81 und folgende)

Muschelformen kommen im Marmorsaal, mit Ausnahme des Marmorfußbodens, vor allem in Zusammenhang mit der Dekoration der Kuppel vor. Acht radial angeordnete, sich nach oben perspektivisch sich verjüngende, weißgrundige Gurte vermitteln in der Achse der Doppelsäulen zwischen Gebälk und dem zum Himmel geöffneten ovalen Oberlichtfenster. Sie begrenzen zugleich kassettierte, vergoldete Felder, in deren unteren Bereichen hochovale, vergoldete Reliefs mit den Emblemen der Wissenschaften und Künste erscheinen. Diese Ovale hinterfangen zugleich ungefasste, weiße weibliche Gestalten, die im Verein mit Putten und verschiedenen Attributen auf dem vorspringenden Gesims sitzen und die Architektur, die Musik, die Maler- und Bildhauerkunst sowie die Astronomie versinnbildlichen.

In der Gestaltung der Radialgurte in der Achse der Doppelsäulen lässt sich ein klares gestalterisches Konzept erkennen. So unterscheidet sich die Ornamentik der beiden Gurte, welche annähernd die Längsachsen des Kuppelovals begleiten (Abb. 86, 88, 94, 96), deutlich von derjenigen der Gurte in der Querachse (Abb. 83, 90, 92, 99). Über einer großen Volute am Gesims erscheint bei ihnen zunächst ein Muskelpanzer vor hellem Grund (Abb. 97), dann folgt ein oben und unten mit Rocaillen besetzter vergoldeter Bereich, gefüllt mit einem Waffenemblem; dem schließt sich wieder ein heller Bezirk an, der als Folie für kleinere Embleme aus Köchern, Äxten, Stachelkugel etc. dient. Auf den kürzeren Gurten in der Querachse fehlt unten die Rüstung; sie ist hier ersetzt durch Ensembles aus Schild und Schwert (Abb. 100). Ihnen folgt nach oben analog zu den anderen Gurten jener zur Gänze vergoldete und mit den Insignien königlicher Macht geschmückte Bereich. Über diesem mit Waffen besetzten Mittelfeld erscheinen hier als Bekrönung prachtvolle, durch Vierpassöffnungen durchbrochene und geflügelte Rocaillen (Abb. 84). Stilistisch stehen sie in engstem Zusammenhang mit den schweren Bekrönungsrocaillen der Charlottenburger Goldenen Galerie, die im Herbst 1746 vollendet wurde. Als ausführende Künstler der Gurtdekorationen werden – so belegen es die Rechnungen – Carl Josef Sartori und Johann Peter Benckert genannt[10], die hier wohl vage Vorgaben Knobelsdorffs in die eigene Formensprache übersetzt haben. Den Baurechnungen zufolge haben sie zwei der Gurte ausgeführt. Bei ihnen könnte es sich um jene bereits erwähnten handeln, die seitlich in der Längsachse des Marmorsaales erscheinen. Denn trotz ihres identischen Formenapparates sind hier zwei verschiedene Handschriften auszumachen, wie man vor allem an den unterschiedlich gebildeten Rüstungen – bei zwei von ihnen steckt eine Herkuleskeule in der Rüstung, bei den beiden anderen fehlt sie – erkennt. Leider nennen Quellen nicht den ausführenden Künstler der anderen, in nordsüdlicher Richtung verlaufenden Quergurte, denn dieser müsste an der Dekoration der Goldenen Galerie, über deren Bauausführung man nichts näheres weiß, maßgeblich beteiligt gewesen sein.

### Türen des Marmorsaales

Die Türgestaltungen des Marmorsaales sind Kunstwerke eigener Art, wobei sich die Dekorationen der westlichen und östlichen von denen der zum Vestibül führenden nördlichen Tür deutlich unterscheiden. Bei den erstgenannten (Abb. 67) bilden jeweils zwei durch Profilbügel verstärkte, schwere, abwärts gestellte Rocaillen, denen kleinere mit aufgehängten Kränzen antworten, die Basis für weiteres aufstrebendes Muschelwerk, aus dem schließlich nach oben in Anspielung auf die kriegerischen Tugenden des Königs senkrecht gestellte Tropaien erwachsen, die in Kriegshelmen enden. Auch die Bekrönungen der beiden oberen Füllungsfelder sind reicher ausgebildet. Sie bestehen aus einer muschelgesäumten, kräftigen geschwungenen Abdachung und Rocaillen, die sich spielerisch gegen den oberen Abschluss bewegen. Auf der zum Vestibül führenden nördlichen Tür (Abb. 69) sind die kriegerischen Motive im unteren Drittel durch Espagnoletten ersetzt, während in den beiden Füllungsfeldern darüber zwei Festons mit einer Harfe bzw. mit Gorgonenschild und Lanze aufgehängt sind. Bei aller Differenziertheit ist eine gewisse massige Schwere spürbar. Der Baurechnung vom 14. September 1747 ist zu entnehmen, dass Johann Christian Hoppenhaupt (d. J.) der ausführende Bildhauer war. Ob er auch diese holzgeschnitzten Dekorationen entworfen hat, ist aus den oben dargelegten Gründen nicht sicher. Denkbar wäre, dass Knobelsdorff, der zweifellos Vestibül und Marmorsaal sorgfältig aufeinander abgestimmt hat, auch Angaben für die Dekorationen der Türen machte.

Da aber die Beschränkung der Ornamentik auf bestimmte Bereiche und ein gewisser Zug zur Begradigung und Verfestigung der Formenabläufe eher der Gestaltungsweise Hoppenhaupts entsprechen, könnte es sein, dass dieser hier im Entwurf der Details einen verhältnismäßig großen Spielraum für eigene Ideen hatte.

**Marmorfußboden** (Abb. 74 und folgende)

Zum heiteren Erscheinungsbild des Marmorsaales trägt der hellgrundige, farbig eingelegte Fußboden entscheidend bei. Ein mittleres ovales Treillagefeld (Abb. 74), dessen Rauten mit Rosetten gefüllt sind, wird hier von einem Kranz gerahmter Felder radial umschlossen, in denen Weinlaub- und Fruchtgehänge sich mit Motiven überkreuzender Rocaillen abwechseln (Abb. 75–78).

Die strenge geradlinige Führung der rahmenden, aus grauem Marmor und gelben Randstreifen gebildeten Diagonalgurte verfestigt das Gefüge auf eine bestimmte Weise, ohne den festlichen Charakter in Frage zu stellen. So wirkt der Fußboden – einer der schönsten Marmorböden des friderizianischen Rokoko – wie ein kostbar dekorierter Porzellanteller und mildert damit den Ernst der von Säulen bestimmten Saalarchitektur.

Johann Christian Hoppenhaupt (d. J.) hat die Arbeit des Bodens am 2. August 1748 in Rechnung gestellt.[11] Ihm dürfte auch der Entwurf zuzutrauen sein, den er zweifellos mit Knobelsdorff, dem Entwerfer des Saales, abgestimmt haben wird.

**Audienz- oder Speisezimmer** (Abb. 101 und folgende)

Die Suite der königlichen Wohngemächer beginnt mit dem Audienz- und Speisezimmer, das östlich an den Marmorsaal anschließt. Ursprünglich hatte der König, wie aus den Vermerken auf einem Grundriss des Baukondukteurs Berger[12] hervorgeht, den Raum »gemahlt von Silber« dekorieren wollen. Man hätte sich seine Ausschmückung dann wohl analog zu derjenigen der Gästezimmer im Westflügel vorzustellen, die von Friedrich Wilhelm Höder in der für ihn so typischen Manier ausgemalt wurden. Schließlich bevorzugte er aber, wohl um Platz für Gemälde zu gewinnen, eine Stoffbespannung mit lila Damast (gris-de-lin).

Die Bekrönungsornamentik der Spiegelrahmen von West- und Ostwand wirkt, zumindest in der Bekrönungszone, unorganisch; auch das Relief eines ovidischen Liebespaares, welches auf der Ostwand die Fläche zwischen der Bekrönung des Mittelspiegels und dem Gesims füllt, gehört nicht zu den geglückten Erfindungen des Dekorateurs (Abb. 105). Gleiches gilt für die geschnitzten und vergoldeten Rocaillen der Rahmenecken, die wie Rückbildungen früherer Eckornamente wirken.

Rechnungen zu dem Mittelspiegel und den Eckrocaillen haben sich nicht erhalten. Möglicherweise handelt es sich um Entwürfe und Arbeiten von Friedrich Christian Glume, der auch das Relief über dem östlichen Wandspiegel geschaffen haben dürfte, doch ist dessen Stil als Zierratenbildhauer innerhalb der friderizianischen Innendekoration nur sehr schwer zu fassen.[13]

Eine gewisse Erschlaffung macht sich auch bei den in Stuck ausgeführten Eckrocaillen der Voute, die das rechteckige Deckenfeld mit dem Gemälde von Antoine Pesne, »Zephyr und Flora«, stützen, bemerkbar. Die Muschelformen sind hier weitgehend durch vegetabilische Motive ersetzt, die diesen Gebilden, die wohl von Sartori und Merck ausgeführt wurden, etwas Wucherndes verleihen. Einen ähnlichen Eindruck gewinnt man bei der Betrachtung der Ornamentik in der Kleinen Galerie, die von den selben Stuckateuren stammt.

Aber auch die geschnitzten Ornamente der Leisten, die die Stoffbespannung rahmen, wirken gegenüber den eleganten Formulierungen der frühen friderizianischen Ornamentik unorganisch und in den Details etwas unklar.

Anders als die beschriebene Ornamentik besitzen die Supraporten (Abb. 107, 109) des Audienzzimmers die selbe hohe Qualität wie frühere Gestaltungen. Puttenpaare, die sich bekränzen, hantieren mit aufgeschlagenen Büchern, deren französische Texte sich auf die Maximen der geistigen Lebenshaltung des Bauherren beziehen.[14] Putten auf Postamenten als Supraporten gibt es z. B. schon in der Vergoldeten Kammer des Kronprinzen in Rheinsberg und auch im Arbeitszimmer Friedrichs in Charlottenburg. Im Unterschied dazu fällt hier wieder die etwas steif wirkende Geradlinigkeit der als Pflanzenstengel gebildeten vertikalen Rahmungen auf. Sie deutet darauf hin, dass es sich bei diesen Supraporten um Entwürfe von Johann Christian Hoppenhaupt (d. J.) handelt, deren Ausführung er zusammen mit der schlichten Verzierung der Türen am 30. September 1747 in Rechnung stellte.

**Konzertzimmer** (Abb. 112 und folgende)

Die Dekoration des nach Osten an das Audienzzimmer anschließenden Konzertzimmers gehört neben der des Marmorsaals und der königlichen Bibliothek zu den schönsten und aufwändigsten raumkünstlerischen Leistungen im ganzen Schloss. Alle Ausdrucks- und Gestaltungsmöglichkeiten der friderizianischen Ornamentik und Dekoration sind in beispielhafter Weise versammelt: Hier waltet noch jene symbiotische Ausgewogenheit zwischen abstraktem, dem französischen »style rocaille« (Meissonier, La Joue) verpflichteten Muschelwerk und naturalistischen Motiven. Einfach oder mehrfach geschichtete Muscheln mit oder ohne Flügelmotiv und in den verschiedensten Ausformungen – Pflanzenstauden (vor allem an den Felderrahmungen), aber auch Festons, Früchte, Blumenkörbe, Musikembleme, rudimentäre Gitterwerke und Kaskadenmotive – erzeugen an Wänden und Decke eine verzauberte Groteskenwelt, in der sich Putten, springende Hasen und Fischreiher spielerisch bewegen. Die Ornamentik verziert in größter Freiheit Wände und Decke und folgt dabei doch einer klaren Konzeption, zu deren integralem Bestandteil auch die Malereien der Supraporten und Wandfelder gehören. West- und Ostwand des Zimmers (Abb. 112, 113) sind in fünf große Kompartimente unterteilt, von denen die äußeren den Türen vorbehalten sind. Die Supraportenmalereien über den Türen (Abb. 116, 117, 120, 121,)[15] stellen Landschaften dar, die von Leisten, Muschelwerk und Schilfstengeln nierenförmig gerahmt werden. Die Mittelachsen beider Wände betonen große Spiegel, deren blumenumwundene, seitliche Rahmen nach oben durch ein Gefüge gegenläufiger Muschelbögen abgeschlossen werden. Aus diesen erwachsen ausgreifende große Muschel-C-Bögen (Abb. 133, 140, 141), die eine Überleitung zur Deckendekoration herstellen. Beidseits dieser Spiegel erscheinen, nur durch schmale, lisenenartige Felder mit dreiteiliger Ornamentierung getrennt, Wandfelder mit den Malereien von Antoine Pesne (Abb. 112, 113).[16] Diese sind durch die Art ihrer oberen Abschlussrahmung – einfache Muschelbügel, die sich nach außen absenken – symmetrisch aufeinander bezogen.

Zum Deckengesims hin ergänzt werden die Panneaux durch kleinere Felder, die der Bestimmung des Raumes gemäß mit Musikemblemen gefüllt sind.

Der fünfteilige Rhythmus der West- und Ostwand wird an der Nordwand (Abb. 114) durch eine dreifach gegliederte Ordnung aufgefangen. Beidseits des großen Bildfeldes, welches Diana mit ihren Nymphen darstellt, sind verspiegelte Nischen ausgebildet, die wegen ihrer vergitterten Gewände wie Treillageportale wirken. Als Bekrönung tragen sie große, zweiteilige Rocaillen, die gegeneinander gespiegelt sind. Auch dieses Gemälde ist in den neuen Zusammenhang eingebettet. Eine obere Rahmenbegrenzung schwingt konkav ein und wird auf diese Weise zum begleitenden Element jenes annährend ovalen, mit einem Emblem aus Fackeln und Bogen verzierten Feldes, das den verbleibenden Raum zum Deckengesims füllt.

Der ausführende Künstler dieser Dekoration war Johann Michael Hoppenhaupt (d. Ä.), der die Arbeiten am 20. April 1747 in Rechnung stellte. Lange Zeit galt er aus diesem Grunde auch als ihr Entwerfer. Ein in der Kunstbibliothek Berlin erhaltene Zeichnung (Abb. S. 57) lässt aber klar die Handschrift Johann August Nahls (d. Ä.) erkennen, wie sie beispielsweise auch für seinen Entwurf zur Deckendekoration des im Zweiten Weltkrieg untergegangenen Schlaf- und Arbeitszimmers im Stadtschloss Potsdam charakteristisch ist.[17] Hoppenhaupt hat demnach einen Entwurf des »maitre des ornemens« Nahl ausgeführt, den dieser wegen seiner am 13. Juli 1746 erfolgten Flucht aus Preußen nicht mehr realisieren konnte. Doch zeigt ein Vergleich im Detail nicht unbedeutende Unterschiede, die darauf schließen lassen, dass der ausführende Bildhauer den Entwurf anders verstand als sein Urheber. Ein Beispiel dafür sind die Musikembleme über den hoch gestreckten Malereifeldern, die nach der Zeichnung auf dem nach unten abgeschwungenen Muschelbügel des oberen Feldabschlusses auflasten, jetzt aber beziehungslos im Feld schweben.

### Decke

Die durch ein Spinnwebennetz markierte Mitte der Decke wird von einem System verschiedenartiger Treillagearchitekturen umschlossen (Abb. 136). Noch bezogen auf die West- und Ostwand steigen diagonal angeordnete, zur Mitte hin sich perspektivisch verjüngende Obelisken auf. Sie sind aus Gitterwerk gebildet und weisen mit ihren Spitzen auf das mittlere Spinnennetz (Abb. 143). Die recht schmalen Obelisken erwachsen aus einem übereck gestellten, aus verschiedenen Ranken und Muscheln aufsteigenden Sockel, der so breit ist, dass noch ein Treillagebogenstück von ihm seitlich in die Bereiche der nördlichen und südlichen Deckenviertel abzweigen kann. Nach kurzem Bogenstück bricht dieser ab, und ein zipfelig auslaufender Muschelbogen mit ausgesparten Rundöffnungen kann eine Gegenbewegung einleiten. In Korrespondenz zu dem Muschelbogen der gegenüberliegenden Treillagearchitektur, die eigentlich nur eine Spiegelung des vorgenannten ist, werden auf diese Weise im nördlichen und südlichen Deckenabschnitt Einhängepunkte für vegetabilisch bekrönte Schirme geschaffen, an denen Weinkörbe aufgehängt sind.

In Verlängerung der Mittelachsen von West- und Ostwand erheben sich auf symmetrisch aufgebauten Treillagesockeln jeweils flache durchbrochene Vasen (Abb. 136). Aus ihnen erwächst ein von Weinlaub- und Trauben umkränzter Tyrsosstab – das Attribut des Weingottes Dionysos –, der senkrecht aufsteigt und sich damit in das System der auf die Deckenmitte zustrebenden Radialachsen einreiht.

Die Deckenmitte ist wesentlich dem Thema »Wein« gewidmet: Schräg gestellte Körbe mit Wein stehen auf den vergatterten Bögen, Kränze von Weinranken voller Trauben umwinden das mittlere Spinnennetz, die Treillagearchitekturen und die Vasen mit den Tyrsosstäben schaffen eine Atmosphäre des Lichtes und weinseliger Heiterkeit. Figürliche Motive kommen hier nur an untergeordneter Stelle vor: Nahe am Deckengesims tummeln sich Putten, die sich mit Musikinstrumenten abgeben; andere, deren Netze sich in den Pylonen der Treillagearchitektur verfangen haben, stehen etwas höher auf dem gleichen Postament (Abb. 141), auf dem auch die Sockelornamentik der Vasen aufsetzen.

In der Dekoration der nördlichen und südlichen Deckenabschnitte erscheint eine andere Welt. Steil gestellte Ranken und Rocaillen erzeugen einen Wechsel von postamentartigen, mit Grottenwerk gefüllten Formen und sich zum Deckenrand hin öffnenden, von ausladenden C-Bögen ausgegrenzten

Bereichen. Während sich die Mittelachse der Wände in die Decke hinein fortsetzen kann – vermittelt über Rocaillen, Weintraubenensembles und aufgehängten Früchtekörben –, bilden die »Postamente« Aktionsebenen für Putten, die in heiterem Spiel sich damit abmühen, große aufgeblähte Vogel(?) Netze wegzuziehen. Noch einmal und in anderer Form wird das Thema der Jagd in den Ecken der Decke unterhalb der Netze abgehandelt, wo Hunde, Hasen und Füchse jagen (Abb. 135, 137, 138, 139).

Die Decke ist eine Gemeinschaftsarbeit von Johann Michael Merck, der die Ornamentik, und Georg Franz Ebenhecht, der die Figuren fertigte. Beide stellten ihre Arbeit im August und September in Rechnung.[18]

Zu der Decke hat sich eine Zeichnung erhalten (Abb. S. 58), die im Stil dem oben besprochenen Wandentwurf so verwandt ist, dass nur der selbe Künstler – Johann August Nahl (d. Ä.) – in Betracht kommt; ein Befund, der schon durch die außerordentliche Homogenität dieser Wand- und Deckendekoration nahe gelegt wird. Die Zeichnung entspricht fast vollständig der ausgeführten Dekoration. Nur die Putten auf den paarig angeordneten, mit Grottenwerk gefüllten Muschelbügeln in der Mitte der Nord- und Südseiten, welche große Fischernetze schleppen, sind eine Zutat, mit der das auch auf dem Entwurf bereits vorgesehene Motiv der Fischernetze einleuchtender mit einer Handlung in Beziehung gesetzt wurde. Die außerordentliche Nähe des Entwurfs zur ausgeführten Dekoration kann wohl auch als ein Indiz dafür gewertet werden, dass die Stuckarbeiten in ihren Grundzügen noch unter der persönlichen Aufsicht Nahls, kurz vor dessen Flucht aus Preußen, entstanden sind.

**Arbeits- und Schlafzimmer** (Abb. 144 und folgende)

Noch im Todesjahr Friedrichs des Großen, 1786, ließ sein Nachfolger, Friedrich Wilhelm II., das Schlafzimmer nach Entwürfen von Friedrich Wilhelm von Erdmannsdorff umgestalten, wobei nur der Kamin in der alten Form erhalten blieb. Die alten Dekorationen der Wände und der Decke wurden abgenommen, Raum und Decke im Geschmack des Frühklassizismus neu verziert.[19]

Die Wände erhielten eine hellgrüne Bespannung aus gros-de-tour, die von einfachen Borduren gerahmt wurde; die Decke hat man in der Form eines Segeldaches (Velum) bemalt, um das sich ein Ring mit Tierkreiszeichen legt (Abb. 158), während in den Eckzwickeln weibliche mythologische Figuren erscheinen. Im Ganzen sind diese schon dem Frühklassizismus verpflichteten Malereien trocken und schwunglos gemalt; sie wirken inmitten der heiteren Ornamentik der anderen Raumdekorationen des Schlosses wie ein Fremdkörper.

Will man sich ein Bild vom alten Zustand machen, ist man vor allem auf die Beschreibung der Landgräfin Caroline von Hessen-Darmstadt und die erhaltenen Baurechnungen angewiesen.[20] Bei Untersuchungen in den zwanziger Jahren haben sich an der Nordwand unter der textilen Bespannung Spuren der alten Dekoration gefunden, die deren Charakter noch ganz gut erkennen lassen.[21]

Danach handelte es sich um eine streng symmetrisch aufgebaute Treillagearchitektur mit großen rundbogig geschlossenen Öffnungen, in denen große Festons mit Reifen und exotischen Vögeln aufgehängt waren.[22] Getrennt wurden diese Öffnungen durch dichter konstruierte, mehrschichtige und dabei niedrigere Bogenkonstruktionen, die als Rahmung für die vom Sockelpaneel her aufsteigende Kaskadenbrunnen dienten. Die Strenge dieser Ornamentkonstruktion, das Fehlen asymmetrischer Rocaillen und der Naturalismus der Motive sind klare Indizien dafür, dass hier nicht Nahl (d. Ä.), sondern Johann Christian Hoppenhaupt (d. J.) selbst diese Dekoration entworfen und ausgeführt hat. Eine ähnlich strenge Formenbildung charakterisiert die 1752 entstandene Dekoration des im Westflügel gelegenen so genannten Voltairezimmers, wie weiter unten noch darzulegen ist.

Der eigentliche einfenstrige Schlafraum des Königs lag im Osten und war vom Hauptraum durch eine von vier Putten bekrönte und von einem Bogen überspannte Balustrade aus vergoldeter Bronze abgegrenzt. Links und rechts der Balustrade waren Spiegeltüren eingelassen, von denen die südliche einen Wandschrank öffnete, während die nördliche den Zugang zur königlichen Bibliothek gewährte. Eine gewisse Vorstellung, wie diese Alkovengestaltung im Einzelnen ausgesehen haben könnte, vermittelt auch das im Zweiten Weltkrieg zerstörte Schlafzimmer des Königs im Potsdamer Stadtschloss, das allerdings Johann August Nahl (d. Ä.) entworfen hatte.[23]

Von der Decke kann man sich nur schwer eine Vorstellung machen. Ausgeführt haben sie die gleichen Stuckateure wie jene des Schlafzimmers, Merck und Ebenhech. Nach den figürlichen Motiven, sechs Vögel und acht Putten, zu urteilen, die Ebenhech in Rechnung stellte, war sie aber im Vergleich zur Decke des Konzertzimmers, in der sich immerhin zwanzig Putten tummeln, sehr viel schlichter gehalten.

**Bibliothek** (Abb. 161 und folgende)

Die am Ende des östlichen Flügels gelegene Bibliothek Friedrichs des Großen gehört zu den subtilsten Raumkunstwerken der friderizianischen Schlösser. Zugleich nimmt sie auch wegen der kostbaren Vertäfelung innerhalb der friderizianischen Innendekoration eine Sonderstellung ein. Zwar entstand schon 1744 im Stadtschloss Potsdam ein zur Ostwohnung gehöriges Zedernholzkabinett, dessen feuervergoldete Bronzezierrate z. T. von ähnlicher Qualität waren, doch handelte es sich bei diesem mit zwei x zwei Meter Grundfläche und vier Meter Höhe um einen bedeutend kleineren Raum.[24]

Als Vorbild für diese Bibliothek bestimmte Friedrich jene in Rheinsberg, die er als Kronprinz benutzt hatte.[25] Der kreisrunde Raum (Abb. 161, 168), der nur durch eine Tapetentür betreten werden konnte, wird durch vier hohe Nischen mit halbrundem Abschluss symmetrisch unterteilt. Die beiden nach Süden und Osten gerichteten sind für die Fenster bestimmt, die den Blick auf die Schlossterrasse freigeben. In der nach Norden gerichteten befindet sich der Kamin, während die westliche die Sitznische aufnimmt.

Die Nischen wechseln sich mit Wandkompartimenten ab, in die im unteren Bereich doppelte Bücherschränke eingebettet sind. Wände wie Nischen sind durchgängig mit Zedernholz fourniert, während der Fußboden (Abb. 194) aus Nussbaumholz besteht. Seine Mitte wird durch ein kreisrundes Feld bestimmt, das, gefüllt mit einer ausgreifenden Rocaille, durch radiale Streifen aus Ahornholz zu den Wänden hin verankert ist.

Wegen der kostbaren Wandvertäfelung kommt der Ornamentik – feuervergoldete Bronze – als Akzente setzendes und Beziehungen stiftendes Element[26] eine besondere Bedeutung zu. Sie entwickelt ein locker gefügtes Dekorationssystem, das zur Decke hin an Dichte zunehmend den Raum wie ein Gespinst überzieht.

Etwas aus der Wand hervortretend, nehmen eingelassene Wandschränke das untere Drittel ein, unterschieden in Unterbau und Aufsatz. Ihr Charakter als individuelles Möbel mit zweiteiligem Untersatz und dreiteiligem Aufsatz – bei letzterem erscheint zwischen den beiden verglasten Schrankhälften noch ein verspiegeltes schmales Zwischenfeld – bleibt im unteren Bereich der Vertäfelung noch erkennbar. Gegen die nach oben flache Vertäfelung grenzen sich diese Bücherschränke durch ein geschweiftes Hohlkehlengesims ab. Zugleich setzt sich aber die untere dreiteilige Gliederung nach oben hin fort, sodass der enge Zusammenhang zwischen Möbel und Wand gewahrt bleibt. Gleichsam vermittelnd zwischen der Plastizität der Möbel und der Flächigkeit der Wandfelder fungieren in diesem Zusammenhang querovale, mit verschiedenen Emblemen besetzte Felder, die von dünnen Bronzestäben ausgegrenzt werden. Sie stehen, vermittelt über reich vergoldete Postamente mit antiken Büsten[27], in Beziehung zu den großen, figurenreichen vergoldeten Reliefs, die im obersten Abschnitt der Wand angesiedelt sind und fast die gesamte Breite des Wandabschnittes einnehmen. Ihre figürlichen Szenen symbolisieren die Malerei, die Bildhauerei, die Musik und die Astronomie.[28] Ausgehend von dem verspiegelten Feld entsteht so zwischen den unteren Bücherschränken und den oberen Ovalen ein durchgängiger, vertikaler achsialer Bezug, welcher Schrank- und Wandkompartimente auf das Engste miteinander verklammert.

Die Verknüpfung von Wandabschnitten und Nischen in der horizontalen Ebene wird von schmalen, lisenenartigen Wandstreifen übernommen. In ihrer Basiszone züngeln elegante Rocaillen hoch, während der Kapitellbereich durch heterogene Muschelkonglomerate, an denen leichte Festons mit verschiedenen Emblemen hängen, markiert wird (Abb. 178). Entgegen dem ersten Eindruck sind diese Lisenen jedoch der Wand nicht vorgelegt, sondern stellen sich bei näherer Betrachtung als vom Wandgrund ausgesparte Negativformen dar, die sich ihre schmalen Seitenbegrenzungen von den erhabenen Rahmungen der sich anschließenden Wandkompartimente gleichsam »erborgen« müssen.

Wie subtil die Wandgliederung der Bibliothek im Hinblick auf eine vereinheitlichte Gestaltung angelegt ist, zeigt ein Vergleich mit einer in Mariettes »L'architecture française« abgebildeten Wanddekoration, die zweifellos als Vorbild herangezogen worden ist.[29] Ein vergleichbares System wechselnder Bezüge ist dort nicht ausgebildet; es entsteht daher der Eindruck einer additiven Reihung von Gliederungsformen, die auf Kosten der Einheitlichkeit des Ganzen geht.

Innerhalb des Dekorationssystems fällt der Ornamentik die Aufgabe zu, die einzelnen Bereiche – Decke, Wand, Nischen und Fußboden – individuell zu charakterisieren und sie zugleich als Einheit erscheinen zu lassen. Dabei entwickelt die Deckendekoration bei aller Strenge mit Hilfe von Muschel- und Treillageformen eine gewisse schwelgerische Pracht. Auch vegetabilische Formen, wie Blatt- und Blütenketten sowie Ranken, sind vertreten, aber nicht so bestimmend wie bei der Wanddekoration. Die zierlichen Rocaillen und die beweglichen Blatt- und Blütenzweige, die sich um die Vertikalen der Bronzestäbe winden, akzentuieren nur bestimmte Stellen der Dekoration und lassen in ihrer Transparenz die Schönheit der kostbaren Zedernholzfurnierung ungebrochen in Erscheinung treten.

Die Ausschmückung der Nischengewände (Abb. 189, 190, 191) hebt sich deutlich von derjenigen der Wände ab. Bei ihr überwiegt die Muschelrocaille, die z. B. an den Gewänden durch aufeinander bezogene, aufwachsende oder herabhängende und von Zweigen durchwirkte Muschelformen die Basis- und Bekrönungszone markiert. Die Mittelzone dieser Gewände ist mit großen ausgreifenden Rocaillen besetzt, die wohl zu den anmutigsten Ornamenterfindungen der friderizianischen Innendekoration gehören. Gebildet aus verschiedenen C-Muschelformen, die ein hoch gestrecktes Treillagefeld umrahmen, und bereichert mit einem durchgesteckten, ausgefächerten Zweig bilden sie den imaginären Ereignisort für einen Reiher, der, auf einer Ranke sitzend, einen Blumenzweig in seinem Schnabel hält.[30]

### **Decke** (Abb. 195)

Die mit vergoldeten Stuckaturen verzierte Decke gliedert sich in zwei farbig gegeneinander abgesetzte Profilringe, die sich um ein kreisrundes, mit einer vergoldeten Sonne gefülltes

Mittelfeld legen.[31] Beide Ringe können durch die Art ihrer Dekoration einerseits als einzelne Bereiche gesehen werden, andererseits durch die Vielfalt der Bezüge, welche sich aus ihrer Ornamentik entwickeln, auch als ein harmonisches Ganzes. Der um die Mitte gelegte Ring ist mit acht S-förmigen Radialspeichen vor grünem Grund besetzt. Die Speichen setzen sich aus schmalen Muschelbögen und pflanzlichen Motiven zusammen und teilen den Ring in ebenso viele Sektoren. Diese öffnen oder schließen sich abwechselnd nach innen zum Mittelfeld oder nach außen, zum Voutenring hin. In der Achse der Nischen öffnen sich die Felder zur mittleren Sonne; in der Achse der Wandkompartimente hingegen schließen sie sich, noch verstärkt durch Treillagewerk, welches von locker geschwungenen Blumengirlanden begrenzt wird. Zum äußeren Deckenring, der eigentlichen Voute, begegnet man diesem Wechselspiel von Öffnung und Verengung in anderer Form: Hier erscheinen in den geöffneten Feldern in der Mittelachse der Wandkompartimente hoch gewölbte Muschelbügel, welche Blattknoten überrahmen, an denen Blumenreifen aufgehängt sind. Da diese jedoch zur Ornamentik des äußeren Voutenringes gehören, entsteht eine deutliche Verklammerung der beiden Felder. Ist der äußere Voutenring durch die genannten Motive mit dem inneren verbunden, so nimmt er durch die Art seiner Ausformung achsiale Bezüge auf, die sich aus der Wanddekoration ergeben. Oberhalb der Nischenbögen erscheinen z. B. in der Voute schwere Muschelrocaillen, welche in der Vertikalachse in Beziehung zu den Emblemen über ihnen wie auch zu den mit Emblemen besetzten Rundfeldern im inneren Scheitelpunkt der Bögen stehen. Es kommt so zu einer Verdichtung von Muschelornamenten, welche im Bereich der Scheitel der Rundnischen starke Akzente setzen.

Auch die Ornamentik des äußeren Voutenringes folgt dem Prinzip von Öffnung und Kontraktion. So erscheinen die schweren Muschelrocaillen über der Achse der Nischen in einem von C-Muschelklammern ausgegrenzten »weiten« Feld, das sozusagen der Hintergrund und die Bedingung ihrer prachtvollen Gestalt ist. Die sich links und rechts anschließenden Voutenbereiche folgen, etwa in der Breite der Wandkompartimente, dem Prinzip der Verdichtung. Jeweils ein durch Treillagewerk vierpassartig gerahmtes Feld schließt hier auf beengtem Raum jene schon erwähnten Blumenreifen ein, die am inneren Deckenring aufgehängt sind.

Diese Voutenabschnitte stehen in einer, wenngleich nicht so ausgeprägten Beziehung zur Wandgestaltung darunter. Einerseits entsprechen die vierpassartig ausgegrenzten Felder an Ausdehnung etwa den großen, quer gelagerten ovalen Reliefs, andererseits hängen die Blumenreifen genau in der Mittelachse der Wandkompartimente und sind auf diese Weise in den vertikalen Achsenbezug eingebunden.

Das Gliederungssystem der Wände und der Decke wird von den Radialspeichen des in Nussbaumholz und Ahorn furnierten Fußbodens (Abb. 194) wieder aufgegriffen, dergestalt, dass jeweils drei der Speichen einem Wandabschnitt bzw. einer Nische zugeordnet sind. Zur Mitte hin laufen die Speichen auf ein kreisrundes Feld zu, das an Größe etwa dem mittleren Deckenfeld entspricht. Gefüllt ist es mit einer in Ahorn, Mahagoni und Palisander eingelegten, asymmetrischen Rocaille, gebildet aus geflügelten C-Bögen, Pflanzenstengeln, Treillagewerk und einer Rosette. Das grundlegende Thema der Decke – Verankerung eines mittleren Kreisfeldes durch radiale Speichen – wird damit erneut aufgegriffen, wenngleich in stark vereinfachter Form.

Angesichts der außergewöhnlichen Qualität dieser Raumdekoration ist die Frage nach ihrem Schöpfer von besonderem Interesse.

Die erhaltenen Rechnungsbelege geben Auskunft darüber, dass die Täfelung der Wände von dem Tischler J. H. Hülsmann, die Modelle zu den Bronzeornamenten von dem nicht weiter bekannten Bildhauer J. Becker und ihr Guss von C. G. Kelly stammen. Die Stuckaturen der Decke sind von dem sonst wenig hervorgetretenen Merck, der Kamin vom Bildhauer Schwitzer und die großen vergoldeten Ovale der Bronzereliefs von Benjamin Giese in Rechnung gestellt worden.[32]

Keinem dieser Künstler wird man jedoch ohne weiteres die Fähigkeit zum Gesamtentwurf der Dekoration zutrauen wollen, zumal keine eigenen Entwürfe von ihnen bekannt sind. So ist es sehr wahrscheinlich, dass dieser Georg Wenzeslaus von Knobelsdorff zu danken ist, der mit dem Entwurf zur Dekoration des Zuschauerraumes der Berliner Oper und mehr noch mit der Gestaltung des komplizierten Dekorationssystems der Großen Galerie im Neuen Flügel von Schloss Charlottenburg bewiesen hat, dass er subtilste Dekorationsgefüge zu gestalten weiß.[33]

Die ornamentalen Details könnten hingegen angesichts der stilistischen Unterschiede von mehreren Dekorateuren entworfen worden sein. Für die schönsten Ornamente käme wohl in erster Linie Johann August Nahl (d. Ä.) in Betracht, die einfacheren könnte auch Johann Becker, der die Ornamente modellierte, selbst entworfen haben. Angesichts der dürftigen Quellenlage können jedoch solche Fragen nicht bis ins Einzelne geklärt werden.

### **Die Kleine Galerie** (Abb. 196 und folgende)

Die nördlich der königlichen Wohnräume gelegene Kleine Galerie verbindet den Vorraum zur Bibliothek direkt mit dem Vestibül. Vornehmlich als eine Art Kunstkabinett für die Unterbringung der Gemälde und Skulpturen dienend, öffnet sich der lang gestreckte Raum mit fünf Fenstern nach Norden hin zum Ehrenhof. Die Wandfelder zwischen den Fenstern sind mit Spiegeln besetzt und werden von Büsten auf hohen Postamenten flankiert.

Die beiden mit vergoldeten Faunsmasken und schräg gestellten Tyrsosstäben in den oberen Füllungsfeldern verzierten Türen, die zusammen mit den anderen Holzbildhauerarbeiten von Johann Christian Hoppenhaupt (d. J.) in Rechnung gestellt wurden[34], stehen in Erfindung und Ausführung auf dem gleichen hohen Niveau wie die glanzvolle Gestaltung jener Türen im Vestibül und im Marmorsaal; sie sind wahrscheinlich zum selben Zeitpunkt entworfen worden (Abb. 197, 205). Es wäre daher denkbar, dass Knobelsdorff auch hier einen bestimmenden Einfluss ausgeübt hat.

In der übrigen Dekoration – der Ornamentik der Spiegelrahmen, Türen und auch der Supraporten – ist gegenüber den bislang vorgestellten Arbeiten stilistisch eine deutliche Vergröberung zu bemerken. Der Formenfluss der aus Muschelbögen, Astwerk und Schirmen gebildeten Supraporten (Abb. 198, 206) mit den Ruinenmalereien von Charles Sylva Dubois[35] wie auch derjenige der Spiegelrahmenbekrönungen über den Kaminen (Abb. 197) und an den Fensterpfeilern ist verlangsamt, die Details wirken oft derb und schwerfällig.

Diese Ornamentik, die durchaus die Handschrift von Johann Christian Hoppenhaupt (d. J.) erkennen lässt, ist schon ein Stück weit entfernt von den subtilen Formen des Konzertzimmers oder der Bibliothek, wo noch der Einfluss Nahls und Knobelsdorffs spürbar ist.

Die gegenüberliegende Wand (Abb. 204), die von vier Korbnischen untergliedert wird, ist ganz mit Stuckmarmor ausgekleidet, dessen ursprüngliche grüne Farbe inzwischen etwas verblichen ist. Die zwischen den Nischen gelegenen Wandabschnitte sind für jeweils drei Gemälde gedacht; davor stehen Sofas, ausgeführt vom Bildhauer Lucas Meyer. In die Nischen sind Skulpturen aus der angekauften Sammlung Polignac eingestellt. Ihre für die Proportion der Nischen zu hohen Sockel deuten darauf hin, dass sie ursprünglich für andere, wahrscheinlich größere Figuren vorgesehen waren.

Die Korbbögen der Nischen sind innen mit großblättrigen Rocaillen ausgelegt, die den von Sartori und Merck bereits im November 1746 in Rechnung gestellten und wohl auch entworfenen[36] Blattformen im Audienzzimmer überaus ähnlich sind. Darüber, in der Bekrönungszone, erscheinen große Muschel-C-Bögen von ähnlich vegetabilschem Charakter, die sich nach links bzw. rechts wenden. Die glattflächigen Wandabschnitte zwischen den Nischen werden durch schmale, vergoldete Stäbe umrahmt; sie umfassen in der oberen Bekrönungszone ein Früchtestillleben, welches durch zwei gegeneinander gestellte filigrane C-Bögen annähernd kreisförmig umschlossen wird. An ihnen hängen pflanzliche Girlanden herab, die eine dekorative Verbindung zu den Gemälden herstellen. Die Dekoration der langen Decke (Abb. 196) ist von höchst einfacher Struktur: Ein vergoldetes durchgehendes Wellenband wird von fünf länglichen Deckenspiegeln und drei kleinen Rundfeldern um die Aufhängepunkte der Kronen unterbrochen. Die Spiegel zeigen Blumen streuende Putten vor einem Wolkenhimmel, gemalt von Johann Gottlieb Glume. Im Ganzen erscheint die Decke dieses Raumes eigentümlich isoliert. Die blassviolett (gris-de-lin) abgesetzte Voute vermag keine Verbindung zur Wand herzustellen. Zwar ist ihre Mittelachse durch eine mit Putten besetzte Kartusche betont; die sonst von der Decke herabschwingenden Girlanden bleiben zu beziehungslos, als dass sie die Isolation des Deckenplafonds aufbrechen könnten.

Die hier aufgezeigten Differenzen zu früheren Schöpfungen betreffen im Wesentlichen nur die Feinstruktur der Ornamentik. In seiner Gesamterscheinung ist der Raum, wie auch das Audienzzimmer, zwar schlichter ausgestattet als die königlichen Wohnräume, doch bleibt er diesen in seiner festlichen Grundstimmung auf das Engste verbunden.

## DIE GÄSTEZIMMER DES WESTFLÜGELS

**Erstes bis Drittes Gästezimmer** (Abb. 218 und folgende)
Westlich des großen Marmorsaales schließen sich die Gästezimmer an, deren Fenster sich wie bei den königlichen Gemächern nach Süden hin zur großen Schlossterrasse öffnen, während in ihre Nordwand jeweils eine Bettnische[37] eingebaut ist. Diese Zimmer waren nicht nur schlichter als die königlichen Wohnräume ausgestattet, sie unterscheiden sich von diesen auch stilistisch.

Im Ersten Gästezimmer sind die Füllungsfelder der vertäfelten West- und Ostwand zu beiden Seiten des mittleren Wand- bzw. Kaminspiegels mit chinoisen Rocaillemalereien verziert (Abb. 221, 222).

Auf den aus verschiedenen Muschelformen und vergatterten Kartuschen gebildeten, von Blumen durchwirkten Rocaillegerüsten stehen hier einzeln oder zu zweit Chinesen, die allerlei phantastischen Tätigkeiten, insbesondere der Vogeljagd, nachgehen. Einige dünne Zweige streben bis in das obere Drittel der Wandfelder und erweitern die Szenen gleichsam ins Landschaftliche. Der Erschaffer dieser zauberhaften, in violetter (gris-de-lin) Tempera vor hellem Grund gemalten und mit Gold gehöhten Szenen ist der aus Cottbus stammende Maler und Stoffmusterentwerfer Friedrich Wilhelm Höder (1715 – um 1761), der sich offenbar auf diese Art von Malerei spezialisiert hatte.[38] Nur wenige seiner Werke sind heute erhalten. Neben den Malereien im Alkoven des Voltairezimmers (Abb. 257) und denen des Rothenburgzimmers (Abb. 258 und folgende) vermittelt heute nur noch die um 1742 entstandene Japanische Kammer im Erdgeschoss des Neuen Flügels von

*Zeichnung im Abschnitt Erstes bis Drittes Gästezimmer: Friedrich Wilhelm Höder, Entwurf für eine chinoise Rocaille, aus dem Krüger-Konvolut, fol. 59 r (SMBPK, Kunstbibliothek)*

Schloss Charlottenburg, die zur Wohnung der Gemahlin Friedrichs des Großen, Elisabeth Christine, gehörte, eine Vorstellung von seinem Stil.

Allen Malereien Höders ist eigen, dass sie stilistisch von der übrigen Ornamentik des friderizianischen Rokoko gänzlich unbeeinflusst bleiben und sich vornehmlich an der Vorlagenornamentik der französischen Entwerfer wie Mondon oder Peyrotte orientieren.

Im Übrigen wurde das Erste Gästezimmer schon bald nach Fertigstellung mit blassblauem, ungemustertem Halbseidenatlas bespannt, wohl um Gemälde aufhängen zu können, während für die folgenden Zimmer von Anfang an eine Stoffbespannung vorgesehen war.[39]

Vergoldete Ornamente kommen hier nur bei den Supraporten, den Wand- und Kaminspiegeln vor. Auch reichen sie nicht mehr an die Qualität der Dekorationen in den königlichen Räumen heran. Zwar ist das Grundrepertoire der im Schloss vertretenen Ornamentformen wie Muschelbögen, Weintrauben und Fischreiher gleich geblieben, aber diese Formen wirken nun, wie die Supraporten im Ersten und Zweiten Gästezimmer und der Wandspiegel im Dritten Gästezimmer zeigen (Abb. 223, 224, 227, 228, 232), dünngliedrig und wie ausgezehrt. Offenbar führte der Bildhauer Matthias Müller diese Schnitzereien nach eigenen Entwürfen aus.[40] Auch bei den großen Wandspiegeln schwankt die Qualität. Erinnert z. B. die von Melchior Kambly geschaffene Rahmenornamentik des im Mittelfeld der Westwand hängenden Spiegels (Abb. 220) im Ersten Gästezimmer mit ihren kraftvollen Muschelformen noch an frühere Jahre, so wirkt die magere, aus sich windendem Astwerk gebildete Rahmung des gegenüber hängenden Kaminspiegels (Abb. 219) dagegen wie das Werk von gänzlich anderer Hand.

### **Viertes Gästezimmer** (»Voltairezimmer«) (Abb. 236 und folgende)

Die Wände des Vierten Gästezimmers, des so genannten »Voltairezimmers«, sollten nach dem Kostenvoranschlag vom 18. Juli 1746 mit einer Tapete beklebt werden. Doch wurden sie noch während der Bauzeit vertäfelt und von Friedrich Wilhelm Höder mit jener für seine Malweise so typischen chinoisen Ornamentik bemalt.

Von diesen in grau-lila (gris-de-lin) vor gelbem Grund gemalten, mit Silber gehöhten Rocaillen, denen versilberte Spiegel- und Supraportenrahmen sowie versilberte Möbel entsprachen, blieben nur Reste im Alkoven – Rocaillen und Girlanden – erhalten (Abb. 257).[41]

Nur wenige Jahre später, von 1752–53, wurde das Zimmer grundlegend umgestaltet. Der entwerfende und ausführende Künstler war wieder Johann Christian Hoppenhaupt (d. J.). Der Raum erhielt eine neue Boiserie, die bei aller Bewegtheit einer strengen, verfestigten Rahmengliederung folgt. Die spielerische Leichtigkeit der frühen friderizianischen Dekoration und Ornamentik ist gleichsam zu symmetrischer Strenge erstarrt, was besonders an der Bekrönung des Kaminspiegels zum Ausdruck kommt (Abb. 236).

Die gesamte Boiserie wurde von Friedrich Bock und J. G. Buchholz gelb lackiert, ebenso die Rahmenprofile und die verschiedenen Ornamentformen. Auf diese Weise entstand ein einheitlicher gelber Grund, vor dem sich die naturalistisch bemalten Blumengirlanden in den Wandfeldern sowie die Affen, Kraniche, Störche, Eichhörnchen, Vögel und Papageien, die im Sockelbereich der Wandfelder an verschiedenen Stellen vorkommen, besonders effektvoll abhoben.

Ein drastischer Naturalismus kennzeichnet auch die Deckendekoration, die im Wesentlichen nur aus einer üppigen, naturalistisch bemalten Blumengirlande besteht, die sich entweder als rosettenförmiger Kranz um die Deckenmitte legt, oder, als Halbkreis, die Deckenecken überformt.

Die Dominanz naturalistisch bemalter Ornamente im »Voltairezimmer«[42] markiert eine neue Stufe innerhalb der Entwicklung der friderizianischen Innendekoration. Bis zur Zerstörung des Stadtschlosses Potsdam hatten sich im ersten Stock des Westflügels einige vergleichbare Raumdekorationen erhalten, so z. B. in den ebenfalls von Johann Christian Hoppenhaupt (d. J.) entworfenen und 1752 ausgeführten vier

Kammern, die für Gäste gedacht waren[43], oder in der 1755 nach Hoppenhaupts Entwurf neu dekorierten Schreibkammer, die zur Wohnung des Königs im Ostflügel des Corps de Logis gehörte.[44]

### Fünftes Gästezimmer (»Rothenburgzimmer«) (Abb. 258 und folgende)

Die Folge der Gästezimmer endet mit dem Fünften Gästezimmer, nach seinem damaligen Bewohner auch »Rothenburgzimmer« genannt. Es entspricht in seinem kreisförmigen Grundriss der Bibliothek Friedrichs am Ende des Ostflügels. Der Raum öffnet sich mit zwei Fenstern nach Westen und Süden zur Terrasse. Die Wände sind vertäfelt und in Felder über einem relativ hohen Sockelpaneel abgeteilt, die von Friedrich Wilhelm Höder in Temperatechnik ausgemalt wurden. Dabei wechseln sich schmale Felder vor hellgrünem Grund, die nur mit einem gemalten ornamentierten Randsaum geschmückt sind, mit breiteren ab, die Höder mit seinen chinoisen Grotesken bemalte.[45] Diese in grüner Tempera ausgeführten und mit Gold gehöhten Szenen sind wesentlich reicher angelegt als die anderen Malereien der Gästezimmer, wobei die zahlreichen roten Blüten, die bei den anderen Malereien Höders verblasst sind, einen zusätzlichen farbigen Reiz vermitteln.

Der Alkoven (Abb. 262) ist hier niedriger als in den anderen Gästezimmern und, abweichend von diesen, mit Szenen im Stil der Groteskenornamentik Antoine Watteaus ausgemalt. Der Maler ist unbekannt. Die Tatsache, dass diese Malerei auf Leinwand ausgeführt wurde, deutet darauf hin, dass sie vielleicht aus einem älteren Zusammenhang stammt. Die für Höders Malereien ungewöhnlichen Wechsel von chinoisen Feldern und solchen, die nur eine gemalte Groteskenumrahmung aufweisen, wäre dann als das Bestreben zu verstehen, die Watteauschen Szenen besser in den dekorativen Gesamtzusammenhang der Raumdekoration einzubinden.

### Schlussbemerkung

Trotz aller aufgezeigten Unterschiede in Qualität und Stil darf nicht übersehen werden, dass die vom Ornament bestimmte Innendekoration des Schlosses Sanssouci als Gesamtkunstwerk zu betrachten ist. Die Differenzen sind nicht grundlegender Art, sondern bezeichnen Nuancen. Sie sind, wie gezeigt werden konnte, bis zu einem gewissen Grade auch darauf zurückzuführen, dass die verschiedenen beteiligten Kunsthandwerker selbständige Entwürfe einbringen konnten, zum anderen darf nicht vergessen werden, dass es eine Hierarchie der Räume im Schloss gab, auf die man die Dekoration abstimmte. Diese Unterschiede verweisen auch auf die weitere Entwicklung der friderizianischen Innendekoration, die im Detail eine Tendenz zu schweren, symmetrischen Bildungen, zuletzt noch mit zopfigen Klassizismen durchsetzt, entwickelt. Auch in der Folgezeit bleiben die grundlegenden Merkmale dieses Stils erhalten. Friedrich der Große hielt an ihm noch fest, als er andernorts längst überholt war. Geht man davon aus, dass jeder Stil sich im Laufe der Zeit erschöpft, so wird man dafür in Sanssouci erste Anzeichen finden. In diesen letzten Jahren entstehen im Neuen Palais und in den Neuen Kammern noch Raumdekorationen von hohem Rang. Die glanzvollsten Dekorationen, solche von europäischem Rang, stammen jedoch aus den ersten sechs Jahren nach dem Regierungsantritt Friedrichs des Großen im Mai 1740. Nur im Schloss Sanssouci sind einige von ihnen original erhalten geblieben.

1 Im Herbst des Jahres 1746 dürfte es zum Bruch zwischen Knobelsdorff und dem König gekommen sein. Etwa zum gleichen Zeitpunkt verließ Johann August Nahl (d. Ä.) (1710–1785) Preußen fluchtartig. Mit ihnen waren die beiden fruchtbarsten künstlerischen Kräfte aus dem Baubetrieb ausgeschieden.

2 Raumdekorationen von überragender künstlerischer Qualität entstanden vor allem in den ersten Jahren nach dem Regierungsantritt Friedrichs im Neuen Flügel des Charlottenburger Schlosses (1740–1746), in der Ost- und Westwohnung des Stadtschlosses Potsdam (1743/44), in der Friedrichswohnung des Berliner Stadtschlossess und schließlich im Schloss Sanssouci (1746/47). In den Innenraumdekorationen des Neuen Palais (1764/65–1769) und der Neuen Kammern (1771–1774) bleibt zwar eine bestimmte Qualität gewahrt, doch fehlt ihnen die subtile Eleganz der früher entstandenen Dekorationen. Die Ornamentik wirkt nun vergleichsweise schwer, einige der in den ersten Jahren entwickelten dekorativen Lösungen werden, abgewandelt ins Formelhafte, wiederholt, bei anderen Raumdekorationen dringen bereits zopfige Dekorationselemente ein.

3 In Frage kommen Vorbilder der gemäßigten Richtung der französischen Innendekoration, wie sie in J. Mariettes »L'Architecture française« und von französischen Architekturtheoretikern – J. Fr. Blondel, Briseux und Boffrand – vertreten wird, vor allem die freie Richtung der Ornamentik des »genre pittoresque« kommt in Betracht. Insbesondere die Ornamentstiche Antoine Watteaus haben einen großen Einfluss ausgeübt. Das gleiche gilt von der Ornamentik J. de la Joues, den Stichvorlagen J. A. Meissonniers und G. M. Oppenordts.

4 Georg Wenzeslaus von Knobelsdorff (1699–1753) hat bereits für die Innenausstattung von Schloss Rheinsberg eigenhändige Dekorations-

zeichnungen entworfen. In den Jahren 1740–1746 hat er auf die meisten damals entstandenen Innendekorationen einen mehr oder minder großen Anteil (vgl. Eggeling 2003).

5 Johann August Nahl d. Ä. (1710–1785) war im Sommer 1741, einem Aufruf des Königs Folge leistend, nach Preußen gekommen. Nach Hartwig arbeitete er anfangs in Charlottenburg unter der Leitung von Knobelsdorff, später hat er im Stadtschloss Potsdam viele Zimmer nach eigenen Entwürfen dekoriert. Zu seinen Hauptwerken gehörte die im Zweiten Weltkrieg zerstörte Wohnung Friedrichs d. Großen im Potsdamer Stadtschloss (Ovaler Salon, Schlaf- u. Arbeitszimmer, Konzertzimmer). Der auch als Bildhauer hervorgetretene »directeur des ornemens« gehört zu den künstlerisch bedeutendsten Dekorateuren des 18. Jahrhunderts (vgl. Bleibaum 1933, Eggeling 2003, S. 14–15).

6 Zu Johann Michael Hoppenhaupt d. Ä. (1709- nach 1750) und Johann Christian Hoppenhaupt d. J. (1719–1778/86) vgl. Eggeling 2003, S. 16–17.

7 Vielfach betraute der König z. B. die Deckengestaltung eines Raumes und die Wanddekoration verschiedenen Künstlern an und nahm die daraus sich ergebenden Stilunterschiede in Kauf.

8 Vgl. Manger 1789, S. 542.

9 Vgl. Anm. 1.

10 Vgl. Hübner 1926, S. 38.

11 Vgl. Hübner, S. 38.

12 Vom König signierter Aufriss und Grundriss des Schlosses Sanssouci im Maßstab 1:200, gezeichnet vom Baukondukteur Berger (vgl. Hübner 1926, S. 68–69).

13 Zu Friedrich Christian Glume (1714–1752) vgl. Köllmann 1935, S. 91–115; Eggeling 2003, S. 18.

14 Zu den Texten, z. T. Übersetzungen aus den Oden des Horaz, vgl. Hübner 1926, S. 40, und Schloss Sanssouci 1996 (Amtl. Führer), S. 59–60.

15 Hinter der nördlichen Tür der Westwand verbirgt sich ein Wandschrank.

16 W-Wand: Beseelung der Statue des Pygmalion, Autumnus und Pomona. N-Wand: Diana mit ihren Nympfen. O-Wand: Pan und Syrinx, Apollo und Daphne. Im Grundriss des Schlosses, den der Baukondukteur Berger (s. Anm. 13) zeichnete, findet sich für das Konzertzimmer der Vermerk: »Boisiert und vergoldt und von Pesne gemahlt«. Vgl. Hübner 1926, S. 68–69.

17 Zum Entwurf für die Dekoration der Westwand des Konzertzimmers vgl. Eggeling 2003, Anm. 341. Zum Deckenentwurf für das Schlaf- und Arbeitszimmer vgl. Eggeling, Anm. 316 und Abb. 135. Abbildungen dieses Raumes bei Giersberg 1998, Abb. 206–209.

18 Vgl. Hübner 1926, S. 44.

19 Vgl. Schloss Sanssouci 1996 (Amtl. Führer), S. 78–79.

20 Vgl. Seidel 1911, S. 236–237.

21 Vgl. Hübner 1926, S. 46–53; Schloss Sanssouci 1996 (Amtl. Führer), S. 78; Eggeling 2003, S. 17–18 und Anm. 30.

22 Auf dem Grundriss des Schlosses vom Baukondukteur Berger (s. Anm. 13) findet sich für die Dekoration des Schlafzimmers der Eintrag: »Tapezirt Coleur Celadon satin vergoldt«. Vgl. Hübner 1926, S. 68–69.

23 Vgl. Eggeling 2003, Anm. 316, Abb. bei Giersberg, Abb. 28 und Taf. S. 206–209.

24 Das Kabinett wurde von J. A. Nahl ausgeführt. Einzelne Rocailleformen sind denen der Bibliothek sehr verwandt. Vgl. auch Eggeling 2003, S. 130–142.

25 Friedrich hatte in seinem eigenhändig skizzierten Grundriss des Schlosses Sanssouci als Vorbild für seine künftige Bibliothek »come à Rheinsberg« eingetragen. Zu der seit 1945 verschollenen Skizze vgl. Schloss Sanssouci 1996 (Amtl. Führer), S. 40–41 (m. Abb.).

26 Auf dem Grundriss des Baukondukteurs Berger (s. Anm. 13) ist für die Bibliothek eingetragen: »Cederen mit Metal decorirt und vergoldt ins feuer«. Vgl. Hübner 1926, S. 68–69.

27 Die Büste des Homer zwischen Kamin und Fenster ist die berühmteste, es folgen »Sokrates« (dem Homer gegenüber), ein Philosoph (zwischen den Fenstern) und Apollo. Die Büsten gehörten zur Sammlung Polignac, die Friedrich 1742 ankaufte.

28 Die Reliefs geben für jedes Wandkompartiment das dekorative Grundthema an, auf das sich auch die figürlichen Motive, die Instrumente und Gegenstände der Embleme im Oval oberhalb der Bücherschränke und in den Gehängen der Lisenen beziehen.

29 Es handelt sich dabei um einen Entwurf Chamblins. Vgl. Jean Mariette, L'Architecture française, T. I–III. Paris 1727; Eggeling 2003, S. 147–48 und Abb. 137.

30 Der einen Zweig aufgreifende Fischreiher ist ein beliebtes Motiv der friderizianischen Ornamentik und wird besonders von Nahl häufig verwendet.

31 Nach Schneider 1864, S. 3 befand sich ursprünglich im Mittelfeld der Decke ein Gemälde Pesnes, Apoll darstellend. Es habe bald nach seiner Fertigstellung durch Feuchtigkeit Schaden erlitten und sei deshalb von dem Bildhauer Ebenhecht übertüncht und mit der Sonne und deren Strahlen gefüllt worden.

32 Vgl. Hübner 1926, S. 53–54.

33 Zum Zuschauerraum der Berliner Oper vgl. Eggeling 2003, S. 106–118; zur Großen Galerie Eggeling 2003, S. 167–206. Für Knobelsdorff als Entwerfer der Gesamtdekoration sprechen zahlreiche weitere Gründe, die hier im Einzelnen nicht ausgebreitet werden können. Gleiches gilt für die Gründe, die gegen Nahl sprechen. Vgl. Eggeling 2003, S. 142–156.

34 Rechnungen vom 17. Juli 1747 und 10. August 1747. Vgl. Hübner 1926, S. 55.

35 Vgl. Hübner 1926, S. 56.

36 Hübner 1926, S. 55.

37 Zu den Bettstellen vgl. Schloss Sanssouci 1996 (Amtl. Führer), Anm. 36.

38 Höder stellte am 24. Oktober 1747 »eine Vor Cammer ... gemahlt mit Ornementen und japanische Figuren Kirsch Farben Calehr und mit feinem Golde erhöhet« in Rechnung, mit der nur das Erste Gästezimmer gemeint sein kann. Vgl. Seidel 1915, S. 166. Zu Höder vgl. auch Eggeling 2003, S. 19, Anm. 41–43.

39 Das Erste (blaue) Kavalierzimmer war mit »Sattinade bleumourant unie«, das Zweite (weiße) mit »Satinade blanc et bleu rayé«, das Dritte (Rotweiße) mit »Sattinade rayé et rouge fin« bespannt. Die Gardinen waren jeweils aus dem gleichen Stoff wie die Wandbespannungen.

40 Zu den Schnitzereien der Gästezimmer vgl. Hübner 1926, S. 59.

41 Es handelt sich um insgesamt vier Füllungsfelder, die im oberen Bereich mit Girlanden, die an einer Gitterwerks- und Muschelformation hängen, denen an der Basis gegenläufige Rocaillen antworten, geschmückt sind.

42 Das Zimmer wurde zwischen Juni 1752 und Mai 1773 umgestaltet. Da Voltaire bereits im März 1753 Potsdam entgültig verließ, hat er den heute noch erhaltenen Zustand niemals kennen gelernt.

43 Sie gingen in der 1804 eingerichteten Wohnung der Königin Luise auf. Vgl. Giersberg 1998, Abb. 247, 249; Eggeling 2003, Anm. 322.

44 Vgl. Giersberg 1998, S. 212–215.

45 In der Rechnung I 212 von 1747 heißt es »... die großen Felder sind mit grünen Ornementen und Japanischen Figuren, selbige sind mit Feinem Golde Erhöhet, die kleinen Felder sindt mit Colorirten Ornementen ...«. Vgl. Hübner 1926, S. 67.

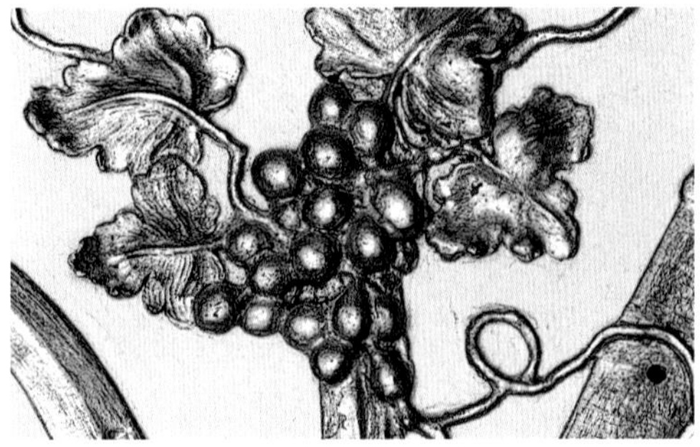

*Thomas Blisniewski*

# Mythologie

Ein liebreizender Ort, ein preußisches Arkadien, das war der Hügel, auf dem später Schloss Sanssouci errichtet werden sollte mitnichten. 1729 waren die Eichen, die auf ihm wuchsen, geschlagen worden, und nun hieß die Erhebung, die einen herrlichen Blick in die Landschaft gestattet, der »Wüste Berg«. Hierhin wurden vom Königshause wohl Ausflüge unternommen, denn Wilhelmine, die Schwester Friedrichs II., berichtet in einem Brief an ihren Bruder vom Mai 1733 über eine solche Landpartie: »Dort hatten wir das Vergnügen, in der Sonne zu braten, uns zu langweilen und zu hungern.«[1] Beklagte sich Wilhelmine über die Unwirtlichkeit des Ortes und die Langeweile, die sie dort erlitt, so erlebte Friedrich die Erhebung zehn Jahre später ganz anders. Er schreibt an seine Mutter: »Wir haben gestern auf dem Hügel gespeist, von dem aus die Sicht reizend ist.«[2]

Die *belle vue* und die gute Erreichbarkeit von Potsdam aus waren für Friedrich sicher zwei wichtige Gründe, das Gelände zu erwerben. Seit dem Sommer 1744 wurde es dann für den Weinberg terrassiert und parallel dazu – und dies ist für die Deutung des mythologischen Programms im Schloss Sanssouci von nicht zu unterschätzender Bedeutung – die Gruft Friedrichs gebaut. Die Anlage des Weinberges und der Gruftbau beginnen also noch *vor* dem Bau des Schlosses. Es sei dahingestellt, ob Friedrich II., als an Gruft und Terrassen gearbeitet wurde, schon an einen Schlossbau dachte, aber der Baubeginn für das Schloss wurde jedenfalls erst am 13. Januar 1785 durch königliche Kabinettsordre festgelegt.

Bevor das mythologische Programm des Schlosses im Vordergrund stehen soll, ist es sinnvoll, den Gruftbau näher zu untersuchen.[3] In der Mitte – und auch noch am Ende – des 18. Jahrhunderts entsprach es keineswegs fürstlicher und adeliger Gepflogenheiten, sich in der freien Natur beisetzen zu lassen. Selbst das arrivierte Bürgertum strebte die Bestattung in Kirchenräumen an. So ist Friedrichs Wunsch, in einer Gruft ohne kirchlichen bzw. dynastischen Bezug beigesetzt zu werden, im 18. Jahrhundert etwas Ungewöhnliches, das von seinen Zeitgenossen als unpassend empfunden werden musste. Nach seinem Tode 1786 wurde dem Wunsch auch nicht entsprochen; erst 1991 erfolgte die Beisetzung der sterblichen Überreste des Königs in der Gruft, die sich östlich in Sichtweite des Schlosses befindet.

Im Jahre 1763 hatte Friedrich der Große die Grabstätte, die ihm für die eigene als Vorbild dienen sollte, besucht: das Grabmal des Fürsten Johann Moritz von Nassau-Siegen (1604–1679) bei Bergendael (Bergental) nächst Kleve am linken Niederrhein. Dort war Johann Moritz Statthalter des Großen Kurfürsten gewesen und hatte in Kleve residiert. Das Bergendaeler Grabmal[4] besteht aus einer Exedra, die mit antiken Plastiken und Spolien besetzt ist. Im Zentrum des Halbkreises steht ein mächtiger, gusseiserner Sarkophag, der sich formal – wenn auch nicht im Material – an antiken Vorbildern orientiert. In diesem Sarkophag wünschte der Fürst unter freiem Himmel beigesetzt zu werden. Es mutet wie ein Kompromiss an, dass der Leichnam tatsächlich zuerst dort zur Ruhe gebettet wurde, doch bereits ein halbes Jahr später die sterblichen Überreste in die Grablege nach Siegen übergeführt wurden.

Vielleicht hatte Friedrich II. bereits anlässlich seines Besuches auf Schloss Moyland, ebenfalls am preußischen, linken Niederrhein gelegen, von dieser, für damalige Verhältnisse, exzentrischen Grablege erfahren. Auf Moyland war Friedrich II. im September 1740 mit Voltaire zusammengetroffen, und in der Philosophie ist wohl auch sein Wunsch nach der ungewöhnlichen Bestattungsform zu suchen. »Ich habe als Philosoph [»en filosofe«] gelebt und ich will als solcher begraben werden [je veux etre enteré Côme Tel« (Orthographie d. Originals)], ohne Trauergepränge und Leichenpomp. (...) Man bestatte mich in Sanssouci auf der Höhe der Terrassen in einer Gruft, die ich habe herrichten lassen. Prinz Moritz von Nassau ist ebenso in einem Wäldchen begraben worden.«[5] Dies schreibt Friedrich in seinem persönlichen Testament von 1769, dem 1752 bereits eines vorangegangen war. Im jüngeren Testament trägt Friedrich den Todesfällen, die sich zwischenzeitlich ereignet hatten, Rechnung, doch die allgemeinen Anweisungen, wie die zur Bestattung, finden sich in beiden Testamenten.

Friedrich begreift sich als Philosoph, und nur als Philosoph kann er sich ein Grab unter freiem Himmel wünschen – als König nicht. So wurde beispielsweise 1778 der Philosoph und Schriftsteller Jean-Jacques Rousseau (1712–1778) tatsächlich im Garten von Ermenonville beigesetzt, bis seine Gebeine ins Pariser Pantheon verbracht wurden.

Es ist aber nicht nur die Idee, die Friedrich vom Statthalter am Niederrhein übernimmt, sondern auch die Form. Auch er wählt eine halbrunde Anlage, die rückwärtig mit den Porträtbüsten antiker Herrscher abgeschlossen wird. Es handelt sich dabei um römische Arbeiten des 18. Jahrhunderts, die nach antiken Vorbildern geschaffen wurden. Dass sich dort neben Caesar und Augustus auch recht zwielichtige Herrscher wie Caligula und Nero befinden, mag bei einem »Philosophengrab« verwundern. Mittig wurde zudem eine gelagerte Flora des Bildhauers François Gaspard Adam (1710–1761) aufgestellt (Abb. 14, 15).

Seit der Errichtung des Schlosses Sanssouci liegt die Ruhestätte in Blickweite der Bibliothek des Königs. Sieht man dort aus dem Fenster nach Osten, kann man den Ort der unterirdischen Gruftanlage erkennen. Somit besteht eine enge Verbindung zwischen dem intimsten und privatesten Raum des Schlosses und der Grabanlage. Es bietet sich mithin ein Blick in die Natur, ein Blick in ein von Menschen gestaltetes Arkadien, in dem sich das Grab befindet; auch in diesem Arkadien ist der Tod präsent.

Schloss Sanssouci thront gleichsam über dem Weinberg, und auf den Terrassen wurden (und werden) ja tatsächlich bis heute Wein und Feigen angebaut. Wein und Feigen sind Früchte, die im Herbst reifen. Insofern ist durch die Vegetation bereits eine gewisse Einstimmung auf den Überfluss des Herbstes und auf die Vergänglichkeit zum Winter hin vorgegeben. Der Herbst ist eine der beiden transitorischen Jahreszeiten, die die Antike nicht kannte. Der Herbst leitet von der warmen zur kalten Jahreszeit über, er ist eine Phase des Übergangs, des Hinüberschreitens. So fügt sich die Grabanlage trefflich in das vegetative Programm des Gartens.

Mythologisch ist Bacchus (Dionysos) der Gott des Übergangs und der Verwandlung.[6] Er ist der Gott des Weines und des Weinanbaus, der Gott des Rausches und der Ekstase, was sich z. B. auch in seiner Verbindung zum Schauspiel und zum Theater zeigt. Auch dort finden ständig Verwandlungen (etwa durch Masken und durch Schicksale) statt. Friedrich II. war vertraut mit der antiken Literatur und daher auch mit der antiken Mythologie. Ein Blick in seine Dichtungen zeigt ihn als feinfühligen Kenner mythologischer Sujets und Allegorien, was beweist, dass er auch um die Bedeutung mythologischer Gestalten wusste.

Steigt der Besucher die Stufen zum Schloss empor, findet er dessen Dachzone von Gestalten getragen, die dem bacchischen Thiasos, dem fröhlich-ekstatischen Gefolge des Bacchus, zugehören. Mänaden und Satyrn dienen, hier paarweise angeordnet, als Atlanten und Karyatiden. Mit großer Leichtigkeit tragen die mächtigen Figuren das Gebälk des Schlosses. Aus glatten Hermen emporwachsend, schuf der Bildhauer Johann Gottlieb Glume (1714–1752) ausgesprochen vitale Charaktere, die zu den besten und schönsten Plastiken des deutschen Rokoko gehören. Von Weinlaub und Trauben umschlungen, vermitteln sie, selbst zu Stein geworden, zwischen der Architektur und der Natur des Gartens (Abb. 26 und folgende).

Der Wein, dem diese bacchischen Gestalten offenbar zusprechen, kann die Stimmung heben, zu Fröhlichkeit und Ausgelassenheit führen. Das ist wohl der wichtigste Aspekt des Weines, doch war es in der Antike auch Sitte, den Toten Wein zu opfern bzw. zu spenden. »Dann werde ich über dein Grabmal nach dem errungenen Siege aus meinen goldenen Bechern dir von dem Mischkrug köstliche Tropfen als Erstlinge spenden,«[7] spricht in Nonnos Dionysika (4./5. Jhdt. n. Chr.) Maron, ein Wesen aus dem Gefolge des Bacchus. Auch wenn es bei Nonnos um einen Wettkampf geht, und die Wohltat der Weinspende als Bestechungsversuch zu werten ist, so zeigt sich hier dennoch, dass es Brauch war, den Toten Wein zu spenden. Die Begräbnisstätte an den Rand eines Weinberges zu legen, hat auch in dieser antiken Tradition Sinn.

Der eigentliche Zugang zum Schloss liegt aber auf der nördlichen, dem Weinberg abgewandten Seite. Vom Ehrenhof kommend, betritt man das Schloss und befindet sich im Vorsaal oder Vestibül. Dies ist ein querrechteckiger Raum, der dennoch einen konzentrischen Eindruck erweckt, was durch die »verschliffenen« Ecken hervorgerufen wird. In diese sind nämlich paarweise schräggestellte Säulen eingestellt; durch diesen Kunstgriff ist das Raumempfinden harmonischer und natürlicher. Überfangen wird der Saal von einer imponierenden Decke, die mit einem Gemälde der Pomona von Johann Harper (1688–1746) geschmückt ist (Abb. 41, 42).[8] Pomona ist eine Hamadryade (Baumnymphe), die vor allem beim römischen Dichter Ovid (43 v. Chr. – 17. n. Chr.) im XIV. Buch seiner Metamorphosen erwähnt wird. Sie ist eine vortreffliche Gärtnerin und wird – nicht zuletzt auch durch ihre Verbindung zum Herbstgott Vertumnus – zur Schutzgöttin der Baumfrüchte. (Die Geschichte von Vertumnus und Pomona wird uns im Konzertzimmer nochmals bei einem Gemälde von Antoine Pesne begegnen.) Pomona ist also wie Bacchus eine Göttin des Herbstes und damit auch des Überflusses und gleichzeitig des Übergangs.

Im Vestibül befinden sich drei große, vergoldete Stuckreliefs als Supraporten, die vom Bildhauer Georg Franz Ebenhech (gest. 1757) modelliert wurden. Die Supraporte über dem Eingang zum Marmorsaal zeigt den Triumphzug bzw. die Ankunft des Bacchus (Abb. 51). Auf einem Wagen sitzend, der von zwei Panthern gezogen wird, die gerade von einem Panskind mit Trauben gefüttert werden, ist Bacchus offenbar soeben angekommen. Als jugendlicher, schlanker und entblößter Mann ist er modelliert und entspricht damit der antiken Bildtradition. Die Darstellung des annähernd muskulösen Brust- und Bauchbereichs ist vom Torso vom Belvedere beeinflusst. Mit seiner Rechten stützt sich Bacchus am Wagen ab, während er in seiner Linken einen mächtigen Thyrsosstab führt, der ihm Zepter und Attribut gleichermaßen ist. Auf einem hohen Stab ist ein geschlossener Pinienzapfen – ein Fruchtbarkeitssymbol – angebracht, der von einem Band und von Weinlaub locker umschlungen wird. Einen ähnlichen Thyrosstab hält die junge, entblößte Mänade, die sich links des Bacchus einem Satyrn, der eine große Weinkanne trägt, freundlich zuwendet. Links neben dieser Zweiergruppe ist ein Mann als Rückenakt gestaltet, der eine schwere Kanne geschultert hat und von dannen zieht. Rechts hinter und neben Bacchus sind Musikanten zu sehen, die Blasinstrumente spielen. Seitlich ist ein weiterer Satyr mit Weinkanne zu erkennen, während im Vordergrund ein Knabe einen Ziegenbock reitet, der zusammen mit einem Satyrknaben aus einer Schüssel Trauben frisst. Im Hintergrund ist schließlich ein Tholos, ein Rundtempel, dargestellt.

Der Triumphzug des Bacchus steht in enger Verbindung mit seinem Feldzug nach Indien. Er ist der Sieger, der mit Geschick und Wein die Widrigkeiten zu überwinden vermag; in seinem Gefolge herrschen Lebenslust und Überfluss. Umgeben ist das Bildfeld von einem Rahmen, der wiederum aus Stäben, Weinlaub und Trauben gebildet und oben in der Mitte von einer Silensmaske bekrönt wird.

Die östliche Supraporte (Abb. 49) ist einer Sakralidylle gewidmet. In einem ländlichen Heiligtum, das durch eine Säulenarchitektur nach hinten begrenzt wird, tanzen Nymphen (oder Mänaden?) um eine Pan-Herme, die den Hirtengott als verschmitzt lächelnden zeigt. Ohne Arme und mit muskulösem Oberkörper ist er das Kultbild, das die fünf Frauen, die durch ein langes Blütenband miteinander verbunden sind, umtanzen. Rechts spielen ihnen dazu zwei Satyrn mit Blasinstrumenten auf. Ein Satyrkind betätigt sich als Schalldämpfer, indem es mit seinem Fäustchen in den Schalltrichter greift. Die anmutigen, nackten Nymphen scheinen jedoch keinen Reigen zu tanzen, denn sie streben unterschiedlichen Richtungen zu. So bewegen sich die mittlere und die linke nach links, während die beiden rechten sich auch nach rechts bewegen. Die gesamte Szene wird von einem knorrigen, doch astarmen Strauch, der rechts im Bildfeld emporwächst, überfangen.

Pan, der in der antiken Ideallandschaft Arkadien beheimatet ist, ist ein Gott, der vornehmlich auf dem Lande in kleinen Heiligtümern verehrt wurde. Er ist ausgesprochen naturverbunden und sehr fruchtbar. In der Ikonographie werden Pansgestalten oft dem Gefolge des Bacchus beigesellt, was sicher auch in der ähnlichen Aufgabensphäre der Gottheiten begründet ist.

Die letzte, westliche Supraporte (Abb. 46) des Vestibüls zeigt einen trunkenen, wohlbeleibten Silen, der auf einem Esel oder Maultier, von einem Satyrn geführt, reitet. Fast scheint Silenus von seinem Reittier herabzugleiten, doch wird er von einem Mann, der vor ihm steht, gehalten und umfangen. Dem Zug voran schreitet eine Mänade, die ein Tamburin schlägt, eine weitere bläst eine Art Doppelaulos, doch ist die griechische Doppelflöte hier fast zu einer gedoppelten Fanfare mutiert. Zwei Putten sind in einen Baum geklettert, ein weiterer Putto reitet rücklings auf einem Ziegenbock.

Diese Szene ist ausgesprochen dicht gedrängt komponiert und unterstreicht so den turbulenten und lebhaften Charakter des Zuges. Silenus soll einer der Erzieher des Bacchus gewesen sein und ihn später bei seinen Kriegszügen begleitet haben. Da die antike Mythologie kein dogmatisches Gebilde ist, gibt es viele verschiedene – oft auch widersprüchliche – Deutungen auch dieser Gestalt, die zwischen Trinker und Philosoph oszilliert.

Alle Supraporten des Vestibüls zeigen bacchische Themen, wobei das Hauptbild, das über der Tür zum Marmorsaal angebracht ist, Bacchus selbst zeigt. Dem Betrachter werden hier die Verehrung ländlicher Gottheiten sowie die Ausgelassenheit und Trunkenheit in Folge des Weingenusses vor Augen geführt. Zudem finden sich zahlreiche Fruchtbarkeitssymbole in den Darstellungen, angefangen bei den Gottheiten selbst, die für Fruchtbarkeit und Wachstum stehen, wie Bacchus und Pan, sowie Ziegenböcke und Esel. Zusammen mit dem Deckengemälde der Pomona erweist sich die Ausstattung als ein auf den Herbst, auf die Zeit des Übergangs ausgerichtetes Programm, wobei der Wandel (z. B. von nüchtern zu trunken) stets immanent ist. Für einen Eingangsraum zu einem »Weinbergschloss« ist die Dekoration mithin höchst sinnfällig.

Diese Szenen sind jedoch keine mythologischen Darstellungen im engeren Sinne, denn sie lassen sich nicht auf konkrete Situationen in bestimmbaren Mythen zurückführen. Hier werden vielmehr, wie es aber auch noch im 18. Jahrhundert durchaus üblich ist, mythologische Gestalten in neue Kontexte gesetzt. Man bedient sich des Mythos, um Stimmungen hervorzurufen oder auf Jahreszeiten oder Ereignisse anzuspielen. Dieses Verfahren setzt Rezipienten voraus, die mit Mythen und mythologischen Personen vertraut sind. Darauf konnte aber in der damaligen Zeit der (unbekannte) Programmentwerfer beim Schlossbau vertrauen. Wie schon erwähnt, war Friedrich II. selbst ein feinsinniger Kenner der Antike und der antiken Mythologie und hat sicher bei den Programmen der einzelnen Räume mitgewirkt.

Die beiden Skulpturen, die sich heute an der östlichen und westlichen Wand befinden (eine Kopie des Ares Ludovisi von Lambert Sigisbert Adam [1700–1761] und eine Agrippina von Heinrich Berges [1805–1852]), gehören nicht zur ursprünglichen Ausstattung des Schlosses und wurden erst später an diesem Ort aufgestellt.

Auch wenn der anschließende Marmorsaal vor allem den Künsten und martialischen Tropaia gewidmet ist, gibt es auch hier das Herbstmotiv. Im Fußboden, der als Marmormosaik gearbeitet wurde, finden sich Darstellungen von Melonen, Weinranken und Trauben – mithin von Herbstesfrüchten (Abb. 75, 77).

Im Audienz- oder Speisezimmer, mit dem die östliche Enfilade mit den Privatgemächern des Königs beginnt, wird die Herbst- bzw. Vergänglichkeitsthematik wieder aufgegriffen. Über dem großen Spiegel befindet sich ein Relief, das ebenfalls von Glume geschaffen wurde (Abb. 105). Eine Frau reicht einem Mann, beide lagern am Boden, einen Weinpokal, während der bärtige Mann unter das Kinn der Frau greift. Auch wenn sich diese Liebesszene nicht schlüssig benennen lässt, gibt es dennoch eindeutige Verweise auf den Herbst, denn unterhalb des Mannes wachsen wiederum Melonen.

Im Audienzzimmer wird der Vergänglichkeitsgedanke weiter intensiviert. Über der Tür zum Konzertzimmer findet sich die Inschrift, die in einem aufgeschlagenen Buch zu lesen ist, das ein Putto hält: »Ohne Gram, ohne Bitternis – jenem schleichenden und unheilvollen Gift unseres Lebensabends – streue ich noch einige Blumen auf die kurze Wegstrecke, die mir noch vergönnt ist. O Posthumus! die Zeit eilt dahin; warum sollten wir uns in dieser kurzen Zeit mit so schwerwiegenden Plänen befassen!« (Abb. 109). Bei diesem Text handelt es sich um eine Zusammenstellung aus Versen des Horaz (65–8 v. Chr.) sowie solchen des französischen Dichters Guillaume Amfrye de Chaulieu (1639–1720). Auf der gegenüberliegenden Supraporte (Abb. 107) ist zu lesen: »Möge uns die Sonne bei ihrer strahlenden Wiederkehr noch hier im Gespräch über Verse und Liebe finden, als Vorzeichen eines noch schöneren Tages voller Freuden, lässt uns dann die Blumen und die Morgenröte schauen.«[9]

Es sind noch barocke Gedanken, die hier im Audienzzimmer an die Wand geschrieben werden: das Leben genießen und sich angenehmen Gedanken hingeben, solange noch die Möglichkeit dazu besteht. Motive, die sich in der gesamten Barockdichtung – ob französisch oder deutsch – finden. Lediglich der Verweis darauf, die Zeit auch gottgefällig zu verbringen, die in der Barocklyrik meist nicht fehlt, ist hier fortgelassen. Die Sorgen vor dem Tode, dem Ende, sie lassen sich auch in einem Lustschloss wie Sanssouci nicht vollends ausblenden. Wenn das Lustschloss gleichzeitig auch Grablege werden soll, so bekommen die Gedanken an das Ende des irdischen Daseins eine tragische Dimension. Zudem scheint Friedrich II. Sanssouci nicht als Schloss aufgefasst zu haben, das ihn überdauern würde. Er sah es als einen Bau an, der ihn nicht zu überdauern habe. So scheint sich der König Instandsetzungsarbeiten, die z.B. durch die Verwendung von zu frischem Holz beim Innenausbau erforderlich geworden waren, widersetzt zu haben; und einiger Anstrengung bedurfte es wohl, ihn von der Notwendigkeit solcher Arbeiten – selbst dem Abdichten des Daches – zu überzeugen.[10] Als Friedrich 1786 starb, waren das Schlaf- und das Arbeitszimmer des Königs so verwohnt, dass sein Neffe und Nachfolger Friedrich Wilhelm II. sofort eine umfangreiche Umgestaltung vornehmen ließ.

Im Konzertzimmer, dem folgenden Raum, setzt sich das mythologisch-herbstliche Programm, das bereits in den anderen Räumen des Schlosses beobachtet werden konnte, fort. Beim Betreten des Raumes fällt dem Besucher sogleich die vergoldete Stuckierung der Decke auf, die der Bildhauer Johann Michael Merck (1714–1784) geschaffen hat. Die Ornamente sind so geschickt angeordnet, dass die Decke kaum etwas Lastendes hat. Alle ihre Schmuckelemente streben der Mitte zu, die von einer feinen Spinnwebe überzogen ist und in der auch einige Spinnen zu finden sind. In den Ecken der Decke sind perspektivisch dargestellte Türme ausgeführt worden, die aus Gittern gebildet und von Weinlaub umrankt sind. Seitlich biegen sich bogenförmige Gitter, die auf den Türmen entspringen. Sie bilden so eine Art Baldachin, unter dem Putten mit dem Ziehen von Netzen beschäftigt sind. Außerdem entspringen den Gittertürmen schlankere, kleinere Türme, die der Mitte der Decke zustreben. Dort berühren sie das große, filigrane Spinnennetz. Unterhalb der Türme, in den Ecken der Decke, werden Hasen und Hirsche von Hunden gejagt und gehetzt. Zudem finden sich in der Deckenornamentik Thyrsosstäbe und Weintrauben (Abb. 136). Es kann kein Zweifel bestehen, dass hier Jagd, Spinnwebe und Früchte auf den Herbst verweisen und sich mithin auf die bacchische Sphäre des Jahreskreises beziehen. Es soll nicht unerwähnt bleiben, dass sich innerhalb der Deckendekoration auch unzählige Rocaillen befinden, die dem Rokoko den Namen verliehen und hier dem preußischen Rokoko zu höchster Ehre gereichen.

Die Wanddekorationen sind den Metamorphosen des Ovid gewidmet, wobei sich Wandbilder mit großformatigen Spiegeln abwechseln. Die Gemälde, die alle fest mit der Wandvertäfelung verbunden sind, stammen von Antoine Pesne (1683–1757), seit 1710 Hofmaler des preußischen Hofes. Beginnend an der Westwand zum Audienzzimmer hin finden sich folgende Themen: »Pygmalion und Galathea« (Ovid, Met. X, 243 ff., Abb. 122), »Vertumnus und Pomona« (Ovid, Met. XIV, 622 ff., Abb. 119), an der Schmalseite gegenüber den Fenstern zum Park »Diana mit ihren Nymphen im Bade« (Abb. 114) und an der Ostwand zum Arbeitszimmer des Königs hin »Pan und Syrinx« (Ovid, Met. I, 689, Abb. 118) sowie »Bacchus und Ariadne« (Ovid, Met. VIII, 168, Abb. 115).

Im Folgenden sollen die Bilder vorgestellt und die Mythen in der Variante des Ovid (43 v. Chr. – 17. n. Chr.) wiedergegeben werden.

Pygmalion, enttäuscht von den Frauen, schnitzt sich eine lebensgroße Puppe aus Elfenbein, in die er sich, da äußerst lebensecht gestaltet, verliebt. Bei einem Venusfest bittet er Venus um eine Frau, die seiner geschnitzten ähnlich sei, denn er traut sich nicht, die Göttin zu bitten, das Bildwerk zum Leben zu erwecken. Als er in seine Bildhauerwerkstatt zurückkehrt, wird die Plastik unter seinen Umarmungen lebendig. Pesne stellt den »Belebungsmoment« dar. Venus, die Göttin der Liebe und der Schönheit, ist auf einer Wolke in Pygmalions Atelier geschwebt, und soeben ist Galathea (die bei Ovid noch keinen Namen trägt) zum Leben erwacht und wendet sich der Göttin zu, zu der auch der fassungslos-erschrockene Pygmalion aufblickt.

Vertumnus und Pomona sind ebenfalls ein Liebespaar aus den Metamorphosen des Ovid. Pomona, die sich ganz der Gartenarbeit verschrieben hat, will von Männern nichts wissen. Vertumnus aber, der mit dem Gott des Herbstes identifiziert wird, hat sich in Pomona verliebt. Da er die Fähigkeit besitzt, sich in jedwede Figur verwandeln zu können, erscheint er Pomona in den verschiedensten Gestalten, doch kann er in keiner ihr Herz erobern. Schließlich geht er als alte Frau zu Pomona und erzählt ihr die Geschichte von Iphis und Anaxarete. Anaxarete verschmähte aus Stolz den Iphis, worauf sich dieser das Leben nahm; und Anaxarete erstarrte zu Stein. Von dieser Geschichte gerührt, lässt sich Pomona erweichen und erhört Vertumnus in seiner wirklichen Gestalt. In einem herbstlichen Garten, der eher etwas verwildert wirkt, denn von einer begeisterten Gärtnerin bestellt, hört Pomona gebannt den Erzählungen des Vertumnus, der unter der Gestalt der Alten bei ihr weilt, zu. Währenddessen naht Hymen, der Hochzeitsgott, als kleiner geflügelter Putto mit brennender Fackel, womit das gute Ende der Geschichte vorweggenommen wird.

Das Bad der Diana ist kein echter Mythos, vielmehr wird in mehreren Mythen erwähnt, dass Diana nach rastloser Jagd ein Bad nahm, um sich zu erfrischen. Auch bei Pesnes Bild auf der Schmalseite des Konzertzimmers hat sich die Göttin niedergelassen, um ein Bad zu nehmen. Seitlich ihr zu Füßen liegt Federvieh, das sie soeben bei der Jagd erlegt hat. Bedient wird die schöne Göttin, der eine kleine Hirschkuh zuspringt, von etlichen Nymphen. Auch wenn Diana eigentlich die Waldeinsamkeit schätzt, so wird sie hier inmitten einer phantasievollen, antikisierenden Architektur gezeigt.

Die Geschichte um Pan und Syrinx wird verhältnismäßig selten dargestellt. Innerhalb der Metamorphosen des Ovid ist sie gleichsam als Pendant zur Verfolgung der Daphne durch Apollon zu verstehen. Pan, der Hirten- und Naturgott, verguckt sich in die schöne Nymphe Syrinx, die ihn jedoch flieht. Er verfolgt sie, sie aber bittet ihre Schwestern, die im Flusse Ladon leben, verwandelt zu werden, damit Pan ihrer nicht habhaft werde. Als er sie erreicht, hält er nur noch Schilfrohr im Arm, woraus er aus Trauer seine Flöte, die Panflöte (gr. Syrinx), schneidet. Pesne stellt den Augenblick vor der Verwandlung dar. Syrinx hat das rettende Flussufer erreicht, während ihr Pan dicht folgt und bereits Schilfrohr im Arm hält.

Der letzte Mythos, den Pesne aus den Metamorphosen darstellte, ist der von Bacchus und Ariadne. Nachdem Ariadne Theseus geholfen hatte, den Minotaurus auf Kreta zu töten bzw. aus dem Labyrinth wieder herauszufinden, fliehen die beiden. Auf der Insel Naxos aber lässt Theseus seine Geliebte zurück. Hier findet sie Bacchus, der ihre Krone in ein Sternbild verwandelt, Ariadne tröstet und zu seiner Frau macht. Pesne wählt den Augenblick der Auffindung, auch wenn Ariadne, die bei Ovid eine hemmungslos Klagende ist, sehr gefasst wirkt und mit dem Gott darüber zu verhandeln scheint, wie es weitergehen soll.

Es stellt sich nun die Frage, ob diese sehr verschiedenen Mythen ein Programm bilden. Es gibt aber kaum ein *tertium comparationis*, das dies nahe legen würde. Börsch-Supan legt dar, dass hier »die dem Weinbergschloss gemäßen Themen, bildende Kunst [durch Pygmalion], Obstbau [durch Pomona], Musik [durch Pan] und Weinbau [durch Bacchus]« berührt würden. Im fünften Bild, dem Bad der Diana, sieht er eine Anspielung auf Wilhelmine, die Schwester des Königs, so wie Diana die Schwester des Apollon ist.[11] Dieser Deutung ist sicher zuzustimmen, wenngleich sie hier um den Aspekt der Verwandlung und des Herbstes erweitert werden soll.

In allen fünf Ovid-Szenen wird Bezug auf den Herbst oder auf das Moment der Verwandlung genommen. Bei Vertumnus und Pomona sowie bei Bacchus und Ariadne werden sogar Herbst und Verwandlung explizit dargestellt, da Vertumnus, Pomona und Bacchus herbstliche Götter sind. Zudem ist Diana die Göttin der Jagd und somit auch einem herbstlichen Tun zuzuordnen. Da der gesamte Raum von einer Stuckatur überfangen wird, die ebenfalls eindeutig der Herbstthematik gewidmet ist, scheint auch in der Auswahl der Metamorphosen diese Thematik mitgedacht worden zu sein. Jedenfalls wurden aus den Metamorphosen nicht die im 18. Jahrhundert so beliebten »Amours des Dieux« gewählt, wobei das Darstellungsgewicht dann meist auf der erotischen Pikanterie (der Verwandlung) liegt. Es werden hier weder der nimmer liebesmüde Jupiter mit seinen Liebschaften dargestellt noch Apollon und seine Liebesabenteuer, wobei sowohl Jupiter – und mehr noch Apollon – jeweils als Alter Ego des Königs hätten auftreten können.

Arbeits- und Schlafzimmer wurden, wie bereits dargelegt, sofort nach Friedrichs Tod umgestaltet. Dabei wurde auch das vergoldete Gitterwerk aus Holz, das von grünem Atlas hinterfangen wurde, vernichtet. Das Gitterwerk war wohl mit Blumen und Vögeln verziert. Wie sehr das Dekor Herbst- oder Verwandlungsthemen zuzurechnen ist, lässt sich kaum noch feststellen. Da die Deckendekoration, die auch wieder von Merck stammte, Kinder, Hunde und Tiere gezeigt haben soll, lässt sich wiederum an eine Jagdszenerie denken, doch bleibt dies spekulativ.

Am Ende der Raumfolge befindet sich schließlich noch die Bibliothek des Königs, die nun nicht mehr in einer Achse mit den anderen Wohnräumen liegt. Die Wände des sehr kleinen und intimen Raumes sind mit Zedernholz vertäfelt und weisen zudem vier vergoldete, querovale Bronzereliefs auf, die Allegorien der Künste zeigen und von Benjamin Giese (1705–1755) geschaffen wurden.

Mythologischen Inhalts ist davon nur ein Relief, das Apollon als Musenführer (Musaget) zeigt (Abb. 163). Bei näherem Hinsehen bemerkt der Betrachter, dass die Figur des Apollon als Standbild aufzufassen ist, denn er steht auf einer Plinthe. Über seiner Gestalt dringen Strahlen aus dem Himmel und weisen darauf hin, dass Apollon nicht nur der Gott der schönen Künste, sondern auch der Sonne ist, denn der Sonnengott Sol und Apollon sind schon in der Antike zu einer Gottheit verschmolzen. Um ihn herum sind die »Musen« dargestellt, bei denen es sich aber eher um Kinder handelt denn um junge Frauen. Sie alle halten Musikinstrumente und weitere Attribute der Musen in den Händen. Während fünf von ihnen auf sich bezogen sind und musizieren oder meditieren, tanzen zwei miteinander. Zwei weitere stehen hinter einem runden Altar, um den sich eine Schlange windet, sich aber nicht, wie es zu erwarten wäre, zu einem Ouroboros, also einer Schlange, die sich selbst in den Schwanz beißt, schließt. Auf der Front des Altars ist eine Inschriftplatte angebracht, auf der die griechischen Großbuchstaben Delta, Omikron und Sigma zu erkennen sind. Der erste Buchstabe allerdings wird vom Kopf der Schlange verdeckt. Rechts im Bild ist schließlich noch ein schroffer Felsen zu sehen, auf dem Pegasus, das Musenpferd, sich gerade in die Lüfte erheben will.

Das Motiv der Sonnenstrahlen findet sich auch in der Deckendekoration der Bibliothek wieder, wobei die Sonne von Georg Franz Ebenhech (gest. 1757) gefertigt wurde (Abb. 195). Zudem finden sich in der Bibliothek vier antike Büsten, die Friedrich II. 1742 erworben hatte und von denen der »Homer von Sanssouci« eine gewisse Berühmtheit besitzt.

Die Bibliothek ist sicher primär den Künsten und der Literatur gewidmet. Daneben spielt aber Apollon – gleichermaßen als Musaget wie als Sonnengott – eine Rolle. Dieser Raum ist der östlichste der Wohnräume des Königs, und vermutlich besteht auch zwischen der Sonnensymbolik und der Ausrichtung nach Osten ein Zusammenhang. Außerdem war Friedrich II. Freimaurer, in deren Lehren Sonne und Licht eine wichtige Stellung einnehmen. Schließlich sei nochmals darauf hingewiesen, dass die Gruftanlage vom Bibliothekszimmer aus sichtbar ist.

Friedrich der Große sagte in seinem Testament von 1769 von sich selbst, dass er »en filosofe« gelebt habe und als solcher begraben werden wolle.[12] Zum Philosophieren und philosophischen Arbeiten ist eine Bibliothek der *locus classicus*, und so ergibt es sehr viel Sinn, Bibliothek, Grabanlage und das gesamte Schloss aufeinander zu beziehen. Das Leben lebend, hatte Friedrich, jedenfalls wenn er in Sanssouci weilte, was er die Sommermonate über regelmäßig tat, den eigenen Tod durch das eigene Grab stets vor Augen. Friedrich II. ist, was die Todesauffassung betrifft, der Mensch einer Übergangszeit. Einerseits ist er noch in der spätbarocken Tradition, die den Tod fürchtet und das Leben daher genießen möchte, verhaftet, worauf denn auch die z. T. bacchische Ikonographie des Schlosses hinweist. Andererseits hat er schon seine Zeit und die seines gesellschaftlichen Standes gedanklich verlassen, wenn er unter freiem Himmel bestattet und mit der arkadischen Natur von Sanssouci eins werden möchte. Gerade zu seinen Lebzeiten änderte sich in der europäischen Geistesgeschichte – von Deutschland ausgehend – das Todesbild und die Todesvorstellung. 1769 erschien Gotthold Ephraim Lessings Epoche machende Schrift »Wie die Alten den Tod gebildet«, die aber dürfte Friedrich höchstens indirekt bekannt geworden sein, interessierte er sich doch nicht für die zeitgenössischen deutschen Philosophen, Dichter und Denker.

Im Musikzimmer befindet sich eine Supraporte mit einem Gemälde von Charles Sylva Dubois (1668–1753), das dieser 1746/47 malte (Abb. 120). Im Vordergrund bestaunen Schäfer mit ihrer Herde ein antikisierendes Grabmal und lagern an diesem. Diese Figurenstaffage stammt von Antoine Pesne. Der Blick des Betrachters wird jedoch weiter in die Ferne gezogen, und jenseits der Havel, die das Bild durchzieht, ist Schloss Sanssouci zu sehen. Vielleicht ist dieses Bild, wie Giersberg es kurz andeutet,[13] wirklich der Schlüssel zum Verständnis der gesamten bacchischen und transitorischen Ikonographie von Sanssouci. Das Gemälde erinnert stark an Nicolas Poussins (1594–1665) Gemälde »Et in arcadia ego«, das heute im Louvre aufbewahrt wird. Schäfer stoßen beim Herumziehen mit ihren Herden auf ein Grabmal und meditieren über den Tod, über den Tod, den es auch im heiteren Arkadien gibt, wo Menschen mit sich und der Natur im Einklang lebten. Und vielleicht wird so die Havel zur preußischen Lethe, die alles, was im Leben beschwerte, vergessen macht.

1 Kurth 1964, S. 15.
2 Eckardt 1964, S. 156. Die beiden Briefstellen werden übereinstimmend auf den späteren Weinberg bezogen.
3 Zur Baugeschichte der Gruft s. Giersberg/Krüger 1992.
4 Vgl. Hilger 1979.
5 Oppeln-Bronikowski, S. 16. Im Original fügt Friedrich noch hinzu, dass der Wald »proches de Cleves« (nahe bei Kleve) gelegen sei. Die Übersetzung Oppeln-Bronikowskis wurde vom Verf. leicht überarbeitet.
6 Auf das Sterben bezogen ist dies Hermes psychopompos, Hermes der Seelengeleiter, der die Verstorbenen in die Unterwelt führt.
7 Nonnos 1985, S. 285.
8 Traditionell wurde die Mittelgestalt als »Flora« bezeichnet, was aber inhaltlich keinen Sinn ergibt. Zudem führt die Dargestellte eindeutig Attribute der Pomona. Vgl. dazu den Beitrag von Marina Heilmeyer in diesem Band.
9 Die beiden Inschriften sind im Original in Französisch verfasst. Die Übersetzung sowie die französischen Texte in Eckardt/Giersberg/Bartoschek 1996, S. 59–60 und 133–134.
10 Eckardt/Giersberg/Bartoschek 1996, S. 26–30.
11 Börsch-Supan 1986, S. 23. Die Ergänzungen durch den Verfasser.
12 Vgl. Anm. 5.
13 Giersberg/Krüger 1992, S. 13; Kurth 1964, S. 15.

*Marina Heilmeyer*

# Früchte, Blüten und Blätter in Sanssouci

Das Vestibül ist der erste festliche Raum des Schlosses, den einst ein Gast des Königs ebenso wie der heutige Besucher von Sanssouci betritt. Noch ehe sich die Türen zum strahlenden Marmorsaal öffnen und durch die hohen Fenster einen ersten Blick in Richtung der Gartenanlagen gewähren, wird der aufmerksame Besucher hier schon bestens auf das besondere Thema dieses wunderbaren Dialoges zwischen Außen und Innen, zwischen Schloss und Garten eingestimmt.

Auch wenn sich Strukturen und Bepflanzungen in den Gärten von Sanssouci seit den Zeiten Friedrichs II. ganz erheblich verändert haben, ist dennoch der Wein über die Jahrhunderte ein bestimmendes Element im Garten und auf den Terrassen geblieben. Wie in die Architektur hineingewachsen, erscheint er als Ornament in fast allen Räumen des Schlosses. Im Vestibül ist er vor allem Hintergrund und Kolorit der dionysischen Szenen auf den Türfüllungen, die auch das Produkt aus den Trauben, den Wein, in Flaschen und Fässern vorführen.

Neben dem Wein waren es vor allem die verschiedensten Obstbäume, die von den Hofgärtnern in einer Fülle von Sorten am Spalier oder als freistehende Bäume in vielen Formvarianten gezogen wurden und das Ideal des Königs, die Verbindung des Nützlichen mit dem Schönen, verwirklichten. Was lag daher näher, als von der Decke des Vestibüls Pomona grüßen zu lassen, diese römischste aller Naturgottheiten, hier meist fälschlich als Flora bezeichnet, aber eben nicht für Blumen, sondern für alle jene Früchte verantwortlich, die auf Bäumen reifen (Abb. 42). Von ihr berichtet Ovid: »Von allen Nymphen Latiums pflegte keine geschickter die Gärten, keine war mit größerem Eifer um die Anzucht des Obstes bemüht. Auch ihr Name stammte daher. Nicht Wälder und Ströme liebte sie, sondern das Feld und Zweige mit lachenden Äpfeln.«[1]

Der Maler Johann Harper hat sie 1746 dargestellt, wie sie aus einem gewaltigen Füllhorn Früchte aller Art spendet[2] und damit an den uralten Traum vom Goldenen Zeitalter erinnert, in dem sich die Menschen ohne Sorgen und Arbeit nur von den wild wachsenden Früchten ernähren konnten. Das Fülle und Reichtum symbolisierende Horn war ursprünglich das Zeichen der Amme des Zeus, der Nymphe Amalthea[3], nach der Friedrich, dem antiken Vorbild des Cicero-Freundes Atticus folgend[4], seinen geliebten ersten Garten in Neuruppin benannt hatte.

Alles was Pomona an Obst aus ihrem Füllhorn schüttet, konnte zu Friedrichs Zeiten in den Plantagen von Sanssouci geerntet werden: Kirschen *(Prunus avium)*, denen die besondere Leidenschaft des Königs galt, fallen hier neben Pfirsichen *(Prunus persica)*, Birnen *(Pyrus communis)*, Äpfeln *(Malus domestica)*, Pflaumen *(Prunus domestica)*, Aprikosen *(Prunus armeniaca)*, Granatäpfeln *(Punica granatum)* und Mispeln *(Mespilus germanica)* aus dem Füllhorn.

Aber nicht nur Früchte, auch Getreideähren und Mais *(Zea mays)* verstreut Pomona. Nach antiken Vorstellungen wäre für das Getreide eigentlich Ceres zuständig gewesen, die Göttin der Ackerfrüchte. In den Schriften des zu Friedrichs Zeiten gern und viel gelesenen römischen Naturwissenschaftlers Plinius d. Ä. findet sich ein längerer Disput der beiden Damen, in dem Pomona ihre Früchte für Gott gefälliger erklärt, da sie in den Bäumen und daher näher dem Himmel wachsen, als alles das, was, wie eben das Getreide, Ceres am Boden wachsen lässt.[5]

Der erst im 16. Jahrhundert aus Amerika nach Europa eingeführte Mais, der als »türkisches Korn« bezeichnet wurde, wird dieser barocken Pomona des 18. Jahrhunderts vielleicht deshalb mitgegeben worden sein, weil Friedrich II. ihn schätzte und bemüht war, dessen Anbau in Preußen zu fördern.

Pomona ist umgeben von Eroten aus der Gefolgschaft der Aphrodite, die Rosen *(Rosa centifolia)* aus den Wolken auf die Erde streuen – Rosen, die in der Zeit zwischen Aufklärung und Empfindsamkeit als Sinnbilder für fürstliche Regierungskunst und eine glückliche, segensreiche Herrschaft verstanden werden wollten. Als *flos sapientiae* oder *Blume der Weisheit* und Symbol eines klaren Geistes bezeichnen sie die im 18. Jahrhundert so beliebten Nachschlagewerke zur Pflanzensymbolik.

### Marmorsaal

Aus dem dunkleren Vestibül tritt der Besucher des Schlosses in die lichte Sphäre des Marmorsaals. Unter der reichen Pflanzenornamentik fällt zuerst ein Lorbeerkranz auf, der die Eingangstüre schmückt (Abb. 68).

Apoll, dem Gott des Lichtes, war der Lorbeer *(Laurus nobilis)* heilig, aus dessen Zweigen so gerne Kränze geflochten wurden. Sie besaßen nach antikem Verständnis einen magischen Wert, der sowohl in der Form wie auch im verwendeten Pflanzenmaterial begründet lag. Die in sich geschlossene Form des Kranzes war Zeichen des absolut Vollkommenen und Vollendeten und der Lorbeer ein Symbol der Reinigung, des Glücks und des Sieges.[6]

Die älteste der Lorbeergeschichten erzählt von Apoll, der einen Drachen getötet hatte, um sich dann mit den Zweigen des Lorbeers zu reinigen und ihn damit zu seiner heiligen, von allem Bösen reinigenden Pflanze zu erwählen.

Erst in römischer Zeit wurde der Lorbeer zum Symbol von Siegesfeiern und zum Glücksbringer, mit dem man am Neujahrsfest oder an Hochzeitstagen die Türen schmückte. Damit sollten alle bösen Geister gebannt werden, die sich, wie man glaubte, vor allem vor den Hauseingängen aufhielten, um bei günstiger Gelegenheit einzudringen. Der dem friderizianischen Zeitalter so vertraute römische Dichter Ovid fasste die Geschichte des Lorbeers in folgende Verse:

»... Sollst mein Baum du doch sein. Es sollen, Lorbeer, dich tragen
Stets meine Leier, mein Haar, der Köcher.
Den römischen Feldherrn zierst du,
wenn zum Triumph die frohen Rufe erschallen,
wenn auf den festlichen Zug die Burg vom Hügel hinab schaut.
Sollst auch stehen am Tor des Augustus, als treuester Wächter,
hüten den Kranz, der hängt ob der Mitte der Pforte.«[7]

Ein Blick auf den kostbaren Marmorboden des Saals zeigt auf den Segmenten einen Wechsel von Weinranken *(Vitis vinifera)* mit Trauben, stilisierten Palmzweigen *(Phoenix dactylifera)* (Abb. 75) und den Ranken und Früchten von Melonen *(Cucumis melo)* (Abb. 77). Die Trauben betonen das dionysische Element des Weinbergschlosses, wie es auch im Figurenschmuck der Fassade zum Ausdruck kommt.

Der Palmzweig, der noch an vielen anderen Stellen in Sanssouci zu sehen ist, hat über die Jahrhunderte eine Fülle von Bedeutungen erlangt. Im antiken Griechenland war er das einheitliche Siegeszeichen aller Wettkämpfe, ob sie nun sportlich oder musisch waren, ob Apoll oder Zeus zu Ehren. Die Römer übernahmen den Palmzweig als Siegeszeichen nach kriegerischen Taten; daher trägt ihn die Siegesgöttin Viktoria stets in Händen.

Zur Zeit Friedrichs II. standen Lorbeer und Palmwedel für Kunst und Wissenschaft ebenso wie für militärische Macht, denn nur wenn durch militärische Kraft die Feinde besiegt wären, könnten Friede und Künste eine glückliche Heimstatt finden.

Eine Besonderheit von Sanssouci sind die Melonen *(Cucumis melo)*, die hier zuerst auf dem Fußboden des Marmorsaals auffallen (Abb. 77). Sie treten noch in vielen anderen Räumen des Schlosses auf (s. Abb. 130, 131, 132, 157, 234, 242, 244, 247–251, 254, 255) und müssen für Friedrich II. eine wichtige Rolle gespielt haben. Mindestens seit 1737 ließ Friedrich sie im bereits erwähnten »Amalthea«-Garten in Neuruppin züchten.

Die Melone galt schon in der Antike als die vollkommenste Frucht des Küchengartens und wurde im 18. Jahrhundert als besonders delikate Erfrischung und als Fürstenspeise gepriesen. Weil sie im nördlichen Europa nur unter ungeheurem Aufwand und mit großer gärtnerischer Kunstfertigkeit gezüchtet werden konnte, wurde sie zu einem Statussymbol. Gleichzeitig mit dem Bau des Schlosses ließ Friedrich hier auf dem Weinberg von Sanssouci auch Glashäuser für den Anbau von Melonen errichten[8], die so genannten »Melonerien«. Ein 1745/46 erschienenes Gartenbuch, in dem über den Anbau der Melonen genau berichtet wurde, befindet sich seit Friedrichs Zeiten in der Bibliothek des Schlosses.[9]

Beliebt waren vor allem die duftenden Zuckermelonen *(Cucumis melo)*. Aber auch Wassermelonen *(Citrullus lanatus)*, die etwas einfacher zu ziehen sind, zeigen sich in farbiger Pracht auf den Supraporten der Gästezimmer und unter den vielen verschiedenen Stuckfrüchten im »Voltairezimmer« (Abb. 234, 254, 255).

Während der Wein einer natürlichen oder künstlichen Kletterhilfe bedarf, wächst »ringelnd im Grase der Melone gewaltiger Bauch«, wie dies der römische Dichter Vergil[10] in seinem Gartenlob beschreibt. So ergänzen sich die unterschiedlichen Wachstumsformen der beiden Pflanzen und steigern damit gegenseitig die Wirkung ihrer Schönheit – Gedanken und Formulierungen, auf die man in den Gedichten Vergils stößt, die in den mittelalterlichen Versen eines Walahfrid Strabo ihre Fortsetzung finden und die eng verbunden bleiben mit den Vorstellungen eines idyllischen Landlebens an angenehmen Orten, mit sommerlichen Laubengängen und überwachsenen Peristylen, unter denen man philosophierend und plaudernd lustwandeln konnte. Carpe diem – genieße den Tag und seine Früchte, die süß sind und nicht vorrangig der Ernährung dienen, sondern dem Genuss, dem man sich in seiner Landvilla ohne Reue hingeben kann. Antike Ideen werden hier wieder aufgenommen und belebt. Der stolze Villenbesitzer will die Produkte seiner Domänen nicht nur genießen oder voller Stolz dem Gastfreund anbieten; er möchte sie, ob er nun im antiken Pompeji, im Florenz der Medici oder im Preußen des 18. Jahrhunderts lebte, auch auf Bildern festgehalten wissen. Dabei kommt den Melonen eine besondere Rolle zu, die seit dem 15. Jahrhundert zu Kultfrüchten des nördlichen Europas geworden waren und den sozialen Status ihrer Besitzer unterstreichen sollten. Sie wurden als Symbole unendlicher Fruchtbarkeit, ewiger Regeneration und paradiesischer Glückseligkeit verstanden, oft ergänzt von dionysischem Weinlaub und Trauben.

Diese paradiesische Glückseligkeit wird seit Jahrhunderten mit der Geschichte des Propheten Jonas aus dem alten Testament[11] und den in Afrika beheimateten Verwandten der Melonen, den Flaschenkürbissen oder Kalebassen *(Lagenaria siceraria)*, verbunden. Die rasch wachsende Pflanze, die Gott zum Schutze des Jonas und als Zeichen seiner Güte und seiner Strenge wachsen ließ, wurde seit der Antike als Flaschenkürbis interpretiert. Maler und Bildhauer schilderten in vielen Variationen die Kürbislaube, gut erkennbar an den herabhängenden Früchten, die über dem glücklichen Jonas empor wuchs und ihm nach göttlichem Willen Schatten spendete. Wie Dionysos unter den Trauben und Weinranken so ruht der geläuterte Jonas unter seiner Kürbislaube, als Zeichen der Glückseligkeit, des Friedens und der Befreiung aus Dunkel und Verzweiflung.

Wendet man den Blick vom Boden zum Gebälk des Marmorsaals und betrachtet die Putten, die sich hier niedergelassen haben und Girlanden ausbreiten (Abb. 98), so erkennt man bei genauerer Betrachtung der Blüten eine erstaunliche Präzision der Darstellung. Man kann von den vielen Rosenblüten *(Rosa centifolia)* die zahlreichen gefüllten Blüten des Mohns *(Papaver somniferum)* und die der im 18. Jahrhundert so beliebten gefüllten und ungefüllten Anemonen *(Anemone coronaria)* gut unterscheiden. Von den »Directeurs des ornemens« Johann August Nahl und Hoppenhaupt d. J. sind sie sehr sorgfältig gestaltet worden. Die Blüten des Mohns mit ihren gefransten Blättern bergen in der Mitte die deutlich erkennbaren Fruchtkapseln, und die vielen Staubblätter sind immer von vier Kronblättern umfasst. Die Anemonen unterscheiden sich dagegen durch ihre sechs bis zehn Blütenhüllblätter ebenso von den Rosen wie vom Mohn.

Daneben finden sich immer wieder die Blüten der Sonnenblume *(Helianthus annuus)* mit ihrer besonderen Bedeutung in der beliebten Pflanzensymbolik des 17. und 18. Jahrhunderts. Die erst im 16. Jahrhundert aus Südamerika nach Europa gebrachte Sonnenblume hat eine auffallende Eigenschaft, ihren so genannten Heliotropismus. Vom frühen Jugendstadium an dreht sich die Blüte mit der Sonne und bleibt dann mit Erreichen der Hauptblüte ganz nach Osten, nach Sonnenaufgang gerichtet. Dieses Verhalten, das auch bei der sehr viel kleineren Blüte der in Europa heimischen Ringelblume *(Calendula officinalis)* zu beobachten ist, wurde als ideales Gleichnis sowohl für den Herrscher und sein Verhältnis zu Gott, wie aber auch als Zeichen der Loyalität, der Ergebenheit und der Abhängigkeit zwischen König und Volk gedeutet.

### Audienzzimmer

Neben Rosen, Trauben, Melonen, Palmen und Lorbeer taucht auch das Schilf *(Phragmites australis)*, aus dessen Rohr sich einst Pan seine Flöten schnitzte, im Dekor des Schlosses immer wieder auf. Im Audienzzimmer sind Rosen und Schilf vereint, denn beide gehörten neben Wein und Efeu zu den Pflanzen des Gottes Dionysos. Die Festgäste seiner Kultstätten schmückten sich gerne mit Rosenkränzen und beschworen damit die Gegenwart von Eros oder Amor.

Hier im Audienzzimmer wird den Rosen jedoch noch eine weitere Bedeutung zugedacht. So soll wohl der Rosenkranz, den ein Putto unter der von Rosen umrankten Schilflaube emporhält (Abb. 109), die Bedeutung der Verse über die Vergänglichkeit und die Kürze des Lebens unterstreichen, die auf den Seiten der hier aufgeschlagenen Bücher besungen wird. Denn die Rose galt schon seit der Antike auch als Zeichen rasch vergehender Schönheit und Zeit; sie wurde zum Symbol einer immer nur begrenzten Glückseligkeit des menschlichen Lebens.

### Bibliothek

Die Bibliothek, dieser Ort geistiger Versenkung, hat ihr eigenes botanisches Dekorationsprogramm. Das beginnt bereits bei dem für die Vertäfelung der Wände ausgewählten Zedernholz, das nicht nur resistent gegen Wasser und Ungeziefer, sondern auch ikonographisch von Bedeutung ist. In der Bibel wird von König Salomon und seinem auf einem Berg errichteten Tempel der Weisheit berichtet: »Die große Halle aber täfelte er mit Zypressenholz und überzog sie mit Gold und brachte darauf Palmen und Blumenwerk an.«[12] Friedrich II., der sich bereits als Kronprinz von Voltaire als der »Salomon des Nordens« feiern ließ, wird diesen Bezug bewusst gewählt haben.

Von Rocaillen zusammengehaltene Lorbeerzweige *(Laurus nobilis)* und Palmwedel *(Phoenix dactylifera)* schmücken die Tür und Wände aus Zypressenholz (Abb. 192). Nach ihrer Heimat Phoenizien nannten die Griechen die Dattelpalme, von der diese Zweige stammen, Phoenix, wie den legendären, unsterblichen Vogel. Seit sumerischer Zeit gilt die Dattelpalme als Baum der Weisheit und Zeichen des Lebens, geboren aus himmlischem Feuer und unterirdischem Wasser und durch ihr ständiges Wachstum als Bild der Zeit, die ständig vergeht und ständig neu beginnt. Als wichtigste Nahrungspflanze des Zweistromlandes wurde sie zum Symbol unerschöpflicher Fruchtbarkeit und andauernden Wohlstands. Man könnte die beiden immergrünen Pflanzen, deren Zweige hier zusammengebunden sind, als eine Verbindung von Ost und West bezeichnen, denn die Dattelpalme ist im östlichen Mittelmeergebiet heimisch, während der Lorbeer in Italien und Griechenland beheimatet ist.

Ein Beitrag aus der neuen Welt ist die Sonnenblume, die das Gebinde aus Lorbeer und Palme schmückt und Bezug nimmt zum Sonnenmotiv an der Decke und auf dem Pavillon vor den Fenstern.

Vergoldete, rankende Lorbeerzweige, Rosen und Mohnblüten nutzen die Rahmen der Täfelung der Bibliothek wie ein Spalier und umspielen heitere Masken, Paletten und Musikinstrumente (Abb. 164 und 185).

### Voltairezimmer

Auf der entgegengesetzten Seite des Schlosses fällt ein Raum ganz anderer Natur durch sein stark farbiges und naturalistisches Pflanzendekor auf. Das Vierte Gästezimmer, oder »Voltairezimmer«, bildet einen bunten und heiteren Gegensatz zur ernsten Bibliothek. Fremdartige Blumen, exotische Vögel und Tiere vermitteln den Eindruck eines Naturraumes und suggerieren einen Aufenthalt unter freiem Himmel. Hier sollte man sich fühlen wie im paradiesischen Arkadien. Wieder wird auf das Goldene Zeitalter angespielt, wo ewiger Frühling, Wärme und Frieden beglücken.

Lorbeer und Palme des Apoll sind aus diesem Raum verbannt; es herrschen die heiteren, Segen spendenden Erdgöttinnen Flora und Pomona. Während Pomona den unteren Teil der Wände beherrscht, beginnt Floras Reich auf den höheren Wandteilen und hat die gesamte Decke erobert. Sie schmückt ein kunstvoll gewundener Blütenkranz (Abb. 240), dessen Grundstruktur dornige Rosenäste bilden, die von den langen Ranken des Geißblattes oder Jelängerjelieber *(Lonicera caprifolium)* und der dreifarbigen Winde *(Convolvulus tricolor)* umschlungen werden, deren Blüten tragende Zweige an mehreren Stellen weit auf die Decke hinausstreben. Eingesteckt in dieses Rund sind eine Reihe von weiteren Blüten und Zweigen. Ausgehend von den gut zu erkennenden Sonnenblumen *(Helianthus annuus)*, die mit Rose *(Rosa centifolia)*, Tulpe *(Tulipa gesneriana)*, Levkoje *(Matthiola incana)* und Winden *(Convolvulus tricolor)* ein Gebinde bilden, kann man nach rechts im Kreis folgende Pflanzen benennen:

Flieder *(Syringa vulgaris)*, Geißblatt *(Lonicera caprifolium)*, Anemone *(Anemone coronaria)*, Gartenfuchsschwanz *(Amaranthus caudatus)*, Tulpe *(Tulipa gesneriana)*, Rose *(Rosa centifolia)*, Mohn *(Papaver somniferum)*, Kapuzinerkresse *(Tropaeolum majus)*, Rose, Winde *(Convolvulus tricolor)*, Blasenstrauch *(Colutea arborescens)*, Malve *(Alcea ficifolia)*, Studentenblume *(Tagetes patula)*, Goldlack *(Cheiranthus cheiri)* und Feuerlilie *(Lilium bulbiferum)*.

Die botanisch meist gut zu bestimmenden, da naturalistisch dargestellten und farbig gefassten Blumen und Früchte aus Stuck erlauben manchen Rückschluss auf die vergoldeten Stuckblüten in den Repräsentationsräumen des Schlosses.

Wie es sich für den ewigen Frühling Arkadiens gehört, mischen sich in den Gebinden, Sträußen und Girlanden hier Blüten, die zu unterschiedlichen Jahreszeiten blühen, wie zum Beispiel Sonnenblumen mit Tulpen (Abb. 239).

In der Wanddekoration fallen zwei Blumen auf, die auf der Decke nicht zu finden sind: rechts in der Mitte eine der ältesten Kulturpflanzen, die Madonnenlilie *(Lilium candidum)*, links könnte es sich um den duftenden weißen Jasmin *(Jasminum officinale)* handeln (Abb. 245).

Früchte und ein Blumenstrauß in der Vase werden ergänzt durch eine »Hundertjährige Aloe« oder Agave *(Agave americana)*, so genannt nach dem griechischen Wort »agavos« für herrlich und stolz. Die Agave, die eine einzige Blüte entwickelt und dann stirbt, wurde zum Gleichnis für einen Menschen, der, wenn er höchste geistige Reife erlangt hat, bestimmt ist zu sterben (Abb. 242).

Bei den vielen Darstellungen von Früchten fallen die Feigen *(Ficus carica)* auf, die immer schon auf den Terrassen des Weinbergschlosses Sanssouci kultiviert wurden und bisher nur auf der Supraporte im Dritten Gästezimmer aufgetaucht sind, während der Granatapfel *(Punica granatum)* (Abb. 256), dieses uralte Symbol der Fruchtbarkeit, bereits aus dem Füllhorn der Pomona im Vestibül bekannt ist.

Unter einem Pflaumenbaum (Abb. 253) ist neben den üblichen Früchten ein Spargelbündel zu erkennen. Studiert man die Berichte aus der Küche Friedrichs II., so fällt auf, dass es die beliebten Spargel *(Asparagus officinalis)* oft schon im zeitigen Frühjahr gab, was auf eine Kultivierung im Gewächshaus und eine besondere Wertschätzung schließen lässt.

Zur Darstellungen eines paradiesischen Zustandes gehörten auch die Tiere, die das friedliche Zusammenleben aller Kreaturen versinnbildlichen sollten, wie Affen, Vögel oder Eichhörnchen (Abb. 247–256).

Flora bringt den ideellen Duft von Rosen, Lilien und Jasmin in den Raum, der zu Friedrichs Zeiten vielleicht noch durch den wirklichen Duft aus Potpourrivasen unterstützt wurde. Die heraldische Iris fehlt im Reigen der Blumen, während der Fuchsschwanz *(Amarantus caudatus)*, den man auch »Große Blume der Liebe« nannte, in erstaunlicher Menge vorhanden ist (Abb. 239, 240, 241, 243, 245).

Die üppige Fülle der Früchte erinnert an Pomonas Präsenz im Vestibül und nimmt noch einmal die Idee des Goldenen Zeitalters auf, wie Ovid sie zu Beginn seiner »Metamorphosen« beschreibt:

»Ewiger Frühling war, mit lauen Lüften umspielte
Sanfter West die Blumen, die keinem Samen entblühten.
Ungepflügt trug bald auch des Bodens Früchte die Erde ...«[13]

1 Ovid, Metamorphosen, XIV. Buch, Vers 622 ff., Übersetzung von E. Rösch, München 1999.

2 Diese Füllhörner oder »Cornu copiae« werden seit dem 5. Jh. v. Chr. erwähnt (Anakreon, frg. 8) und waren sprichwörtliche Zeichen der Fülle.

3 Das Horn ist später im Besitz vieler Gottheiten, die den Segen der Erde spenden.

4 Amaltheion, Landgut des Atticus in Epeiros, Cic.leg. 2, 3, 7.

5 Plinius, nat. 23,2.

6 M. Blech, Studien zum Kranz bei den Griechen, 1982.

7 Ovid, Metamorphosen, I. Buch, Vers 452 ff., Übersetzung von E. Rösch, München 1999.

8 G. Schurig, in: M. Heilmeyer (Hrsg.), Die Melonen der Monarchen, Potsdam 2003, S. 71.

9 C. A. Wimmer, in: Die Melonen der Monarchen, Potsdam 2003, S. 67.

10 Vergil, Vom Landbau, 4. Buch, Vers 122, Deutsch von R. A. Schröder, Leipzig 1939.

11 AT, Der Prophet Jona, 4, 6, 7.

12 AT, 2. Chronik 3.5.

13 Ovid, Metamorphosen, Übersetzung von E. Rösch, München 1997.

*Conny Restle*

# Musikinstrumente

Die Darstellungen von Instrumenten, Musikern und Ensembles im Schloss Sanssouci zählen zu den eindrucksvollsten ihrer Art im 18. Jahrhundert. Dies ist keinesfalls verwunderlich, denn Musik spielte im Leben Friedrichs II. neben seinen staatsmännischen Aufgaben eine wesentliche, wenn nicht sogar die bestimmende Rolle. Bereits während seiner Zeit als Kronprinz in Ruppin und Rheinsberg umgab er sich mit hochbegabten Musikern wie Johann Joachim Quantz, Carl Philipp Emanuel Bach und den beiden Bendas, denen er sichere Arbeitsbedingungen bot, und an deren Musizieren er sich aktiv beteiligte. Vorbild für die königlich-preußische Hofkapelle war das Orchester Ludwigs XIV. in Versailles, das unter der Leitung des aus Italien stammenden Jean-Baptiste Lully den Höhepunkt barocker Prachtentfaltung und klanglicher Farbigkeit bildete, und dem alle anderen Orchester Europas zu Beginn des 18. Jahrhunderts nacheiferten. Vom Dresdner Hoforchester war Friedrich II. während eines Besuchs derart angetan, dass er einen herausragenden Vertreter dieses Ensembles, Johann Joachim Quantz (Hofoboist und Hofflötist), kurzerhand abwarb und ihm ein fürstliches Salär bezahlte. Denn auch unter Friedrich dem Großen diente Musik in den öffentlichen und privaten Räumen der Schlösser in Potsdam und Berlin gleichermaßen dem höfischen Prunk und der persönlichen Unterhaltung des Königs.

Tanz, Oper und Theater bildeten in Versailles eine künstlerische Einheit, die gerade auf die Auswahl des Instrumentariums Auswirkung hatte. Denn in den Schäferspielen und Allegorien treten neben den gewöhnlichen Blas- und Streichinstrumenten des Orchesters auch solche aus dem bukolischen Bereich auf wie etwa Hirtenflöten, Sackpfeifen und Musettes sowie eine Anzahl einfacher Schlaginstrumente. Diese Instrumente begleiten Schauspiel und Oper seit der Antike und seit dem Beginn des 17. Jahrhunderts. Orpheus mit der Lyra und Pan mit der Hirtenflöte sind sicherlich die bekanntesten Beispiele für diese Tradition. So folgt die Komposition der Putti und der Instrumente an den Decken in Sanssouci den Vorstellungen und Idealen der Zeit, die Musik und Instrumente als Allegorien begreift. Bereits der Begriff der *Harmonia* wird wie kaum ein anderer Terminus der Geistesgeschichte außer in der Musik auch in vielen anderen Wissenschaften benutzt. In der Mythologie ist Harmonia die Tochter des Kriegsgottes Mars und der Liebes- und Schönheitsgöttin Venus.[1] Kenntnisse der griechischen und römischen Antike gehörten zum Bildungsideal des Adels; sie waren Inhalt zahlreicher Opern und Kostümfeste. Durch die Mischung der musikalischen Sphären wurde die Idee der Musik insgesamt angesprochen und zugleich (auch durch die Maske) die Welt des Theaters bzw. der höfischen Feste, bei denen man sich gern kostümierte.

Die Stuckarbeiten vornehmlich im Konzertzimmer von Sanssouci, dessen mythologische Wandbilder von Antoine Pesne nach Ovids Metamorphosen einzigartig sind, wurden bereits im 18. Jahrhundert immer wieder gelobt. Schon Matthias Oesterreich als »Inspektor der Großen Königlichen Bilder-Gallerie zu Sans-Souci« rühmte die kostbare Ausstattung, ohne explizit die abgebildeten Instrumente zu nennen.[2] Auch Friedrich Nicolai würdigte die Arbeit von Johann Michael Merck, der neben Carl Josef Sartori (für den ornamentalen Schmuck) und Georg Franz Ebenhech (figürlicher Dekor) als Stuckateur tätig war, schreibt aber nichts zu den Darstellungen,[3] deren Entwurf Johann August Nahl zugeschrieben wird (die Ausführung erfolgte dann durch Johann Michael Hoppenhaupt d. Ä.).[4] Stilistisch orientieren sich die Stuckaturen an ähnlichen Darstellungen von Musikinstrumenten und Instrumentalisten des 18. Jahrhunderts wie z. B. auf der Chorempore der Chapelle Royale von Versailles (1699–1710). Auffallende Ähnlichkeiten bestehen auch mit den Musikinstrumentendarstellungen an der Rückwand der Musikempore in der Schlosskirche zu Hubertusburg, die wohl von Pietro Luigi Bossi (1690–1755) geschaffen wurden.[5] Die Bildkomposition dürfte verschiedenen Musterbüchern der Zeit entnommen worden sein. Vieles findet sich aber bereits in Miniaturen des 15. und 16. Jahrhunderts.[6]

### Instrumente der antiken Mythologie

Instrumente der Antike beflügeln seit dem 17. Jahrhundert die Phantasie von Malern und Bildhauern gleichermaßen. Da während der Barockzeit auf keine archäologischen Fundstücke zurückgegriffen werden konnte, entwickelte man ausgehend von bekannten Instrumenten archaisierende Formen und Typen. Ein thematisches Zentrum war die dionysische Sphäre mit Tanz und orgiastischem Spiel, wie sie auf den Supraporten des Vestibüls dargestellt ist. So bläst eine Mänade wie bei einem dionysischen Fest den Doppelaulos, ein Rohrblattinstrument, vergleichbar der heutigen Oboe (westliche Supraporte, Abb. 46). Die alten Auloi hatten im Gegensatz zu den Oboen und Schalmeien des 17. und 18. Jahrhunderts keinen Schallbecher.[7] Die Griffhaltung der hier dargestellten Musikerin ist allerdings ungewöhnlich und durch keine historische Quelle verbürgt. Eine weitere Mänade schlägt auf das Tympanon, eine Rahmentrommel (Abb. 47). Bereits in der Antike wurden die Mänaden oft mit einer solchen Trommel dargestellt. Allerdings hatten die griechischen Rahmentrommeln ursprünglich keine Schellen; diese metallenen Accessoires sind erst aus dem europäischen Mittelalter bekannt. Die Schellentrommel, das Tamburin, ist eine Rahmentrommel (ein Fell ist auf einen runden, hölzernen Rahmen gespannt), deren Rahmen mit Schellen beziehungsweise kleinen Becken versehen ist.

Auch die südliche Supraporte zeigt ein dionysisches Fest (Abb. 51). Die hier versammelten Instrumente sind so aus der griechischen Antike nicht belegt. Das Horn bzw. die Signalhörner erinnern an den römischen Lituus, das gerade Instrument an eine Schalmei des ausgehenden Mittelalters (Abb. 50). Sie sind ohne direkte antike Vorbilder. Ganz ähnliche Instrumente sind auch auf der östlichen Supraporte abgebildet (Abb. 49). Hier wird sogar das Krummhorn von einem Satyrknaben mit der Faust gestopft (Abb. 48), wohl in Anlehnung an die Spieltechnik eines modernen Waldhorns.

Bilder von Panflöten finden sich sehr oft im Schloss, so auch an der Nebentür im Vestibül (Abb. 57). Die Panflöte, ein typisches Instrument der bukolischen Atmosphäre, taucht in der griechischen Antike auf, der Zink dagegen war vor allem zwischen 1550 und 1750 in Gebrauch. Allerdings ist fraglich, ob hier wirklich an den Zink gedacht ist oder ob nicht eher ein Phantasiehorn mit Grifflöchern zu sehen ist. Der barocke Zink hat weder einen Schallbecher noch eine doppelte Krümmung.

Das wichtigste Instrument der griechischen Antike, die Lyra, ist deutlich mehr symbolisch als realistisch abgebildet, besonders im Marmorsaal (Abb. 71 und 85). Der wichtige und signifikante Schallkörper aus dem Panzer (Chelys) einer Schildkröte fehlt. Auf die Kithara weist der nahtlose Übergang der Jocharme in den unteren Teil hin, die Biegung der Jocharme aber deuten eher auf die Lyra. Spätestens durch den der Violine nachempfundenen Saitenhalter erweist sie sich als Produkt der Phantasie. Kaum fünfzig Jahre später dient die Form der Lyra dann den Pedalen des Hammerflügels als Halterung.

Als Allegorie zu deuten ist Apollo mit Leier und Harfe auf dem querovalen Medaillon der Bibliothek (Abb. 163). Die Darstellung dieser Instrumente ist vereinfacht bzw. (im Fall der Leier) eher phantasievoll als realistisch.

### Instrumente der höfischen Kammermusik

Es ist noch nicht untersucht, inwieweit es sich bei der Allegorie der Musik auf dem Gesims des Marmorsaales (Abb. 82) teilweise tatsächlich um richtige Instrumente und inwieweit nur um Imitationen handelt. Oftmals bedienten sich Stuckateure und Dekorateure verschiedener, sich im Rohbau befindlicher Musikinstrumente, um auf diese Weise größtmögliche Detailgenauigkeit zu erreichen. Sieht man einmal von der Trompete ab, handelt es sich hier um Instrumente der höfischen Kammermusik. In jedem Fall ist die Darstellung der meisten Musikinstrumente in Sanssouci fast durchweg realistisch und gekonnt, denn schließlich war Friedrich ein intimer Kenner des Instrumentariums. Er hätte sicherlich Anstoß an einer zu abstrakten Darstellung in seinen Räumlichkeiten im Schloss Sanssouci genommen.[8]

Die Trompete (Abb. 82, 126, 132, 164), eigentlich ein Instrument fürstlicher Repräsentation, erscheint solistisch immerhin im Zweiten Brandenburgischen Konzert von Johann Sebastian Bach. Die Aufgaben der höfischen Trompeter waren vielseitig: Sie mussten Signale aller Art zu Tisch (das so genannte Tafelblasen) und bei Aufzügen blasen. Gerade die Dar-

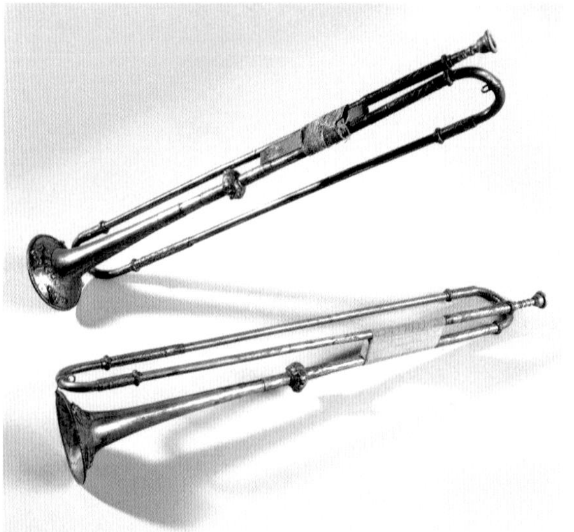

*Trompeten in Es, Ernst Johann Conrad Haas, Nürnberg, Mitte 18. Jahrhundert (MIM Kat.-Nr. 3039 und 3040)*

stellung einer Trompete in der Bibliothek ist ungewöhnlich realistisch (Abb. 164): Die Windung reicht bis zum Schallstückrand, hinter dem Mundstück (vom Bläser aus gesehen) folgt zunächst ein kurzes, kreisförmiges Rohrstück, mit dessen Hilfe eine D-Trompete gewöhnlich zur C-Trompete umgestimmt wurde. Das Horn gilt zwar eher als Symbol der Jagd, wird aber wie die Trompete auch in der Kammermusik verwendet (Abb. 82, 124, 188). Es ist bereits mit dem modernen, engen und umgekehrt kegelförmigen (statt kesselförmigen) Mundstück ausgestattet, das ihm einen weichen Ton verleiht. Das Chalumeau ist ein mit der Klarinette verwandtes Instrument mit einfachem Rohrblatt, aber einem etwas anderen Klangcharakter, das sich in der ersten Hälfte des 18. Jahrhunderts großer Beliebtheit erfreute. Eine eindeutige Identifizierung, ob es sich bei den abgebildeten Instrumenten um ein Chalumeau oder eine Klarinette handelt, kann nicht erfolgen (Abb. 164, 165).

Die Laute, jenes Instrument, mit dem sich auch die Lieblingsschwester Friedrichs des Großen, Wilhelmine, malen ließ, galt noch zu Beginn des 18. Jahrhunderts als ein besonders edles und höfisches Instrument (Abb. 82, 216). Kennzeichnend sind das schalenförmige Korpus und der lange, flache Hals mit abgeknicktem Wirbelkasten. Gerade die Laute wurde in diesem Ensemble mit großer Wirklichkeitstreue abgebildet. Die beim Wirbelkasten herabhängenden Saitenenden, von denen eines um einen Stift (möglicherweise eine Erinnerung an das bis zum 16. Jahrhundert gebräuchliche Plektrum zum Anzupfen der Saiten) gewickelt ist, passen sich optisch dem Ranken- und Blattwerk der Darstellung an. Zusätzlich zu dem für sie passenden Querriegel ist die Laute mit einem eigentlich zu

*Laute mit Etui, Matthias Fux, Wien, 1685 (MIM Kat.-Nr. 5198)*

Streichinstrumenten gehörigen Saitenhalter versehen und besitzt sogar eine Besaitung (Abb. 82). Neben der Lautenspielerin befinden sich, leider schwer zu erkennen, zwei Oboen. Neben der Trompete liegt noch eine Querflöte. Zu den Generalbassinstrumenten zählt das Fagott, das wie die Schalmei mit einem Doppelrohrblatt angeblasen wird. Seine Ausführung mit Klappen und S-Bogen ist besonders detailgetreu und entspricht exakt den Originalen aus der Mitte des 18. Jahrhunderts (gleichfalls Abb. 82).

Laute, Obst und Weinflakon erinnern an anderer Stelle an gesellige und intime Momente in der Musik, an das Singen von Liedern und Arien zur eigenen Begleitung auf der Laute (Abb. 25); der Adel schätzte dieses Vergnügen sehr. Die am Gitter des Pavillons mit viel zu wenig Wirbeln dargestellte Laute ist – wohl in Anpassung an das Gitterwerk – in zwei Perspektiven zu sehen: der Schallkörper in der Aufsicht und der Wirbelkasten in der Seitenansicht.

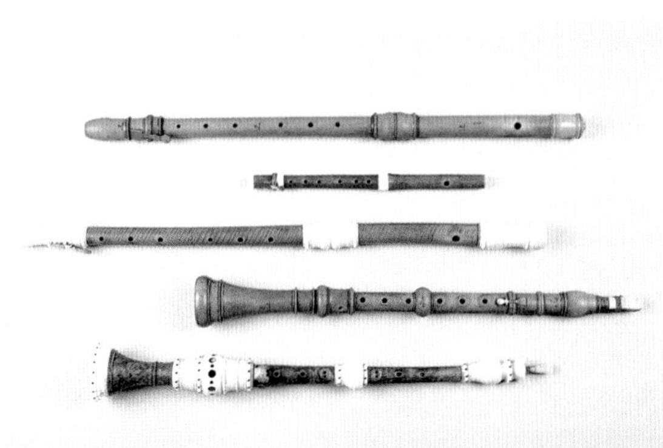

*Holzblasinstrumente des Barock: Querflöte von Pierre Naust, Paris, um 1700 (MIM Kat.-Nr. 2667); Oktavflöte von Jean Hyacinth Rottenburg, Brüssel, um 1750 (MIM Kat.-Nr. 2654); Querflöte von Jean Hotteterre, Paris um 1680 (MIM Kat.-Nr. 2670); Klarinette von Jakob Denner, Nürnberg, um 1715 (MIM Kat.-Nr. 223); Oboe von Dupois, Paris, um 1692 (MIM Kat.-Nr. 2933)*

Die Viola da Gamba mit ihren sechs Wirbeln und dem passenden Saitenhalter, die im Sitzen wie ein Violoncello zwischen den Beinen gespielt wird und wie eine Laute Bünde besitzt, hat allerdings eine nicht gebräuchliche Form des Schallkörpers (Abb. 124, 188). Von der Größe her handelt es sich wohl um eine Diskantgambe. Beim Streichbogen mit Steckfrosch (Abb. 164) war im 17. und 18. Jahrhundert die lange, schlanke Spitze üblich.

Das Portativ (Abb. 82) ist eine nach dem 16. Jahrhundert kaum noch gebräuchliche Kleinorgel mit nur geringem Tonumfang, bei der der Organist mit einer Hand den Balg betätigte und mit der anderen musizierte. Die Pfeifen stehen dabei frei auf dem Windkasten. Ihre Länge lässt auf Vierfußlage schließen. Zahlreiche mittelalterliche Darstellungen bezeugen die weite Verbreitung des Portativs, dessen Form in späterer Zeit von Malern und Bildhauern stellvertretend für den Bereich der Tasteninstrumente verwendet wurde.

*Violinen von Jacob Stainer, Absam, 1654, und Antonio Stradivari, Cremona, 1703 (MIM Kat.-Nr. 4467 und 5176)*

### Höfische Feste

Bei höfischen Festen verkleideten sich die Teilnehmer oft im Sinne der verschiedenen Stände. Dabei stand sicher die Lust an der Kostümierung im Vordergrund; andererseits wurde auf diese Weise aber auch die Verantwortung des Landesvaters für sein ganzes Volk symbolisiert. So steht eine Instrumentengruppe mit Panflöte und Triangel für die Volksmusik, eine andere mit Oboe, Querflöte und Laute für die Kammermusik und das Hörnchen für das Postwesen (alle Abb. 165). Die Signale eines solchen Hörnchens, das nur zwei Töne im Abstand einer Oktave erzeugen kann, hat Johann Sebastian Bach in seinem Cembalostück *Capriccio sopra la lontananza del suo fratello dilettissimo* (Capriccio auf die Abreise seines vielgeliebten Bruders, BMV 992) imitiert.

Wichtigstes Streichinstrument war, wie in der Kammermusik des 18. Jahrhunderts, die Violine, die im Gegensatz zur Viola da gamba aber *da braccio*, also im Arm gespielt wurde (Abb. 82, 164). Eines der abgebildeten Streichinstrumente zeigt zwar Züge der im 16. Jahrhundert in Italien entstandenen Violine (Abb. 124). Allerdings verweisen der Umriss des Schallkörpers und der geschwungene Wirbelkasten eher auf mittelalterliche Abbildungen. Die übrigen Instrumente sind weitgehend realistisch dargestellt (Abb. 164); das lang gestreckte Blasinstrument weist sich durch das Fehlen von Klappen als Schalmei, also als Vorläufer der Oboe aus. Auch ein weiteres Ensemble deutet zusammen mit der Maske auf höfische Feste bzw. Opernaufführungen hin: Sowohl die Trompete als Instrument höfischer Repräsentation als auch Schellentrommel und Triangel als Instrumente ländlicher Musik gehören hierher (Abb. 132). Mit ihren Quasten lässt sich die Trompete eindeutig dem militärischen bzw. repräsentativen Bereich zuordnen. Die von Friedrich dem Großen geschätzte Tänzerin Barberina wurde mit Schellentrommel dargestellt. Der Triangel war (wie hier und bereits in der griechischen Antike) häufig mit klirrenden Ringen versehen. Bei der barocken Trompete (Abb. 164) reicht die von zwei parallelen Röhren gebildete Windung normalerweise bis an den Rand des Schallbechers, die bildende Kunst stellt sie aber in der Regel mit verkürzter Windung dar (Abb. 126, 132). Offenbar ging es darum, die Stürze optisch besser hervortreten zu lassen. Bei der Querflöte (Abb. 126, 164, 165) sticht ein interessantes Detail ins Auge, das Aufschluss darüber geben kann, dass Friedrich II. sich keineswegs um jedes Detail gekümmert hat: Die Klappe der Querflöte sitzt nämlich oberhalb des Fußstücks. Der Flötenlehrer Friedrichs des Großen, Johann Joachim Quantz, sah es gern, wenn sein Schüler die von ihm erfundene (in der Darstellung allerdings fehlende) zweite Klappe benutzte, die eine verlässliche Unterscheidung von Dis und Es ermöglichen sollte. Man kann also davon ausgehen, dass der Bildhauer auf ein gebräuchlicheres Muster zurückgegriffen hat, ohne mit den musikalischen und instrumententechnischen Gepflogenheiten Friedrichs und Quantzens vertraut zu sein. Zwei weitere Blasinstrumente sind nur teilweise zu sehen (Abb. 164, 165): eine weitere Schalmei und vermutlich eine Blockflöte.

### Instrumente der Volksmusik

Trauben als Schmuckwerk lassen bei den Volksmusikinstrumenten an Tänze nach der Weinernte denken. Die aus der Antike bekannte Panflöte lebte in der europäischen Volksmusik fort. Dass die einzelnen Röhren des Instrumentes hier mit

Aufschnitten, so genannten Labien, versehen sind (Abb. 57), wie man sie von der Blockflöte her kennt, muss nicht auf einem Missverständnis beruhen: In der Volksmusik kommen auch derartige Instrumente vor. Der krumme Zink mit Kesselmundstück ist im Vergleich zu den aus der Kunstmusik bekannten Instrumenten in der Weise verändert, dass er eine doppelte Krümmung besitzt sowie einen Schallbecher, der hier gezähnt ist wie ein Weinblatt (Abb. 57). Diese Veränderung hat sicherlich künstlerische Gründe, um das Instrument in das ornamentale Rankenwerk symbiotisch einzubetten. Dem Zink ist ein Mundstück beigegeben, das sich von demjenigen der Schalmei nicht unterscheidet; tatsächlich wurde der Zink gelegentlich mit einem Rohrblatt angeblasen, wie historische Quellen belegen.

Der Krumme Zink wurde im Posaunenensemble auf dem Umgang des Kirchturms geblasen, war aber im 17. Jahrhundert auch ein Instrument virtuoser Kammermusik. Zur Mitte des 18. Jahrhunderts hatte der Zink allerdings an Bedeutung verloren und galt vielerorts als ein unmodernes Instrument der Stadtpfeifer. Im Sprachgebrauch, z. B. des Märchens, war der Zink bis zum 19. Jahrhundert ein Instrument höfischer, musikalischer Prachtentfaltung. Ob es sich bei den beiden scheibenförmigen Schlaginstrumenten um zwei Becken oder um Kastagnetten handelt (Abb. 202), lässt sich zweifelsfrei nicht entscheiden. Die Größe in Relation zu Zink und Schalmei spricht eher für Becken, die wiederum den Tanz und das orgiastische Element der Musik versinnbildlichen. Bereits in der griechischen Antike waren diese als Krotola oder Zimbeln bekannt.

Die Schalmei (Abb. 57, 202), Vorläufer der Oboe, mit ihrem ausladenden Schallstück war im 18. Jahrhundert ein Instrument der Volksmusik (und auch der Militärmusik) und konnte im Tanz gemeinsam mit Becken gespielt werden. Der Künstler hat korrekterweise in der Stürze der Schalmei ein Stimmloch angebracht. Mit kleinen Schellen versehen ist das Tamburin, jene aus der Antike bekannte Rahmentrommel, die stets dann abgebildet wird, wenn vom Künstler die Konnotation zum Tanz und zum Rhythmus hergestellt wird (Abb. 57, 126, 127, 132, 162).

Während die Schalmei den Volksmusikinstrumenten des 18. Jahrhunderts recht gut gleicht, vertritt die hier gezeigte Sackpfeife (Abb. 123), die volkstümlich Dudelsack genannt wird, den höfischen Typ der Musette, eines Instruments der beim Adel überaus beliebten Schäferspiele.[9] Die Besonderheit der Musette war zunächst ein mit dem Arm betätigter, kleiner Balg, durch den der Sack mit Luft gefüllt wurde: Für Standespersonen schickte es sich nicht, mit dem Mund in den Sack zu blasen. Offenbar in Unkenntnis des Instrumentes hat der Künstler dennoch ein Anblasrohr angebracht, das er jedoch mit Grifflöchern versah! Ferner verfügt die Musette über eine so genannte Büchse für die Borduntöne (man bezeichnet sie im musikalischen Satz als Orgelpunkte), die mit Schiebern umgestimmt werden können. Die Schieber sehen hier allerdings wie Öffnungen in der Büchse aus.

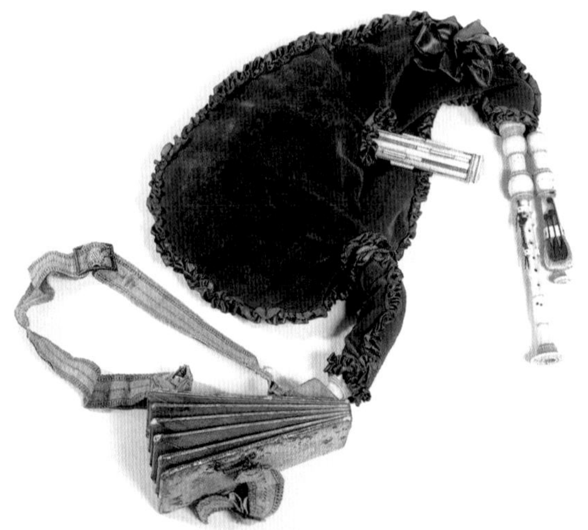

*Musette, Frankreich, 18. Jahrhundert (MIM Kat.-Nr. 5262)*

Wenngleich die in Sanssouci abgebildeten Musikinstrumente der Forschung kaum neue Hinweise auf historische Aufführungspraktiken oder unbekannte Bautechniken zu geben vermögen, so führen sie uns doch in eindrucksvoller Weise das ideale Ambiente vor Augen, in welchem Friedrich der Große Musik im Kreise seiner Instrumentalisten zu spielen und zu hören pflegte, und über das gerade Charles Burney, der sich während seiner Deutschlandreise 1772 einige Zeit in Berlin, Charlottenburg und Potsdam aufhielt, ausführlich berichtet.[10]

1 Paul Naredi-Rainer, Artikel »Harmonie«, in: Die Musik in Geschichte und Gegenwart, Sachteil, Bd. 4, Kassel 1996, Sp. 116.

2 Matthias Oesterreich, Beschreibung aller Gemählde, Antiquitäten, und anderer kostbarer und merkwürdiger Sachen, so in den beyden Schlößern von Sans-Souci, wie auch in dem Schloße zu Potsdam und Charlottenburg enthalten sind, Berlin 1773: »Das Concert-Zimmer. Ist mit sehr viel Zierlichkeit und einer schönen Zeichnung ausgeschmückt, fürnehmlich die Decke, so die Arbeit des Gips-Arbeiters Merck ist; alles ist reich vergoldet ...«

3 Friedrich Nicolai, Beschreibung der Königlichen Residenzstädte Berlin und Potsdam, aller daselbst befindlicher Merkwürdigkeiten, und der umliegenden Gegend, Bd. 3, Berlin 1786: »3. Das Konzertzimmer. Die Decke von Stukkaturarbeit, von Merk. Kamin von grünem Marmor, von vieler Vergoldung, worauf Vasen von Berliner Porzellan stehn ...«

4 Georg Dehio, Handbuch der Deutschen Kunstdenkmäler. Stadtkreis Potsdam, München, Berlin $^{2}$1993, S. 30f.

5 Winfried Schrammek, Darstellungen von Musikinstrumenten in der Schlosskirche zu Hubertusburg (1747), in: Michaelsteiner Konferenzberichte 58. Ikonographische Zeugnisse zu Musikinstrumenten in Mitteleuropa. 18. Musikinstrumentenbau-Symposium in Michaelstein 21. bis 23. November 1997, S. 127–132. Schloss Hubertusburg liegt bei Wermsdorf im Kreis Torgau-Oschatz. Am 15. Februar 1763 wurde dort mit dem Frieden von Hubertusburg der Siebenjährige Krieg beendet. Mit Duldung Friedrichs II. zerstörte dessen Armee im November 1760 die Innenausstattung des Schlosses aus Rache für die Plünderung des Schlosses Charlottenburg während der Besetzung Berlins durch russische, sächsische und österreichische Truppen vom 8. bis 10. Oktober 1760.

6 Vgl. Brigitte Bachmann-Geiser, Klingende Miniaturen. Eine St. Galler Handschrift von 1561–1563 als Instrumentenkunde, in: Michaelsteiner Konferenzberichte 58, S. 89–102.

7 Zu Instrumenten und zur Musik im antiken Griechenland siehe: Ministerium für Kultur der Republik Griechenland, Geschenke der Musen. Musik und Tanz im antiken Griechenland. Musikinstrumenten-Museum Berlin 10. Juni–31. August 2003, Athen 2003.

8 Für zahlreiche Hinweise zu Details danke ich sehr Dieter Krickeberg, Berlin.

9 Amalie, eine Schwester Friedrichs des Großen, ließ sich selbst als Hirtin malen.

10 Charles Burney, Tagebuch seiner musikalischen Reisen, Bd. 3: Durch Böhmen, Sachsen, Brandenburg, Hamburg und Holland, Übersetzung von C. D. Ebeling, Hamburg 1773 (repr. Wilhelmshaven 1980).

Die Fotografien auf den Seiten 117–121, aufgenommen von Jürgen Liepe, wurden uns freundlicherweise vom Musikinstrumenten-Museum zur Verfügung gestellt.

*Katja Schoene*

# Waffen

*»Ich liebe den Krieg um des Ruhmes willen.«* Friedrich II., 1741

*»What warlike noise is this?«* William Shakespeare, Hamlet, 5.2

Das sind militärische Erwägungen, die mir entschlüpfen; ich bitte die Philosophie dafür um Verzeihung«, schreibt Friedrich II. am 9. Oktober 1773 an seinen langjährigen Brieffreund Voltaire.[1] Nicht zum ersten Mal hätte sich der preußische König bei den schönen Künsten für das Eindringen des Militärischen in ihre Sphäre zu entschuldigen gehabt: Kriegsgerät wie Brustpanzer, Schilde, Säbel oder Hellebarden ziert die Kuppel des Marmorsaals von Schloss Sanssouci. Der »kriegerische Lärm« mag zum Fest- und Speisesaal kaum passen, zumal hier ansonsten der Musengott Apoll, die himmlische Venus sowie junge Damen und Putti in Sinnbildern der Künste und Wissenschaft agieren.

Acht Bänder überführen die aufwärts strebende Bewegung der korinthischen Säulenpaare, die den ovalen Marmorsaal umringen, in die Kuppel. Sternförmig laufen sie auf das Opaion zu; ihre Verjüngung verstärkt den perspektivischen Effekt. Rosettenbesetzte Kassetten füllen die Zwischenräume. In der Art von Gurtbögen geben die vertikalen Bänder vor, die Last der gewölbten Decke zu tragen. Vollplastische Voluten, zu denen sie sich oben und unten scheinbar einrollen, vertiefen die Illusion der Bänder als stützende Architekturglieder. Erhabene, mit zunehmender Höhe ebenfalls schmaler werdende Randleisten verfestigen die Gurte zu den Seiten hin.

Inmitten der Rahmung, auf dem weißen Grund der Kuppelbänder, sind aus Stuck gearbeitete, vergoldete Waffen angebracht.[2] Rein Dekoratives erscheint neben der zahlenmäßig größeren Gruppe des funktionsfähigen Kriegswerkzeugs; Schusswaffen fehlen. Römisches Gerät – Muskelpanzer und Liktorenbündel – findet sich ebenso wie vereinzelt orientalisches. Allein manche Säbel und Degen – etwa der für das 18. Jahrhundert typische Degen mit schräg gefurchtem Griff, muschelförmigem Stichblatt und Kugelknauf (Abb. 90) – sind zeitgenössisch. In der Mehrzahl handelt es sich um Ausrüstung, die zu friderizianischer Zeit längst nicht mehr gebräuchlich war.

Das martialische Thema und der ornamentale Aufbau folgen der Logik der Konstruktion. Jede Ornamentfüllung gliedert sich in drei übereinander liegende Bereiche: Eine stabilere Basis besteht aus Schuppen-, Muskelpanzern oder aus Schilden, die von Säbeln beziehungsweise Degen durchkreuzt werden. Ein kompaktes Mittelfeld nehmen Schilde ein, die teilweise mit Kronen besetzt sowie von unterschiedlichem Kriegsgerät umgeben sind. Darauf folgt ein feingliedriger oberer Abschnitt, der entweder von herabhängenden Waffen beziehungsweise einem Liktorenbündel mit Richtbeil (Abb. 88) oder von plastischen Volutenspangen mit teils durch das Ornament gesteckten, teils hinter ihm entlanggeführten Gegenständen besetzt ist.

Der Dekor wurde dem Format der lang gezogenen, schmaler werdenden Gurte angepasst. Es galt, die sich vergrößernde Entfernung, aus der der Deckenschmuck betrachtet wird, zu berücksichtigen: Entzerrung und Abgrenzung der

*Hans Vredeman de Vries, Blatt 9 aus der Folge »Panoplia«, 1572 (Privatbesitz)*

Einzelelemente, sorgfältige Unterscheidung zwischen Fundament, Zentrum und Kopfzone, klar erfassbare, zum Teil kompakte Grundformen und die Zusammenfassung von je vier Gurten ähnlichen Geräts zu einander paarweise gegenüberliegenden Gruppen sind die Gestaltungsprinzipien.

Der ungewöhnliche zusätzliche Hintergrund, der den Mittelsegmenten in Form einer vergoldeten, regelmäßigen Stuckschicht in Kartuschenform unterlegt wird, verbessert die Lesbarkeit. Am oberen Abschluss jedes Bandes kehrt die Kartusche – nunmehr halbiert – wieder. Eingespannt zwischen den goldenen Gurtrahmen gibt sie der applizierten, kleinteilig nach allen Seiten ausgreifenden Stuckzier einen festen Halt und umreißt sie mit einer klaren Kontur.[3]

Malerische Züge, die sich in der Wiedergabe unterschiedlicher Oberflächen – Textil, Metall, Holz, Hanf oder Leder – und der Ausarbeitung kleinster Einzelheiten zeigen, charakterisieren die Darstellung. Ebenso prägt sie ein Sinn für räumliche Anordnungen, plastische Durchbildung und Bewegung: Indem sich bis zu fünf Gegenstände übereinander schichten, von denen jeder einzelne als selbständiges räumliches Gebilde mit seinen entsprechenden Wölbungen der Oberfläche aufgefasst ist, werden die Möglichkeiten perspektivischer Darstellung im Rahmen des ornamentalen Systems ausgereizt. Flatternde, gedrehte und verschlungene Bänder, gelöste Bogensehnen oder faltenwerfende Fahnenstoffe beleben das an sich starre Gerät. Eine heitere Note fließt mit den Rosenzweigen ein, die sich gelegentlich um das martialische Werkzeug ranken. Verspielt ausgreifende Rocaillen mildern die strenge Grundform der Kartuschen.

Sowohl die abgelegten, repräsentativ arrangierten Brustpanzer als auch das zu Bündeln zusammengefasste Rüstzeug kennzeichnen die Stuckreliefs des Marmorsaals als Siegeszeichen. Sie stehen in der Tradition antik-römischer Triumphvorstellungen, wie sie sich in Waffenweihungen oder dem Tropaion manifestieren, einem mit Feindeswaffen behängten Baum oder Pfahl am Ort des errungenen Sieges.[4]

Einen besonderen Platz nahm die triumphale Symbolsprache seit dem 1. Jahrhundert als Relief an römischen Triumphbögen ein, die anlässlich gewonnener Kriege errichtet wurden oder die kaiserliche Staatsidee feierten. Die Vorliebe Friedrichs II. für das Triumphbogenmotiv und angemessenen Schmuck, der den kriegerischen Charakter mittels Armaturen und Trophäen betont, belegen das Berliner und das Brandenburger Tor in Potsdam.[5]

Den Triumphtoren des Altertums ebenfalls verpflichtet waren die im 18. Jahrhundert in Brandenburg-Preußen häufig errichteten, ephemeren Ehrenpforten. Als krönender Teil großartiger Festdekorationen, wie sie etwa für die Rückkehr der preußischen Monarchen aus Königsberg, dem Zweiten Schlesischen beziehungsweise dem Siebenjährigen Krieg errichtet wurden, haben auch ihnen Viktorien, Palmenzweige, Armaturen und Trophäen repräsentativen Charakter verliehen. Wie beispielsweise das 1706 vollendete Berliner Zeughaus zeigt, transferierten schließlich die Waffenarsenale das für sie prädestinierte, der Antike entlehnte kriegerische Ornament in die Neuzeit.

Ist der Trophäendekor im Schloss Sanssouci inhaltlich im Siegeskult der Antike verankert, lässt sich die konkrete Umsetzung in flächenfüllende Ornamentstreifen auf graphische Vorlagen seit dem 16. Jahrhundert zurückführen. Auf einem Polidoro da Caravaggio zugeschriebenen Entwurf beruht die erste Serie von Trophäendarstellungen, die 1550–1553 in 16 Blättern bei Antonio Lafreri in Rom erschien. Lafreris in der Folgezeit überaus beliebte Stiche, die in der Ausgabe von René Boyin 1575–1576 auch in Frankreich publik wurden, veränderte Hans Vredeman de Vries (1526–1609) in der Reihe »Panoplia«.[6]

Von Johannes und Lucas van Doetecum radiert, verlegte sie Gerard de Jode 1572 in Antwerpen. Der Montage zu Gruppen zusammengefasster Trophäen innerhalb streifenförmiger Bildfelder in Sanssouci ganz ähnlich, schließt Vredeman die zuvor einzeln aufgehängten Gegenstände zu dekorativen Vertikalbändern zusammen. Noch von dem französischen Architekten, Zeichner und Ornamentstecher Jean I Berain (1637–1711) werden die einflussreichen Entwürfe des Niederländers rezipiert, wenn dieser Trophäen in seine Grotesken integriert.

Der Begleittext eines Emblems von Gabriel Rollenhagen handelt vom Bund zwischen Kriegshandwerk – verkörpert durch Mars – sowie Wissenschaften und Künsten – veranschaulicht durch Minerva. Nur durch beide könne ein König Ruhm und Ehre erreichen: »Sunt duo qui faciunt ut Rex in honore sit ARS MARS / Gloria ab ARTE venit gloria MARTE venit« (Zwei Dinge verhelfen dem König zu Ehre, das sind Kunst und Krieg / Die Kunst verleiht Ruhm, ebenso wie der Krieg Ruhm hervorbringt).[7] Das in Bild und Text vergegenwärtigte Ideal der zweifachen Kompetenz haben schon die antiken Autoren Homer, Platon oder Aristoteles gepriesen. Sie setzten eine Jahrhunderte überspannende Diskussion um Krieg und Kunst als Leitmotive herrscherlicher Selbstdarstellung in Gang, deren Tradition Schloss Sanssouci fortsetzt.[8] Der Schild mit Medusenhaupt und Speer auf dem linken, die Leier auf dem rechten Türflügel zum Vestibül lesen sich wie die Zusammenfassung dieses Anspruchs (Abb. 69). Kriegswerkzeug und friedliches Gerät aus Kunst und Wissenschaft hatte Vredeman de Vries als einer der ersten Künstler kombiniert: Seine Panoplia-Folge vereint Darstellungen von Waffen, Musikinstrumenten sowie Gartengerät und eröffnet dem kämpferischen Ornament damit vielfältigere Verwendungsmöglichkeiten.[9]

Die friderizianische Innenraumdekoration inspirierte sich vor allem an französischen Ornamentgestaltungen unter Ludwig XV.[10] Zugleich erforderte der ungewöhnliche Anbringungsort der Trophäen an den Gurtflächen der gewölbten Decke im Marmorsaal eine individuelle Lösung.[11] Wörtliche Übernahmen wären daher verwunderlich. Vielmehr wurden Ornamentdrucke und -zeichnungen zu originellen Kompositionen umformuliert, indem manche Motive zitiert, andere Elemente den neuen Gegebenheiten angepasst wurden. Die künstlerische Modifikation der Vorlagen verschmolz mit der Handschrift des Ausführenden, der sie, oftmals im Team, unter den gegenwärtigen Verhältnissen – den Wünschen des Auftraggebers, der verfügbaren Zeit, seinen künstlerischen Erfahrungen, dem eigenen Ehrgeiz – schuf.[12]

Offenbar ließen sich die räumlichen Vorgaben im Marmorsaal nur schlecht mit der in Frankreich üblichen lockeren Aufreihung aller Gegenstände an einem Band vereinbaren, das sich zumeist von Anfang bis Ende verfolgen lässt. Ähnlich wie die Waffen in Sanssouci sind die Einzelglieder der von Gilles Marie Oppenordt (1672–1742) im Grand Salon im Pariser Hôtel d'Evreux (Élysée) geschaffenen Wandfüllungen gruppiert.[13]

Lediglich vier der friderizianischen Trophäenbündel sind mit Hilfe eines Bands an einem Ring oder direkt am C-Schwung einer Rocaille befestigt. Die formale Abhängigkeit von der Trophäenaufreihung entlang einer Schnur verraten jedoch kurze Stücke in sich gedrehter Bänder, die aus den Halsöffnungen zweier Panzer ragen. Nunmehr funktionslos, verlieren sie sich im Ornament darüber. Die feste Standfläche, die Gesims und Unterkante des Gurts den Panzern bieten, macht die Aufhängung entbehrlich. Tatsächlich kommen die beiden anderen Panzer ohne Band aus.

*Gilles Marie Oppenordt, Wanddekoration im Grand Salon des Hôtel d'Evreux (Élysée), Paris (aus: Fiske Kimball, Le style Louis XV. Origine et évolution du Rococo, Paris 1949, Abb. 184)*

Das Vorbild Frankreichs hinsichtlich motivischer Details bezeugen die von Palmenzweigen und Eichenlaub durchrankten Kronen der Mittelsegmente: Sie finden sich in den von Marie Michelle Blondel nach Reliefs an der Fontaine des Dômes im Park von Versailles gestochenen Trophäen. Ins Dekorative umgeformte Schilde, deren Ecken sich einrollen oder deren Ränder sich in einen bärtigen Männerkopf verwandeln, verwendete Jean-Antoine Watteau. Gabriel Huquier, der wesentlich zur Verbreitung der Entwürfe von Watteau sowie Jacques de Lajoue, Gilles Marie Oppenordt und Juste-Aurèle Meissonnier beitrug, stach in Paris auch Watteaus »Livre nouveau de différents trophées«.[14]

Auf die Darstellungsweise des dekorativen Beiwerks, das die Waffen umgibt, hat vor allem die auf François-Antoine Vassé und Oppenordt folgende Künstlergeneration des Louisquinze gewirkt. Insbesondere die Entwürfe für feste und bewegliche Innenausstattungen des seit 1726 in Paris tätigen Nicolas Pineau (1684–1754) verraten einen gleichartigen Sinn für das Irreguläre, für teilweise kompliziert ineinander verschlungene oder durchgesteckte Bildungen und die Verschmelzung abstrakter mit naturalistischen Formen. Kartuschengrund und Gurtrahmen, die Sanssoucis Waffendekor organisieren, sind mit den bei Pineau häufigen regelmäßig-durchbrochenen Formen prinzipiell vergleichbar: Beiden liegt das von Vredeman de Vries popularisierte Beschlagwerkornament zugrunde.[15]

In der künstlerischen Umsetzung haben sich – je nach formaler oder inhaltlicher Vorgabe – unterschiedliche Vorbilder wie Ingredienzen niedergeschlagen: Das Beispiel Pineaus zeigt, dass es vielmehr seine dekorative Manier ist, die dem friderizianischen Ornament nahe kommt, nicht aber der thematisch entsprechende Trophäendekor, den Pineau um 1720 für die Wände des Kabinetts Zar Peters I. in Peterhof schuf. Obwohl man gerade den Trophäen vorbildhaften Charakter zuschreiben würde, gehen sie über den gemeinsamen motivischen Nenner nicht hinaus.[16]

Der Marmorsaal des Schlosses Sanssouci ist nicht der erste Ort, für den Friedrich II. Armaturen als Deckenschmuck einsetzen lässt: Bei der Umgestaltung des Marmorsaals im Potsdamer Stadtschloss als Ausdruck der Wertschätzung für den Großen Kurfürsten Friedrich Wilhelm entscheidet er sich für einen Entwurf seines Architekten Knobelsdorff, bei dem Trophäen aus den Ecken dem Mittelpunkt zustreben. Deutlich ist die Anlehnung an das antike Tropaion: In jeder Plafondecke ragt aus den Halsöffnungen der Brustpanzer ein Palmstamm. Deren ausladende Kronen suggerieren, dass sie das zentrale Bildfeld stützen. Der in Sanssouci sehr viel ausgeprägtere architektonische Charakter ist im Dekor des Stadtschlosses bereits spürbar.[17]

Die Zusammenstellung des in Sanssouci vorgeführten Kriegsgeräts unterschiedlicher Herkunft und Epochen kommt einer überzeitlichen Waffenschau gleich. Einen Zustand »nach dem Krieg« markieren die abgelegten Brustpanzer oder die entsprechend antiker Triumphalsymbolik aufgestellten Schilde und Speere: Der Kriegsruhm Friedrichs II. wird durch retrospektive Motivik in eine weltgeschichtliche Dimension überführt. Die eher verspielten französischen Anregungen für Trophäengehänge werden den konstruktiven Regeln der Kuppelarchitektur angepasst.

Den Waffenschmuck der Kuppel allein als Lobpreisung der vom König kurz zuvor in Schlesien errungenen Siege zu begreifen, wird seiner ikonologischen Dimension nicht gerecht. Vielmehr verbindet sich mit den strahlenförmig angeordneten, dem hellsten Punkt der Kuppel zustrebenden Trophäen der Hinweis auf den Krieg als staatstragendes Fundament: Der kriegerische Schmuck, der sich in die vermeintlichen Stützelemente der himmelszeltartigen Saalüberdachung einfügt, wird als statische Notwendigkeit vorgeführt. Ohne ihn – so scheint es – verlöre die Kuppel ihren Halt. Architektonisch konsequent durchgebildet, zeichnen sich die Gurte auch am Äußeren der Kuppel ab.

Der imperiale Gestus der korinthischen Doppelsäulen mündet in den Kriegsvertikalen der Kuppel. Von den Waffen beschirmt, entfalten sich die schönen Künste – Architektur, Musik, Malkunst und Bildhauerei – sowie die Wissenschaft der Astronomie. Anders als das Kriegsgerät, das sich den Proportionen und tektonischen Raumverhältnissen unterordnet, überspielen Frauengestalten und Putten die Grenze zwischen Wand und Decke. Ihre Beine dürfen hinunterbaumeln; Putten beugen sich über das Gesims und ziehen Blumengirlanden empor.

Die Wechselbeziehung zwischen Architektur und Dekor spiegelt die politische Rhetorik Friedrichs II. wider. Der König propagiert und rechtfertigt die Vergrößerung der Armee und Kriegshandlungen wie den Einfall in Schlesien als friedensbewahrende, das europäische Mächteverhältnis stabilisierende Notwendigkeiten.[18] Die Vollendung des Marmorsaals fällt in die Zwischenkriegszeit nach dem Zweiten, vor dem Dritten Schlesischen Krieg. Friedrich nutzt sie, um das Land wirtschaftlich zu festigen, er lässt Manufakturen errichten, Brachland wie das Oderbruch kultivieren und bevölkern. Der kulturelle Standard Berlins wird durch die Erneuerung der Akademie der Wissenschaften oder den Plan zur Gründung eines Opernhauses gehoben. Die Verteilung der Prioritäten – erst Krieg, dann Kunst – folgt seiner am Beispiel antiker Kulturen konstruierten Überzeugung, dass nur auf eine ausreichend lange Phase der Machtkämpfe und Wirren eine Blütezeit künstlerischer Kreativität folgen könne.[19] Die Hierarchie von Krieg, Kunst und Wissenschaft im Marmorsaal, eingeleitet durch den im Vestibül ausruhenden Mars, der von Amor seiner Waffen beraubt wurde, folgt dem geschichtsphilosophischen Denken des Königs.

Wenige Jahre nach Friedrichs Tod greift das ikonographische Programm des unter Friedrich Wilhelm II. errichteten Brandenburger Tores in Berlin[20] den Leitgedanken des Marmorsaals auf: Die Taten des antiken Helden Herkules begleiten die Stützglieder des Tores. Den Waffen in Sanssouci ähnlich, lässt sie ihre Platzierung am Bauwerk zu den tragenden Gliedern der Architektur werden. Auf ihnen ruht der Fries, der im Relief die Friedensgöttin Eirene zeigt. Sie leitet den Zug der schönen Künste.

1 Friedrich der Große und Voltaire. Ein Dialog in Briefen. Ausstellungskatalog SPSG Berlin-Brandenburg. Potsdam 2000, S. 71.

2 Mit dem Band rechts von der Allegorie der Musik im Norden beginnend, im Uhrzeigersinn rechts drehend und von unten nach oben betrachtet, sind folgende Armaturen dargestellt (Abb. 81 und folgende): Band 02 Dekorschild mit Sonnenhaupt, Infanteriedegen / Schild mit Krone und Eichenlaubzweig, Fahnenstange mit -tuch / Standarte, Morgenstern; 04 Muskelpanzer / Schild mit Halbmond, Turban, Stab mit Quaste, Pfeile, Köcher / Bogen, Pfeile, verschlossener Köcher; 06 Muskelpanzer / Dekorschild mit 8-strahligem Stern, Zepter oder Marschallstab, Rammbock mit Widderkopf / Spieß, Morgenstern, Liktorenbündel mit Richtbeil und Pfeil; 08 Dekorschild mit Sonnenhaupt, Degen / Dekorschild mit Krone, Eichenlaub und Palmenzweig, Streitaxt / Keule, Standarte; 10 Dekorschild mit Fratze und Blitzbündel, Degen, Ledergürtel / Dekorschild, Krone mit Fanfare, Lanze mit Fahnentuch / Feldzeichen, Fackel; 12 Schuppenpanzer / Dekorschild mit Löwenkopf, Rammbock mit Drachenkopf / Dekorhellebarde, Spieße, Fanfare mit Standarte; 14 Muskelpanzer / Schild, mit Standarte umwickelte Lanze, Bogen, Pfeile, verschlossener Köcher, Säbel, Turban / Köcher, Bogen; 16 Dekorschild mit Medusenhaupt, Säbel / Dekorschild, Blumenkranz mit Palmenzweig, türkisierende Standarte mit Halbmond, Stierkopf, Vogelschwingen in der Art einer Tuğ / Morgenstern, Partisane. Rutenbündel und Richtbeil symbolisieren die Macht römischer Amtsdiener der höheren Magistrate und Priester (Liktoren). Ihre Darstellung inmitten von Kriegsgerät spielt darauf an, dass auch die Rechtsgewalt des besiegten Gegners unterworfen wurde.

3 Sanssoucis 1748 vollendeter Marmorsaal wurde in einer Zeit entworfen und ausgeführt, in der der für die Entwicklung des friderizianischen Rokoko prägende August Nahl d. Ä. Potsdam verlassen hatte (1746) und unter Georg Wenzeslaus von Knobelsdorff als neuer »Directeur des ornemens« Johann Christian Hoppenhaupt d. J. mit Entwürfen für Innendekorationen beauftragt wurde. Wenngleich die Eigenheiten im Dekor mit dem von Tilo Eggeling (Raum und Ornament. Georg Wenceslaus von Knobelsdorff und das friderizianische Rokoko. Regensburg ²2003, v.a. S. 214 f.) herausgearbeiteten Ornamentstil Knobelsdorffs vereinbar sind und seine Entwurfstätigkeit für den Marmorsaal nicht bestritten wird, sind zugleich Merkmale Nahlscher Ornamentauffassung erkennbar, wie sie etwa im Entwurf für die Dekoration der Westwand des Konzertzimmers in Schloss Sanssouci greifbar ist (HdZ 5174, SMPK Kunstbibliothek, von Eggeling Nahl zugeschrieben in: Potsdamer Schlösser und Gärten. Bau- und Gartenkunst vom 17. bis 20. Jahrhundert. Ausstellungskatalog Stiftung Schlösser und Gärten Potsdam-Sanssouci. Potsdam 1993, S. 101 f.). Nahls Vorliebe für dreiteilige Pilastergliederungen und sein Gespür für das Oben und Unten, für lastende und hängende Elemente eines Arrangements charakterisieren auch die Waffenornamentik. Könnte Knobelsdorff die Grundidee der Platzierung der Waffen innerhalb der vermeintlichen Gurtbögen, Nahl aber der eigentliche Entwurf zugeschrieben werden?

4 Hendrik S. Versnel: Artikel »Anathema«. In: Hubert Cancik, Helmuth Schneider (Hg.): Der neue Pauly. Enzyklopädie der Antike Bd. 1, Stuttgart, Weimar 1996, Sp. 659 f.; Christian Gizewski: Artikel »Lictor«. In: Cancik, Schneider Bd. 7, 1999, Sp. 180 f.; Christoph Höcker: Artikel »Tropaion«. In: Cancik, Schneider Bd. 12/1, 2002, Sp. 872 f.; Karl Woecke: Beiträge zur Geschichte des Tropaions. In: Bonner Jahrbücher 120, 1911, S. 127–135.

5 Zur Rezeptionsgeschichte des Triumphbogens: Heiner Borggrefe: Artikel »Triumphbogen«. In: Cancik, Schneider (Anm. 4), Bd. 15/3, 2003, Sp. 581–595. – Zu den Potsdamer Beispielen: Hans-Joachim Giersberg: Friedrich als Bauherr. Studien zur Architektur des 18. Jahrhunderts in Berlin und Potsdam, Berlin 1986, S. 188–222. – Trophäendekor zeigt auch Knobelsdorffs Entwurf für das Neustädter Tor. Tilo Eggeling: Das Neustädter Tor. Ein bislang unbekannter Entwurf Knobelsdorffs. In: Frank Augustin, Vroni Heinrich, Dieter Radicke (Hg.): Geschichte und Pflege, Berlin 1991, S. 65–82, Abb. 2.

6 »Panoplia seu armamentarium ac ornamenta cum artium ac opificiorum«. – Peter Fuhring: Hans Vredeman de Vries (Hollstein's Dutch and Flemish etchings, engravings and woodcuts, Bd. 47–48). Rotterdam 1997, Nr. 336–352; Peter Fuhring: Katalogeintrag Nr. 98 »Panoplia sev armamentarium ac ornamenta«. In: Heiner Borggrefe, Vera Lüpkes, Paul Huvenne, Ben van Beneden (Hrsg.): Hans Vredeman de Vries und die Renaissance im Norden. Ausstellungskatalog Lemgo, München 2002, S. 262 f.; Peter Fuhring: Hans Vredeman de Vries und das Ornament als Vorlage und Modell. In: ebd., S. 61–68.

7 Gabriel Rollenhagen: Nucleus emblematum selectissimorum, quae itali vulgo impresas. Arnheim 1611, Nr. 68 (Reprint: Dmitrij Tschižewskij, Ernst Benz: Emblematisches Cabinet, Hildesheim, Zürich, New York 1985).

8 Ernst Robert Curtius: Europäische Literatur und Lateinisches Mittelalter, Bern 1948, S. 179–186; Claudia Brink: Arte et marte: Kriegskunst und Kunstliebe im Herrscherbild des 15. und 16. Jahrhunderts, München 2000.

9 Fuhring verweist auf eine bei René Boyin in Frankreich bereits vor 1559 erschienene, Léonhard Thiry zugeschriebene Serie von Trophäen mit Werkzeugen, Blumen, Früchten, Musikinstrumenten. Borggrefe u. a. 2002 (Anm. 6), S. 64.

10 Auf die Vorbildlichkeit der französischen Ornamentiker für Knobelsdorff, der sich 1740 kurz in Paris aufhielt, verweist Tilo Eggeling (Knobelsdorffs malerischer Geschmack – »goût pittoresque«. In: »Zum Maler und zum großen Architekten geboren«. Friedrich Wenzeslaus von Knobelsdorff 1699–1753. Ausstellungskatalog SPSG Berlin-Brandenburg, Berlin 1999, S. 21–52, hier: S. 40–44; Katalogeintrag »Entwürfe für Ornamente und Dekorationen«. In: ebd., S. 261–268). – Zu den französischen Ornamentkünstlern: Louis Dimier: Les peintres français du XVIIIe siècle. Histoire des vies et catalogue des œuvres, Paris 1928; Dacier, Vuaflart: Jean de Jullienne et les graveurs de Watteau au XVIIIe siècle Bd. 3, Paris 1921–1929. Louis Hautecoeur: Histoire de l'architecture classique en France, Bd. 3 (Première moitiè du XVIIIe siècle. Le style Louis XV), Paris 1950; Eckhart Berckenhagen: Die französischen Zeichnungen der Kunstbibliothek Berlin, Berlin 1970.

11 Obgleich Armaturen in den Residenzen des Barock oder Rokoko zu den Standardelementen der Veranschaulichung fürstlicher Machtansprüche gehören, stellen sie als Deckenschmuck innerhalb von Radialbändern eine Besonderheit dar. In der Regel erscheinen sie als Türeinfassungen oder -füllungen, Wand- oder Voute-Schmuck. Zahlreiche Beispiele hierfür in: Adolf Feulner: Bayerisches Rokoko, München 1923; Wilfried Hansmann: Barock. Deutsche Baukunst 1600–1760, Leipzig 1997.

12 Gerade für die Kunst des Ornaments, das auf Zeitströmungen schneller reagiert als Gemälde oder Skulpturen und abhängiger vom Ort seiner Anbringung ist, sind die von Michael Baxandall (Ursachen der Bilder. Über das historische Erklären von Kunst, Berlin 1990; Originaltitel: Patterns of intention) entwickelten Einsichten in die Beziehungen zwischen dem Kunstwerk und seinen (Entstehungs-)Bedingungen gültig. Die Entschlüsselung des Umgangs mit Vorbildern beinhaltet die Rekonstruktion der Interaktionen zwischen Auftrag und Rahmenbedingungen, individuellen Ideen und äußeren Impulsen.

13 Fiske Kimball: Le style Louis XV. Origine et évolution du Rococo. Traduit par Mlle Jeanne Marie, Paris 1949, Fig. 184. – Das detaillierte Studium der Ornamentik von Oppenordt, für den bislang keine Monographie existiert, verspricht interessante Erkenntnisse hinsichtlich seines Einflusses auf die Künstler des preußischen Rokoko. Siehe zur Vorbildfunktion von Oppenordts Groteskenornamentik auf Knobelsdorffs stuckierte Wandpfeilerdekoration in der Großen Galerie im Neuen Flügel von Schloss Charlottenburg: Eggeling $^{2}$2003 (Anm. 3), S. 191 f. – Hinweise auf Oppenordts erhaltenes Gesamtwerk bei: Joseph Connors: Borromini in Oppenord's sketchbooks. In: Ars naturam adiuvans. Festschrift für Matthias Winner zum 11. März 1996, Mainz 1996, S. 596–612; Peter Fuhring: Design into art. Drawings for architecture and ornament. The Lodewijk Houthakker Collection Bd. 1. Ausstellungskatalog Amsterdam 1989, S. 78–114. – Zu Oppenordts Ornamentstil, den Richard Sedlmaier (Grundlagen der Rokoko-Ornamentik in Frankreich. Straßburg 1917, S. 71–78) anschaulich beschreibt, vgl. auch: Recueil des oeuvres de G. M. Oppenord, Paris 1888; Gilles Marie Oppenordt: »Berliner Skizzenbuch«, OZ 90, SMPK Kunstbibliothek Berlin.

14 OS 391; OS 376, SMPK Kunstbibliothek Berlin. Für wertvolle Hinweise auf die Vorbildfunktion einzelner Ornamentstichwerke danke ich Martin Pozsgai.

15 Jean Mariette: L'architecture françoise, ou recueil des plans, élévations, coupes et profils de France, Paris 1747, insbes. Bd. 1, Blatt 81–86 (Nouveaux desseins de plafonds inventés par Pineau); Recueil des oeuvres de Nicolas Pineau. Sculpteur et graveur de la cour de régent, Paris 1888; Emile Biais: Les Pineau, sculpteurs, dessinateurs des bâtiments du roy, graveurs, architectes (1652–1886), Paris 1892. – Zum Beschlagwerk: Günter Irmscher: Kleine Kunstgeschichte des europäischen Ornaments seit der frühen Neuzeit (1400–1900), Darmstadt 1984, S. 214–222.

16 Kimball 1949 (Anm. 13), Fig. 162, 164–169.

17 Entwürfe I (unbekannter Zeichner), II und III (Knobelsdorff) von 1746: SPSG Potsdam, Ornamentzeichnungssammlung Nr. 36, 30, 12. – Hans-Joachim Giersberg: Das Potsdamer Stadtschloss, Potsdam 1998, S. 74 f., Abb. 22–24, S. 199, 261; Tilo Eggeling: Katalogeinträge I.64–66. In: Ausstellungskatalog Potsdam 1993 (Anm. 3), S. 78–80. – Hinsichtlich des konstruktiven Empfindens mit Sanssoucis Kuppelaufbau vergleichbar sind in der Berliner Staatsoper die Decke des Zuschauerraumes und im dortigen Apollo-Saal die Fortsetzung der Vollsäulenpaare in die Voute mittels stuckierten, goldgerahmten Pilastern, die sich an ihrem oberen Ende ebenfalls spiralig aufrollen. Hans-Joachim Kadatz, Gerhard Murza: Georg Wenzeslaus von Knobelsdorff. Baumeister Friedrichs II., München 1983, Abb. 119, 121–123. Zur Zuschreibung an Knobelsdorff: Eggeling $^{2}$2003, S. 109–118. – Der Sonnentempel im Neuen Schloss der Eremitage in Bayreuth zeigt ebenfalls die Fortsetzung der korinthischen Säulen als gerahmte Gurtbögen im Kuppelaufbau, doch sind diese fast gänzlich unornamentiert. Wolfgang Jahn: Stukkaturen des Rokoko. Bayreuther Hofkünstler in markgräflichen Schlössern und in Würzburg, Eichstätt, Ansbach, Ottobeuren, Sigmaringen 1990, Abb. 62, 69.

18 Zum geschichtlichen Hintergrund: Ingrid Mittenzwei: Friedrich II. von Preußen. Eine Biographie, Köln $^{3}$1983; Ingrid Mittenzwei, Erika Herzfeld: Brandenburg-Preußen 1648 bis 1789. Das Zeitalter des Absolutismus in Text und Bild, Köln 1987, vor allem S. 280–346; Hans-Joachim Schoeps: Preußen. Geschichte eines Staates, Frankfurt a. M. 1995, vor allem S. 62–100.

19 Gustav Bertold Volz (Hrsg.): Die Werke Friedrichs des Großen. Deutsch von Friedrich von Oppeln-Bronikowski Bd. 8, Berlin 1913–1914, S. 75.

20 Gert-Dieter Ulferts: Friede nach siegreichem Krieg. Das Bildprogramm – Skulpturen und Malerei. In: Willmuth Arenhövel, Rolf Bothe (Hrsg.): Das Brandenburger Tor. Eine Monographie, Berlin 1991, S. 93–132.

*Jürgen Hamel*

# Astronomie

Astronomische Instrumente avancierten seit der Zeit der Renaissance zu Symbolen der Gelehrsamkeit, der geistigen Herrschaft über Himmel und Erde – und sie blieben es für lange Zeit. Armillarsphären, Stechzirkel, Sonnenuhren, Erd- und Himmelsgloben (meistens paarweise in gleicher Gestalt und Schmuck) und zum Ende des 17. Jahrhunderts Fernrohre fehlten in keinem Kunst- und Raritätenkabinett, waren in vergoldetem Messing oder Elfenbein, fein ziseliert, prachtvoll geschmückt und mit edlen Hölzern verbunden die Zierde der Privat- und Audienzräume kleiner und großer Herrscher. Man findet sie nicht nur als Gegenstände, sondern auch auf Kupferstichen und Gemälden, auf Stillleben, Porträts und Historiengemälden sowie als Raumschmuck wieder, als Wand- und Deckengemälde oder in plastischer Gestaltung.

Schloss Sanssouci weist in zwei Räumen, dem Marmorsaal und der Bibliothek, der Himmelskunde entlehnte Schmuckelemente auf. Dabei sei gleich zu Beginn hervorgehoben, dass in beiden Räumen die dargebotenen Elemente über den typischen Bestand hinausgehen und in einen mehr oder weniger wissenschaftlichen Rahmen gestellt werden – auch wenn die handelnden »Personen« keine standesgemäß gekleideten Forscher, sondern sich spielerisch oder ernsthaft betätigende Putti sind.

In der Kuppel des Marmorsaals befinden sich zwei große, ovale Medaillons aus vergoldetem Stuck (Abb. 91 und 93). Abb. 91 zeigt in der unteren Hälfte ein schräg nach links oben gerichtetes Fernrohr, auf dem eine Eule als Symbol der Weisheit sitzt. Der Himmel ist symbolisiert durch die schmale Sichel des abnehmenden Mondes mit ernstem Gesicht sowie neun teilweise in geometrischen Figuren (5er- und 3er-Gruppe) angeordneten Sternen, die jedoch keiner realen Konstellation entsprechen.

Vor dem Medaillon sitzt in lockerer, lebendiger Haltung eine weibliche Gestalt in weichfallendem Kleid, in der rechten Hand ein Fernrohr, die linke erhoben auf den hinter und über ihr befindlichen Himmel deutend. Es ist die Muse Urania (oder die personifizierte Astronomia), die sehr oft symbolisch für die Himmelskunde steht. Auf beiden Seiten von ihr befindet sich ein Globus; am linken betätigt sich, in die Arbeit vertieft, ein Putto, während ein zweiter auf der rechten Seite, an die Urania angelehnt, durch ein nach rechts gerichtetes Fernrohr blickt.

Die astronomischen Elemente sind sehr deutlich, geradezu technisch wiedergegeben. Die Globen weisen zwar in ihrer Kleinheit keine Zeichnung auf, doch wird es sich typischerweise um ein Paar Erd- und Himmelsgloben handeln, wie sie seit dem frühen 17. Jahrhundert in größerer Zahl besonders in Holland und Italien, später auch in Deutschland gefertigt wurden (beispielsweise in der berühmten von Willem Janszoon Blaeu, 1571–1638, in Amsterdam begründeten Werkstatt, in

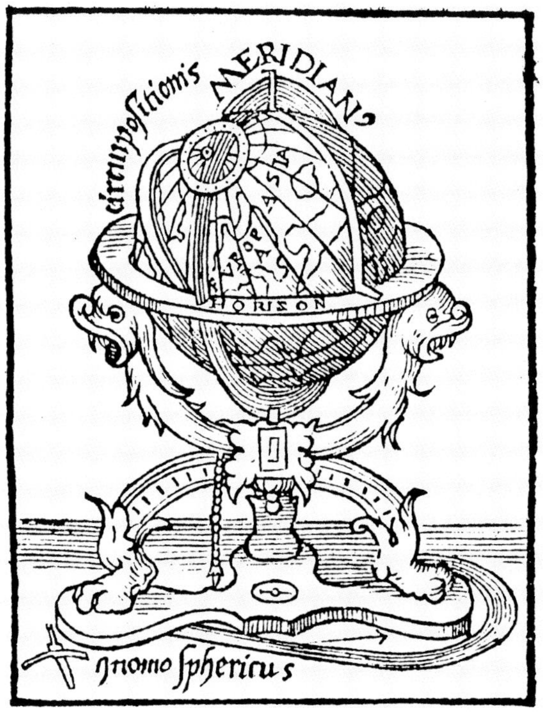


*Ein Erdglobus in typischem Gestell mit drei verzierten Füßen, einem Kompass in der Grundplatte und drei als Fabeltiere gestaltete Stützen für den Horizontring (»Horizon«). Deutlich treten der Meridianring (»Meridianus«), links die schräg gestellte Ekliptik sowie ein vom Zenit auf den Horizont laufender Viertelkreisring zur stabilen Montierung der Globuskugel hervor. Um den Nordpol ist eine Längengradskala angebracht.*
*(Johannes Schöner: De usu globi astriferi opusculum, Antwerpen 1548)*

*Armillarsphäre mit beschrifteten Kreisen, von oben nach unten: der Nordpolarkreis (»Circulus arcticus«), der Wendekreis des Krebs (»Tropicus Cancri«, Kreis der Sommersonnenwende), der schräge Tierkreis (»Zodiacus«), der Himmelsäquator (»[circulus] Equinoctialis«), der Wendekreis des Steinbocks (»Tropicus Capricorni«, Kreis der Wintersonnenwende), der Südpolarkreis (»[circulus] antarcticus«); unten im Bild die Astronomen Claudius Ptolemäus und Johannes Regiomontanus.*
*(Johannes Regiomontan, Georg Peuerbach: Epitome in Almagestum, Venedig 1496, Titelholzschnitt)*

Venedig bei Vincenzo Maria Coronelli, 1650–1718, oder in Nürnberg bei Johann Gabriel Doppelmayr, 1677–1750). Die Globuskugeln sind in einem breiten Horizontring gelagert (der in der Regel ein Kalendarium trug), der seinerseits durch gedrechselte Säulen mit einer runden Grundplatte verbunden ist.

Die Fernrohre sind als Auszugs-Handfernrohre zu erkennen; sie bestehen aus einem dickeren Außentubus und mehreren Auszügen mit verdickten Endringen (die Fernrohre der Eule und der Urania haben drei, das der Putte fünf Auszüge, eine damals gängige Anzahl). Es könnte sich hier um Fernrohre mit einer etwaigen Länge (Brennweite) von zwei bis vier Fuß handeln, wie sie vielfach im Gebrauch waren. Selbst bei einer größeren Brennweite ließen sich diese Fernrohre durch die ineinander schiebbaren Auszüge zum Transport auf eine handliche Länge bringen; aus einem 2,5 Meter langen Instrument wurde so ein nur dreißig bis vierzig Zentimeter langes Gepäckstück.

Das zweite Medaillon (Abb. 93) zeigt eine Armillarsphäre, ein sehr beliebtes Lehr- und Demonstrationsgerät, das die Lage der Hauptkreise des Himmels darstellt: In einem Horizontgestell (ähnlich dem Globus) ist ein System von Kreisringen angeordnet – der Himmelsäquator, die Wende- und Polarkreise und die zum Himmelsäquator um etwa 23,5° schiefe Ekliptik (scheinbare Bahn der Sonne um die Erde). In der Mitte ist die kleine Erdkugel zu erkennen, durch die die Weltachse verläuft. Die Kreisringe und das Gestell waren bei repräsentativen Stücken aus vergoldetem Messing oder aus edlen Hölzern gefertigt; der im Medaillon gut erkennbare Horizontring trug wiederum in der Regel ein Kalendarium. Die Putten haben hier keinen Bezug zum wissenschaftlichen Instrument, sondern dekorieren es spielerisch mit einer Rosenranke.

In der Bibliothek ist in einem querovalen Medaillon eine astronomische Szene gestaltet (Abb. 169). Die Mitte wird von einem großen Himmelsglobus eingenommen, auf dem einige Sternbilder mit ihren Umrisszeichnungen zu sehen sind wie Waage, Schlange, Skorpion und Schütze. Ein Putto hat gerade ein Tuch vom Globus abgezogen, ein zweiter sitzt neben dem Globus mit einem Stechzirkel in der Hand und einem Buch vor sich liegend, ein dritter steht daneben, mit einem Auszugsfernrohr den Himmel beobachtend, und schließlich macht ein vierter Aufzeichnungen auf einer in der Hand gehaltenen Tafel. Hier wurde eine astronomische Arbeitssituation geschaffen, wie sie in einer Sternwarte stattfinden könnte: die Beobachtung des Himmels, die Aufzeichnung der von Beobachtern gegebenen Resultate, die Bestimmung eines Sternortes auf dem Globus durch die Messung des Abstandes von anderen Sternen mittels eines Stechzirkels und der Vergleich des selbst gemessenen Ortes mit einem gedruckten Katalog.

Auf der linken Seite beobachten zwei weitere Putti mit Hilfe eines Auszugsfernrohrs (an einem Stativ mit Höhen-Halbkreis) einen über der ganzen Szene stehenden Kometen. Rechts ist der dreigeschossige Turm einer Sternwarte dargestellt, auf dessen oberer Plattform ein weiterer Beobachter mit einem Fernrohr den Kometen betrachtet. Der Sternwartenbau entspricht keiner wirklichen Sternwarte, auch wenn man darin, einige künstlerische Freiheit eingerechnet, eine Idealdarstellung der Berliner Sternwarte auf dem Marstall ausmachen könnte.

Im Zentrum steht der über allem hoch am Himmel scheinende Komet; er wird von drei Seiten ins Visier genommen, sein Lauf mit Hilfe des Zirkels auf dem Globus abgemessen. Es ist durchaus möglich, dass hier der im Jahre 1744, also während der Bauzeit des Schlosses, in Mitteleuropa sehr eindrucksvoll sichtbare Komet gemeint ist, auch wenn seine Gestalt keine individuellen Züge aufweist und der Kern ohnehin durch eine vom Rand her in das Bild hineinragende Rose verdeckt ist.

Vor dem Globus liegen am vorderen Rand des Medaillons kleinere astronomische und Zeichengeräte: ein weiteres Auszugsfernrohr, ein Winkelmesser, ein Lineal mit teilweiser Transversalteilung sowie ein Blatt mit einer (unvollständigen oder fehlerhaften) Horoskopzeichnung, auf der einige Planetensymbole (Merkur, Mond, Saturn, Jupiter und Venus) erkennbar sind. Es mag sein, dass mit diesen Instrumenten auf die Zeichnung von Sternkarten – vielleicht für den Lauf des gerade sichtbaren Kometen? –, aber ebenso auf die Bedeutung der Astronomie (der astronomischen Ortsbestimmung) für die Anfertigung von Landkarten verwiesen werden sollte.

Vergleicht man die astronomischen Bildelemente in beiden Räumen des Schlosses, fällt ein deutlicher Unterschied auf. Während die Globen im Marmorsaal sehr exakt gearbeitet sind, ist der in der Bibliothek insgesamt und im Detail weniger gelungen; die Globuskugel sitzt viel zu tief im Horizontring, würde auf dem Untergrund schleifen, und die Lage der Sternbilder ist wenig exakt. Diese Wertung trifft auch auf die Wiedergabe der Fernrohre zu, die im Marmorsaal das wirkliche Aussehen eines Auszugsfernrohrs trifft, mit in sich geraden Tubusstücken, während in der Bibliothek die Instrumente mit

*Michael Mästlin, der Lehrer Johannes Keplers, mit Symbolen der Tätigkeit eines Astronomen: kleiner Erdglobus, Stechzirkel, Tasterzirkel und astronomische Beobachtungsgeräte (Erhard Cellius: Imagines Professorum Tubingensium, Tübingen 1598)*

konischen Tubusstücken falsch dargestellt sind (solche Tuben ließen sich nicht ineinander schieben). Offenbar haben sich beide Künstler in unterschiedlichem Maße mit den von ihnen wiedergegebenen Verhältnissen vertraut gemacht. Andererseits lässt das den Rückschluss zu, dass die in der Bibliothek dargestellte, in sich fachlich stimmige Szene in ihrem Entwurf nicht vom ausführenden Künstler stammt, da dieser wohl keine solchen offensichtlichen Darstellungsfehler begangen haben würde.

Es dürfte von Interesse sein, in Zusammenhang mit der astronomischen Gestaltung in Sanssouci auf die im Jahre 1700 gegründete Sternwarte der Brandenburgischen/Preußischen Akademie der Wissenschaften zu verweisen. Der erste Berliner Akademieastronom Gottfried Kirch (1639–1710) arbeitete mit Auszugsfernrohren in einer Länge von etwa 0,5 bis 2,5 Metern – zunächst gezwungenermaßen recht umständlich in seinem Privathaus, da die Fertigstellung der Sternwarte auf dem Neuen Marstall erst um 1709, die feierliche Übergabe gar erst 1711 erfolgte, was Kirch nicht mehr erlebte. Auch seine Nachfolger, Johann Heinrich Hoffmann (Direktor 1710–1716), Kirchs Sohn Christfried (1716–1740), Johann Wilhelm Wagner (1740–1744) und Augustin Nathanael Grischow (1744–1750), hatten sich mit solchen Fernrohren zu behelfen, obwohl der

*Die Berliner Sternwarte im Komplex des Neuen Marstalls. Auf dem Turm sind die Montierungen für sehr langbrennweitige Fernrohre zu erkennen. (Johann Gabriel Doppelmayr: Atlas coelestis, Nürnberg 1742)*

Stand des astronomischen Instrumentenbaus darüber inzwischen längst hinweggegangen war; erst zum Ende des Jahrhunderts ergab sich langsam eine Verbesserung in der Ausstattung der Sternwarte; der wirkliche Durchbruch setzte jedoch erst später mit dem Wirken Alexander von Humboldts (1769–1859) nach 1835 ein. Die Auszugsfernrohre stammten beispielsweise von dem bedeutenden Optiker Giuseppe Campani (1635–1715), die Beobachtungen wurden mit ihrer genauen Zeit registriert (ein wenig mag es verwundern, dass die Darstellungen in Sanssouci keine Uhren einschließen).

Die Berliner Sternwarte entstand auf dem Neubau des Königlichen Marstalls, in der heutigen Dorotheenstraße (auf der Höhe der heutigen Universitätsbibliothek), das Astronomenhaus, die erste Beobachtungsstätte Kirchs und seiner Ehefrau, war benachbart; die neue Sternwarte wurde 1835 nach Entwürfen von Karl Friedrich Schinkel (1781–1841) gebaut, das Gebäude leider 1915, nach der Verlegung der Sternwarte nach Babelsberg, abgerissen (heutige Bessel-/Enckestraße).

# Literaturverzeichnis

»Allergnädigster Vater«. Dokumente aus der Jugendzeit Friedrichs II. Hrsg. mit einem Vorwort und mit Einführungen versehen von Frank Schümann, Berlin 1986.

Amtliche Führer. Hrsg. von der Generaldirektion der Stiftung Preußische Schlösser und Gärten Berlin-Brandenburg: Die Schloßküche im Schloß Sanssouci, Potsdam 1993; Der Damenflügel im Schloß Sanssouci, Potsdam 1994; Schloß Sanssouci, 18. neu bearbeitete Auflage, Potsdam 1996; Bauten und Bildwerke im Park Sanssouci, Potsdam 2000; Schloß Charlottenburg, 9. veränderte Auflage, Potsdam 2002.

Ausst.-Kat. 1962: Meisterwerke aus den Schlössern Friedrichs des Großen. Ausstellung der Verwaltung der Staatlichen Schlösser und Gärten, Berlin 1962.

Ausst.-Kat. 1985: Rheinsberg. Eine märkische Residenz des 18. Jahrhunderts. Ausstellung der Staatlichen Schlösser und Gärten Potsdam-Sanssouci 1985.

Ausst.-Kat. 1986: Friedrich der Große. Hrsg. von Friedrich Benninghoven/Helmut Börsch-Supan/Iselin Gundermann, Berlin 1986.

Ausst.-Kat. 1986: Friedrich II. und die Kunst. Ausstellung der Staatlichen Schlösser und Gärten Potsdam-Sanssouci, 1986.

Ausst.-Kat. 1992: Friedrich der Große. Sammler und Mäzen. Hrsg. von Hans Georg Prinz von Hohenzollern. Ausstellung der Bayerischen Hypotheken- und Wechselbank, München 1992.

Ausst.-Kat. 1993: Potsdamer Schlösser und Gärten. Bau- und Gartenkunst vom 17. bis 20. Jahrhundert, Potsdam-Sanssouci 1993.

Ausst.-Kat. 1995: Friedrich Wilhelm IV. Künstler und König. Zum 200. Geburtstag. Ausstellung der Stiftung Preußische Schlösser und Gärten Berlin-Brandenburg, Potsdam 1995.

Ausst.-Kat. 1997: Friedrich Wilhelm II. und die Künstler. Preußens Weg zum Klassizismus. Hrsg. von der Generaldirektion der Stiftung Preußische Schlösser und Gärten Berlin-Brandenburg, 1997.

Ausst.-Kat. 1997: Adolph Menzel. 1815–1905. Das Labyrinth der Wirklichkeit. Ausstellung der Nationalgalerie und des Kupferstichkabinetts der Staatlichen Museen zu Berlin, 1997.

Ausst.-Kat. 1999: »Zum Maler und zum großen Architekten geboren« (Friedrich der Große). Georg Wenzeslaus von Knobelsdorff. 1699–1753. Ausstellung zum 300. Geburtstag. Hrsg. von der Generaldirektion der Stiftung Preußische Schlösser und Gärten Berlin-Brandenburg, 1999.

Ausst.-Kat. 2001: Preußen 1701. Eine europäische Geschichte. Hrsg. vom Deutschen Historischen Museum und der Stiftung Preußische Schlösser und Gärten Berlin-Brandenburg, Bd. 1, Katalog, Berlin 2001.

Ausst.-Kat. 2003: Ludwig Persius. Architekt der Königs Baukunst unter Friedrich Wilhelm IV. Ausstellung der Stiftung Preußische Schlösser und Gärten Berlin-Brandenburg, Potsdam 2003.

Backschat, Friedrich: Beiträge zur Baugeschichte von Sanssouci. In: Hohenzollern-Jahrbuch 20, 1916, S. 91–101.

Badstübner-Gröger, Sibylle: Die Potsdamer Plastik des Spätbarock. Studien zur sozialen Lage der Bildhauer und zur Ikonographie bauplastischer Ausstattungen in der friderizianischen Architektur, Phil. Diss., Halle 1972.

Badstübner-Gröger, Sibylle: Die Ovid-Galerie in den Neuen Kammern zu Sanssouci. In: Acta Historiae Artium. Academiae Scientiarum Hungaricae. Tomus XX, Fasciculi 3_4, Buda-Pest 1974, S. 271–296.

Baer, Winfried und Ilse: Schloß Charlottenburg, Berlin. Museen, Schlösser und Denkmäler in Deutschland. Hrsg. von Thomas W. Gaethgens, Paris 1995.

Barclay, David E.: Anarchie und guter Wille. Friedrich Wilhelm IV. und die preußische Monarchie, Berlin 1995.

Bartelt, Wilhelm: Die Geschichte der ehemaligen Prinzenhäuser zu Neuruppin. Mit einem Lageplan der Prinzenhäuser (Veröffentlichung des historischen Vereins der Grafschaft Ruppin, Nr. 3), Neuruppin 1928.

Bauer, Frank u. a.: 250 Jahre Schloß Sanssouci (Reihe Deutsche Geschichte Bd. XXVIII), Berg am Sternberger See 1997.

Becher, Paul: Der Kronprinz Friedrich als Regiements-Chef in Neu-Ruppin von 1732–1740, Berlin 1892.

Bentzin, Hans: Nur in Rheinsberg bin ich glücklich gewesen. Kronprinz Friedrich in Küstrin, Ruppin und Rheinsberg, Berlin/Bonn 2001.

Berckenhagen, Ekhart/Pierre du Colombier/Margarete Kühn/Georg Poensgen: Antoine Pesne, Berlin 1958.

Berckenhagen, Ekhart: Johann Michael Hoppenhaupt, in: Neue Deutsche Biographie, 1972, Bd. 9, S. 620.

Berckenhagen, Ekhart: Johann Michael Hoppenhaupt, in: Neue Deutsche Biographie, 1972, Bd. 9, S. 619–620.

Bielfeld, Jakob Friedrich: Des Freyherrn von Bielfeld freundschaftliche Briefe nebst einigen anderen. Aus dem Französischen. Zweyte durchaus vermehrte Auflage, Danzig und Leipzig 1770.

Bittkau, Gustav: Älteste Geschichte der Stadt Neu-Ruppin, Neu-Ruppin 1887.

Bleibaum, Friedrich: Johann August Nahl. Der Künstler Friedrich des Großen und des Landgrafen Hessen-Kassel, Baden bei Wien/Leipzig 1933.

Blondel, Jacques François: De la distribution de Maisons de plaisance et de la décoration des edifices en general, Paris 1737–1738.

Boeck, Wilhelm: Oranienburg. Geschichte eines preußischen Königsschlosses. (Forschungen zur deutschen Kunstgeschichte. Hrsg. vom Deutschen Verein für Kunstwissenschaften, Bd. 30), Berlin 1938.

Börsch-Supan, Eva: Zu Friedrich Wilhelms IV. Restaurierung in Sanssouci. In: Schlösser, Gärten, Berlin. Festschrift für Martin Sperlich zum 60. Geburtstag (Technische Universität Berlin, Kunstwissenschaftliche Schriften. Hrsg. von Detlef Heidkamp, Bd. 1), Tübingen 1980, S. 145–152.

Börsch-Supan, Eva: Ludwig Persius. Das Tagebuch des Architekten Friedrich Wilhelm IV. Hrsg. von Eva Börsch-Supan, München 1980.

Börsch-Supan, Helmut: Friedrich Rudolf Comte de Rothenbur, in: l'Œil, Nr. 168 (Dez. 1968).

Börsch-Supan, Helmut: Marmorsaal und Blaues Zimmer. So wohnten Fürsten, Berlin 1976.

Börsch-Supan, Helmut: Die Kunst in Brandenburg-Preußen, Berlin 1980.

Börsch-Supan, Helmut: Der Maler Antoine Pesne. Franzose und Preuße, Friedberg/H. 1986.

Borrmann, Richard: Die Bau- und Kunstdenkmäler von Berlin, Berlin 1893.

Büsching, Anton Friedrich: Charakter Friedrichs des zweyten, König von Preußen, Halle 1788.
Cohn-Wiener, Ernst: Potsdam mit den königlichen Schlössern und Gärten, Berlin o. J.
Dehio, Ludwig: Friedrich Wilhelm IV. von Preußen – Ein Baukünstler der Romantik, München/Berlin 1961.
Diedenhofen, Wilhelm: Begräbnis und Epitaphium. Das Grabmal zu Bergental bei Kleve. In: Kalender für das Klever Land 1979, S. 10-29.
Dorst, Klaus: »Im Alter verehre ich Vergil«. Zum Bau der Bildergalerie im Park von Sanssouci. In: Die Bildergalerie in Sanssouci. Bauwerk, Sammlung und Restaurierung. Festschrift zur Wiedereröffnung 1996, Milano 1996, S. 11–26.
Drescher, Horst und Sibylle Badstübner-Gröger: Das Neue Palais in Potsdam. Beiträge zum Spätstil der friderizianischen Architektur und Bauplastik, Berlin 1991.
Droysen, Hans: Rheinsberg 1736–1740. In: Hohenzollern-Jahrbuch, 20, 1916, S. 58–90.
Eckardt, Götz: Schloß Sanssouci. Amtl. Führer. Hrsg. von der Generaldirektion der Staatlichen Schlösser und Gärten Potsdam-Sanssouci, Potsdam 1961.
Eckardt, Götz: Die ersten Entwürfe zur Terrassenanlage und zum Schloß Sanssouci. Ein Beitrag zur Frage zu Knobelsdorffs Anteil (Anschauung und Deutung, Festschrift Willi Kurth, Studien zur Architektur und Kunstwissenschaft, Bd. 2), Berlin 1964, S. 155–169.
Eckardt, Götz: Zweites Rokoko um 1840 in den königlichen Schlössern von Berlin und Potsdam. In: Historismus-Aspekte zur Kunst im 19. Jahrhundert. Hrsg. von Karl-Heinz Klingenberg, Leipzig 1985, S. 141–156.
Eckert, Helmut: Der Weinberg und das Potsdamer Stadtschloß (1746). Bericht eines Besuchers. In: Jahrbuch für Brandenburgische Landesgeschichte, 33. Bd., Berlin 1982, S. 39–40.
Eggeling, Tilo: Die Wohnung Friedrichs des Großen im Schloß Charlottenburg. Aus Berliner Schlössern, Kleine Schriften V, Berlin 1978.
Eggeling, Tilo: Beiträge zur Baugeschichte von Schloß Rheinsberg. Der Umbau des märkischen Landsitzes zur Residenz des Kronprinzen Friedrich (II.). In: Schlösser, Gärten, Berlin. Martin Sperlich zum 60. Geburtstag, Berlin 1980, S. 90–120.
Eggeling, Tilo: Georg Wenceslaus von Knobelsdorff. In: Baumeister, Architektur, Stadtplaner. Biographien zur baulichen Entwicklung Berlins. Hrsg. von Wolfgang Ribbe und Wolfgang Schäche, Berlin 1987, S. 83–106.
Eggeling, Tilo: Raum und Ornament. Georg Wenceslaus von Knobelsdorff und das friderizianische Rokoko, Regensburg 2003 (2., aktualisierte und erweiterte Auflage der Ausgabe von 1980).
Frank, Dietrich von: Die »maison de plaisance«. Ihre Entwicklung in Frankreich und die Rezeption in Deutschland. Dargestellt an ausgewählten Beispielen. Beiträge zur Kunstwissenschaft, Bd. 27, München 1989.
Friedrich II.: Briefwechsel mit dem Grafen Algarotti. Aus dem Französischen und Italienischen übersetzt von Friedrich Förster, Berlin 1837.
Die Werke Friedrich des Großen. In deutscher Übersetzung. Hrsg. von Gustav Berthold Volz, 10 Bände, Berlin 1912–1914.
Friedrich der Große im Spiegel seiner Zeit, 3 Bände, Berlin o. J.
Briefe Friedrich des Großen. Hrsg. von Max Hein, 2 Bände, Berlin 1914.
Friedrich der Große. Gespräche mit Henri de Catt, München 1981.
Friedrich der Große und Prinz August Wilhelm. Des großen Königs Briefwechsel mit seinem Bruder, Leipzig o. J.
Die Geschichte der Astronomie in Berlin. Hrsg. von Dieter B. Herrmann und Karl-Friedrich Hoffmann, Berlin 1998.
Giersberg, Hans-Joachim und Adelheid Schendel: Potsdamer Vedouten, Potsdam 1984.
Giersberg, Hans-Joachim: Friedrich als Bauherr, Berlin 1986.
Giersberg, Hans-Joachim und Rolf-Herbert Krüger: Die Ruhestätte Friedrichs des Großen zu Sanssouci, Berlin 1992.
Giersberg, Hans-Joachim: Die Schloßbibliotheken Friedrichs II. In: Studien zum Buch- und Bibliothekswesen, Bd. 8, 1993, S. 61–67.
Giersberg, Hans-Joachim: Das Potsdamer Stadtschloß, Potsdam 1998.
Giersberg, Hans-Joachim: Der Bacchustempel im Rheinsberger Garten. In: »Zum Maler und Architekten geboren«. Ausstellung zum 300. Geburtstag von G. W. v. Knobelsdorff. Stiftung Preußische Schlösser und Gärten Berlin-Brandenburg 1999, S. 143–149.
Häberlin, C. L. gen. Belani: Sanssouci, Potsdam und Umgebung, Berlin und Potsdam 1855.
Haeckel, Julius: Gesammelte Aufsätze. 1. Um den Ruinenberg a. Der Ruinenberg selbst. In: Mitteilungen des Vereins für die Geschichte Potsdams, NF, Bd. VII, H. 5, Potsdam 1939, S. 444–451.
Hamel, Jürgen: Wissenschaftsförderung und Wissenschaftsalltag in Berlin 1700-1720 – dargestellt anhand des Nachlasses des ersten Berliner Akademieastronomen Gottfried Kirch und seiner Familie. In: Leibniz-Sozietät/Sitzungsberichte 55 (2002), S. 61-101.
Hamel, Jürgen: Geschichte der Astronomie, Stuttgart 2002 (2. Auflage).
Hansmann, Wilfried: Im Glanz des Barocks. Ein Begleiter zu Bauwerken August des Starken und Friedrichs des Großen, Köln 1992.
Harksen, Sibylle: Erdmannsdorff in Potsdam und Berlin. In: Friedrich Wilhelm von Erdmannsdorff 1736–1800. Zum 200. Geburtstag. Wörlitz 1986, S. 39–41.
Hennert, Carl Wilhelm: Beschreibung des Lustschlosses und Gartens Sr. Königl. Hoheit des Prinzen Heinrich, Bruder des Königs, zu Rheinsberg, wie auch der Stadt und der Gegend um dieselbe, Berlin 1778 (Neuauflage 1985).
Hilger: Das Grabmonument des Fürsten Johann Moritz in Bergendael bei Kleve. In: Soweit der Erdkreis reicht. Johann Moritz von Nassau-Siegen 1604–1679, Ausst.-Kat. Kleve 1979, S. 205–212.
Hintze, Erwin: Führer durch das Schloßmuseum in Breslau, Breslau 1930.
Höckendorf, Paul: Sanssouci zur Zeit Friedrich des Großen und heute, Berlin 1903.
Hübner, P. G.: Schloß Sanssouci, Berlin 1926.
Huth, Hans: Die Wohnung Friedrichs des Großen. In: Phoebus II, 1949, S. 107–115, 159–174.
Interieurs der Biedermeierzeit. Zimmeraquarelle aus fürstlichen Schlössern im Besitz des Hauses Hessen. Hrsg. von der Hessischen Hausstiftung Museum Schloß Fasanerie Eichenzell bei Fulda, Petersberg 2004.
Inventare der Berliner Sternwarte 1725-1771, Archiv der Berlin-Brandenburgischen Akademie der Wissenschaften, I-XIV-27.
Junecke, Hans: Die maßfigürliche Analyse des Grundrisses von Schloß Sanssouci und der Vergleich mit den theoretischen wie praktischen Tendenzen französischer maison de plaisonce. In: Jahrbuch für die Geschichte Mittel- und Ostdeutschlands, 30 (1991), S. 131–161.
Kadatz, Hans Joachim: Georg Wenzeslaus von Knobelsdorff. Baumeister Friedrich II., Leipzig 1983.
Kania, Hans: Unser Sanssouci. Friedrichs Schöpfung im Lichte neuester Forschungen. In: Potsdamer Tageszeitung, 6. August 1926.
Kania, Hans: Ein Meister des deutschen Rokoko: Johann August Nahl (Gesammelte Studien 2. Die Zeit Friedrich des Großen). In: Mitteilung des Vereins für die Geschichte Potsdams, NF. Bd. VI, A.2, Potsdam 1928, S. 73–79.

Kania, Hans: Schloß Sanssouci, eine deutsche Schöpfung. In: Mitteilung des Vereins für die Geschichte Potsdams, NF. Bd. VI, A.2, Potsdam 1928, S. 79–82.
Kania, Hans: Die Wandlung in der baukünstlerischen Entwicklung Friedrichs des Großen. In: Mitteilung des Vereins für die Geschichte Potsdams, NF, Bd. VI, Potsdam 1928, S. 84–86.
Kania, Hans: Das Sanktiarium von Schloß Sanssouci (Arbeits- und Schlafzimmer Friedrich II.). In: Potsdamer Tageszeitung, 9. Januar 1929.
Kania, Hans: Die Enträtzelung der vier Reliefs im Schlafzimmer von Sanssouci. In: Potsdamer Tageszeitung, 7. Okober 1932.
Kania, Hans: Handzeichnungen Friedrichs des Großen. In: Potsdamer Tageszeitung, 17. März 1932.
Kania, Hans: Rheinsberg und Sanssouci. In: Mitteilung des Vereins für die Geschichte Potsdams, NF, Bd. VII, H. 4, Potsdam 1937, S. 254–258.
Kania, Hans: Der Bacchuszug am Schloß Sanssouci. In: Mitteilung des Vereins für die Geschichte Potsdams, NF, Bd. VII, H. 4, Potsdam 1937, S. 258–260.
Kania, Hans: Das Geheimnis des Konzertzimmers auf Schloß Sanssouci. In: Mitteilung des Vereins für die Geschichte Potsdams, NF, Bd. VII, H. 4, Potsdam 1937, S. 261–264.
Kania, Hans: Weidmannsheil – in Sanssouci 1746–48. Das Geheimnis des Konzertzimmers im Schloß. In: Potsdamer Tageszeitung, 13./14. März 1937.
Karg, Detlef: Die Entwicklungsgeschichte der Terrassenanlage und des Parterres vor dem Schloß Sanssouci, Potsdam 1980 (2. Auflage 1994).
Karg, Detlef: Der Schloßpark von Rheinsberg – Ein Führer durch den Schloßpark und seine Geschichte, Rheinsberg 1981.
Köllmann, Erich: Friedrich Christian Glume. Hofbildhauer Friedrichs d. Großen 1714-1752, Leipzig 1936.
Keller, Fritz-Eugen: Probleme der spätfriderizianischen Architektur. In: Zeitschrift des Deutschen Vereins für Kunstwissenschaft, Bd. 42, H. 1, 1988, S. 61–77.
Kohle, Hubertus: Adolph Menzels Friedrich-Bilder. Theorie und Praxis der Geschichtsmalerei im Berlin der 1850er Jahre, München/Berlin 2001.
Kopisch, August: Die Königlichen Schlösser und Gärten zu Potsdam. Von der Zeit ihrer Gründung bis zum Jahre 1852, Berlin 1854.
Krause, Katharina: Die Maison de plaisance. Landhäuser in der Ile-de-France (1660–1730). Kunstwissenschaftliche Studien, Bd. 68, München/Berlin 1996.
Kreikenbom, Detlef: Die Aufstellung antiker Skulpturen in Potsdam-Sanssouci unter Friedrich II. In: Kammerer-Grothaus, Helke/Detlef Kreikenbom: Wilhelmine und Friedrich und die Antiken. Schriften der Winkelmann-Gesellschaft, Bd. XV, Stendal 1989, S. 43–98.
Krieger, Bogdan: Friedrich der Große und seine Bücher, Berlin/Leipzig 1914.
Krieger, Bogdan: Berlin im Wandel der Zeiten, Berlin 1923.
Krüger, Rolf-Herbert: Friedrich Wilhelm Diterichs. Architekt, Ingenieur und Baubeamter in Preußen des 18. Jahrhunderts, Potsdam 1994.
Kühn, Margarete: Preußische Schlösser in der Zeit des Großen Kurfürsten bis Friedrich Wilhelm IV., Berlin 1936.
Kühn, Margarete: Die Gärten Friedrich des Großen. In: Brandenburgische Jahrbücher, 14/15, 1939, S. 33–67.
Kühn, Margarete: Schloß Charlottenburg, Berlin 1955.
Kühn, Margarete: Schloß Charlottenburg. Die Bauwerke und Kunstdenkmäler von Berlin, 2 Bände, Berlin 1970.
Kupsch, Hans: Rheinsberg, Leipzig 1960.
Kurth, Willy: Sanssouci. Ein Beitrag zur Kunst des deutschen Rokoko, Berlin 1962.
Lammel, Gisbold: Adolph Menzel. Friderizianar und Wilhelminianar, Dresden 1988.
Manger, Heinrich Ludewig: Baugeschichte von Potsdam, besonders unter der Regierung Friedrich II., Berlin/Stettin 1789/90.
Mariette, L'Architecture Française, T. I-III, Paris 1727.
Mertens, Melanie: Berliner Barockpaläste. Die Entstehung eines Bautyps in der Zeit der ersten preußischen Könige, Berlin 2003.
Metzler, Matthias u. a.: Landkreis Ostprignitz-Ruppin. Teil 1: Stadt Neuruppin. Denkmaltopographie Bundesrepublik Deutschland. Denkmale in Brandenburg, Bd. 13,1. Hrsg. im Auftrag des Ministeriums für Wissenschaft, Forschung und Kultur vom Brandenburgischen Landesamt für Denkmalpflege, Worms am Rhein 1996.
Mielke, Friedrich: König Friedrich II. und seine Skizzen zum Schloß Sanssouci. In: Mitteilung des Vereins für die Geschichte Berlins, NF, 72. Jahrgang, 1976, S. 127–132.
Mielke, Friedrich: Potsdamer Baukunst. Das klassische Potsdam, Berlin 1981.
Millenet, Peter Heinrich: Kritische Bemerkungen, den Zustand der Baukunst in Berlin und Potsdam betreffend, Berlin 1976.
Müller, Karl Ernst: Johann Peter Benckert und Johann Gottlieb Heymüller, Bildhauer am Hofe Friedrich des Großen, Phil. Diss., Berlin 1940.
Nicolai, Friedrich: Beschreibung der Königlich Residenzstädte Berlin und Potsdam, aller daselbst befindlichen Merkwürdigkeiten, und der umliegenden Gegend. 3 Bände, Berlin 1786.
Nicolai, Friedrich: Nachrichten von den Baumeistern, Bildhauern, Kupferstecher, Malern, Stukkateuren und anderen Künstlern, welche vom dreyzehnten Jahrhundert bis jetzt in und um Berlin sich aufgehalten haben und deren Kunstwerke zum Theil daselbst noch vorhanden sind, Berlin/Stettin 1786.
Nicolai, Friedrich: Anekdoten von König Friedrich II., Berlin 1789 (und folgende Jahre).
Nonnos: Werke in zwei Bänden. Bd. 1: Leben und Taten des Dionysos. Aus dem Griechischen übertragen von Dietrich Ebener, Berlin/Weimar 1985 (Bibliothek der Antike. Griechische Reihe).
Oesterreich, Matthias: Beschreibung aller Gemählde, Antiquitäten, und anderer kostbarer und merkwürdiger Sachen, so in denen beyden Schlößern von Sans-Souci wie auch in dem Schloß zu Potsdam und Charlottenburg enthalten sind, Berlin 1773.
Oesterreich, Matthias: Beschreibung und Erklärung der Grupen, Statuen, ganzen und halben Brust-Stücke, Basreliefs, Urnen und Vasen von Marmor, Bronze, Bley, sowohl von antiker als moderner Arbeit, welche die Sammlung Sr. Majestät, des Königs von Preußen ausmachen, Berlin 1775.
Oppeln-Bronikowski, Friedrich (Hrsg.): Das Testament des Königs [Mit einem Faksimile des Testamentes], Berlin 1925.
Ostmann, Robert: Potsdam während der Französischen Invasion. Das Jahr 1806. In: Mitteilung des Vereins für die Geschichte Potsdam, 2. Teil, 1866, S. 77–91.
Petersdorff, Herman von: Fridericus Rex. Ein Heldenleben, Leipzig 1925.
Piltz, Georg: Sanssouci, Leipzig 1965.
Poensgen, Georg: Die Bauten Friedrich Wilhelms IV. in Potsdam, Berlin 1930.
Rahn, Daniel: Georg Wenceslaus von Knobelsdorff. Architektur und Ausführung. Phil. Diss., Bamberg 2000.
Rave, Paul Ortwin: Sanssouci. In: Deutsche Kunst- und Denkmalpflege, Jg. 34, H. 3, S. 49–57.

Redslob, Edwin: Barock und Rokoko in Schlössern von Berlin und Potsdam, Berlin 1954.
Reinisch, Ulrich: Der Wiederaufbau der Stadt Neuruppin nach dem großen Brand von 1787. Oder: Wie die preußische Bürokratie eine Stadt baute. (Forschungen und Beiträge zur Denkmalpflege im Land Brandenburg, Bd. 3), Worms 2001.
Reuther, Hans: Barock in Berlin, Berlin 1969.
Richter, Horst: »Ich bin Komponist«. Friedrich II. von Preußen in seinen musikalisch-schöpferischen Kronprinzenjahren in Ruppin und Rheinsberg. In: Die Rheinsberger Hofkapelle von Friedrich II. Veröffentlichung der Musikakademie Rheinsberg GmbH. Hrsg. von Ulrike Liedke, Rheinsberg 1995.
Riehl, Wilhelm: Sanssoucis Gründung und Aufbau. In: Mitteilung des Vereins für die Geschichte Potsdams, Teil 5, 1872, S. 225–238.
Riekher, Rolf: Fernrohre und ihre Meister, Berlin 1990.
Rumpf, Johann Daniel Friedrich: Berlin und Potsdam. Eine Beschreibung aller Merkwürdigkeiten dieser Städte, 2 Bände, Berlin 1823.
Schadow, Johann Gottfried: Kunstwerke und Kunstansichten. Ein Quellenwerk zur Berliner Kunst- und Kulturgeschichte zwischen 1780 und 1845. Kommentierte Neuausgabe der Veröffentlichung von 1849. Hrsg. von Götz Eckardt, 3 Bände, Berlin 1987.
Schendel, Adelheid: Erdmannsdorffs Raumgestaltung in Potsdam und Berlin. In: Friedrich Wilhelm von Erdmannsdorff 1736–1800. Zum 250. Geburtstag, Wörlitz 1986, S. 42–54.
Schneider, Louis: Das Bibliothek-Zimmer im Schloß Sanssouci. In: Mitteilung des Vereins für die Geschichte Potsdams, Bd. 1, S. 1–8, 1964.
Schneider, Louis: Der Ruinenberg. In: Mitteilung des Vereins für die Geschichte Potsdams, V. Teil, 1872, S. 144–158.
Schönemann, Heinz: Ein frühes Denkmal für Friedrich den Großen. In: Kulturbauten und Denkmale. Potsdam, ein Kunst- und Kulturdenkmal, H. 2, Berlin 1991, S. 32–37.
Scholz, Angelika: Nutzungsgeschichte des Schlosses Sanssouci in Potsdam. Von der Königlichen Wohnung zum wichtigsten Zentrum des Kulturtourismus in Brandenburg. Diplomarbeit, FH Leipzig 1996.
Seidel, Paul: Friedrich der Große als Kronprinz in Rheinsberg und die bildenden Künste. In: Jahrbuch der Königlich Preußischen Kunstsammlungen, 9, 1888, S. 108–128.
Seidel, Paul: Georg Wenzeslaus von Knobelsdorff. Zu seinem 200. Geburtstag am 17. Februar 1899. In: Hohenzollern-Jahrbuch, 3, 1899, S. 126–135.
Seidel, Paul: Das Potsdamer Stadtschloß bis zu Friedrich dem Großen. In: Hohenzollern-Jahrbuch, 8, 1904, S. 143–173.
Seidel, Paul: Zur Geschichte des Kronprinzenpalais in Berlin, insbesondere der ehemaligen Wohnung der Königin Luise. In: Hohenzollern-Jahrbuch, 11, 1907, S. 206–257.
Seidel, Paul: Friedrich der Große als Bauherr. Opernhaus, Sanssouci, Bauetats und ihre Überwachungen. In: Hohenzollern-Jahrbuch, 15, 1911, S. 217–237.
Seidel, Paul: Der neue Flügel Friedrichs des Großen am Charlottenburger Schloß. In: Hohenzollern-Jahrbuch, 16, 1912, S. 84–94.
Seidel, Paul: Die Wohnräume Friedrich des Großen im Schloß Sanssouci. In: Hohenzollern-Jahrbuch, 19, 1915, S. 142–169.
Seidel, Paul: Friedrich der Große und die bildende Kunst, Leipzig/Berlin 1924.
Sello, Georg: Potsdam und Sanssouci. Forschungen und Quellen zur Geschichte von Burg, Stadt und Park, Breslau 1888.
Sommer, Claudia: Zur ursprünglichen Gestaltung der Kronprinzenwohnung in Rheinsberg. In: Rheinsberg. Wiederherstellung von Schloß und Park. Begleitband zur Ausstellung »Rheinsberg. Fünf Jahre Schloßmuseum im Schloß Rheinsberg«, Stiftung Preußische Schlösser und Gärten Berlin-Brandenburg, Potsdam 1996, S. 31–40.
Streichhan, Anneliese: Knobelsdorff und das Friderizianische Rokoko, Burg 1932.
Teßner, Walter: Chronik der Stadt und des Schlosses Rheinsberg, Rheinsberg 1928.
Thiébault, Dieudonné: Friedrich der Große und sein Hof, 2 Bände, Stuttgart o. J. (4. Auflage).
Volz, Gustav Berthold: Das Sanssouci Friedrich des Großen, Berlin/Leipzig 1926.
Wegener, Reinhard: Friedrich der Große und die englische Kunst. In: Zeitschrift des Deutschen Vereins für Kunstwissenschaft, 42, 1988, H. 1, S. 49–59.
Wegener, Rheinhard: Nach Albions Stränden. Die Bedeutung Englands für die Architektur des Klassizismus und der Romantik in Preußen, München 1994.
Weibezahl, Ingrid: Geschichte und Funktion des Monopteros. Untersuchungen zu einem Gebäudetyp des Spätbarock und des Klassizismus, Phil. Diss., Göttingen 1991.
Weise, Alfred: Sanssouci und Friedrich der Große, Jena 1925.
Winkler, Friedrich: Schloß Sanssouci, Berlin 1921.

*Hillert Ibbeken*

# Schloss Sanssouci
# Fotografien

# Kamera, Film und Aufnahmetechnik

Die für dieses Projekt verwendete Kamera ist eine Linhof Kardan Bi, eine Balgenkamera auf optischer Bank, mit dem Aufnahmeformat 4 x 5 inch, was 10,2 x 12,7 cm entspricht. Dieses große Format hat den Vorteil, dass, gemessen am Kleinbild, weniger vergrößert werden muss und die Farbsättigung deshalb hoch ist. Mit diesem Kameratyp können stürzende Linien schon bei der Aufnahme ausgeglichen werden.

Folgende Objektive wurden benutzt: die Super Angulone 47 mm, 75 mm und 90 mm, die Symmare-S 150 mm und 240 mm sowie das Apo-Tele-Xenar 400 mm, alle von Schneider-Kreuznach. Als Aufnahmematerial ist Kodak Professional Film Portra 160VC verwendet worden, ein Negativ-Farbfilm. Jede Aufnahme wurde auch in schwarzweiß gemacht, auf Agfa Agfapan APX 100 Professional.

Auf künstliche Beleuchtung ist ausnahmslos verzichtet worden, es kam also kein Blitz oder Scheinwerfer zum Einsatz. Das natürliche Licht war, besonders an Regentagen, sehr knapp, etwa in dem nach Norden gehenden Vestibül und in der Kleinen Galerie. Das machte lange Belichtungszeiten, in Ausnahmefällen bis zu fünf Minuten notwendig, zumal wegen der geringen Tiefenschärfe langbrennweitiger Objektive immer stark abgeblendet werden musste, immer Blende 22, manchmal 32.

Alle Aufnahmen hoch gelegener Objekte, wie etwa an der Kuppel des Marmorsaales oder in der Bibliothek, wurden von unten, vom Boden aus gemacht, ohne Leitern oder Gerüste. Für diese Sichtweise waren die Werke ja auch konzipiert.

Die Aufnahmen erfolgten zwischen Mai 2001 und Juni 2002. Die Arbeit war nur an den Schließtagen – an 36 Montagen – möglich und nur zwischen 11.00 und 15.00 Uhr.

*Hillert Ibbeken*

1 *Nordseite des Schlosshügels mit dem östlichen Viertelkreis der Kolonnade des Ehrenhofs. Rechts die steile Rampe der ursprünglichen Zufahrt. Sie wird heute nicht mehr benutzt. Die Terrasse musste hier, auf der Nordseite des Schlosses, besonders hoch aufgeschüttet werden (1747).*

*2 (links) Westlicher Viertelkreis der Kolonnade des Ehrenhofs. Die korinthischen Säulen sind aus Cottaer Sandstein, aus Cotta im Elbsandsteingebirge. Links im Hintergrund die so genannte Pferdetränke, der Brunnen von Friedrich August Stüler (1849) an der heutigen Zufahrtsstraße.*

*3 Die Säulen der Kolonnade sind paarig angeordnet. Jedem Säulenpaar entspricht, über dem Architrav, eine Vase oder Gruppe von Putti. Die Vasen sind in einem bestimmten Takt angeordnet. Die korinthische Säulenordnung drückt fürstliche Pracht aus.*

*4 Balustrade des östlichen Viertelkreises der Kolonnade des Ehrenhofs. Die Reihung der Baluster wird in regelmäßigen Abständen von kurzen Mauerelementen unterbrochen, die reich verzierte Vasen oder Gruppen von Putti tragen. Sie entsprechen unten den Säulenpaaren.*

*5 Blick nach Norden durch das »Napoleon« Tor auf den Ruinenberg. Die Säulen dort und die halbrunde Wand dahinter wurden von Georg Wenzeslaus von Knobelsdorff entworfen (1748). Den Aussichtsturm, den so genannten Normannischen Turm, entwarf Ludwig Persius; er wurde 1845/46 gebaut.*

6 *Schmuckvasen auf der Attika der westlichen Gebäudeecke, am Beginn des westlichen Viertelkreises der Kolonnade. Schmuckelemente sind prangende Frauenkörper, Pfeile, Bögen und Köcher, Musikinstrumente und Fabelwesen. Sie stammen von Friedrich Christian Glume, wohl auch nach Zeichnungen von Johann August Nahl.*

*7 Schmuckvase von Friedrich Christian Glume auf der Außenseite des östlichen Viertelkreises der Kolonnade. Beherrschendes Element ist ein großer Widderkopf, der üppige Blüten, Blätter und Früchte frisst.*

*8 (links) Gruppe von Putti am nördlichen Ende der östlichen Kolonnade. Auch diese Plastik ist von Friedrich Christian Glume. Die Kinder, heiter übereinander getürmt, spielen mit dicken Weintrauben. Weinreben und Weintrauben sind ein Hauptmotiv des Weinbergschlosses Sanssouci.*

*9 Zentrale Kuppel des Marmorsaales von Osten gesehen. Die ovalen Fenster mit reichem plastischem Schmuck an der äußeren Kuppel beleuchten nur den schmalen Innenraum der Doppelkuppel. Die innere Kuppel besitzt keine seitlichen Fenster, sondern nur die zentrale Kuppelöffnung.*

*10 Reiche Figurengruppe von Friedrich Christian Glume am südlichen Fenster der Kuppel des Marmorsaales. Dicklippige, schlitzohrige Satyrn sind mit Trauben bekränzt, neben ihnen hocken Meeresjungfrauen mit Fischschwänzen. Die Szene wird von einem Putto gekrönt, der Wein in einen Pokal einschenkt.*

*11 Nordfassade des Schlosses mit den seitlichen Flügelbauten, die zu den Nebengebäuden überleiten. Dem dreiachsigen Mittelrisalit des Vestibüls folgen rechts und links die je fünfachsigen Langseiten des Schlosses. Das Vestibül besitzt keine Kuppel, sondern nur ein relativ flaches Dach, das optisch in die Kuppel des dahinter liegenden Marmorsaales übergeht.*

*12 Der Mittelrisalit des Vestibüls auf der Nordseite des Schlosses ist der eigentliche Eingang. Die paarige Anordnung der Dreiviertelsäulen nimmt das Motiv der Kolonnade auf. Der dreistufige Sockel umzieht das gesamte Schloss. Gruppen von Putti von Friedrich Christian Glume bekrönen die Attika.*

*13 Nordfassade des Schlosses aus westlicher Richtung gesehen. Der Mittelrisalit des Vestibüls springt nur wenig vor die Gebäudefront. Auf die Dreiviertelsäulen des Vestibüls folgen flache Doppelpilaster, alle mit korinthischen Kapitellen. Alle Fenster des Schlosses sind hoch, sie reichen fast von der Decke bis fast zum Boden.*

14 *Halbrondell der Grabanlage mit der Marmorgruppe der Flora von François Gaspard Adam, dem Jüngsten der drei Bildhauer-Brüder. Flora gilt als Symbol des Lebens und ewigen Frühlings. Neben Flora steht ein allerdings recht kleiner geflügelter Zephir. Im Halbkreis des Hintergrundes die Büsten römischer Kaiser.*

15 *Grabanlage Friedrichs des Großen über der nicht sichtbaren Gruft. Sie wurde bereits 1744, also ein Jahr vor der Grundsteinlegung des Schlosses angelegt. Links die Gräber der Hunde, rechts die Platte mit dem Namenszug »Friedrich der Große«; der König wurde erst 1991 dort beigesetzt.*

16 Gartenseite des Schlosses von Südosten gesehen, mit der Mühle im Hintergrund. Der runde Baukörper rechts beherbergt die Bibliothek. Die Puttigruppen auf der Bibliothek fehlen, sie werden zur Zeit renoviert.

17 Süd- oder Gartenseite des Schlosses. In der Mitte das Oval des Marmorsaales, rechts die königlichen Gemächer, links diejenigen der Gäste. Vom Marmorsaal aus kann man über nur drei Stufen die Terrasse betreten.

18 *Südseite des Schlosses. Die Vasen auf der Balustrade korrespondieren mit den Fensterzwischenräumen der Gartenfront.*

*19 Marmorsaal, der Festsaal des Schlosses. Die ovalen Fenster der Kuppel beleuchten nur die fensterlose Innenkuppel des Saales. Die eigenwillige Schreibweise »SANS, SOUCI.« in zwei Worten mit Komma und Punkt hat bis heute viele Spekulationen provoziert.*

*20 Blick nach Westen auf die zweitoberste Terrasse des Weinbergs. Die Terrassen sind leicht bogenförmig angelegt, um das Sonnenlicht besser zu nutzen. In den verglasten Nischen waren ausländische Obst- und Weinsträucher gepflanzt, dazwischen heimische Sorten. Auf den ebenen Flächen stehen Pyramiden von Taxus.*

*21 Schloss und Weinberg mit seinen sechs Terrassen. Da das Schloss kein Sockelgeschoss hat und auf der oberen Terrasse relativ weit zurück angelegt wurde, wirkt es von unten immer wie halb eingesunken.*

*22 Der Hofdamenflügel wurde 1840 unter Friedrich Wilhelm IV. von Ludwig Persius gebaut, der einstöckige Vorgängerbau wurde abgerissen. Er entsprach nicht mehr den Anforderungen der neuen Hofhaltung. Das neue Gebäude lehnt sich stilistisch, obwohl zweigeschossig, mit gleicher Traufhöhe an die Nordfassade des Schlosses an, so dass es auf den ersten Blick nicht als ein etwa einhundert Jahre jüngerer Folgebau erkannt wird. Es beherbergte kleine Wohnungen für die Hofdamen und eine Wachstube für die Ordonanzen.*

*23 Auch dieser östliche Seitenflügel stammt von Ludwig Persius und Friedrich Wilhelm IV. Die Bauelemente des friederizianischen Schlosses werden behutsam und respektvoll übernommen. Im Erdgeschoss liegt die wohl erhaltene große Königliche Küche, darunter der Weinkeller, im Obergeschoss befanden sich Dienerwohnungen.*

*24 Die seitlichen Nebenflügel des Schlosses werden auf der Gartenseite von Laubengängen begleitet, die im Westen und Osten in separaten Pavillons enden. Die Pavillons waren ursprünglich aus Holz, sie wurden aber schon in friederizianischer Zeit in Metall ersetzt. Dies hier ist der westliche Gitterpavillon. Das Symbol der Sonne findet sich fast identisch an der Decke der Bibliothek.*

*25 (rechts) Westlicher Gitterpavillon. Die Musikinstrumente stellen eine Trompete mit Quasten, eine verdreht dargestellte Laute mit zu wenig Wirbeln und zwei Schalmeien dar. Sie wurden, zusammen mit den Rosen- und Sonnenblumenfestons von Matthias Müller, nach Entwürfen von G. W. von Knobelsdorff (1746) geschaffen.*

*26 Die Karyatiden der Gartenfront des Schlosses Sanssouci sind eine der eindrucksvollsten Schöpfungen des preußischen Rokoko. Der Entwurf stammt von Georg Wenzeslaus von Knobelsdorff, ausgeführt wurde das Werk von Friedrich Christian Glume. Die Karyatiden zieren das Schloss auf der gesamten Länge der Gartenseite, unabhängig von der Bedeutung der Räume, die hinter den Fenstern liegen.*

*27 Karyatiden am linken Fenster der westlichen Schlossseite. Die Karyatiden wurden vor Ort aus montierten Blöcken von Cottaer Sandstein geschlagen. Sie sind stets paarweise, zumeist Mann und Frau, zwischen den Fenstern angeordnet. Es sind ausnahmslos sich im Tanze drehende Figuren.*

*28 Karyatiden am mittleren Fenster der westlichen Schlossseite. Hier tanzen ausnahmsweise zwei weibliche Gestalten (links) und zwei männliche (rechts). Die vier Figuren scheinen keinerlei Kontakt miteinander zu haben. Einer singt oder ruft laut. Der Schmuck der Karyatidenpilaster ist fast ausschließlich vegetabilisch, auf dem dritten Pilaster von links ist allerdings eine Gießkanne abgebildet.*

*29 Karyatiden am rechten Fenster der westlichen Schlossseite. Hier tanzen wieder Paare. Drei Figuren haben den Blick voll auf den Betrachter gelenkt, die vierte, weibliche Tänzerin dreht uns dagegen den Rücken zu, auch ihr Gesicht ist abgewendet und durch den Arm verdeckt, der das Gesims trägt. Eine Figur hält eine achtteilige Panflöte.*

30 An der westlichen Nische des Marmorsaales standen die Künstler vor dem Problem, die Taktfolge der Karyatiden nicht zu unterbrechen. So gruppieren sich vier Karyatiden in der fensterlosen Nische. Der Schmuck der Karyatidenpilaster zeigt, neben Pflanzen, Musikinstrumente, Pokale, Körbe, Masken und einen Widderkopf.

*31 Karyatiden des zentralen Fensters am Marmorsaal. Die Gestik ist überaus reich. Der linke Arm der linken Figur dreht sich im Körperschwung, der rechte Arm des Partners ist weit über den Kopf gelegt, den die linke Hand stützt. Die dritte Figur, ein überaus kräftiger Mann, stemmt seine Rechte fast pathetisch in die Hüfte, seine Partnerin hat beide Arme im Tanz erhoben. Darüber die kryptische Schrift »SANS, SOUCI.« In zwei Worten mit Komma und Punkt, gegossen von Benjamin Giese, 1746.*

*32 Analog zur westlichen Gebäudenische am Marmorsaal drängen sich hier an der östlichen ebenfalls vier Tänzer. Sie alle scheinen zu sprechen, die beiden Frauen rechts vielleicht sogar miteinander. Der linke Pilaster ist mit einem großen Widderkopf geschmückt.*

*33 Karyatiden des linken Fensters der östlichen Schlossseite. Hier lässt sich besonders gut erkennen, dass die vorherrschende Westwetterlage die Figuren auf der westlichen, der linken Seite besonders schädigt. Die linke Figur trägt eine achtteilige Panflöte. Die weibliche Gestalt rechts vom Fenster stemmt die Rechte resolut in die Hüfte und hält links eine fast vollplastisch ausgearbeitete Schalmei.*

*34 Karyatiden des mittleren Fensters der östlichen Schlossseite. Viele der Karyatiden tragen Blütenkränze oder faltenreich drapierte Tücher. Der zweite Satyr von rechts bedeckt sich mit einer Ziegenhaut, an der noch die Beine hängen. Alle Körperhaltungen sind geradezu konträr verschieden. Auch die Frau rechts dreht uns den Rücken zu, gibt uns aber wenigstens einen Blick aus dem gedrehten Kopf. Pokale, Musikinstrumente und Masken schmücken die Karyatidenpilaster.*

*35 Karyatiden des rechten Fensters der östlichen Schlossseite. Die Körperdrehungen der tanzenden Paare werden hier besonders deutlich. Das Gesicht des Mannes links zeigt in aller Klarheit die Physiognomie eines Satyr: die etwas schrägen, schmalen Augen, den lustvoll lächelnden, eher grinsenden Mund und die großen, geschlitzten Ohren. Nur Hörner sind nicht zu erkennen.*

UCI.

*36 (links) Karyatidenpaar am Marmorsaal. Zwei Elemente lassen sich an fast allen Tänzern feststellen, hier besonders deutlich: die überbordende Kraft der Körper, fast Rubensscher Prägung, und die Dynamik der Drehung der Figuren im Tanz, hier fast spiegelsymmetrisch gegenläufig. Die Pilaster krönen links ein Widderschädel mit gedrehtem Gehörn und rechts der fast allgegenwärtige Wein.*

*37 Hier, im Schutz des vorspringenden Risalits des Marmorsaales, haben sich die vier Karyatiden, drei weibliche und ein männlicher Tänzer, am besten erhalten. Die beiden mittleren Gestalten sind einander zugewandt, fast im Gespräch vertieft, die beiden äußeren wenden sich ab. Auffallend reich sind die Karyatidenpilaster geschmückt; zu erkennen sind, von links nach rechts, eine Art Sonnenschirm, wie er auch an den Supraporten der Kleinen Galerie vorkommt, ein Dudelsack, die Maske eines Satyrs und eine Korbflasche.*

*38 Vestibül, Blick nach Osten. Die Säulen tragen die Decke nicht unmittelbar, weil unter die Voute ein weit vorspringendes Gesims mit kleinen Konsolen geschaltet ist. Dadurch wirken Decke und Deckengemälde erhöht, fast abgehoben. Der Fußboden ist aus schlesischem Marmor. Im Hintergrund die Statue der Agrippina d. J., Kopie nach einem antiken Vorbild von Heinrich Berges, 1846.*

*39 (rechts) Vestibül, Blick nach Westen. Das Motiv der Doppelsäulen der Kolonnaden des Ehrenhofs wird hier im Vestibül, dem Empfangsraum des Schlosses, wieder aufgenommen. Die korinthischen Säulen und Pilaster aus Stuckmarmor besitzen vergoldete Basen und Kapitelle. Im Hintergrund die Statue des sitzenden Mars, Kopie nach einem antiken Vorbild von Lambert Sigisbert Adam, 1730.*

*40 Vestibül, Blick nach Süden auf die längere Seite des Raumes. Hinter den Doppelsäulen befinden sich, wie überall im Vestibül, nur wenig hervortretende Pilaster, ebenfalls mit korinthischen Kapitellen. Links und rechts sind Blendnischen, deren Türen zu kleinen Nebenräumen führen. Die Stucksäulen stammen von Johann Michael Merck, die Vergoldung von Friedrich Bock (1746).*

*41 (rechts) Vestibül. Das Deckengemälde stammt von Johann Harper, es ist deutlich mit der Jahreszahl 1746 datiert. Acht Putti umtanzen oder umfliegen eine zentrale Frauengestalt, die ein Füllhorn ausschüttet. Die Putti streuen Blüten und Früchte von einem diffus bewölkten Himmel.*

J.Harper. pinxit. 1746.

*42 Ausschnitt des Deckengemäldes von Johann Harper (1746) im Vestibül. Eine üppige Frauengestalt schüttet ein ebenso üppiges Füllhorn aus, aus dem im Wesentlichen Früchte fallen: Weintrauben, Äpfel, Pflaumen, Birnen, Kirschen, aber auch Mais und Getreideähren. Es dürfte sich eher um Pomona handeln, die altrömische Göttin der reifen Früchte, als um Flora, die römische Göttin der Blumen. Zwei der Putti gießen Wein aus Pokalen, im vollen Schwall.*

*43 (rechts) Vestibül. Westliche Tür und Supraporte. Die Tür führt zu den Dienerzimmern des Gästeflügels. Die Strenge der langen, den Raum beherrschenden Säulenpaare und Pilaster kontrastiert zu dem kleinteiligen Akanthus-Blattwerk der Kapitelle und den Umrandungen der Supraporten.*

*44 Vestibül. Östliche Tür und Supraporte. Die Tür führt zur Kleinen Galerie.*

*45 Vestibül. Südliche Tür und Supraporte. Die Tür führt zum Marmorsaal.*

*46 (links) Vestibül. Die westliche Supraporte. Musizierende Bacchanten führen den trunkenen Silen, den Begleiter des Bacchus, der auf einem Esel reitet. Stuckrelief von Georg Franz Ebenhech. Die Umrahmung schufen Carl Joseph Sartori und Johann Michael Merck, Friedrich Bock hat die Reliefs vergoldet (1746).*

*47 Vestibül. Detail der westlichen Supraporte. Eine Tänzerin schlägt eine Schellentrommel, ein Knabe reitet verkehrt herum auf einem Widder, ein anderer ist auf einen Baum geklettert, und ein Satyr, erkennbar an den Bocksbeinen und geschlitzten Ohren, hält den Zaum des Esels.*

*48 Vestibül. Detail der östlichen Supraporte. Für die Signalhörner, die die beiden Satyrn hier spielen, gibt es keine Vorbilder in der Antike. Der kleine Knabe stopft die Trompete mit seiner Faust. Das Fell an den Oberschenkeln, Hufe statt Füße und geschlitzte Ohren weisen auch ihn als Satyr aus.*

*49 (rechts) Vestibül. Die östliche Supraporte. Fünf Nymphen umtanzen eine Herme des Pan, des Hirtengottes. Sie umwinden sich mit einem langen Blütenband. Stuckrelief von Georg Franz Ebenhech (1746). Die Umrahmung schufen Carl Joseph Sartori und Johann Michael Merck, Friedrich Bock hat die Reliefs vergoldet.*

*50 Vestibül. Detail der südlichen Supraporte. Bacchus auf dem Prunkwagen, dessen Lehne in einem Satyrkopf mündet. Für das krumme Horn gibt es keine Vorbilder in der Antike, das gerade Instrument könnte eine Schalmei sein. Dessen Spieler ist ein Satyr mit kleinen Hörnern.*

*51 (rechts) Vestibül. Die südliche Supraporte. Bacchus, der Gott des Weines, wird von Panthern auf einem Prunkwagen gezogen. Er trägt sein Zeichen, den Thyrsosstab, in der Rechten. Dieser Thyrsosstab wird im Schloss sehr oft dargestellt. Ein Satyrknabe füttert den Panther mit Weintrauben, um ihn zu zähmen. Der reitende Knabe hält sich am Schwanz des Widders fest. Stuckrelief von Georg Franz Ebenhech (1746). Die Umrahmung schufen Carl Joseph Sartori und Johann Michael Merck, Friedrich Bock hat die Reliefs vergoldet.*

*52 Vestibül. Die östliche Tür zur Kleinen Galerie. Diese Tür ist identisch mit der gegenüberliegenden westlichen Tür zu den Dienerräumen. Die Schmuckelemente sind stilisierte Vasen mit rankendem Weinlaub und schwungvollen Rocaillen, in den unteren Türfeldern hängen gekreuzte Korbflaschen. Die Holzschnitzereien der Tür stammen von Johann Christian Hoppenhaupt d. J. (1747).*

*53 (rechts) Vestibül. Die südliche Tür zum Marmorsaal. Hermengestelle und Rocaillen mit Korb- oder Gitterstruktur erinnern an die Verzierungen der Decke des Konzertzimmers. Die Hermen tragen eine weibliche und eine männliche Büste. In den unteren Türfeldern sind spiegelbildlich eine Schalmei, ein idealisierter Zink und Panflöten geschnitzt; die Schnitzereien stammen von Johann Christian Hoppenhaupt d. J. (1747).*

*54 Vestibül. Südliche Tür zum Marmorsaal, Detail oben links. Die Hermenbüste einer jungen Frau mit tiefem Ausschnitt. Sie lächelt und hält die Augen geschlossen. Das gescheitelte Haar wird von einem Band mit einer Brosche über der Stirn zusammengehalten.*

*55 Vestibül. Südliche Tür zum Marmorsaal, Detail oben rechts. Ein junger Mann mit wildem Haar. Auch er hält die Augen geschlossen und lächelt. Die beiden Figuren wenden die Köpfe voneinander ab.*

*56 Vestibül. Linke Nische der südlichen Wand, die Tür führt zu einem kleinen Nebengelass. Die beiden Türfelder sind durch reiche Rocaillen miteinander verbunden.*

*57 (rechts) Vestibül. Rechte Tür der südlichen Wand, Detail. Die Holzschnitzerei von Johann Christian Hoppenhaupt d. J. (1747) zeigt eine Schellentrommel, eine Schalmei, einen krummen Zink mit gezacktem Rand und eine Panflöte. Das Ganze wird von dem fast allgegenwärtigen Weinlaub und Weintrauben umspielt.*

*58 Vestibül. Sitzstatue der Agrippina d. J., der Mutter des Kaisers Nero, eine Kopie des Originals im Nationalmuseum Neapel. Friedrich Wilhelm IV. ließ sie hier aufstellen. Bis 1786 stand hier eine Statue des Merkur.*

*59 (rechts) Vestibül. Marmorskulptur des sitzenden Mars, des Ares Ludovisi, von Lambert Sigisbert Adam, dem ältesten der drei Adam-Brüder (1730). Nach einer römischen Kopie des Kriegsgottes, die sich heute im Palazzo Altemps des Museo Nazionale in Rom befindet. Die Skulptur kam 1752 als Geschenk Ludwigs XV. von Frankreich nach Sanssouci.*

*60 Marmorsaal. Blick nach Osten auf die schmalere Seite des Ovals und die Tür zum Audienz- oder Speisezimmer. Das Motiv der Doppelsäule, im Ehrenhof begonnen und im Vestibül wiederholt, wird auch im Marmorsaal aufgenommen. Die Verkleidung der Wände und Gesimse stammt von G. Maurer, B. Kifergauer und J. G. Jammich (1748).*

*61 Marmorsaal. Blick nach Süden auf die längere Seite des Ovals, mit Aussicht über den Weinberg. Die Bronzebüste zeigt König Karl XII. von Schweden, ein Geschenk der schwedischen Königin Ulrike, einer Schwester von Friedrich II. Die Säulen des Marmorsaales, vor flache Pilaster gestellt, sind aus carrarischem Marmor. Sie wurden von A. Heller und F. Grepler in Hamburg und Potsdam ausgeführt (1748).*

*62 Marmorsaal. Blick nach Westen auf die schmalere Seite des Ovals und die Tür zum ersten Gästezimmer. Die Inkrustierung der Statuen- und Türnischen stammt von Duquesnay (1748).*

*63 Marmorsaal. Blick nach Norden auf die längere Seite des Ovals und die Tür zum Vestibül. Die Konsolen am Gesims stammen von J. Lutze, die Bronzedekorationen am Gebälkfries darunter wurden nach Modellen von Johann Becker gegossen und von J. G. Hobermann vergoldet (1748).*

64 *Marmorsaal. Blick nach Osten. Den acht Säulenpaaren sind in der Kuppel acht Gurtbögen mit historischen Waffen zugeordnet, den vier Türen die vier Allegorien der Künste und den restlichen Nischen der beiden Fenster und der beiden Skulpturen entsprechen Gruppen von Putti.*

65 *(rechts) Marmorsaal. Blick nach Westen. Der vordere, östliche Kronleuchter besitzt noch den originalen Behang aus Bergkristall. Er ist feuerversilbert und wurde vermutlich 1748 in Paris erworben. Die kupfernen Basen der Säulen stammen von F. Jury, ihre Vergoldung von M. Schröder, C. F. Peters und E. Zeuner. Die Basen der Pilaster fertigte J. G. Hobermann (1747).*

*66 Marmorsaal. Die korinthischen Kapitelle, hier links von der Tür zum Vestibül, wurden von Melchior Kambly geschaffen und vergoldet (1747).*

*67 (rechts) Marmorsaal. Die östliche Tür zum Audienz- oder Speisezimmer. Die Holzschnitzerei von Johann Christian Hoppenhaupt d. J. (1747) findet sich fast identisch auch auf der gegenüberliegenden Tür zum ersten Gästezimmer. Links und rechts ein Tropäum mit aufgestecktem Helm, von Sieglorbeer umkränzt.*

*68 Marmorsaal. Die östliche Tür zum Audienz- oder Speisezimmer, Detail. Die Schnitzerei im unteren Türfeld zeigt einen Lorbeerkranz mit Früchten.*

*69 (rechts) Marmorsaal. Nördliche Tür zum Vestibül. Die überaus reich geschnitzte Tür zeigt das abgeschlagene Haupt der Medusa, eine Leier, Pallas Athene und Apoll.*

*70 Marmorsaal. Nördliche Tür zum Vestibül, Detail. Das abgeschlagene Haupt der Medusa, der Gorgonentochter, mit den Schlangenhaaren auf dem Schild der Minerva oder Pallas Athene, mit Blüten umkränzt.*

*71 Marmorsaal. Nördliche Tür zum Vestibül, Detail. Idealisierte Darstellung einer altgriechischen Leier mit einem Lorbeerkranz.*

*72 Marmorsaal. Nördliche Tür zum Vestibül, Detail. Pallas Athene oder Minerva, mit Helm und Federbusch aus reichen Rocaillen herausgearbeitet.*

*73 (rechts) Marmorsaal. Nördliche Tür zum Vestibül, Detail. Apoll, hier als Gott der Jagd, zu erkennen am Köcher mit Pfeilen auf seinem Rücken.*

*74 Marmorsaal. Zentrales Oval des Marmorfußbodens. Verwandt wurde Marmor Brocatello di Spagna, Breccia violetta und schlesischer Marmor. Von Johann Christian Hoppenhaupt d. J. entworfen und von Duquesnay ausgeführt (1748).*

*75 Marmorsaal. Fußboden. Wie die Kuppel gliedert sich auch das Oval des Bodens in sechzehn Segmente, hier mit vier Motiven, die viermal wiederkehren. Motiv I ist der Wein, ein Rebstock mit Trauben und Blättern.*

*76 (oben) Marmorsaal. Fußboden. Motiv II, eine zweifarbige, braun und schwarze Rocaille.*

*77 Marmorsaal. Fußboden. Motiv III, eine Melonenpflanze.*

78 (oben) Marmorsaal. Fußboden. Motiv IV, eine einfarbige, braun gehaltene Rocaille.

79 (links darauffolgende Seite) Marmorsaal. Statue des Apoll von François Gaspard Adam (1748). Die an Venus gewandte Inschrift stammt aus dem Werk des Lukrez, »De rerum natura«, und heißt übersetzt etwa: »Ich möchte, dass Du mir Gehilfin bist bei den zu schreibenden Versen, die ich über die Natur der Dinge zusammenzufügen versuche.«

80 (rechts darauffolgende Seite) Marmorsaal. Statue der Venus Urania von François Gaspard Adam (1748). Die Personifikation der himmlischen Liebe wendet sich über die Türnische hinweg an Apoll, der ihr die Verse des Lukrez darbringt.

TE SOCIAM
STUDEO
SCRIBUN-
DIS
VERSIBUS
ESSE,

*81 (links) Kuppel des Marmorsaales. Sie gliedert sich in sechzehn Segmente: vier Allegorien der Künste, vier Gruppen von Putti und acht Segmente mit historischen Waffen, vier davon auch mit Muskelpanzern. Diesen acht Waffensegmenten entsprechen die acht Säulenpaare des Saales. Die Beschreibung der Kuppel erfolgt im Uhrzeigersinn, beginnend im Norden bei der Allegorie der Musik. Bei dieser nach oben gerichteten Aufnahme bedeutet dies ein Fortschreiten gegen den Uhrzeigersinn. Norden liegt hier links, Westen oben.*

*82 Kuppel des Marmorsaales. Segment 1, Nord, die Allegorie der Musik. Die schöne junge Frau ist bei allen vier Allegorien die gleiche Person. Hier spielt sie eine Knicklaute. Die Instrumente sind, von links nach rechts: Waldhorn, Portativ, Fagott, darunter zwei Oboen, Laute, Geige mit Bogen, Querflöte, Trompete und Blockflöte. Die Geige ist ein echtes Instrument, mit Kalkmilch geweißt, auch der Bogen ist echt. Im Medaillon dahinter liegen ein aufgeschlagenes Notenbuch und eine Notenrolle. Darüber ranken Rosen. Die Figuren stammen von Franz Georg Ebenhech, das Medaillon schufen Carl Joseph Sartori d. Ä. und Johann Peter Benckert (1748).*

*83 Kuppel des Marmorsaales. Segment 2, historische Waffen. Über der Volute ein Dekorationsschild mit Sonnenhaupt und Infanteriedegen. Darüber ein Schild mit bügelloser Krone, eine Fahnenstange mit Lanzettspitze, Fahne und Schleife. Darüber wiederum eine Standarte mit Quaste, ein Morgenstern mit ovalem Schlagkopf; geschaffen von Carl Joseph Sartori d. Ä. und Johann Peter Benckert (1748).*

*84 (rechts) Kuppel des Marmorsaales. Detail aus Segment 2. Durch die Krone ist ein Lorbeer- und ein Palmenzweig gesteckt.*

85 (links) Kuppel des Marmorsaales. Segment 3, Nordost. Auf dem Medaillon wird das Motiv der Musik wieder aufgenommen. Eine idealisierte Leier kreuzt mit einem ebenso idealisierten Zink, darüber liegt eine Panflöte. Die Putti, drei Knaben, arrangieren ein Gebinde von Rosen. Die Putti stammen von Franz Georg Ebenhech, Medaillon und Girlanden von Carl Joseph Sartori d. Ä. und Johann Peter Benckert (1748).

86 Kuppel des Marmorsaales. Segment 4, historische Waffen. Über der Volute ein römischer Muskelpanzer, darüber ein Schild mit Halbmond, eine Janitscharenmütze mit Kordel, ein Feldherren- oder Marschallstab mit Quaste, drei Pfeile, ein offener Köcher mit Pfeilen. Darüber ein doppelt geschweifter Bogen mit loser Sehne, zwei Pfeile und ein mit Deckel verschlossener Köcher; gefertigt von Carl Joseph Sartori d. Ä. und Johann Peter Benckert (1748).

*87 (links) Kuppel des Marmorsaales. Segment 5, Ost, die Allegorie der Architektur. Die junge Frau sitzt schwungvoll auf dem Gesims und schützt sich mit erhobener Hand vor den Splittern des arbeitenden Putto, der eine Säule mit Hammer und Meißel kanneliert. Ein zweiter Putto fertigt eine Zeichnung an. Das Medaillon dahinter zeigt einen Schild mit dem Haupt der Medusa und einen Helm mit Federbusch. Die Figuren schuf Franz Georg Ebenhech, das Medaillon fertigten Carl Joseph Sartori d. Ä. und Johann Peter Benckert (1748).*

*88 Kuppel des Marmorsaales. Segment 6, historische Waffen. Über der Volute ein Muskelpanzer mit Groteskköpfen an den Schultern, Ärmel und Fransenrock. Darüber Dekorationsschild mit achtstrahligem Stern, Zepter oder Marschallstab und ein schwer interpretierbarer runder Balken mit Widderkopf, vielleicht ein stilisierter Rammbock. Darüber ein Spieß mit Quaste, ein Morgenstern an einer Kette und ein Liktorenbündel mit Axt und gefiedertem Pfeil; angefertigt von Carl Joseph Sartori d. Ä. und Johann Peter Benckert (1748).*

*89 (links) Kuppel des Marmorsaales. Segment 7, Südost. Auf diesem Medaillon wird das Motiv der Architektur wieder aufgenommen, mit Zeichen- und Baugeräten: ein Zirkel, ein Winkel, ein Lot, ein Tischlineal und ein Lineal zum Zeichnen von Parallelen, alles Symbole der Freimaurer. Die drei Putti arrangieren Blumengebinde. Sie stammen von Franz Georg Ebenhech, Medaillon und Girlanden von Carl Joseph Sartori d. Ä. und Johann Peter Benckert (1748).*

*90 Kuppel des Marmorsaales. Segment 8, historische Waffen. Über der Volute ein Dekorationsschild mit Sonnenhaupt, ein Degen mit gefurchtem Griff und einem muschelförmigen Stichblatt. Darüber ein einfacher Dekorationsschild mit bügelloser Krone und eine Streitaxt. Darüber eine Keule und Standarte von Carl Joseph Sartori d. Ä. und Johann Peter Benckert (1748).*

*91 Kuppel des Marmorsaales. Segment 9, Süd, die Allegorie der Astronomie. Die Frauengestalt, hier vielleicht Urania oder Astronomia, hält ein vierteiliges, zusammenschiebbares Fernrohr in der Hand; ein Putto, bequem auf ihren Oberschenkel gestützt, schaut durch ein ähnliches, sechsteiliges Fernrohr. Die Globen stellen den Erd- und Himmelsglobus dar. Die Eule dahinter, eine Waldohreule oder ein Uhu, der Vogel der Weisheit, hält ebenfalls ein Fernrohr in den Krallen, abnehmender Mond und Sterne schauen zu. Die Figuren schuf Franz Georg Ebenhech, das Medaillon fertigten Carl Joseph Sartori d. Ä. und Johann Peter Benckert (1748).*

*92 Kuppel des Marmorsaales. Segment 10, historische Waffen. Über der Volute ein Dekorationsschild mit Fratze oder groteskem Kopf am oberen Rand, im Zentrum zuckende Blitze. Ein Degen mit Adlerkopf und ein Ledergürtel mit Schnalle. Darüber ein Dekorationsschild mit bügelloser Krone, eine Fanfare und eine Lanze mit Fahnentuch. Darüber ein Zepter, ein Feldzeichen oder Marschallstab und eine Fackel; gefertigt von Carl Joseph Sartori d. Ä. und Johann Peter Benckert (1748).*

*93 (links) Kuppel des Marmorsaales. Segment 11, Südwest. Hier wird das Motiv der Astronomie wieder aufgenommen. Das Medaillon zeigt eine Armillarsphäre, ein Modell der Hauptkreise des Himmels: den Himmelsäquator sowie die Wende- und Polarkreise. In der Mitte die kleine Erdkugel auf der Weltachse. Die drei Putti arrangieren Blumengebinde. Die Putti stammen von Franz Georg Ebenhech, Medaillon und Girlanden von Carl Joseph Sartori d. Ä. und Johann Peter Benckert (1748).*

*94 Kuppel des Marmorsaales. Segment 12, historische Waffen. Über der Volute ein Schuppenpanzer, der Schulteransatz mit Löwenköpfen, Stoff- oder Lederquasten und ein Lederrock mit Quasten. Darüber ein Dekorationsschild, in den ein Löwenkopf beißt, und ein rätselhafter Gegenstand, ein runder Balken mit einem Hundekopf, vielleicht ein stilisierter Rammbock. Darüber eine dekorative Hellebarde, eine Phantasieform, zwei gekreuzte Spieße mit lanzettförmiger Klinge sowie eine Fanfare mit Standarte und Quaste; geschaffen von Carl Joseph Sartori d. Ä. und Johann Peter Benckert (1748).*

*95 (links) Kuppel des Marmorsaales. Segment 13, West, die Allegorie der Malerei und Bildhauerei. Die junge Frau sitzt mit übergeschlagenen Füßen auf dem Sims, in der Rechten hält sie einen langen Malstock. In der linken eine Palette und ein Bündel Pinsel. Ein Putto hat eine Staffelei bereitgestellt, ein anderer sitzt mit einem Bildhauerhammer vor dem Kopf einer Plastik. Im Medaillon dahinter eine männliche Büste mit gewaltigem Federhelm. Die Figuren stammen von Franz Georg Ebenhech, das Medaillon schufen Carl Joseph Sartori d. Ä. und Johann Peter Benckert (1748).*

*96 Kuppel des Marmorsaales. Segment 14, historische Waffen. Über der Volute ein römischer Muskelpanzer mit kurzen Stoff- oder Lederärmeln. Darüber ein ovaler, zu einer Spitze ausgezogener Schild, dahinter eine Lanze, mit einer Standarte umwickelt, ein doppelt geschweifter Bogen mit loser Sehne, zwei Pfeile, Köcher mit Deckel und eine Janitscharenmütze. Dazu ein Säbel. Darüber ein Köcher mit Pfeilen und ein doppelt geschweifter Bogen mit loser Sehne; angefertigt von Carl Joseph Sartori d. Ä. und Johann Peter Benckert (1748).*

*97 Kuppel des Marmorsaales, Detail aus Segment 14. Der römische Muskelpanzer ist ganz naturgetreu dargestellt, mit Bauchnabel und Brustwarzen.*

*98 (rechts) Kuppel des Marmorsaales. Segment 15, Nordost. Hier wird das Motiv der Malerei wieder aufgenommen. Im Medaillon erscheinen Palette, Malstock und viele Pinsel. Darüber ranken sich Rosen, in die Zweige sind auch Mohnblüten gesteckt. Ein Putto hält ein Rosengebinde, ein anderer fällt fast vom Gesims. Die Putti stammen von Franz Georg Ebenhech, Medaillon und Girlanden von Carl Joseph Sartori d. Ä. und Johann Peter Benckert (1748).*

*99 Kuppel des Marmorsaales. Segment 16, historische Waffen. Über der Volute ein Dekorationsschild mit dem abgeschlagenen Haupt der Medusa. Dahinter ein Säbel mit Vogelkopf und geschupptem Griff. Darüber ein Phantasiefeldzeichen mit Stierkopf, zwei Vogelschwingen und einem Halbmond, daneben eine geknotete Seilschlinge. Darüber ein ovaler Morgenstern und eine Partisane mit Quaste; angefertigt von Carl Joseph Sartori d. Ä. und Johann Peter Benckert (1748).*

*100 (rechts) Kuppel des Marmorsaales. Detail aus Segment 16. Das Medusenhaupt zeigt männliche Züge, einzelne der Schlangenhaare enden in Schlangenköpfen. Der Säbel hat einen geschuppten Griff und einen Vogelkopf sowie ein Stichblatt unter der Parierstange. Darüber hängt ein Ledergürtel mit Schnalle.*

*101 Audienz- oder Speisezimmer. Die Stuckarbeiten an der Decke, in den Ecken der Voute, sind vermutlich von Carl Joseph Sartori und Johann Michael Merck. Der Eichenparkettboden besteht aus diagonal verlegten Rautentafeln.*

*102 (rechts) Audienz- oder Speisezimmer. Der relativ schmale, einfenstrige Raum diente nicht nur als Audienzraum, sondern auch als Speisezimmer. Es wird berichtet, dass hier bis zu zwölf Personen tafelten. Die Wand trägt eine violett rosafarbene Stoffbespannung, einen Seidendamast. Das größere Bild links an der gegenüberliegenden Nordwand ist »Der Überfall«, das rechte »Zwei Damen als Vestalinnen« (1730), beide Gemälde von Jean Raoux.*

*103 (links) Audienz- oder Speisezimmer. Die Westwand. Den Kamin aus carrarischem Marmor fertigte Friedrich Christian Glume (1747). Das obere Gemälde, links, ist »Die Überraschung« von Charles Antoine Coypel (1733), darunter die »Toilette der Venus« von Pierre Jacques Cazes (1748). Dreiteiliger Vasensatz auf dem Kamin aus Meißner Porzellan, um 1745/50.*

*104 Audienz- oder Speisezimmer. Die Ostwand. Der vergoldete Konsoltisch mit roter Jaspisplatte stammt von Johann Peter Benckert. Der Kronleuchter von Charles André Boulle (1715) besteht aus feuervergoldeter Bronze. Das rechte untere Gemälde der Dreiergruppe ist »Die Liebeserklärung« von Jean-François de Troy (1731). Im Spiegel spiegelt sich der Kaminspiegel.*

*105 Audienz- oder Speisezimmer. Vergoldetes Stuckrelief über dem Spiegel von Friedrich Christian Glume. Eine Mänade reicht dem trunkenen Silen einen Pokal. Neben seinem linken Arm liegt eine Melone. Ein Putto leert einen Pokal bis zur Neige. Darunter eine Quitte oder Birne und eine Melone sowie üppige Rocaillen.*

*106 (rechts) Audienz- oder Speisezimmer. Westliche Tür. Das Gemälde links oben ist »Die Tänzerin Madame Denise geb. Cortini« von Antoine Pesne, links unten »Apollo und Daphne« von Louis de Sivestre d. J. Die Kommode ist aus Zedernholz und trägt eine Aragonitplatte. Die drei Schubladen sind vorgetäuscht, seitlich konnte Feuerholz eingestapelt werden.*

*107 Audienz- oder Speisezimmer. Westliche Supraporte. Das vergoldete Stuckrelief stammt von Friedrich Christian Glume. Zwei Putti präsentieren einen französischen Text, sie fordern zu geistreichem Gespräch über Verse und Liebe auf. Hinter dem rechten Putto verbirgt sich eine Leier, er sitzt auf Pfeil und Bogen und trägt die Haarlocke des Apoll.*

*108 (rechts) Audienz- oder Speisezimmer. Östliche Tür. Das Gemälde links oben ist das »Mädchen vor dem Spiegel« von Charles Antoine Coypel (1730), darunter »Bacchus und Ariadne« von Pierre Jacques Cazes.*

*109 Audienz- oder Speisezimmer. Östliche Supraporte. Die Putti präsentieren einen französischen Text, eine Aufforderung, das Leben zu genießen. Hinter dem linken Putto liegen Bücher, dahinter ein Stundenglas. Dieser Putto wird von dem zweiten mit einem Kranz aus Rosen bekränzt. Stilisierte Palmenblätter umrahmen das Ganze.*

*110 (rechts) Audienz- oder Speisezimmer. Das Deckengemälde stammt von Antoine Pesne. Im Zentrum der geflügelte Zephir, der Gott der warmen Westwinde, der die liegende Flora bekränzt. Rechts schweben Putti, zwei blasen Winde aus vollen Backen. Links schüttet eine weibliche Gestalt eine Amphore aus mit Tau (1747).*

*111 Audienz- oder Speisezimmer. Wandleuchter am östlichen Spiegel. Feuervergoldete Bronze, vermutlich eine Potsdamer Arbeit.*

*112 Konzertzimmer. Blick in den nordwestlichen Raum. Die Stuckaturen an der Decke stammen von Johann Michael Merck und Georg Franz Ebenhech (1746). Die Wandgemälde von Antoine Pesne zeigen Szenen aus den Metamorphosen des Ovid (1747). Der Fußboden, in Rautenmustern gelegt, ist aus Zedern- und Lindenholz. Der Behang des Kronleuchters, feuervergoldete Bronze, besteht aus Bergkristall. Der Hammerflügel stammt von Gottfried Silbermann (1746).*

*113 Konzertzimmer. Blick in den nordöstlichen Raum. Die Spiegel an der Rückwand und den beiden Seitenwänden brechen den Raum in vielfältiger Weise. Der grün-weiß-rote Marmor-Kamin kommt aus Frankreich, er wurde von Duquesnay hergerichtet (1747/48). Die fünf Porzellanvasen auf dem Kamin wurden in der KPM Berlin gefertigt (1785). Die Dekorationen der Wand hat Johann August Nahl entworfen (um 1746).*

*114 Konzertzimmer. Die nördliche Rückwand. Die beiden großen Spiegel reflektieren die gegenüberliegenden Gartenfenster. Das Wandgemälde von Antoine Pesne (1747) schildert Diana, die Göttin der Jagd, mit ihren Nymphen im Bade. Der vergoldete Konsoltisch mit einer Aragonitplatte stammt von Johann Peter Benckert (1747). Das kleine, darauf stehende Gemälde zeigt Kaiser Joseph II.*

*115 (links) Konzertzimmer. Die Tür zum Arbeits- und Schlafzimmer. Das große Wandgemälde von Antoine Pesne (1747) spielt auf der Insel Naxos: Die von Theseus verlassene Ariadne wird von Bacchus aufgefunden.*

*116 Konzertzimmer. Die Supraporte der Tür zum Arbeits- und Schlafzimmer. Vor den schroffen Felsen einer Ideallandschaft gruppiert sich eine Schäferszene. Das Gemälde stammt von Charles Sylva Dubois (1747).*

*117 Konzertzimmer. Die Supraporte der nordöstlichen Tür. In einer Ideallandschaft, geschaffen von Charles Sylva Dubois (1747), steht ein spitzes, pyramidenartiges Denkmal. Schäfer und Schäferin mit ihren Kindern hüten Ziegen und Schafe.*

*118 (rechts) Konzertzimmer. Die rückwärtige Tür an der Ostwand. Das Wandgemälde von Antoine Pesne (1747) zeigt, wie Pan die arkadische Nymphe Syrinx am Fluss Ladon überrascht, die sich darauf in ein Schilfrohr verwandelt, aus dem Pan die erste Flöte schnitzt, die Syrinx. Die Kommode mit vorgetäuschten Schubladen dient zur Aufbewahrung von Brennholz.*

119 (links) Konzertzimmer. Die rückwärtige Tür an der Westwand. Auf dem Wandgemälde von Antoine Pesne (1747) hat sich Vertumnus, der Gott der Jahreszeiten, in eine alte Frau verwandelt, die die spröde Pomona von den Vorteilen der Liebe zu überzeugen sucht.

120 Konzertzimmer. Die Supraporte der nordwestlichen Tür, von Charles Sylva Dubois (1747). Es ist dies die älteste Darstellung des Schlosses Sanssouci mit seinen Weinbergterrassen. Davor, idealisiert, die Havel. Am diesseitigen Ufer liegt ein Schiff vertäut. An einem Grabmal mit Sarkophag stehen Schäfer, Ziegen und Schafe. Diese Figurenstaffage malte Antoine Pesne (1747).

*121 Konzertzimmer. Supraporte der Tür zum Audienz- oder Speisezimmer von Charles Sylva Dubois (1747). In einer idealisierten Landschaft mit einer Tempelruine werden Kühe getrieben, Ziegen grasen. Ein Wanderer mit Turban spricht mit dem Hirten. Ein Hirtenknabe trinkt aus einem Brunnen.*

*122 (rechts) Konzertzimmer. Die Tür zum Audienz- oder Speisezimmer, Wandgemälde von Antoine Pesne (1747): Der Bildhauer Pygmalion hat sich in sein Werk, die Statue eines Mädchens, verliebt. Die Göttin Venus belebt die Statue und beseelt sie.*

*123 Konzertzimmer. Die vergoldeten Holzschnitzereien von Johann Michael Hoppenhaupt d. Ä. (1747) an den Wänden zeigen überwiegend Musikinstrumente. Hier, links an der Ostwand, findet sich eine Sackpfeife oder Musette, volkstümlich Dudelsack genannt. Das Instrument verfügt über ein Anblasrohr, fälschlicherweise mit Grifflöchern versehen.*

124 *Konzertzimmer. Rechts an der Ostwand werden vier Instrumente gezeigt, eine Fidel, vielleicht eine frühe Form der Violine, eine Schalmei, ein Waldhorn und eine Panflöte. Dazu ein stilisiertes Notenheft. Darunter liegt eine Maske. Bei der Fidel ist eine Saite gerissen.*

*125 Konzertzimmer. Hier, an der nördlichen Rückwand, werden ausnahmsweise keine Musikinstrumente zitiert. Eine Fackel kreuzt sich mit einem Köcher voller gefiederter Pfeile, darunter liegt ein geschwungener Bogen mit loser Sehne.*

126 *Konzertzimmer. Musikinstrumente links an der westlichen Wand. Die Instrumente sind sehr korrekt dargestellt: eine Schellentrommel, eine Trompete und eine Querflöte. Die Flöte besitzt eine Klappe oberhalb des Fußstücks.*

*127 Konzertzimmer. Musikinstrumente rechts an der westlichen Wand. Hier ist lediglich eine Schellentrommel abgebildet, zusammen mit dem Thyrsosstab des Bacchus, seinem Symbol. Dazu ein geflochtener Korb voller Weintrauben.*

*128 (rechts) Konzertzimmer, nordwestliche Ecke. Aus einem Pokal fließt der Wein. Daran ist ein Becken gebunden, mit Handschlaufe, dahinter steckt eine Querflöte mit Klappe.*

*129 (links) Konzertzimmer, nordwestliche Ecke. Die Verzierung besteht aus Rocaillen mit einer Vogelschwinge, einem Palmenzweig und einer Schale mit Früchten, Birne, Apfel und Pflaume.*

*130 Konzertzimmer, südwestliche Ecke neben der Tür zum Audienz- oder Speisezimmer. Auf einer Melone sitzt ein eichhörnchenartiges Fabelwesen, das sich an Weintrauben labt. Ein Blumengebinde hält zwei Weingläser.*

*131 (links) Konzertzimmer, nordöstliche Ecke. In diesem Ensemble sind eine Melone, eine Winde, eine Bütte, wie sie zur Weinlese benutzt wird, und eine Schalmei zusammengefasst. Die Bütte ist voller Weintrauben.*

*132 Konzertzimmer. Das Notenpult von Melchior Kambly (1767) besteht aus Schildpattfurnier mit Perlmutt- und Elfenbeineinlagen. Die dargestellten Musikinstrumente sind eine Schellentrommel, ein Triangel mit aufgesteckten Ringen zum Klirren und eine Trompete, darunter hängt eine Maske. Am untersten Bildrand finden sich Trauben, Melonen und vielleicht Aprikosen.*

*133 Konzertzimmer. Obere Fassung des östlichen Spiegels. Auf schwungvollen, C-förmigen Rocaillen sitzen zwei kranichartige Vögel gekrallt, der untere fasst eine Ranke mit dem Schnabel, der obere ist mit weit geöffnetem Schnabel erst im Begriff, dies zu tun. Im Spiegel spiegelt sich das Spinnennetz der Decke.*

134 *Konzertzimmer. Blick an die Decke nach Nordosten. Die Strukturen der Decke verbinden sich mit der Ornamentik der Wände zu einer geschlossenen Einheit. Zentrum der Decke ist ein großes Spinnennetz.*

*135 Konzertzimmer. Die südwestliche Voute und die anderen in diesem Raum sind von Georg Franz Ebenhech (1746): Hier jagen zwei Hunde, mit Halsband, einen Hasen. Darüber ein zusammengefaltetes Netz.*

*136 (rechts) Konzertzimmer. Die Decke wird scheinbar von vier zur Mitte hin zusammenlaufenden Gittergestellen gehalten, von denen an den beiden Schmalseiten halbkreisförmige Portale abzweigen. Putti ziehen an dicken Seilen Netze auf, über das Ganze sind Weinranken mit Trauben gestreut. Der Entwurf der Decke stammt von Johann August Nahl d. Ä. Die ornamentalen Stuckaturen sind von Johann Michael Merck, die figürlichen von Georg Franz Ebenhech, die Vergoldung fertigte Adam Carloni (1746).*

*137 Konzertzimmer. Die nordwestliche Voute: Zwei Hunde jagen drei Füchse, der eine dreht sich zu seinen Verfolgern um. Darüber ein zusammengefaltetes Netz.*

138 Konzertzimmer. Die nordöstliche Voute: Zwei Hunde, der eine bellt, jagen zwei Hasen. Darüber ein zusammengefaltetes Netz.

*139 Konzertzimmer. Die südöstliche Voute: Zwei Hunde jagen einen Fuchs. Darüber ein zusammengefaltetes Netz.*

*140 Konzertzimmer. Östlicher Spiegel und Decke. Hier verschmelzen die Rocaillen von Wand und Decke. In der Voute, der randlichen Deckenwölbung, liegt ein vergittertes Postament, auf dem zwei Putti stehen, an dicken Seilen ziehend. In der Mitte, auf einem kleinen Podest, steht eine mit Trauben gefüllte Blumenschale; geschaffen von Georg Franz Ebenhech, Johann Michael Merck und Adam Carloni (1746).*

*141 Konzertzimmer. Detail aus der Voutennische über dem östlichen Spiegel: Ein Putto zieht mit aller Macht und verdrehtem Körper an einem doppelten Seil. Ein anderer, auf einer Rocaille sitzend, bläst dazu ein Krummhorn.*

*142 Konzertzimmer. Nordöstliche Decke: Drei Putti mit recht extremen, ganz unterschiedlichen Körperhaltungen ziehen gemeinschaftlich an den Netzseilen.*

*143 Konzertzimmer. Die Mitte der Decke ziert ein großes Spinnennetz mit drei Spinnen darin.*

*144 Arbeits- und Schlafzimmer. Blick nach Nordosten. Das Zimmer wurde 1786 nach dem Tode Friedrichs II. von Friedrich Wilhelm von Erdmannsdorff völlig umgestaltet. Im Hintergrund, durch Pfeiler und Säulen abgetrennt, der Alkoven. Die Stuckaturen an den Wänden sind von Constantin Philipp Sartori d. J. (1786/87). Der Sterbesessel Friedrichs II., rechts, wurde von dem Potsdamer Sattlermeister Gleisberger angefertigt.*

*145 Arbeits- und Schlafzimmer. Blick nach Nordwesten. Der Kamin aus französischem Marmor ist, neben der Tür zum Konzertzimmer, das einzige Relikt aus dem alten Raum; er stammt wahrscheinlich von Peter Schwitzer. Der Parkettfußboden ist aus Zedernholz, nach 1840 verlegt. Der Kronleuchter besteht aus einem Bronzegestell mit Glasbehang, vermutlich von Johann Christian Bode in Potsdam (1747). Die vergoldete Kommode fertigte Johann Michael Hoppenhaupt d. Ä. an (1747/48).*

*146 (rechts) Arbeits- und Schlafzimmer. Kamin und Spiegel. Die Fruchtgehänge beiderseits des Spiegels wurden von Johann Fischer gemalt, auf dem Kamin steht eine Büste von Marc Aurel. Das untere Gemälde stammt von Johann Christian Frisch: »Friedrich II. und der Marquis d'Argens besichtigen den Gruftbau in Sanssouci«.*

*147 (oben) Arbeits- und Schlafzimmer. Nordwestliche Supraporte. Die vier Supraporten von Constantin Philipp Sartori d. J. (1787) nehmen Motive aus dem Konstantinsbogen in Rom auf, von dorthin verbrachten Medaillons aus einem Jagdmonument des Kaisers Hadrian, die dortigen Originale sind allerdings rund. Das Opfer hier gilt Apoll, der mit einem Lorbeerbaum und einer Leier dargestellt ist.*

*148 Arbeits- und Schlafzimmer. Südwestliche Supraporte. Hier wird Diana geopfert, der Göttin der Jagd, geschmückt mit dem Kopf eines Ebers.*

*149 (oben) Arbeits- und Schlafzimmer. Nordöstliche Supraporte. Hier ist eine sichere Zuordnung der Opferzeremonie unmöglich, weil der Künstler sehr weit von der römischen Vorlage abgewichen ist.*

*150 Arbeits- und Schlafzimmer. Südöstliche Supraporte. Hier wird dem Herkules geopfert. Er trägt eine Keule und das Fell des nemeischen Löwen. Der Statue des Herkules wird ein Lorbeerkranz aufgesetzt.*

*151 Arbeits- und Schlafzimmer. Pfeiler und Säule des Alkoven. Die Bemalung des Pfeilers von Johann Fischer zeigt ein umwickeltes Gebinde aus Blättern, Blumen und Früchten auf Goldgrund. Die Wandbespannung ist aus Damast.*

*152 (rechts) Arbeits- und Schlafzimmer. Schreibtisch, Dokumentenschrank und Uhr. Darüber ein Gemälde von Anton Graff: »Friedrich der Große«. Der Schreibtisch mit figürlichem und ornamentalem Dekor aus Bronze ist vermutlich eine Kopie aus der zweiten Hälfte des 19. Jahrhunderts. Der vergoldete Armlehnstuhl stammt aus der Zeit um 1750.*

*153 Arbeits- und Schlafzimmer. Dokumentenschrank und Uhr. Der Schrank ist aus Mahagoni, das vergoldete Bronzedekor zeigt Figuren und Ornamente. Unter der Uhr sitzen die sich spiegelnde Urania mit der Erdkugel und der geflügelte Chronos mit einem zappelnden Kind. Zwei Putti krönen die Uhr. Sie stammt wahrscheinlich aus der Werkstatt Caffieri und wurde 1746 in Paris erworben.*

*154 und 155 Arbeits- und Schlafzimmer. Schreibtischbein aus Mahagoni. Die männliche Figur besteht aus vergoldeter Bronze.*

*156 Arbeits- und Schlafzimmer. Feuerholzkommode, Zedernholz mit Aragonitplatte (um 1750). Die drei Schubladen sind vorgetäuscht, durch die seitlichen Türen wurde der Vorrat an Feuerholz gesteckt. Diese Kommoden stehen in mehreren Räumen des Schlosses.*

*157 (rechts) Arbeits- und Schlafzimmer. Die Tür zum Konzertzimmer, linkes Türfeld. Diese Schnitzerei von Johann Michael Hoppenhaupt d. Ä. (1747) ist neben dem Kamin das einzige Relikt der ursprünglichen Ausstattung des Raumes. Sie zeigt eine Melone und eine Rose vor einer großen Rocaille mit Blätterschmuck.*

*158 Arbeits- und Schlafzimmer. Das Deckenvelarium stammt von Johann Fischer (1786), links der Ansatz des Kamins. Das Zentrum ist vom Kronleuchter verdeckt, der Rand zeigt die Tierkreiszeichen. In den Zwickeln finden sich Allegorien: links oben die Dichtkunst, dann, im Uhrzeigersinn, der Geschichtsruhm, die Kriegskunst und der Frieden. Das Ganze ist von einem Mäanderband umgeben.*

159 *Arbeits- und Schlafzimmer. Im Zentrum des Velariums an der Decke hat Johann Fischer acht Putti in den verschiedensten Positionen gemalt, an den Rändern finden sich acht antikische Szenen (1786).*

*160 Arbeits- und Schlafzimmer. Deckengemälde im Alkoven von Johann Fischer (1786). Fünfzehn Rundfelder zeigen Adler mit Ruhmeskränzen, in den Zwickeln Löwenköpfe und am Rande Mohnkapseln.*

*161 (rechts) Bibliothek. Die Wand über diesem Bücherschrank, dessen rechte Hälfte als Eingang dient, ist der Darstellung der Musik gewidmet. Die Zedernholztäfelung stammt von Johann Heinrich Hülsmann (1747). Den Kamin aus Breccia polichroma schuf Peter Schwitzer, darauf steht eine Büste von Friedrich II., von Bartolomeo Cavaceppi (1770).*

*162 Bibliothek. Wandfeld mit dem Thema Musik. Kartusche mit aufgeschlagenem Notenbuch und einer spielbaren Melodie, Menuett und Beginn eines Trios. Die Musikinstrumente sind eine Schellentrommel, ein krummer Zink und ein Triangel mit Ringen. Bronzeornament nach Modellen von Johann Becker (1747), Metallarbeiten von C. G. Kelly (Rechnung von 1751).*

*163 Bibliothek. Wandfeld mit dem Thema Musik. Ovalrelief mit der Allegorie der Musik. Neun Musen, meist mit Musikinstrumenten, umtanzen eine Statue des Apoll. Auf einem Altar wird ein großer Vogel geopfert. Rechts auf dem Berg Helikon tritt der geflügelte Pegasus die Quelle Hippokrene los. Bronzerelief von Benjamin Giese, Vergoldung von Michael Schröder (1747).*

164 Bibliothek. Wandfeld mit dem Thema Musik. Linkes Gehänge: Geige mit spitzem Barockbogen, Querflöte mit Klappe, Klarinette und Trompete, mit einem Notenheft umwickelt. Darunter eine lachende Maske und ein Paar Kastagnetten. Bronzeornament nach Modellen von Johann Becker (1747), Metallarbeiten von C. G. Kelly (Rechnung von 1751).

165 *Bibliothek. Wandfeld mit dem Thema Musik. Rechtes Gehänge, von oben nach unten: Posthörnchen, Querflöte mit Klappe, Oboe, Cister oder Mandola, Triangel mit Ringen und Panflöte. Bronzeornament nach Modellen von Johann Becker (1747), Metallarbeiten von C. G. Kelly (Rechnung von 1751).*

*166 (links) Bibliothek. Wandfeld mit dem Thema Musik. Marmorbüste des Apollo. Römische Arbeit des 2. Jahrhunderts n. Chr., Gesicht neuzeitlich überarbeitet.*

*167 Bibliothek. Kaminnische. Das Ornament lässt sich, wenn überhaupt, nur der Malerei zuordnen, weil die anderen drei Nischen bereits mit Motiven der Astronomie, Bildhauerei und Musik belegt sind. Es zeigt eine leere Kartusche, einen Winkel und ein Buch, dazwischen einen Palmen- und einen Lorbeerzweig und eine Rose. Bronzeornament nach Modellen von Johann Becker (1747), Metallarbeiten von C. G. Kelly (Rechnung von 1751).*

168 (links) Bibliothek. Bücherschrank und Wandfeld mit dem Thema Astronomie. Die Zedernholztäfelung stammt von Johann Heinrich Hülsmann (1747). Rechts ist die östliche Fensternische angeschnitten.

169 Bibliothek. Wandfeld mit dem Thema Astronomie. Ovalrelief mit der Allegorie der Astronomie. Sieben Putti sind mit astronomischen Arbeiten beschäftigt. Es sind Stativ- und Freihandbeobachtungen offensichtlich eines Kometen, sogar von einer Sternwarte aus. Der Himmelsglobus zeigt einige Sternbilder. Im Vordergrund ein Horoskop und allerlei Gerät, darunter ein Transversalmaßstab. Bronzerelief von Benjamin Giese, Vergoldung von Michael Schröder (1747).

*170 Bibliothek. Wandfeld mit dem Thema Astronomie. Linkes Gehänge: Unter einem Schirm hängen eine Kartusche, ein Fernrohr und ein Degen. Darunter ein Bündel aus Zeichenstiften und einem Fernrohr. Bronzeornament nach Modellen von Johann Becker (1747), Metallarbeiten von C. G. Kelly (Rechnung von 1751).*

*171 Bibliothek. Wandfeld mit dem Thema Astronomie. Rechtes Gehänge: Unter einem Schirm hängen verschiedene Hefte und eine Rolle, darunter eine Rolle mit Gänsefedern. Bronzeornament nach Modellen von Johann Becker (1747), Metallarbeiten von C. G. Kelly (Rechnung von 1751).*

172 Bibliothek. Wandfeld mit dem Thema Astronomie. Auf der Kartusche ist ein Himmelsglobus abgebildet, ein Fernrohr, ein Zirkel, ein Winkel, ein Lineal und ein Tuch unbekannter Bedeutung. Bronzeornament nach Modellen von Johann Becker (1747), Metallarbeiten von C. G. Kelly (Rechnung von 1751).

173 (rechts) Bibliothek. Wandfeld mit dem Thema Astronomie. Marmorbüste des Homer, des so genannten »Homer von Sanssouci«. Römische Kopie vom Ende des 2. Jahrhunderts n. Chr. Nach hellenistischem Vorbild um 100-80 v. Chr.

*174 Bibliothek. Östliche Fensternische. Attribute der Astronomie: ein Winkelmesser mit Winkeltransporteur, ein Winkel, ein großes Tischlineal und ein Notizheft. Bronzeornament nach Modellen von Johann Becker (1747), Metallarbeiten von C. G. Kelly (Rechnung von 1751).*

*175 (rechts) Bibliothek. Bücherschrank und Wandfeld mit dem Thema Bildhauerei. Links die östliche, rechts die südliche Fensternische. Die Zedernholztäfelung stammt von Johann Heinrich Hülsmann (1747).*

*176 Bibliothek. Wandfeld mit dem Thema Bildhauerei. Ovalrelief mit der Allegorie der Bildhauerei. Sieben Putti sind mit Bildhauer- und Zeichenarbeiten beschäftigt. Einer nimmt dem Torso von Belvedere ein Zirkelmaß ab, ein anderer behaut eine weibliche Statue, sie hält Zirkel und Lot in ihrer Rechten und eine Rolle mit einem Gebäudeaufriss in der Linken. Am Sockel der Statue liegt viel Bildhauerwerkzeug, darunter eine schwere Winde mit Kurbel zum Stemmen von Gesteinsblöcken. Bronzerelief von Benjamin Giese, Vergoldung von Michael Schröder (1747).*

*177 Bibliothek. Wandfeld mit dem Thema Bildhauerei. Die Kartusche zeigt die Gemme eines Frauenkopfes mit Knoten und langen Haaren. Darunter liegen ein gekrümmter Bildhauerhammer mit Schneiden parallel zum Stiel und ein kompletter Drillbohrer mit Dreharm, Schwungscheibe und Bohrspitze. Dazu ein Winkelstück und ein Bündel Bohrer. Bronzeornament nach Modellen von Johann Becker (1747), Metallarbeiten von C. G. Kelly (Rechnung von 1751).*

*178 Bibliothek. Wandfeld mit dem Thema Bildhauerei. Linkes Gehänge: Unter der Büste eines gehörnten, die Zunge herausstreckenden Satyrs mit Schlitzohren liegt ein Satz Bohrer. Darunter hängt ein Bündel feiner Bildhauermeißel unter einem Becken. Bronzeornament nach Modellen von Johann Becker (1747), Metallarbeiten von C. G. Kelly (Rechnung von 1751).*

179 Bibliothek. Wandfeld mit dem Thema Bildhauerei. Rechtes Gehänge: Unter der Büste eines lachenden Satyrs mit Hörnern und Schlitzohren hängen ein Lineal und ein vollständiger Drillbohrer mit Bohrspitze, Schwungscheibe, Dreharm und Zugschnüren. Darunter, gekreuzt, ein Bündel Meißel und ein gekrümmter Bildhauerhammer, darüber eine Maske. Bronzeornament nach Modellen von Johann Becker (1747), Metallarbeiten von C. G. Kelly (Rechnung von 1751).

180 (links) Bibliothek. Wandfeld mit dem Thema Bildhauerei. Marmorbüste des Sokrates, römische Kopie des 1. Jahrhunderts n. Chr. nach einem griechischen Vorbild der 2. Hälfte des 4. Jahrhunderts v. Chr. Gesicht neuzeitlich überarbeitet.

181 Bibliothek. Südliche Fensternische. Attribute der Bildhauerei. Unter einem Skizzenbuch stecken ein Zirkel, ein Bündel Bohrspitzen, ein Winkel und ein Lineal. Bronzeornament nach Modellen von Johann Becker (1747), Metallarbeiten von C. G. Kelly (Rechnung von 1751).

*182 (links) Bibliothek. Bücherschrank und Wandfeld mit dem Thema Malerei. Links die südliche Fensternische, rechts die westliche Spiegelnische. Die Platte des vergoldeten, in Kreide geschnittenen Schreibtisches ist mit Samt bezogen, vermutlich von Carl Scheffler 1746 geliefert. Die Zedernholztäfelung stammt von Johann Heinrich Hülsmann (1747).*

*183 Bibliothek. Wandfeld mit dem Thema Malerei. Ovalrelief mit der Allegorie der Malerei. Links zeichnet ein Putto einen Torso ab, rechts malt einer an einer Staffelei mit Malstock, Pinselbündel und Palette. Dahinter wird Farbe gerieben. In der Mitte enthüllen Putti eine Gliederpuppe, wie sie etwa zum Studium eines Faltenwurfs verwendet wurde. Bronzerelief von Benjamin Giese, Vergoldung von Michael Schröder (1747).*

*184 Bibliothek. Wandfeld mit dem Thema Malerei. Linkes Gehänge: Unter einem Füllhorn mit Rosen hängt eine Rolle und ein Heft mit einem Lineal. Darunter ein Bündel Zeichenstifte mit einer lachenden Maske. Bronzeornament nach Modellen von Johann Becker (1747), Metallarbeiten von C. G. Kelly (Rechnung von 1751).*

185 *Bibliothek. Wandfeld mit dem Thema Malerei. Rechtes Gehänge: Hier kreuzen sich zwei dicke Bündel von Pinseln, ein Lineal und ein langer Malstock, darüber ist eine Palette angebracht. Am unteren Rand des Gehänges sind fünf Farbbeutel gebunden und wohl eine Tafel zum Farbe reiben. Zwei Zeichenstifte kreuzen sich mit zwei Steckgriffeln. Bronzeornament nach Modellen von Johann Becker (1747), Metallarbeiten von C. G. Kelly (Rechnung von 1751).*

186 Bibliothek. Wandfeld mit dem Thema Malerei. Die Kartusche vereint einige Malutensilien: zwei Bündel von Pinseln, einen Malstock und vier Farbbeutel an einem Strick, aber auch ein Winkelmaß und einen Zirkel. Darüber liegt eine Palette. Bronzeornament nach Modellen von Johann Becker (1747), Metallarbeiten von C. G. Kelly (Rechnung von 1751).

187 (rechts) Bibliothek. Wandfeld mit dem Thema Malerei. Marmorbüste vermutlich des Aischylos. Römische Kopie des 2. Jahrhunderts n. Chr. nach griechischem Vorbild aus der 2. Hälfte des 4. Jahrhunderts v. Chr. Das Gesicht ist neuzeitlich teilweise überarbeitet.

*188 Bibliothek. Westliche Spiegelnische. Attribute der Musik. Ein Waldhorn, eine Oboe und eine sechssaitige Diskantgambe, darunter ein aufgeschlagenes Heft ohne Noten. Bronzeornament nach Modellen von Johann Becker (1747), Metallarbeiten von C. G. Kelly (Rechnung von 1751).*

*189 (rechts) Bibliothek. Östliche Fensternische, linker Fensterladen, obere Rocaille. Bronzeornament nach Modellen von Johann Becker (1747), Metallarbeiten von C. G. Kelly (Rechnung von 1751).*

190 (links) Bibliothek. Östliche Fensternische, linker Fensterladen, mittlere Rocaille. Ein phantastischer Vogel greift mit dem Schnabel nach einem Blütenzweig. Bronzeornament nach Modellen von Johann Becker (1747), Metallarbeiten von C. G. Kelly (Rechnung von 1751).

191 Bibliothek. Östliche Fensternische, linker Fensterladen, untere Rocaille. Bronzeornament nach Modellen von Johann Becker (1747), Metallarbeiten von C. G. Kelly (Rechnung von 1751).

192 Bibliothek. Westliche Spiegelnische. Hier sind Palme, Lorbeer und Rose zusammengefasst, die Rose ist ein Symbol der Freimaurer. Bronzeornament nach Modellen von Johann Becker (1747), Metallarbeiten von C. G. Kelly (Rechnung von 1751).

*193 Bibliothek. Westliche Spiegelnische. Große Rocaille am unteren Rand des Spiegels. Ein kranichartiger Vogel mit weit geöffneten Schwingen greift mit dem Schnabel nach einem Blütenzweig. Bronzeornament nach Modellen von Johann Becker (1747), Metallarbeiten von C. G. Kelly (Rechnung von 1751).*

*194 Bibliothek. Der Parkettfußboden besteht aus Nussbaum- und Ahornholz. Die zentrale Intarsie ist aus getöntem Ahorn, Mahagoni und Palisander, ein Werk von Johann Heinrich Hülsmann (1747).*

*195 (rechts) Bibliothek. Die Decke. In der Mitte eine goldene Sonne, darum herum ein blassgrünes Feld mit reichen Rocaillen und Korbmustern und dann der Kreis der Voute mit Rocaillen und Korbmustern auf blassrosa Hintergrund. Daran schließt sich der runde Wandkörper an mit seiner brauen Zedernholztäfelung und den vier Querovalen mit den Allegorien der Künste. Die Deckenstuckaturen sind von Michael Merck. Die Sonne fertigte Georg Franz Ebenhech, die Vergoldung Friedrich Bock (1746).*

196 (links) Kleine Galerie. Blick nach Westen. Das Deckengemälde von Johann Gottlieb Glume zeigt blumenstreuende Putti (1747). Das Parkett in Rautenmuster ist aus Ahorn und Eiche. Die Statue in der Korbnische links, ein Pan mit Panflöte, ist eine römische Kopie der 2. Hälfte des 1. Jahrhunderts n. Chr., nach einem hellenistischen Vorbild.

197 Kleine Galerie. Die westliche Tür zum Vestibül. Der Kamin aus Brocatello di Spagna stammt wahrscheinlich von Peter Schwitzer. Darauf steht eine Marmorbüste von Lambert Sigisbert Adam, die Amphitrite darstellt, die Gemahlin des Meeresgottes Poseidon, vermutlich 1724. Das Postament rechts kann keinem Bildhauer zugeschrieben werden.

198 Kleine Galerie. Westliche Supraporte. Ideallandschaft mit Tempelruine von Charles Sylva Dubois (1747), die Figurenstaffage stammt von Antoine Pesne. Den reichen Stuckrahmen modellierte Johann Christian Hoppenhaupt d. J. (1747). Oben das Schirmmotiv, das häufig im Schloss auftaucht, rechts Eichenblätter, eher selten im Schloss, und unten eine Melone und eine Netzmelone sowie Weintrauben.

199 (rechts) Kleine Galerie. Westliche Tür zum Vestibül. Oben zwei Thyrsosstäbe, ein sehr häufiges Motiv im Schloss, in der Mitte zwei Satyrn und unten Musikinstrumente. Holzschnitzerei von Johann Christian Hoppenhaupt d. J. (1747). Postament und Büste eines Mohren von einem unbekannten Künstler.

*200 Kleine Galerie. Westliche Tür zum Vestibül, Detail des mittleren Türfeldes. Der Satyrkopf zeigt alle seine Charakteristika: zwei kleine Hörner, geschlitzte Ohren und das Satyrlächeln. Holzschnitzerei von Johann Christian Hoppenhaupt d. J. (1747).*

*201 Kleine Galerie. Westliche Tür zum Vestibül, Detail des mittleren Türfeldes. Die Mänade trägt ein Kopftuch, sie hat zwar keine Hörner, aber die geschlitzten Ohren und ein Satyrlächeln.*

*202 Kleine Galerie. Westliche Tür zum Vestibül, Detail des rechten unteren Türfeldes. Die Musikinstrumente sind zwei Becken, das obere mit Schlaufe, ein krummer Zink und eine Schalmei. Die Schalmei ist ein Vorläufer der Oboe.*

*203 (rechts) Kleine Galerie. Die östliche Wand. Die Sofas, nur eines ist original, die anderen sind Kopien nach seit 1945 verschollenen Originalen, stammen von Lucas Meyer (1747). Der Behang des feuerversilberten Kronleuchters ist aus Bergkristall, 1746 in Paris erworben. Das größere Gemälde oben ist das »Frühstück im Walde« von Nicolaus Lancret, das linke untere der »Jahrmarkt mit Komödianten« und das rechte »Der Brautzug«, beide von Antoine Watteau.*

*204 (links) Kleine Galerie. Blick nach Osten. Die Stuckdekorationen an den Wänden und der Decke sind von Johann Michael Merck und Carl Joseph Sartori (1746). Die Vergoldung machten J. E. Graff, Adam Carloni und Friedrich Bock. Die Statue im Vordergrund rechts stellt Bacchus dar, eine römische Kopie des 1. Jahrhunderts n. Chr. nach griechischem Vorbild der 1. Hälfte des 4. Jahrhunderts v. Chr. Dahinter eine Statue der Athena.*

*205 Kleine Galerie. Die östliche Tür. Die vergoldeten Weingirlanden von Johann Christian Hoppenhaupt d. J. (1747/48) auf dem Spiegel sind aus Blei. Auf dem Kamin, Brocatello di Spagna, steht eine Marmorbüste des Neptun von Lambert Sigisbert Adam, vermutlich 1724.*

*206 Kleine Galerie. Östliche Supraporte. Die Ideallandschaft mit der Ruine eines Rundtempels malte Charles Sylva Dubois (1747). Die Umrahmung mit Schirm, Melone und Netzmelone stammt von Johann Christian Hoppenhaupt d. J. (1747/48).*

*207 (rechts) Kleine Galerie. Die östliche Tür. Sie ist fast identisch mit der gegenüberliegenden Tür zum Vestibül. Die Büste einer Mohrin und das Postament lassen sich keinem Künstler zuordnen.*

208-213 *Kleine Galerie. Die Ruinenlandschaften über den beiden Kaminen und den vier Spiegeln wurden von Charles Sylva Dubois gemalt (1747), in »en camayen« Technik, das heißt Ton in Ton, hier in rötlichen Farben. Es sind Idealarchitekturen, keine Zitate bekannter antiker Gebäude. Die Rahmen stammen von Johann Christian Hoppenhaupt d. J. (1747).*

214 *Kleine Galerie. Schmuckdetail an der Voute über dem westlichen Fenster. Aus einem Spankorb mit Deckel und Halteschlaufen und einer geflochtenen Kiepe schauen Weintrauben und eine Melone. Prachtstück der Kollektion ist links eine simple originale Gartenhacke, die hier einfach vergoldet und angebracht wurde. Stuckdekoration von Johann Michael Merck und Carl Joseph Sartori (1746).*

215 Kleine Galerie. Voute über dem mittleren Fenster. Die sehr reiche Stuckarbeit von Johann Michael Merck und Carl Joseph Sartori (1746) zeigt unten eine Bütte zur Weinlese und gekreuzte Korbflaschen, darüber zwei Thyrsosstäbe, eine Schellentrommel und einen großen, geschwungenen Pokal. Das Ganze liegt in einem Wellenbandornament.

216 *Kleine Galerie. Voute gegenüber dem zentralen Fenster. Die Stuckatur zeigt eine Laute mit abgeknicktem Wirbelkasten und lang herabhängenden Saiten, eine ist möglicherweise um ein Plektrum gewickelt. Darüber eine Korbflasche und ein Fruchtkorb mit Birne, Pfirsich und Kirschen. Um den Hals der Flasche windet sich ein Kirschzweig. Ein Werk von Johann Michael Merck und Carl Joseph Sartori (1746), die Vergoldung stammt von J. E. Graff, Adam Carloni und Friedrich Bock.*

*217 Kleine Galerie. Östlicher Konsoltisch. Der vergoldete Tisch mit einer Platte aus Brocatello di Spagna stammt von Matthias Müller (1747). Betrunken liegt der mit Weintrauben bekränzte Bacchusknabe auf dem Rücken, aus dem Fass läuft der Wein aus.*

*218 (rechts) Erstes Gästezimmer. Der Raum hat nur ein Fenster, Blick nach Nordosten. Der feuerversilberte Kronleuchter mit Glasbehang ist wahrscheinlich eine französische Arbeit um 1765. Der rot lackierte Schreibtisch mit vergoldeten Bronzebeschlägen stammt aus Potsdam (1765). Das Parkett ist aus Eichenholz.*

*219 (links) Erstes Gästezimmer. Östliche Wand. Der Kamin aus Harzer, Blankenburger Marmor stammt von Friedrich Christian Glume (1746). Die Wandleuchter aus feuervergoldeter Bronze fertigte Johann Peter Schlossmann an (1746).*

*220 Erstes Gästezimmer. Westliche Wand. Der vergoldete Spiegelrahmen ist von Melchior Kambly, der vergoldete Konsoltisch mit einer Marmorplatte stammt von Johann Peter Benckert (beide 1747).*

*221 Erstes Gästezimmer. Ostwand links. Die ländliche Szene »à la chinoise« malte Friedrich Wilhelm Höder auf die Holztäfelung, mit Gold gehöht (1747).*

*222 (rechts) Erstes Gästezimmer. Westwand links. Die Familie »à la chinoise« malte Friedrich Wilhelm Höder auf die Holztäfelung, mit Gold gehöht (1747).*

*223 Erstes Gästezimmer, östliche Supraporte. Eine Ideallandschaft mit antiker Stadt im Hintergrund sowie Bach, Brücke und Schäferszene im linken Vordergrund, gemalt von Charles Sylva Dubois (1747). Den vergoldeten Rahmen mit kranichartigen Vögeln schuf Matthias Müller (1747).*

*224 (rechts) Erstes Gästezimmer, westliche Supraporte. Idealllandschaft mit Grabmal und Schäfern im Vordergrund von Charles Sylva Dubois; der vergoldete Rahmen mit kranichartigen Vögeln fertigte Matthias Müller (beide 1747).*

*225 (links) Zweites Gästezimmer. Der Raum hat nur ein Fenster, Blick nach Nordwesten. Der vergoldete Spiegelrahmen ist von Melchior Kambly (1747), der Kamin aus Harzer Marmor von Friedrich Christian Glume (1746) und das Sofa vermutlich von Johann Böhme (1746/47). Im Alkoven die Nachbildung eines so genannten Kavalierbettes. Den oberen Rahmen für den Alkoven schuf Johann Christian Hoppenhaupt d. J. (1747).*

*226 Zweites Gästezimmer. Blick nach Nordosten. Das Parkett besteht aus Ahorn, Palisander und Mahagoni (1849). Die vergoldete Kommode mit einer Aragonitplatte und einer Verde-antico-Einfassung stammt von Matthias Müller, die vergoldeten Bronzebeschläge schuf Hobermann (1749). Das Gemälde rechts oben von Antoine Pesne zeigt »Anna Karolowna Gräfin Woronzowa (?) als Venus«.*

227 (links) Zweites Gästezimmer, östliche Supraporte. Das Gemälde von Augustin Dubuisson zeigt ein Stillleben. Ein Korb mit Flaschen, bemaltes Porzellan und Früchte: Apfel, Wassermelone, Zitrone, Pfirsich und möglicherweise Pomeranzen. Die vergoldete Umrahmung mit kranichartigen Vögeln stammt von Matthias Müller (1747).

228 Zweites Gästezimmer, westliche Supraporte. Das Stillleben von Augustin Dubuisson beschreibt eine von Pfirsichen überquellende Schale, dazu eine Melone und Zitronen. Die vergoldete Umrahmung mit kranichartigen Vögeln stammt von Matthias Müller (1747).

*229 Zweites Gästezimmer. Flötenspieluhr in Maserholzgehäuse mit vergoldeten Bronzebeschlägen, vermutlich Berlin, Mitte des 18. Jahrhunderts.*

*230 Drittes Gästezimmer. Dieses Gästezimmer ist mit zwei Fenstern das größte. Blick nach Nordosten. Der Kamin wurde von Friedrich Christian Glume aus Marmor von Blankenburg im Harz gefertigt (1746). Die Wandleuchter sind aus bemaltem Messingblech mit Porzellanblüten aus Vincennes (um 1760). Das vergoldete Sofa stammt wohl von Johann Böhme (1746/47). Die Porzellanvasen auf dem Kamin sind aus Meißen, nach einem Modell von Johann Joachim Kändler (um 1745). Das große Gemälde rechts unten zeigt »Die Piazzetta in Venedig« von Luca Carlevarijs.*

*231 Drittes Gästezimmer, Blick nach Nordwesten. Der Kronleuchter ist wahrscheinlich eine schlesische Arbeit (um 1770). Das gewürfelte Fußbodenparkett ist aus Eichenholz. Im Alkoven die Nachbildung eines so genannten Kavalierbettes. Der obere Alkovenrahmen stammt von Johann Christian Hoppenhaupt d. J. (1747). Das große Gemälde links unten von Giovanni Paolo Panini zeigt einen »Blick auf Rom von Nordwesten«, dasjenige rechts von der Uhr, vom gleichen Künstler, das »Forum Romanum«.*

*232 (rechts) Drittes Gästezimmer, östlicher Spiegel über dem Kamin. Den vergoldeten Spiegelrahmen schuf Melchior Kambly (1747). Das Motiv, Schilfblätter und Schilfkolben, findet sich nur sehr selten im Schloss.*

*233 Drittes Gästezimmer, östliche Supraporte. Das Stillleben stammt von Augustin Dubuisson, der vergoldete Rahmen von Matthias Müller (1747). Unter einer umrankten Stele breiten sich Glasgefäße und vielerlei Früchte: Melone, Trauben, Pfirsich und Quitte.*

*234 (rechts) Drittes Gästezimmer, westliche Supraporte. Das Stillleben malte Augustin Dubuisson, den vergoldeten Rahmen modellierte Matthias Müller (1747). Teilweise bizarre Amphoren und Vasen sind mit Früchten gefüllt. Wassermelone, Zuckermelone, Kirschen, Äpfel, Feigen und Pfirsiche lassen sich bestimmen.*

*235 Drittes Gästezimmer, Dokumentenschrank und Uhraufsatz. Diese Kopie des Uhr- und Dokumentenschranks im Arbeits- und Schlafzimmer stammt von Melchior Kambly (1749). Der Schrank ist aus Zedernholz, die vergoldeten Beschläge sind aus Bronze. Die beiden Figuren, links die sich spiegelnde Urania mit der Erdkugel, rechts der geflügelte Chronos mit dem zappelnden Kind, sind thematisch gleich, in der Ausführung aber deutlich anders gehalten als die Figuren im Arbeits- und Schlafzimmer.*

*236 (rechts) Viertes Gästezimmer (Voltairezimmer). Das Zimmer ist nur einfenstrig. Blick nach Nordwesten. Der Kamin aus Giallo antico wurde von Peter Schwitzer gefertigt, der Kronleuchter besteht aus bemaltem Messingblech (Paris, um 1760). Im Alkoven die Nachbildung eines so genannten Kavalierbettes.*

237 (links) Viertes Gästezimmer (Voltairezimmer). Blick nach Nordosten. Der gelb lackierte Konsoltisch von Johann Christian Hoppenhaupt d. J. trägt eine Kalksteinplatte. Der Parkettfußboden besteht aus diagonal verlegten Quadrattafeln aus Ahorn- und Mahagoniholz (nach 1840).

238 Viertes Gästezimmer (Voltairezimmer). Detail über dem Kronleuchter. Die Deckendekoration in Stuck und Eisenblech wurde von Johann Christian Hoppenhaupt d. J. entworfen und von Carl Joseph Sartori ausgeführt (1752). Sie zeigt einen Kranz von Blumen aus dem Orient und der Neuen Welt.

*239 Viertes Gästezimmer (Voltairezimmer). Nordöstliche Supraporte, oben. Mohn, Lilie, Malve, Gartenfuchsschwanz, Sonnenblume und Winde lassen sich unterscheiden. Bemalte Holzschnitzerei von Johann Christian Hoppenhaupt d. J. (1752).*

*240 (rechts) Viertes Gästezimmer (Voltairezimmer). Blick auf den Kronleuchter und die gesamte Decke.*

*241 Viertes Gästezimmer (Voltairezimmer). Nordöstliche Supraporte, unten. Hier sind Winde, Rose, Malve, Gartenfuchsschwanz, Kapuzinerkresse, Lilie und Mohn dargestellt.*

*242 (links) Viertes Gästezimmer (Voltairezimmer). Südöstliche Supraporte. In der oberen Vase stecken Sonnenblume, Malve, Winde und Kapuzinerkresse, links darunter steht eine Aloe, und darunter liegen eine Wassermelone, Feigen und Trauben. Bemalte Holzschnitzerei von Johann Christian Hoppenhaupt d. J. (1752).*

*243 (rechts) Viertes Gästezimmer (Voltairezimmer). Detail über der nordwestlichen Schranktür. Neben der großen Sonnenblume finden sich Malve, Gartenfuchsschwanz, Winde, Mohn und Tulpe. Bemalte Holzschnitzerei von Johann Christian Hoppenhaupt d. J. (1752).*

*244 (links) Viertes Gästezimmer (Voltairezimmer). Westwand, zweites Feld rechts neben dem Kamin. Die Schnitzerei zeigt oben Trauben, Melonen und Kirschen, darunter eine Sonnenblume, Rosen und Kapuzinerkresse. Bemalte Holzschnitzerei von Johann Christian Hoppenhaupt d. J. (1752).*

*245 (rechts) Viertes Gästezimmer (Voltairezimmer). Ostwand, links neben dem Spiegel. In diesem Gebinde finden sich Sonnenblume, weiße Lilie, Rosen, Malven, Gartenfuchsschwanz, Mohn und Tulpe. Bemalte Holzschnitzerei von Johann Christian Hoppenhaupt d. J. (1752).*

*246 Viertes Gästezimmer (Voltairezimmer). Ostwand. Papagei links neben dem Spiegel. Bemalte Holzschnitzerei von Johann Christian Hoppenhaupt d. J. (1752).*

*247 (linke Seite) Viertes Gästezimmer (Voltairezimmer). Südwand, links neben dem Fenster. Ein Weißstorch steht auf einer Rocaille über einem Arrangement von Melone, Trauben, Kirschen, Pfirsich und Quitte. Bemalte Holzschnitzerei von Johann Christian Hoppenhaupt d. J. (1752).*

*248 (links) Viertes Gästezimmer (Voltairezimmer). Südwand, rechts neben dem Fenster. Ein Schwarzstorch steht auf einer Rocaille über einer großen Melone mit Trauben, Kirschen, Pfirsichen und Birnen oder Quitten. Bemalte Holzschnitzerei von Johann Christian Hoppenhaupt d. J. (1752).*

*249 (rechts) Viertes Gästezimmer (Voltairezimmer). Westwand, linkes Feld. Ein möglicherweise von einem Reiher inspirierter phantastischer Vogel steht auf einer Rocaille über einer Melone mit roten und weißen Trauben, mit Birne, Pfirsich und Pflaumen. Bemalte Holzschnitzerei von Johann Christian Hoppenhaupt d. J. (1752).*

*250 (links) Viertes Gästezimmer (Voltairezimmer). Westwand, rechtes Feld. Ein Weißstorch steht auf einer Rocaille über einer Melone, daneben liegen rote und weiße Trauben, Pfirsiche und Pflaumen. Bemalte Holzschnitzerei von Johann Christian Hoppenhaupt d. J. (1752).*

*251 (rechts) Viertes Gästezimmer (Voltairezimmer). Ostwand, linkes Feld. Ein nicht bestimmbarer Vogel steht auf einer Rocaille. Darunter liegen eine Melone, Pfirsiche, Trauben und Pflaumen. Bemalte Holzschnitzerei von Johann Christian Hoppenhaupt d. J. (1752).*

*252 (rechte Seite) Viertes Gästezimmer (Voltairezimmer). Westwand, linkes Feld. Auf einem abgebrochenen Kirschbaum zwitschern sich zwei nicht bestimmbare Singvögel an. Darunter liegen zwei Äpfel und Weintrauben. Bemalte Holzschnitzerei von Johann Christian Hoppenhaupt d. J. (1752).*

*253 (links) Viertes Gästezimmer (Voltairezimmer). Westwand rechts vom Spiegel. Den Hintergrund bildet ein abgebrochenes Pflaumenbäumchen. Davor steht ein möglicherweise von einem Kernbeißer inspirierter Vogel auf einem Bündel Spargel. Daneben liegen Trauben und Pfirsiche. Bemalte Holzschnitzerei von Johann Christian Hoppenhaupt d. J. (1752).*

*254 Viertes Gästezimmer (Voltairezimmer). Nordwestliche Schranktür. Ein angeketteter Affe sitzt auf einem Aststumpf. Neben einer großen Wassermelone gibt es Kirschen, Pfirsiche, Trauben und vermutlich Aprikosen. Bemalte Holzschnitzerei von Johann Christian Hoppenhaupt d. J. (1752).*

*255 (links) Viertes Gästezimmer (Voltairezimmer). Nordöstliche Tür. Ein knabberndes Eichhörnchen vor einem Kirschzweig sitzt auf einer Wassermelone. Dazu gibt es Trauben, Kirschen, Pfirsiche und Pflaumen. Bemalte Holzschnitzerei von Johann Christian Hoppenhaupt d. J. (1752).*

*256 Viertes Gästezimmer (Voltairezimmer). Ostwand, links vom Spiegel. Zu einem abgebrochenen Pfirsichbaum gesellen sich zwei unbestimmbare Singvögel und Granatäpfel, Feigen und Trauben. Bemalte Holzschnitzerei von Johann Christian Hoppenhaupt d. J. (1752).*

*257 Viertes Gästezimmer (Voltairezimmer). Rückwand des Alkoven. Reste der ursprünglichen Ausmalung durch Friedrich Wilhelm Höder (1747). Ein grau-lila (gries de len) gemaltes Ornament, mit Silber erhöht.*

*258 (rechts) Rothenburgzimmer. Das kreisrunde Zimmer im Westen des Schlosses ist das Pendant zur Bibliothek am östlichen Ende des Schlosses. Die nordöstliche Tür, links der Alkoven. Die Ausmalung »à la chinoise«, teilweise goldgehöht, ist von Friedrich Wilhelm Höder (1747).*

*259 Rothenburgzimmer. Die östliche Schrankwand. Die Ausmalung »à la chinoise«, teilweise goldgehöht, ist von Friedrich Wilhelm Höder (1747).*

*260 (rechts) Rothenburgzimmer. Die südwestliche Wand, links das südliche, rechts das westliche Fenster. Die Kommode aus Nussbaummaserholz stammt von Johann Heinrich Hülsmann, die Beschläge fertigte C. G. Kelly (beides 1747). Die Ausmalung »à la chinoise«, teilweise goldgehöht, ist von Friedrich Wilhelm Höder (1747).*

*261 (links) Rothenburgzimmer. Die nordwestliche Wand, rechts im Anschnitt der Alkoven. Die Ausmalung »à la chinoise«, teilweise goldgehöht, ist von Friedrich Wilhelm Höder (1747).*

*262 Rothenburgzimmer. Alkoven. Die obere Dekoration stammt von Johann Christian Hoppenhaupt d. J. (1747) Die Gemälde des Alkoven sind auf Leinwand ausgeführt, der Künstler ist nicht bekannt.*

*263 Rothenburgzimmer. Alkoven, die linke Wand. Gemälde auf Leinwand von unbekannter Hand. Eine junge Frau sitzt über einer Quelle und spiegelt sich in einem am Baum aufgehängten Spiegel.*

*264 (rechts) Rothenburgzimmer. Alkoven, die rechte Wand. Eine junge Frau steht in einem Quelltümpel und hält die Rechte in einen muschelförmigen, wasserspeienden Brunnen. Unbekannter Maler.*

*265 (links) Rothenburgzimmer. Alkoven, die Decke. Üppige Engel schweben nebeneinander in der Mitte eines Velariums. Oben eine brennende Fackel und eine leere Kartusche, unten ein Köcher mit Pfeilen und geschwungenem Bogen mit loser Sehne. Der Maler ist nicht bekannt.*

*266 Rothenburgzimmer. Alkoven, Detail der Rückwand. Ein möglicherweise von einem Kranich inspirierter Phansasievogel hebt zum Fluge an. Unbekannter Maler.*

*267 Rothenburgzimmer. Detail der Südwestwand. Eine aufwändig gekleidete und frisierte Person unter einem Sonnenschirm hält ein Zupfinstrument in der Hand, von dem nur die Rückseite zu sehen ist. Goldgehöhte Malerei im chinesischen Stil von Friedrich Wilhelm Höder (1747).*

*268 (rechts) Rothenburgzimmer. Detail der nordöstlichen Tür. Eine junge Frau zupft ein nicht näher bestimmbares, viersaitiges Instrument. Sie steht auf einer schwungvollen Rocaille. Goldgehöhte Malerei im chinesischen Stil von Friedrich Wilhelm Höder (1747).*

*269 Damenflügel im westlichen Persiusbau, das so genannte Traumzimmer. Dieser Raum wurde von Ludwig Persius nach den Vorstellungen von Friedrich Wilhelm IV. geschaffen, der von dieser Ausstattung geträumt hatte (1842).*

270 *Große Königliche Schlossküche im östlichen Persiusbau (1842/43).*

Lektorat: Bettina Hüllen, Berlin
Gestaltung: Dorén + Köster, Berlin
Satz und Repro: Mega-Satz-Service, Berlin
Druck und Bindung: Rasch, Bramsche

ISBN 3-89479-140-3